高等院校经管类专业平台课精品教材
“互联网+”新形态立体化教学资源特色教材

会计学基础

主　编◎钱晓岚　马丽英　黄晓敏
副主编◎陈　娟　张妍芳
参　编◎刘必章　林　萍　林敏思

中国轻工业出版社

图书在版编目（CIP）数据

会计学基础 / 钱晓岚，马丽英，黄晓敏主编.
北京：中国轻工业出版社，2024. 8. --（高等院校经管类专业平台课精品教材）（“互联网+”新形态立体化教学资源特色教材）. -- ISBN 978-7-5184-4824-1

Ⅰ. F230

中国国家版本馆 CIP 数据核字第 20243VW748 号

责任编辑：李金慧
策划编辑：张文佳　　责任终审：李建华　　封面设计：锋尚设计
版式设计：砚祥志远　　责任校对：晋　洁　　责任监印：张　可

出版发行：中国轻工业出版社（北京鲁谷东街 5 号，邮编：100040）
印　　刷：三河市国英印务有限公司
经　　销：各地新华书店
版　　次：2024 年 8 月第 1 版第 1 次印刷
开　　本：787×1092　1/16　印张：23
字　　数：570 千字
书　　号：ISBN 978-7-5184-4824-1　定价：58.00 元
邮购电话：010-85119873
发行电话：010-85119832　010-85119912
网　　址：http://www.chlip.com.cn
Email：club@chlip.com.cn

230821J1X101ZBW

前言

本书主要阐述会计的基础知识、基本原理和基本技能，可作为会计学专业及其他经管和商科专业学生学会计的入门教材。通过会计学基础课程的学习，学生可以理解会计的概念、目标、基本假设和基本原则，掌握会计核算基本方法并用于对企业基本经济业务的确认、计量、记录和报告。为了使本书更符合学生的学习特点及培养应用型人才的需要，我们组织了教学经验丰富的一线教师和行业专家合作编写。本书注重教育思想和观念的改革，坚持“立德树人”指导思想并贯彻落实“二十大精神进教材”，同时也吸纳了会计相关法律法规的新规定和数字经济下会计实务的新变化、新内容。

本书具有以下几方面特色。

（1）融合课程思政和专业教育。在本书编写过程中，结合具体教学内容融入“家国情怀”“社会主义核心价值观”、高质量发展等“二十大精神”以及职业信念、职业素养等思政元素，以便于教学过程中开展课程思政教育。

（2）融合“三创”教育和专业教育。“会计是一种商业语言”，会计学的教学内容与“三创”教育有着密切联系。在本书中，从章前导例、讲授实例到实务训练题、案例分析题，大部分都结合了创新创业中的真实场景和实际问题，不仅有利于激发学生的学习兴趣，也使得“三创”教育与专业教学密切融合。

（3）校企合作，素材仿真。通过校企合作，不仅了解会计职业的新变化、新要求，也便于实现素材仿真化。本书使用的原始凭证、记账凭证和账页，均来自合作企业厦门科云信息技术有限公司提供的实物扫描裁制。高度仿真的素材，有助于读者产生身临其境之感，也增加了阅读的趣味性。

（4）以应用型人才培养为纲，辩证处理知识、能力和素质。与应用型本科人才培养目标相对应，本书将每章的学习目标都细分为知识目标、能力目标和素质目标三个层次，使得应用型人才培养目标得以落到实处；同时，与三个层次的学习目标相呼应，本书将课后练习分为知识巩固和应用、能力训练和提升、素质养成和价值引领三个模块，并精心编写每一道题目，力求达到巩固知识、培养能力、提高素质的目的。

本书由钱晓岚、马丽英、黄晓敏任主编，负责拟定写作大纲、确定全书的框架结构、设计体例和总纂定稿，陈娟、张妍芳任副主编，刘必章、林萍、林敏思参编。林敏思、张妍芳编写第 1 章，钱晓岚编写第 2 章、第 4 章，陈娟编写第 3 章，林萍编写第 5 章、第 9 章，马丽英编写第 6 章、第 10 章，黄晓敏编写第 7 章、第 8 章，刘必章编写第 11 章，林敏思编写第 12 章。

在本书编写过程中，参阅了大量会计学专业教材，特向这些教材的作者表示诚挚的感谢！也向厦门科云公司负责制作仿真资料的陈海星表示感谢！由于作者水平有限，书中难免存在疏漏，恳请同行和广大读者批评指正。

编者

目录

第1章　总论

学习目标

知识目标：了解会计的发展历程，掌握会计的含义及其职能目标；了解会计核算方法与会计核算基本程序，理解会计核算前提及会计信息质量要求。

能力目标：能够理清会计学科的基本框架，能掌握会计程序与方法体系。

素质目标：深入了解中华会计文化，培养文化自信，充分认识会计信息对于服务社会高质量发展、实现共同富裕目标的意义，培养客观公正、不做假账的职业素养，践行社会主义核心价值观。

关键词

复式记账法	double-entry bookkeeping
会计循环	accounting circle
公允价值	fair value
历史成本	historical cost
会计主体	accounting entity
持续经营	going concern
会计分期	accounting period
货币计量	monetary measurement

知识导图

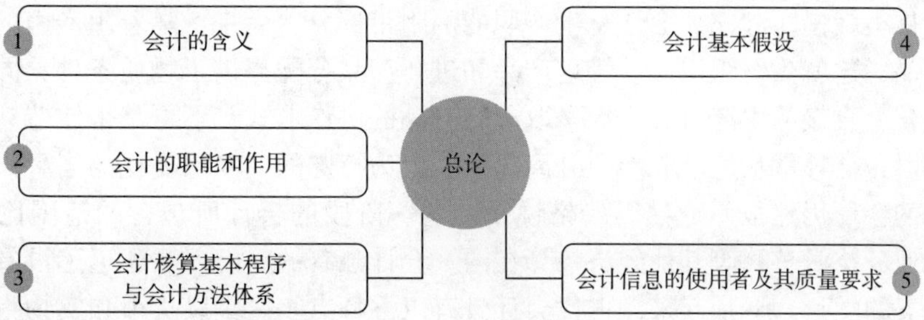

导例

古时候，位于云南地区的佤族人把一根绳索高挂于墙上，用于记载与清算债权、债务账目。他们将一根用来记数或记事的绳索分为三个区间，分别代表放债数额、放债利息和放债时间等不同的反映内容。如在绳的上部结出三个大结，便表示已借出去三元滇币，在中间结出一个大结和一个小结，表示每半年应收一元半滇币的利息，而在绳的下部所结出的三个大结和一个小结，则表示上述债务已经借出去三年半了。

与远古时代一脉相承的结绳计量、记录法，在近代社会边远地带少数民族中坚持实行。这种情况表明，结绳已表现出后世账簿记录的原理，它大体上明确了表现某种“账目”的几个要素，如记录对象、应记数量、数量发生变化之后的表现方式，以及“账目”结束之时的最终结果①。

1.1 会计的含义

1.1.1 会计的发展历程

会计是随着人类社会生产的发展和经济管理的需要而产生、发展并不断完善起来的。人类社会从旧石器时代、新石器时代、农业时代、远洋贸易时代、工业时代到信息化时代，会计也从简单的结绳记事、单式记账、复式记账到财务信息系统集成，伴随人类进步与社会环境变化，作为“国际商业公共语言”的会计内涵及外延不断发展和丰富。历史实践证明，经济越发展，会计越重要。

1. 会计发展阶段

会计的发展大体经历三个阶段。

(1) 古代会计阶段。会计从其产生到复式簿记应用这段时间，可称之为古代会计。远在原始社会，人类便有了计算生产成果的要求。在文字产生以前，这种计算是通过“结绳记事”“刻木记事”“堆石记事”或凭人们的记忆来进行的。在文字产生以后，人们对物质资料生产与消耗开始了文字记载。公元前4000年左右，两河流域的美索不达米亚人就在泥板上用楔形文字记录神殿的财物收支、工资支出、现金收入、贷款利息和不动产等多类交易事项，开创了有文字记录的人类古代会计文明。

奴隶社会和封建社会的会计主要是用来核算和监督政府开支，为官方服务。在这段时间里，由于生产力水平比较低，商品经济尚不发达，货币关系还未全面展开，因而，会计的发展很缓慢。起先，会计是生产职能的附带部分，后来，随着生产力的发展，出现了剩余产品，这就为组织生产、管理产品和进行产品分配提供了物质条件；同时，生产开始了社会化，直接的生产过程已经采取共同劳动的协作形式，不再是个体劳动。当这两个条件具备时，会计就从生产职能中分离出来，成为特殊的、专门委托的当事人的独立职能。但那时的会计仍然很不成熟。严格说来，这一阶段的会计所包含的范围比较广，包括了统计、业务技术核算等其他经济核算在内。会计独有的专门方法还远远没有形成，还不是一门独立的学科。概括起来，古代会计具有以下特点：一是以货币和实物为计量单位；二是

① 资料来源：康均．中国古代记账方法的发展——史前时期的原始计量、记录方法［J］．财会学习，2007（02）．

采用单式记账，即将发生的经济业务按时间的先后逐一记录，一般只记录主要的财产物资变化，或只在账簿中记录有关货币的收支。

（2）近代会计阶段。一般认为，从单式记账法过渡到复式记账法，是近代会计的形成标志。复式记账法在理论上的总结及推广，揭开了会计由古代阶段迈向近代阶段的篇章。近代会计同商品经济的发展有着不可分割的联系。与古代会计比较，近代会计的主要特点是：一方面，商品经济的发展，使会计有可能充分地应用货币形式作为计量、记录与报告的手段；另一方面，会计的记录采取了复式记账，形成了一个严密的账户体系。这两个方面是相互联系的，只有用货币形式，复式记账才有可能，才能产生会计上的综合与平衡概念。

会计之所以能从古代会计阶段发展到近代会计阶段，主要原因有两方面。其一，中世纪地中海沿岸的一些城市，成为世界贸易的中心，意大利的佛罗伦萨、热那亚、威尼斯等地的商业和金融业特别繁荣。复式记账技术首先应用于银行的存贷款业务，日益发展的商业和金融业使复式记账逐步流行并不断改进。为适应实际需要，1494 年，意大利数学家卢卡・帕乔利（Luca Pacioli）出版了《算术・几何・比与比例概要》一书，其中的“计算和记录详论”（即通称的“簿记论”），系统地介绍了威尼斯的复式记账法，并给予理论上的阐述。由于这本书的出版，复式记账方法才在欧洲和全世界得到推广，开启了近代会计的历史。实践证明，只有复式记账才能对经济活动进行科学、全面的记录；也只有复式记账，才使会计与统计相区别，并带动了其他会计方法的发展，使会计成为一门科学。正因为如此，复式记账技术从问世起，就受到人们的重视，被认为是一个划时代的发明和创造。德国诗人歌德曾对复式记账做过这样的颂扬：“它是人类智慧的一种绝妙创造，从而使每一个精明的商人在他的经济事业中都必须应用它”。所以，复式簿记在理论上的总结被认为是近代会计发展史上的第一个里程碑。其二，19 世纪英国进行了产业革命，成为当时工业最发达、生产力水平最高的国家。在英国，由于生产力的迅速提高，产生了适应大生产需要的新的企业组织形式——股份公司。股份公司的出现，使得企业经营权和所有权发生了分离，对会计信息提出了更高的要求。以往会计主要进行记账和算账，现在还要编制和审查报表，为满足编制财务报表的需要，还要求应用资产的估价方法和有关理论等。此外，企业的会计需要接受外界的监督，企业的账目只有通过外界，特别是注册会计师的监督，才能取信于人。所以，1854 年世界上第一个会计师协会——英国的爱丁堡特许会计师协会的成立，被认为是近代会计发展史上的第二个里程碑。

第一次世界大战以后，美国取代了英国的地位，无论是生产上、还是科学技术的发展上都处于遥遥领先的地位。因此，会计学的发展中心也从英国转移到美国。在 20 世纪 20 年代至 30 年代，美国对标准成本会计的研究有了突飞猛进的发展。到这一时期，会计方法已经比较完善，会计科学也已经比较成熟。

（3）现代会计阶段。20 世纪 50 年代开始，在一些科学技术和工业比较发达的国家，现代数学方法和电子计算机进入了会计的领域，引起了所谓“会计工艺”（即对会计数据处理的物理工具）的深刻变化，使原来的“手写簿记系统”为“电子数据处理系统（EDP）”所代替。结果是使会计这一信息系统变得很灵敏，所提供的信息更加及时和准确，大大地提高了会计信息的质量。此外，随着科学技术的突飞猛进，大大地促进了生产社会化程度的提高，又使股份公司这种经济组织得到飞快的发展，这对企业会计的发展产生了深远的影响。基于满足企业所有者和经营管理者对会计信息的不同需要，企业会计逐步形成了两个相对独立的领域——财务会计和管理会计。现代管理会计的出现是近代会计发展为现代会计的重要标志。

财务会计主要是通过定期编制和提供会计报表，为外界与企业有经济利害关系的各个集团或个人服务。管理会计与财务会计的区别主要表现在两个方面：第一，它服务的对象不是要满足企业外部有关方面的需要，而主要是适应企业内部管理需要，即为企业管理部门正确地进行管理决策和有效经营提供有用资料。如果说，财务会计是以提供财务会计报表为中心的“会计观”，那么，管理会计就是以经营管理为中心的“会计观”。第二，财务会计所要描述的是已经发生的事实，不强调将来；而管理会计不仅重视过去和现在，而且还着眼于将来，即还应预测将来可能发生的经济活动及其效果。以上两个方面告诉我们，对于现代管理会计，已经不能用传统的“会计”概念去理解它了。管理会计的创立和日趋成熟，大大地丰富了会计的内容，使会计进入了发展历程中的高级阶段。

综上所述，现代会计是现代科技、现代经济控制理论与方法深入发展的产物，它是适应现代科技发展的要求及强化经济控制的需要而产生的。它形成于 20 世纪 50 年代，并在 60 至 80 年代得到初步发展，当下正处于进一步发展的阶段。随着人工智能、大数据、云计算、区块链、物联网等技术的不断发展和成熟，对会计工作模式、会计核算程序、会计监督方式、审计抽样方法等都会产生深远的影响。但只要人类还存在商业行为，还需要讲求经济效益，会计就会以其他方式得以存在，会计的核心思想、理念和方法将得到传承，会计的监督管理职能将进一步加强。

2. 中华会计文明

会计在我国有着悠久的历史。在仓颉造字之前，先民便学会了结绳记事。《周易正义》中讲“事大，大结其绳；事小，小结其绳，结之多少，随物众寡”。在文献《易 · 系辞下》中有记载：“上古结绳而治，后世圣人易以书契，百官以治，万民以察”。

公元前 2070 年，大禹在完成国家建制的基本工作后，在茅山大会诸侯，汇总稽核他们的功德业绩，奠定了古代财计报告、审查与考核的基础。

西周时期，设立了专司朝廷钱粮收支的官吏“司会”。“司会”主天下之大计，为计官之长。《周礼 · 天官》篇记载：“会计，以参互考日成，以月要考月成，以岁会考岁成。”这里“日成”“月要”“岁会”为十日、一月、一年成事之文书，相当于旬报、月报、年报，这说明周王朝已规定了将簿记的记录相互参考和核对下级的旬、月、年报的会计检查制度。

春秋时期的孔子，提出了最早的会计原则“会计当而已矣”，意指会计的收、付、存，要平衡正确无误。

秦汉时期建立了以“入出”为符号的会计记录，以“入-出=余”的三柱结算法。同时，有非常严格的审计查对制度，形成由郡国向朝廷呈报的财务收支簿——上计簿。

从宋朝开始，官吏报销钱粮或办理移交，需编造“四柱清册”，反映钱粮的“旧管”“新收”“开除”和“实在”，相当于现代会计的“期初结存”“本期收入”“本期支出”和“期末结存”。“四柱清册”把一定时期内财物收付的记录，通过“旧管+新收=开除+实在”这一平衡公式加以总结，既可检查日常记录的正确性，又可分类汇总日常会计记录。“四柱清册”的发明反映了我国传统的单式收付簿记已发展到一个较为科学的高度。

明末清初出现了比“四柱清册”更加完备的“龙门账”。“四柱清册”只能应用于不计盈亏的政府（官厅）会计，而“龙门账”则满足于商业上核算盈亏的需要。“龙门账”

将全部账目分为进（相当于收入）、缴（相当于支出费用）、存（相当于财产及债权）、该（相当于投资及债务）四项，其关系式为：

该+进=存+缴或进-缴=存-该

年终按照上面关系式，从两方面计算盈亏，即通过进与缴对比，存与该对比，使其相符，这种平衡过程被称为“合龙门”。随后，商品货币经济又有了进一步的发展，资本主义经济关系开始萌芽，在民间商业界出现了“四脚账”，又称“天地合”。这种账要求对日常发生的一切账项，既要登记它的来账方面，又要登记它的去账方面，借以全面反映同一账项的来龙去脉，这表明我国的会计已由单式簿记向复式簿记过渡。

我国的记账方法一度在世界上处于领先地位，但由于封建社会中，自给自足的自然经济始终占主导地位，阻碍了生产力的发展，也使会计的发展滞后。我国实行改革开放政策后，逐步建立起与国际会计准则趋同但具有中国特色的新会计体系。

从中西方会计发展史可以看到世界文明的多样性。随着经济全球化，会计准则逐渐趋同。

1.1.2　会计的含义与特点

1. 会计的含义

会计是一门古老但又年轻的学科，随着社会经济的高速发展，会计的范围也随之扩大。到目前为止，人们对什么是“会计”这个问题的认识还不尽一致。究其原因，关键在于人们对会计的本质的认识存在着不同的看法，而不同的会计本质观对应着不同的会计含义。对会计本质的认识主要有三种代表性的观点：“管理工具论”“管理活动论”和“信息系统论”。

“管理工具论”把会计当作一种反映和监督经济活动的方法、工具或提供经济信息的规则与方法。按照该观点，会计是进行会计工作所必不可少的手段。会计不等于会计工作，会计是一套分类、记录、计量、汇总和分析与解释的方法体系，这个方法体系是人们长期从事会计工作的经验总结，把它用来开展实践活动，才表现为会计工作。如果承认会计是方法，那么，方法本身就不可能是管理而只能是服务于管理的工具。

“管理活动论”把会计当作一项有人参加的活动，即一项工作，这就是“管理活动论”的实质。“管理活动论”认为，会计这项活动或工作是指对能够用货币表现的经济事项，按照特定的方法或程序予以分类、记录、计量、汇总、分析和评价。如果把会计当作一项活动或工作，它本身就具有管理的职能。

“信息系统论”是在西方会计影响下产生的。美国会计学会（AAA）在 1966 年提出：“会计基本上是一个信息系统，更确切地说，会计是一般信息理论在它有能力加以解决的经济活动上的应用。”该观点一经提出，在美国会计界就引起了强烈的反响。信息系统论把会计理解为一个经济信息系统，这一见解试图把会计工作和开展会计工作所运用的方法统一起来，力求突出方法的作用，突出反映的职能，突出经济信息在现代管理中的作用。

其实，人类社会总是伴随着经济活动而存在和发展的。不同社会的经济活动，其水平与复杂程度也不相同。在经济活动中，资源的有限性与人类需求的无限性是存在于人类社会中的一对矛盾。为缓和与解决这一矛盾，人类在经济活动中总是千方百计地寻求以最少的劳动耗费来取得最大的经济效益的方法。只有这样，人类社会才能不断发展与进步。而经济效益的提高，受到错综复杂的因素的影响，就其主要方面来说，既离不开生产力水平的提高，也离不开对经济活动的管理。而会计正是借助于货币形式，对单位的经济业务进行全面的、连续的、系统的记录、计算、分析和检查，来反映财务成果和提高经济效益的。特别是现代科学技术的发展，会计在经济管理方面的作用日益显著。

综上所述，会计是以货币为主要计量单位，借助专门的方法和程序，对一定主体的经济活动进行连续、系统、全面、综合的核算和监督，并向有关方面提供会计信息的一种管理活动，它是经济管理的重要组成部分。

2. 会计的特点

会计作为一种经济管理活动，具有以下两个基本特点。

（1）会计以货币为主要计量单位。原始的会计计量只是简单地用实物数量和劳动量对经营活动和财务收支进行计算和记录。随着社会生产的日益发展，会计便从简单的计量记录，逐步地发展成为以货币作为计量单位来综合反映和监督经济活动的过程。因为要求所有财产物资和劳动消耗的总括指标，必须利用价值形式间接地进行计算，从而取得必要的、连续的、系统的、全面而综合的会计信息，使经济核算成为可能。

（2）会计具有连续性、系统性、综合性和全面性的特点。会计对经济活动过程的核算和监督，是按照时间顺序，对现在或将来可能影响企业收益且能够用货币表现的经济业务，都必须全面、准确地加以确认、计量和记录，并按照国家的方针、政策、法规、准则、制度及管理要求，提供系统的会计信息。

1.1.3 会计目标

会计目标是会计基本理论的重要组成部分，它既是进行会计活动的前提条件，又是评价会计活动成败优劣的基本标准。会计目标概括来讲就是设置会计的目的与要求。具体而言，会计目标就是对会计自身所提供经济信息的内容、种类、时间、方式及质量等方面的要求。也就是说，会计目标是回答应干些什么的问题，即对所从事的工作，首先要明确其应在何时以何种方式提供合乎何种质量的何种信息。

人们对会计目标的认识大约经历了两个阶段。在20世纪60年代以前，会计目标并没有引起人们的足够重视，仅有少数的论述。60年代后期，随着信息科学和系统工程思想迅速渗透到会计学科领域，“会计是一个经济信息系统”等新观念开始流行，人们将会计视为一个人造的经济信息系统。根据系统论的原理，任何系统，尤其是人造系统，其运行和功能的发挥都要服从于系统的目标。这样，会计目标的研究就成为研究其他财务会计概念的前提。1966年，美国会计学会为纪念自身成立50周年，专门发表了《基本会计理论公告》的报告。这份报告的发表，公开地表明会计目标应成为财务会计理论体系中重要的内容之一。在它的影响下，人们开始重视对会计目标的研究和讨论，并取得了一系列重要的研究成果。

1. 会计目标的不同论点

20世纪七八十年代，关于会计目标的研究，形成了两种主流理论：“受托责任观”和“决策有用观”。

（1）受托责任观。受托责任的含义大致包括三方面：资源的受托方接受委托，管理委托方所交付的资源，受托方承担有效地管理与应用受托资源，使其保值增值的责任；资源的受托方承担如实地向资源的委托方报告受托责任履行过程与结果的义务；资源受托方的企业管理当局负有重要的社会责任，如保持企业所处社区的良好环境、培养人力资源等。

由以上三点可以看出，受托责任产生的原因在于所有权与经营权的分离，由于商品经济的发展、生产规模的扩大，所有权与经营权分离现象变得极为普遍，会计被认为以提供受托责任信息为主的观念也自然得到了普遍的接受。

（2）决策有用观。决策有用观以会计是一个经济信息系统为出发点，以市场经济为依托，认为会计的目标就是向会计信息的使用者（主要包括现有的和潜在的投资者、债权人、企业管理当局以及政府等）提供对他们进行决策有用的信息，主要包括关于企业现金流动的信息和关于经营业绩及资源变动的信息。会计信息披露从传统的关注历史信息转向关注未来信息，其理由是在高度发达的资本市场中，资源的配置是通过资本市场进行的，委托方与受托方关系已变得比较模糊，作为委托人的所有者关注整个资本市场以及所投资企业的可能风险与报酬。多数会计专家和学者认为，这种观点适用于资本市场发育十分成熟，并对整个社会经济的运行具有全面影响的情况。

以上两种观点从根本上说并不互相排斥，即便在高度发达的资本市场环境下，决策信息与受托责任之间，仍然存在着较大的一致性。但两种观点的侧重点有所不同，每一种观点都与具体的经济环境相关联，如果离开具体的经济环境去争论孰优孰劣，是无法达成一致结论的。因此，无论是受托责任观还是决策有用观，我们只要将它们所认定的经济环境结合起来，那么它们之间的异同就比较好理解了。如果市场经济不够发达，社会资源主要不是依靠资本市场来配置，那么反映经营者的受托责任应该是会计的目标；反之，市场经济非常发达，资源的委托和受托是通过资本市场建立和实现的，那么就必然要求会计信息系统提供有助于投资者进行经济决策的有用信息，决策有用观自然成为会计的目标；对于市场经济不太发达，资本市场还不完善的发展中国家，会计的目标还是以受托责任为主，以决策有用为辅。

2. 会计目标的发展趋势

20 世纪 80 年代后，随着世界格局的巨变，计划经济国家全面向市场经济转轨，各国会计差异逐步消除，以上两种主流理论的争论也趋于统一。如美国财务会计准则委员会（FASB）和国际会计准则委员会（IASC）财务报表目标的论述，均以“决策有用观”作为首要的目标。IASC 在《编报财务报表的框架》中指出：“财务报表的目标是提供关于企业财务状况、经营业绩和财务状况变动方面的信息，这种信息对于广大使用者制定经济决策是有用的。”同时，IASC 还指出：“财务报表还应反映管理当局托付给它的资源的受托责任或经管责任的实施结果。”显然，IASC 在论述财务报表的目标时，同时兼顾了“经济决策”和“受托责任”两个方面，但是它将前者作为主要目标，而将后者作为为前者服务的次要目标。

3. 我国的会计目标

我国对会计目标的研究起步较晚，20 世纪 90 年代以前，我国会计领域几乎未出现过“会计目标”“财务报告目标”等术语。90 年代以后，随着我国经济进一步对外开放，受会计国际化思想的影响，财政部开始尝试构建会计准则，与会计准则相关的会计理论（包括会计目标）问题，自然成为理论界研究的重点。在我国对会计目标的研究中，初期引进美国的决策有用观，后又引进美国的受托责任观，对会计目标的表述理论界也进行了长期争论。

2006 年 2 月，财政部正式对外发布了包括基本准则和 38 项具体准则在内的企业会计准则体系。企业会计准则的正式发布，成为我国会计发展史上一个新的重要里程碑，它标志着我国已基本完成企业会计准则体系（包括会计目标）的制定任务，并与国际会计准则正式接轨。《企业会计准则——基本准则》在第一章总则的第四条中，第一次明确了会计的目标是“向财务报告使用者提供与企业财务状况、经营成果和现金流量有关的会计信息，反映企业管理者受托责任履行情况，有助于财务报告使用者做出经济决策。”这就要求我国企业在财务报告中既要提供企业管理者受托责任的经营业绩信息，也要向财务报告使用者提供与决策有关的现时信息。

1.2　会计的职能和作用

1.2.1　会计的职能

从会计定义中我们可以看出，会计是随着生产的发展，逐步从企业各项经营活动中分离出来的一项提高经济效益的管理活动。会计在经济管理工作中所具有的功能或能够发挥的作用，即会计的职能，包括核算、预测、参与决策、实行监督等。会计的各项职能彼此关联，并且随着经济的发展和管理要求的提高不断变化。

关于会计的职能也就是会计是用来做什么的这个问题，马克思在《资本论》中，也曾经有过精辟的论述。他指出：“过程越是按社会的规模进行，越是失去纯粹的个人的性质，作为对过程的监督和观念上的总结的簿记就越是必要……”可见，马克思把会计的基本职能也归纳为反映（观念总结）和监督（过程控制）。马克思的这一论述对指导现代会计实践同样具有重要意义。现代会计的基本职能应当归纳为反映和监督，而且，为了达到反映和监督的目的，现代会计在发展中逐步构建了它的两大工作系统，即会计的信息系统和会计的监督系统。

1. 会计的核算职能

会计的核算职能，也称会计反映职能，主要是指会计通过确认、计量、记录和报告从数量方面反映会计主体已经发生或完成的各项经济活动，它是会计最基本的职能。记账、算账、报账则是会计执行核算职能的主要形式。会计的核算职能具有以下明显特征。

其一，会计以货币为主要计量单位。会计反映主要是从价值量方面反映各单位的经济活动情况。会计在对各单位经济活动进行反映时，主要是从数量而不是从质的方面进行反映。如企业对固定资产进行反映时，只记录其数量、成本、折旧等数量变化，而不反映其技术性能、运行状况等。会计在反映各单位经济活动时主要使用货币量度，实物量度、其他指标及其文字说明等处于附属地位。因为货币作为衡量各种商品的价值尺度，能够起到统一计量、综合反映经济活动全过程的目的，能够提供一个单位的资金筹集使用、收入取得、耗费发生、净收益实现和分配、纳税等经济活动的全貌。

其二，会计是反映过去已经发生的经济活动。会计反映经济活动就是要反映其事实，探索并说明真相，因此，只有在每项经济业务发生或完成后，才能取得该项经济业务完成的书面凭证。这种凭证具有可验证性，据以记录账簿，才能保证会计所提供的信息真实可靠。而这必须是在经济业务已经发生或完成之后，至少在传统会计上是这样的。虽然管理会计等具有预测职能，其核算范围可能扩大到未来的经济活动，但从编制会计报表、对外提供会计信息来看仍然是面向过去的。

其三，会计反映具有连续性、系统性和全面性。会计反映的连续性是指对经济业务的记录是连续的，逐日、逐月、逐年进行，不能间断；会计反映的系统性是指对会计对象要按科学的方法进行分类，进而进行系统加工、整理和汇总，以便提供管理所需要的各类信息；会计反映的全面性是指对每个会计主体所发生的全部经济业务都应该进行记录和反映，不能有任何遗漏。

2. 会计的监督职能

会计的监督职能是指利用会计核算所提供的经济信息对企事业单位的经济活动进行的控制和指导。会计监督的核心在于通过干预经济活动，使之符合国家有关法律、法规和制度的规定，并对经济活动的合理性、有效性进行分析、检查和控制。从时间上看，会计监督贯穿于经济活动的全过程，包括事前监督、事中监督和事后监督。其中，事前监督主要表现为对计划和预算的审查；事中监督主要表现为对日常经济活动的适时限制和调整；事后监督主要表现为对已完成经济活动的合理性、合法性和有效性进行的检查、分析、评价以及必要的纠正活动。

会计监督是经济监督的一部分，但与其他经济监督相比，具有更多的优点。会计监督既有经济监督的共性，又有自己独有的特点。会计监督的特点主要体现在以下几个方面。

（1）合法性。会计监督是法律赋予会计的权力。它要求会计在法律法规范围内，监督各项经济活动严格按照国家的财经制度进行，每一步骤、每一重大决策必须符合法律规范。这是会计社会属性的重要表现，也是保证经济健康发展的必要条件，会计监督受法律保护。

（2）合理性。所谓合理，就是要符合客观经济规律的要求。任何违背客观经济规律的经济活动，会计都有权而且应当及时加以制止和纠正。会计人员必须保证会计资料真实、完整、准确，对不符合规定的原始凭证不予受理，对不符合财务制度规定的支出也有权予以拒绝。会计把好这一关，是经济活动正常运行的重要保证。

（3）综合性。会计监督贯穿于经济活动的全过程，从经济活动的计划到实施，从资金的使用到经营成果的分配，都需要进行会计监督。同时，会计监督又是全方位的，国家的经济、物价、税收、财务、金融和劳资等政策执行情况，最终都反映在会计工作中。其他经济监督多带有专业性，而会计监督既贯穿于经济活动的全过程，又涉及经济活动的各方面，所以具有综合性。

（4）及时性。会计人员直接参与经济活动，进行核算、控制、预测和决策。实行有效的会计监督，发现问题早，监督比较及时，有利于问题的迅速解决，避免造成损失。这是其他经济监督，如财政监督、审计监督、税务监督等不可比拟的。因为这些监督是滞后性监督，及时性比较差，发现问题比较迟缓。

（5）双重性。会计工作是经济管理的重要组成部分，会计人员以参与者的身份直接进入经济活动之中，进行反映、控制和监督，这是其他经济监督所办不到的。因此，会计人员具有双重身份，既是参与者，又是监督者。这就决定了会计监督具有双重职能，不仅为了本单位的微观经济管理和提高经济效益实行会计监督，也是为了国家宏观经济管理和提高全社会的经济效益而实行会计监督。

3. 会计两大基本职能的关系

只有真实、准确地对经济活动进行全面核算，从而提供符合质量要求的会计信息，才能在此基础上正确地行使会计监督职能，达到会计监督的目的。会计监督是会计核算的深化和发展，而只有通过会计监督，才能进一步促进会计核算的正确性和有效性，达到会计核算的最终目的。所以，会计核算是会计监督的基础，会计监督是会计核算的保证，它们紧密结合，密不可分，是相辅相成的，同时又是辩证统一的。

随着社会经济的发展和现代化管理要求的提高，社会经济关系的日益复杂和管理理论的不断深化，会计所发挥的作用日益重要，其职能在不断丰富，范围在不断扩大，会计职能的具体内容也在不断地发展和更新。

4. 会计的拓展职能

除了基本职能外，会计还具有预测经济前景、参与经营决策和评价经营业绩等职能。会计的各种职能既相互联系，又相互区别，从不同方面发挥其作用。

随着大数据、人工智能、移动互联网、云计算、物联网和区块链等为代表的信息技术逐步融入社会生产生活，也促进了会计职能的发展和变化。财政部发布的《会计信息化发展规划（2021—2025)》指出，“推进会计数字化转型，支撑会计职能拓展”，“发挥会计信息在服务宏观经济管理、政府监管、会计行业管理、单位内部治理中的重要支撑作用”。可见，会计在基本职能的基础上，逐步拓展出新的职能，以满足现代经济管理的需要。总之，会计除了基本职能外，还要运用会计资料和现代决策方法对经济活动进行事前的预测、决策，事中的管理控制和事后的责任考核。

1.2.2 会计的作用

会计的作用是指会计的各项职能在特定的历史时期、特定的社会经济制度下实现和利用之后所产生的效果。会计作用的发挥取决于两个重要因素：一是会计所处的外部环境因素，即会计工作所处的社会历史时期的社会政治、经济制度；二是与会计自身的内在本质有关的因素，即会计的职能被人们所认识和利用的程度。

会计是现代企业的一项重要的基础性工作，通过一系列会计程序，提供对决策有用的信息，并积极参与经营管理决策，提高企业经济效益，服务于市场经济的健康有序发展。具体来说，会计在社会主义市场经济中的正面作用，主要包括以下几个方面。

(1）会计有助于提供决策有用的信息，提高企业透明度，规范企业行为。企业会计通过其反映职能，提供有关企业财务状况、经营成果和现金流量方面的信息，是包括投资者和债权人在内的各方面进行决策的依据。比如，对于作为企业所有者的投资者来说，他们为了选择投资对象、衡量投资风险、做出投资决策，不仅需要了解企业包括毛利率、总资产收益率、净资产收益率等指标在内的盈利能力和发展趋势方面的信息，也需要了解有关企业经营情况方面的信息及其所处行业的信息；对于作为债权人的银行来说，他们为了选择贷款对象、衡量贷款风险、做出贷款决策，不仅需要了解企业包括流动比率、速动比率、资产负债率等指标在内的短期偿债能力和长期偿债能力，也需要了解企业所处行业的基本情况及其在同行业所处的地位；对于作为社会经济管理者的政府部门来说，他们为了制定经济政策、进行宏观调控、配置社会资源，需要从总体上掌握企业的资产负债结构、损益状况和现金流转情况，从宏观上把握经济运行的状况和发展变化趋势。所有这一切。都需要会计提供有助于他们进行决策的信息，通过提高会计信息透明度来规范企业会计行为。

(2）会计有助于企业加强经营管理，提高经济效益，促进企业可持续发展。企业经营管理水平的高低直接影响着企业的经济效益、经营成果、竞争能力和发展前景，在一定程度上决定着企业的前途和命运。为了满足企业内部经营管理对会计信息的需要，现代会计已经渗透到了企业内部经营管理的各个方面。比如，企业会计通过分析和利用有关企业财务状况、经营成果和现金流量方面的信息，可以全面、系统、总括地了解企业生产经营活动情况、财务状况和经营成果，并在此基础上预测和分析未来发展前景；可以通过发现过去经营活动中存在的问题，找出存在的差距及问题的原因，并提出改进措施；可以通过预算的分解和落实，建立起内部经济责任制，从而做到目标明确、责任清晰、考核严格、赏罚分明。总之，会计通过真实地反映企业的财务信息，参与经营决策，为处理企业与各方面的关系、考核企业管理人员的经营业绩、落实企业内部管理责任奠定基础，有助于发挥会计工作在加强企业经营管理、提高经济效益方面的积极作用。

（3）会计有助于考核企业管理层经济责任的履行情况。企业接受了包括国家在内的所有投资者和债权人的投资，就有责任按照其预定的发展目标和要求，合理利用资源，加强经营管理，提高经济效益，接受考核和评价。会计信息有助于评价企业的业绩，有助于考核企业管理层经济责任的履行情况。比如，对于作为企业所有者的投资者来说，他们为了了解企业当年度经营活动成果和当年度的资产保值和增值情况，需要将利润表中的净利润与上年度进行对比，以反映企业的盈利发展趋势；需要将其与同行业进行对比，以反映企业在与同行业竞争时所处的位置，从而考核企业管理层经济责任的履行情况；对于作为社会经济管理者的政府部门来说，他们需要了解企业执行计划的能力，需要将资产负债表、利润表和现金流量表中所反映的实际情况与预算进行对比，反映企业完成预算的情况，表明企业执行预算的能力和水平。所有这一切，都需要作为经济管理工作重要组成内容的会计提供信息。

但在我国目前的经济生活中，会计也出现了负面的消极作用。会计之所以产生消极作用，主要原因是会计信息失真。虚假或错误的会计信息直接导致了国有资产流失、偷逃税款等现象的出现，也可能误导投资者的决策，给投资者造成巨大损失。尽管对会计信息失真这一问题的成因和对策尚无定论，但毋庸置疑，会计信息失真使会计工作产生了负效应。这一点是认识会计作用时不应被忽视的。

1.3　会计核算基本程序与会计方法体系

1.3.1　会计核算基本程序

以反映企业管理者受托责任履行情况，有助于财务报告使用者做出经济决策为目标的会计，开展会计工作所运用的方法构成一个信息系统。信息输入、信息转换和信息输出是会计信息系统的基本环节。要将企业经济活动的信息转化为会计信息，需要经过会计确认、会计计量、会计记录和会计报告等基本程序。

1.3.1.1　会计确认

会计确认主要是对输入会计信息系统的原始数据和输出会计信息系统的经济信息进行认定。会计信息系统主要提供以货币计量的企业经济活动信息，因而并不是企业所有生产经营活动的原始数据都能进入会计系统加以处理，即只有涉及企业资金运动的会计事项或交易才进入到会计系统加以处理。比如，企业人力资源配置情况、产品质量等级、企业产品市场占有率、材料供应商数量等，其数据不涉及企业资金的运动，因而就不能被会计信息系统所接收。而诸如企业货币资产消耗、吸收投资者投资、向银行举债、存货销售、购买股票和债券、将原材料投入生产过程、支付企业欠款等经济活动，其原始数据涉及企业资金的运动，则必须进入会计信息系统予以加工。就信息输出来看，并不是所有经过会计信息系统加工的信息都应该传输给会计信息的使用者。哪些信息应当输出以及如何输出，必须以满足信息使用者的决策需要为原则。因此，会计信息系统对输出给信息使用者的会计信息的内容与方式必须进行再次确认。

1. 会计确认的分类

根据以上分析，会计确认可分为初次确认和再次确认。

（1）初次确认。初次确认是对输入会计核算系统的原始经济信息进行的确认。原始经济信息的载体是伴随着经济业务发生的原始凭证，所以初次确认从审核和填制原始凭证开始，对经济业务所产生的原始数据及其内容进行具体的识别、判断，将筛选后有用的原始数据进行分类，运用复式记账法编制记账凭证，将经济数据转化为会计信息，据以登记有关账簿。初次确认的标准主要是发生的经济业务能否用货币计量，如果发生的经济业务能够用货币计量，则通过了初次确认可以进入会计核算系统；如果发生的经济业务不能用货币计量，则将其摒弃在会计核算系统之外。

（2）再次确认。再次确认是指对会计核算系统输出的经过加工的会计信息进行的确认。再次确认是依据管理者的需要，确认账簿资料中的哪些内容应列入财务报表，或是在财务报表中应揭示多少财务资料和何种财务资料。再次确认还应包括对已确认过的经济数据在日后由于变动影响的再次确认。

再次确认实际上是对依据形成的会计信息再提纯、再加工，以保证其真实性及正确性，满足各会计信息使用者的需要。再次确认的标准主要是会计信息使用者的需要，会计输出的信息应是能够影响会计信息使用者决策的信息。

初次确认与再次确认的任务是不一样的。初次确认决定着经济信息能否转换成会计信息进入会计核算系统，而再次确认则是对经过加工的信息再提纯。经过初次确认和再次确认，可以保证会计信息的真实性和有用性。

2. 会计确认的标准

会计确认（包括初次确认和再次确认）的核心问题是根据什么标准确认。会计确认应当以反映企业管理者受托责任、提供决策有用的信息这一目标为原则，并遵循“可定义性”“可计量性”“可靠性”“相关性”等会计确认的基本标准。

（1）可定义性。首先应确认发生的经济业务能否进入会计核算系统，然后再对能够进入会计核算系统的经济业务按照会计要素的定义将其具体确认为某一会计要素。

（2）可计量性。可计量性是会计确认的核心问题。即有关的价值以及流入或流出的经济利益能够可靠地计量。如果不能可靠计量，确认就没有意义。

（3）可靠性。会计信息要真实可靠，首先应如实、完整地反映应当反映的交易或事项，而且这些交易或事项必须是根据它们的实质和不带偏向的经济现实，而不仅仅根据它们的法律形式进行核算和反映。

（4）相关性。会计信息相关性要求企业提供的会计信息应当与投资者等财务报告使用者的经济决策需要相关，有助于投资者等财务报告使用者对企业过去、现在或者未来的情况做出评价或者预测。

在这四个标准中，可定义性和可计量性是主要标准。如果会计信息主要反映的是企业经营管理者的受托责任，会计确认更强调信息的可靠性；如果会计信息主要是为满足会计信息使用者的需要，会计确认更强调会计信息的相关性。因此，进行会计确认时应在可靠性和相关性之间权衡，以保证输出的信息能够满足各方面的需要。

1.3.1.2　会计计量

1. 会计计量定义

会计计量是借助于货币形式对企业经济活动中内含的数量关系进行计算和确定。会计计量是在会计确认的基础上，将经济活动予以数量化。就企业经济活动而言，会计确认是解决“定性”问题，而会计计量是解决“定量”问题。或者说，会计确认解决“是什么”的问题，而会计计量解决“是多少”的问题。例如，企业从外部取得了一项专利权，则会计上必须解决两个问题：一是专利权是否应当作为会计信息的内容来记录以及作为什么内容进行记录；二是企业取得此项专利权实际发生的支出是多少（即计算确定该项专利权的实际成本）。前者属于会计确认范畴，而后者属于会计计量范畴。美国著名会计学家井尻雄士在其著作《会计计量理论》中认为“会计计量是会计的核心”，足以说明会计计量对于会计信息系统的重要程度。

2. 会计计量属性

美国著名会计学家 K. S. 莫斯特认为，会计计量主要由定量的财产（或属性）和为定量该财产（或属性）所采用的计量尺度两个因素构成。即一个完整的会计计量模式，除计量对象外，还包括计量属性和计量单位两个要素。其中，计量单位是指对计量对象就某一属性进行计量时，具体使用的标准量度，包括名义货币单位和不变购买力货币单位两种；计量属性是指计量客体的特征或外在表现形式。普遍认可的计量属性有历史成本、公允价值、可变现净值、重置成本、现值等。

（1）历史成本。历史成本，又称为实际成本，是指为取得或制造某项财产物资实际支付的现金或其他等价物。在历史成本计量下，资产按照购置时支付的现金或者现金等价物的金额，或者按照购置资产时所付出的对价的公允价值计量。负债按照因承担现时义务而实际收到的款项或者资产的金额，或者承担现时义务的合同金额，或者按照日常活动中为偿还负债预期需要支付的现金或者现金等价物的金额计量。历史成本具有可靠性，并且其计量的实践经验和理论很丰富。但是，历史成本属性只能反映资源的存在、反映资源过去和现在用到何处，不能代表可能产生的未来经济利益对资源委托者的报酬。尤其是在物价变动明显时，其可比性、相关性下降，经营业绩和持有收益不能分清，难以真实揭示企业的财务状况。

（2）公允价值。公允价值是指市场参与者在计量日发生的有序交易中，出售一项资产所能收到或者转移一项负债所需支付的价格。在公允价值计量下，企业应当根据交易性质和相关资产或负债的特征等，判断公允价值是否与其交易价格相等。市价是所有市场参与者充分考虑了某项资产或负债未来现金流量及其不确定性风险之后所形成的共识，若没有相反的证据表明所进行的交易是不公正的或非出于自愿的，市场交易价格即为资产或负债的公允价值。公允价值计量具有较强的相关性。用户通过公允价值信息可以了解企业当前所持有的资产或负债的真实价值，从而做出对企业风险及管理业绩的评价。公允价值对于资产，尤其是虚拟资产和软性资产的计量，具有较强的适应性。如“期货”“期权”“远期合约”“互换”等，这些衍生金融工具只产生合约的权利或义务，而交易和事项并未发生。从法律的角度看，由于签约双方之间的报酬与风险已开始转移，为了使会计信息使用者了解正在发生的业务的现时信息以及其对企业未来财务状况和经济活动影响的可能程度，企业运用公允价值能够很好地解决会计对该业务进行确认、计量方面的问题。公允价值是理性双方在无干扰情况下，自愿进行交换的价值，其价值的确定并不取决于业务是否发生。因此，会计可以按公允价值对衍生金融工具产生的权利、义务进行计量、反映，并向信息使用者提供信息。

（3）可变现净值。可变现净值是指在正常的生产经营过程中，以预计售价减去进一步加工成本和预计销售费用以及相关税费后的净值。在可变现净值计量下，资产按照其正常对外销售所能收到现金或者现金等价物的金额扣减该资产至完工时估计将要发生的成本、估计的销售费用以及相关税费后的金额计量。可变现净值又称预期脱手价格。这种计量属性能反映预期变现能力，评价企业的财务应变能力，消除费用分摊的主观随意性。可变现净值作为资产的现实价值与决策的相关性较强，但不适用于所有资产，因为它无法反映企业预期使用资产产生的价值，而并非所有资产、负债都有变现价值。同时，可变现净值计量属性的缺陷在于假设企业资源随时处于清算状态，违背了持续经营假设。

（4）重置成本。重置成本，又称现行成本，是指按照当前市场条件，重新取得同样一项资产所需要支付的现金或者现金等价物金额。在重置成本计量下，资产按照现在购买相同或者相似资产所需支付的现金或者现金等价物的金额计量，负债按照现在偿付该项债务所需支付的现金或者现金等价物的金额计量。重置成本这种计量属性能够避免因价格变动的收益虚计，较为客观地评价企业的管理业绩。但重置成本确定较为困难，无法与原持有资产完全吻合，从而影响信息的可靠性；其次，重置成本仍然不能消除货币购买力变动的影响，也无法以持有资本的形式解决资本保值问题，使以后的生产能力难以得到补偿。

（5）现值。现值是指对未来现金流量以恰当的折现率进行折现后的价值，是考虑货币时间价值的一种计量属性。在现值计量下，资产按照预计从其持续使用和最终处置中所产生的未来净现金流入量的折现金额计量。负债按照预计期限内需要偿还的未来净现金流出量的折现金额计量。现值计量属性考虑了货币时间价值，与决策的相关性最强，现值计量属性能够体现经营管理责任的全部要求。然而，由于现值计量基于一系列假设与判断，难以实现“硬”计量，其未来现金流入量现值是不确定的，因而可靠性较差。

3. 会计计量过程

会计计量过程可以分为初始计量和后续计量。初始计量是对交易和事项的数量加以衡量、计算和确定，以便在复式簿记系统中能被记录并转化为货币表现的会计信息；后续计量则要衡量和确定该交易与事项的货币数量在初始计量后的变动情况。

一般来说，以历史成本计量为中心的传统会计计量侧重于初始计量，这是由于会计所处的环境决定的。现代企业制度建立的初期，管理层次对会计信息的需求仍然以事实性信息为主；此外，管理人员的素质也未能达到分析时效信息、预测信息等目的性信息的水平。为实现受托经济责任的评价目标，传统会计根据历史成本基础和名义财务资本保全概念编制财务报告。随着市场条件的改变，资产定义和资产形态发生了变化，风险价值成为资产价值的重要内容。以历史成本进行的初始计量，已不能满足信息使用者的要求，新经济形势下的信息使用者更注重企业的现在和将来，关注投资的增值性与企业成长价值。信息需求者的这种转变，使会计计量已不能停留在以历史成本为主的初始计量之上，需要提供企业在现实条件下的财务状况和经营成果，即强调后续计量来反映企业财务状况和经营成果的动态信息。

后续计量与会计环境的变化密切相关，它能准确地体现环境的复杂性、不确定性、风险性，客观地反映经济活动。后续计量适应了信息使用者需求的变化。在初始确认与计量之后，进行后续确认与计量来反映企业价值的变动，提供风险价值的动态信息，达到计量结果与客观现值的一致，有效地减少对未来现金流量预测的不确定性影响。

1.3.1.3　会计记录

会计记录是将对企业经济活动进行会计确认和计量的结果在账户中予以登记，从而达到记录经济交易与事项的目的。会计记录在专门设置的账户中进行。账户是用来分类记录经济交易与事项的一种“工具”，如记录企业库存现金增减变动的“库存现金”账户，记录企业投资者投入资本的“实收资本”账户，记录企业厂房、建筑物、机器设备等财产的“固定资产”账户等。账户应当根据企业经济交易与事项的内容来设定，如资产类账户、负债类账户、所有者权益类账户、收入类账户、费用类账户等。从功能来讲，每一个账户都能提供企业某一特定内容（如原材料、应收账款、短期借款、营业收入、管理费用等）在特定会计期间的增减变动及其结果的信息。如原材料账户提供某一会计期间（月度、季度、半年度、年度等）购入的材料数量、耗用的材料数量和期末持有（结存）的材料数量等信息；实收资本账户提供某一会计期间投资者投入的资本数量、企业减少的资本（即减资）数量和期末资本的实际数量等信息。

对企业经济交易与事项进行记录，必须采用复式记账方法。这是一项国际惯例。按照复式记账要求，企业对发生的每一项经济交易与事项，都必须在两个或两个以上的账户中进行相互联系的登记。采用复式记账法可以确保企业的经济交易与事项得到全面、完整的记录，同时，根据交易与事项的记录结果还可以验证交易与事项记录过程的正确性。采用复式记账法对企业经济活动进行记录，也是保证会计信息质量、实现会计目标的基础。

1.3.1.4　会计报告

会计报告是企业以财务报告方式将企业经济活动信息提供给信息使用者。企业会计信息的使用者主要包括企业外部的投资者、债权人、政府及其经济监管机构以及顾客、社会公众等和企业内部经营管理者（企业管理层）。作为向使用者提供决策有用信息的主要方式，企业财务报告在内容、格式等方面必须充分考虑信息使用者的要求。财务报告包括财务报表和其他财务报告。财务报表是企业财务报告的主体内容，主要由反映企业财务状况的资产负债表、反映企业经营业绩的利润表和反映企业现金流量的现金流量表组成。

企业财务报告披露的会计信息，必须符合会计信息的质量特征要求，包括会计信息的相关性和可靠性等。企业财务报告特别是财务报表的信息，来自提供经济活动详细情况的账户资料。也就是说，企业财务报表的编制以账户记录为依据。账户提供企业经济活动某一方面的详细情况，即账户记录以提供分类的经济信息为特征；而财务报表提供企业在一定会计期间经济活动的整体情况，其提供的经济信息具有全面、完整等特征。

会计确认、会计计量、会计记录和会计报告是企业财务会计的基本内容，其相互关联、相互影响，并构成会计信息系统运行的基本程序。

1.3.2　会计方法体系

1. 会计方法体系构成

会计方法是反映和监督会计对象，完成会计任务的手段，它随着会计的职能、作用的发展而发展。从会计产生和发展的历史来看，会计的方法经历了一个从不完善到比较完善，从不系统到比较系统的发展过程。会计方法是用来反映和监督会计对象的，由于会计对象多种多样，错综复杂，从而决定了预测、反映、监督、检查和分析会计对象的手段不是单一的，而是由一个方法体系构成的。

会计的方法主要是用来反映会计对象的，而会计对象是资金运动，资金运动是一个动态过程，它是由各个具体的经济活动来体现的，会计为了反映资金运动过程，使其按照人们预期的目标运行，必须首先具备提供已经发生或已经完成的经济活动，即具备历史会计信息的方法体系；会计要利用经济活动的历史信息，分析和检查过去、预测未来，因而，会计还要具备条件提供反映预计发生的经济活动情况，即具备未来会计信息的方法体系；为了检查和保证历史信息和未来信息的质量，并对检查结果做出评价，会计还必须具备检查的方法体系。长期以来，人们把评价历史信息的方法归纳为会计分析的方法。因此，会计对经济活动的管理是通过会计核算方法、会计分析方法以及会计检查方法等来进行的。

会计核算是将经济信息依照会计准则的规定进行确认、计量、记录、计算、分析、汇总、加工处理，使其成为会计信息的过程。会计分析是利用会计核算提供的信息资料，结合其他有关信息，对企业财务状况和经营成果进行的分析研究。会计检查是通过会计核算及会计分析所提供的资料，以检查企业的生产经营过程或单位的经济业务是否合理合法及会计资料是否完整正确。会计核算方法、会计分析方法以及会计检查方法紧密联系，相互依存，相辅相成，形成了一个完整的会计方法体系，其中，会计核算方法是基础，会计分析方法是会计核算方法的继续和发展，会计检查方法是会计核算方法和分析方法的保证。

2. 会计核算专门方法

会计核算是会计方法中最基本、最主要的方法，是其他各种方法的基础。在社会再生产过程中，将会产生大量的经济信息。将经济信息依照会计准则的规定进行确认、计量、记录、计算、分析、汇总、加工处理，就会成为会计信息。这个信息转换的过程就是会计核算。它需要运用包括设置会计科目及账户、复式记账、填制与审核凭证、登记账簿、成本计算、财产清查和编制会计报表等一系列具体的专门方法。

（1）设置会计科目及账户。设置会计科目及账户，是对会计对象具体内容进行分类核算的方法。会计对象包含的内容纷繁复杂，设置会计科目及账户就是根据会计对象具体内容的不同特点和经济管理的不同要求，选择一定的标准进行分类，并事先规定分类核算的项目，在账簿中开设相应的账户，以取得所需要的核算指标。

（2）复式记账。复式记账是对每一项经济业务，都要以相等的金额同时在两个或两个以上的相关账户中进行记录的方法。复式记账法要使得每项经济业务所涉及的两个或两个以上的账户之间产生一种平衡关系，以了解和掌握经济业务的内容，检查会计记录的正确性。同时，采用复式记账法记录各项经济业务，能够全面、系统地反映各项经济业务之间的联系，反映经济活动的全貌。

（3）填制与审核凭证。填制与审核凭证，是为会计记录提供完整的、真实的原始资料，保证账簿记录正确、完整的方法。会计凭证是记录经济业务和明确经济责任的书面证明，是登记账簿的依据。会计凭证分为原始凭证和记账凭证。对于已经发生的经济业务，都必须由经办人或单位填制原始凭证，并签名盖章。所有原始凭证都要经过会计部门和其他有关部门的审核。只有审核后的并被认为是正确无误的原始凭证，才能作为填制记账凭证和登记账簿的依据。所以，填制和审核会计凭证是会计核算的起点，也是保证会计资料真实性、正确性的有效手段。

（4）登记账簿。登记账簿，是根据填制和审核无误的记账凭证，在账簿上进行全面、连续、系统记录的方法。账簿是用来记录经济业务发生的簿籍。登记账簿应以记账凭证为依据，按照规定的会计科目开设账户，并将记账凭证中所反映的经济业务分别记入有关账户。这样，账簿记录就对会计凭证中分散记录的经济业务内容进行了进一步的分类、汇总，使之系统化，能够更加适应信息使用者的需要。账簿记录的各种数据资料，还是编制财务报告的重要依据。所以，登记账簿是会计核算的主要方法。

（5）成本计算。成本计算实际上是一种会计计量活动，它所要解决的是会计核算对象的货币计价问题，因此广义的成本计算存在于各种经济活动之中，任何一项经济活动只要纳入会计的核算系统，就都有一个货币计价问题，而货币计价也就是确定用何种成本入账的问题。所谓成本计算就是对应计入一定对象上的全部费用进行归集、计算，并确定各该对象的总成本和单位成本的会计方法。通过成本计算可以正确地对会计核算对象进行计价，可以考核经济活动过程中物化劳动和活劳动的耗费程度，为正确计算盈亏提供数据资料。

（6）财产清查。财产清查是通过实物盘点、往来款项的核对来检查财产和资金实有数额的方法。在财产清查中发现的财产、资金账面数额与实存数额不符的情况，应该及时调整账簿记录，使账存数与实存数保持一致，并查明账实不符的原因，明确责任。清查中发现的积压或残损物资以及往来账款中的呆账、坏账，要积极清理和加强财产管理。因此，财产清查是保证会计核算资料的真实性、正确性的一种手段。

（7）编制会计报表。编制会计报表是根据账簿记录的数据资料，采用一定的表格形式，概括地、综合地反映各单位在一定时期内经济活动过程和结果的一种方法。编制会计报表是对日常会计核算的总结，是在账簿记录基础上对会计核算资料的进一步加工整理。会计报表提供的资料是进行会计分析、会计检查的重要依据。

会计核算方法的相互联系、相互配合，构成了一个完整的方法体系。在单位组织的经济业务发生时，首先要根据经济业务的内容取得或填制会计凭证并加以审核；同时，按照规定的会计科目，在账簿中开设账户，并根据审核无误的记账凭证，运用复式记账原理登记账簿，对于生产经营过程中发生的各项费用，以及各种需要确定成本构成的业务，要进行成本计算，月末对凭证和账簿记录要通过财产清查加以核实；最后，根据核实的账簿资料编制会计报表。上述各种方法之间的关系，可用图 1-1 表示。

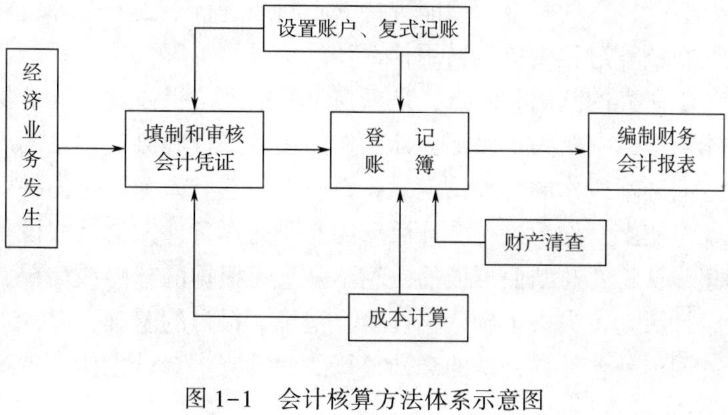

图 1-1　会计核算方法体系示意图

3. 会计循环

会计循环是指按照一定的步骤反复运行的会计程序。具体说来，会计循环是在经济业务事项发生时，从填制和审核会计凭证开始，到登记账簿，直至编制财务会计报告，即完成一个会计期间会计核算工作的过程。在连续的会计期间，这些工作周而复始地不断循环进行。会计循环的基本过程如图 1-1 所示，其具体步骤为以下几项。

第一步，初次确认。以能否用货币计量为标准分析发生的交易或事项，将能够以货币计量的交易或事项纳入会计处理系统，并确定交易或事项的发生对会计要素的具体影响。

第二步，入账。通过审核原始凭证分析具体的交易或事项，编制会计分录、填制记账凭证或登记日记账，将能够以货币表现的交易或事项记录到会计信息的载体上。

第三步，过账。根据已编制的记账凭证或日记账登记到分类账簿中，以便分类反映各会计要素。

第四步，结账。将各种收入账户和费用账户转到有关账户中，结清收入和费用账户，以便结出本期的经营成果。

第五步，编制调整前的试算平衡表。根据账簿中记载的余额、发生额等编制平衡表，以检验账簿记录的正确性。

第六步，编制期末调整分录并过账。依据权责发生制原则对分类账户的有关记录进行调整，以便正确计算当期损益；对未入账的交易或事项编制调整分录，以使各账户反映最新的情况。

第七步，编制调整后的试算平衡表。由于编制了期末调整分录并过账，需要再次编制调整后的平衡表，检验账簿记录的正确性。

第八步，编制正式的财务报表。根据调整后的试算平衡表编制正式的资产负债表、利润表等财务报表。

1.4 会计基本假设

1.4.1 会计假设含义

由于会计工作所处的经济环境十分复杂，受很多不确定因素的影响，因此，面对变化不定的经济环境，会计人员必须首先要解决以下问题：会计核算的范围有多大？会计为谁核算、给谁记账？会计核算的资金运动能否持续不断地进行下去？会计应该在什么时候记账、算账、报账？在核算过程中应该采用什么计量手段？等等。

假设是进行科学研究的基础和起点，是任何学科或理论得以成立的前提。会计假设也称会计核算的基本前提，它是为了保证会计工作的正常进行和会计信息的质量，对会计核算所处的时间、空间环境所作的合理设定。会计假设虽然有人为假定的一面，但是并不因此影响其客观性。事实上，作为进行会计活动的必要前提条件，会计假设是会计人员在长期的会计实践中逐步认识，总结而形成的，绝不是毫无根据的猜想或简单武断的规定。离开了会计假设，会计活动就失去了确认、计量、记录、报告的基础，会计工作就会陷入混乱甚至难以进行。国内外会计界公认的会计核算的假设有：会计主体、持续经营、会计分期和货币计量。

1.4.2　会计的基本假设

1. 会计主体假设

会计主体是指会计核算和监督的特定单位或组织。会计主体假设是对会计人员进行核算（确认、计量、记录、报告）的空间范围的界定。组织核算工作首先应明确为谁核算的问题，这是因为会计的各种要素，例如，资产、负债、收入、费用等，都是同特定的经济实体，即会计主体相联系的，一切核算工作都是站在特定会计主体立场上进行的。如果主体不明确，资产和负债就难以界定，收入和费用便无法衡量，以划清经济责任为准绳而建立的各种会计核算方法的应用便无从谈起。因此，在会计核算中必须将该主体所有者的财务活动、其他经济实体的财务活动与该主体自身的财务活动严格区分开，会计核算的对象是该主体自身的经济活动。确定会计主体，就是要明确为谁核算，核算谁的业务。

这里应该指出的是，会计主体与经济上的法人不是一个概念。作为一个法人，其经济必然是独立的，因而法人一般应该是会计主体，但是构成会计主体的并不一定都是法人。比如，从法律上看，独资及合伙企业所有的财产和债务，在法律上应视为所有者个人财产延伸的一部分，独资及合伙企业在业务上的种种行为仍视其为个人行为，企业的利益与行为和个人的利益与行为是一致的，独资与合伙企业都因此而不具备法人资格。但是，独资、合伙企业都是会计主体，在会计处理上都要把企业的财务活动与所有者个人的财务活动截然分开。例如，企业在经营中得到的收入不应记为其所有者的收入，发生的支出和损失也不应记为其所有者的支出和损失，只有按照规定的程序转到所有者名下，才能算其收益或损失。

以会计主体作为会计的基本前提条件，对会计核算范围从空间上进行了有效的界定，有利于正确地反映一个经济实体所拥有的财产及承担的债务，计算其经营收益或可能遭受的损失，提供准确的会计信息。

2. 持续经营假设

持续经营假设是指在可以预见的未来，如果没有明显的证据证明企业不能经营下去，就认为企业将会按当前的规模和状态继续经营下去，不会停业，也不会大规模削减业务。在此前提下，企业拥有的各项资产就在正常的经营过程中耗用、出售或转换，承担的债务也在正常的经营过程中清偿，经营成果就会不断形成，这对核算的必要性是不言而喻的。如果说会计主体作为基本前提是一种空间界定，那么持续经营则是一种时间上的界定。

持续经营对于会计十分重要，它为正确地确定资产计价、收益提供了理论依据。只有具备了这一前提条件，才能够认为资产在未来的经营活动中可以给企业带来经济效益，固定资产的价值才能够按照使用年限的长短以折旧的方式分期转为费用。对一个企业来说，如果持续经营这一前提条件不存在了，那么一系列的会计准则和会计方法也相应地会丧失其存在的基础，所以，作为一个会计主体必须以持续经营作为前提条件。

在实务中，要不断对企业是否可以持续经营进行判断和评估，如果不能持续经营，企业应披露终止经营的信息。

3. 会计分期假设

会计分期是指将企业持续经营的经济活动划分为一个个连续的、长短相同的期间，以便分期结算账目和编制财务会计报告。会计分期假设是建立在持续经营基础上的，也可以说是持续经营假设的必要补充。

企业的经营活动从时间上来看是持续不断的，但会计为了定期为使用者提供会计信息，就必须将持续不断的经营过程划分成若干期间。会计期间一般按照日历时间划分，分为年、季、月。会计期间的划分是一种人为的划分，实际的经济活动周期可能与这个期间不一致，有的经济活动可以持续在多个会计期间进行。但是，与企业有利益关系的单位或个人都需要在一个期间结束之后，随时掌握企业的财务状况和经营成果，而不可能等待全部经营过程完结之后再考察企业经营成果。

会计分期假设是对会计工作时间范围的具体划分。基本会计期间是一个会计年度。中外各国所采用的会计年度一般都与本国的财政年度相同。我国以日历年度作为会计年度，即从公历的 1 月 1 日至 12 月 31 日为一个会计年度。会计年度确定后，一般按日历确定会计半年度、会计季度和会计月度。其中，凡是短于一个完整的会计年度的报告期间均称为中期。

会计分期假设有着重要的意义。有了会计分期，才产生了本期与非本期的区别，才产生了收付实现制和权责发生制，以及划分收益性支出和资本性支出等要求。只有正确地划分会计期间，才能及时提供财务状况和经营成果的资料，才能进行会计信息的对比。可以说，会计分期假设的确立，使得企业可以分期结算账目、编制财务会计报告，提供会计信息，也即明确了何时记账、算账和报账。

4. 货币计量假设

货币计量是指会计主体在会计确认、计量和报告时以货币作为计量尺度，反映会计主体的经济活动。用货币来反映一切经济业务是会计核算的基本特征，因而也是会计核算的一个重要性的前提条件。选择货币作为共同尺度，以数量的形式反映会计实体的经营状况及经营成果，是商品经济发展的产物。会计计量是会计核算的关键环节，是会计记录和会计报告的前提，货币则是会计计量的统一尺度。企业经济活动中凡是能够用这一尺度计量的，就可以进行会计反映，凡是不能用这一尺度计量的，则不必进行会计反映。

由于货币币值本身是波动的，会计在采用某一货币作为记账本位币时，必须假定货币本身的价值稳定不变，或者变动的幅度不大，可以忽略不计。也就是说货币计量的前提实际上还需要隐含另一个重要前提，即币值稳定前提。

我国企业的会计核算一般以人民币为记账本位币。业务收支以人民币以外的其他货币为主的企业，也可以选定该种货币作为记账本位币，但编制的会计报表应当折算为人民币反映。

综上所述，会计假设虽然是人为确定的，但完全是出于客观的需要，有充分的客观必然性。否则，会计核算工作就无法进行。这四项假设缺一不可，既有联系，也有区别，共同为会计核算工作的开展奠定了基础。

1.5 会计信息的使用者及其质量要求

1.5.1 会计信息的使用者

会计信息的使用者主要包括投资者、债权人、企业管理层、员工、政府及其相关部门等。投资人关心的主要是投资与报酬方面的信息；债权人关心的主要是公司的偿债能力；企业经营管理层关心的是盈利能力；员工关注企业发展前景和就业保障；政府相关部门关心的是社会效益及税收等。随着企业建制的不断完善和资本市场的不断发展，会计信息的使用者的范围也较以往大大增加，包括供应商、客户、竞争对手和社会公众等。如供应商关注企业支付能力；社会公众主要关注企业的可持续发展能力，有没有生产伪劣产品、是否对环境造成污染等。

1.5.2　会计信息的质量要求

会计信息质量要求是对企业财务报告中所提供会计信息质量的基本要求，是使财务报告中所提供的会计信息对报表使用者决策有用应具备的基本特征。根据财政部颁布的《企业会计准则——基本准则》，会计信息质量要求包括可靠性、相关性、清晰性、可比性、实质重于形式、重要性、谨慎性和及时性，这些要求都是为了保证会计信息的质量而提出，是会计确认、计量和报告质量的保证。

1. 可靠性

《企业会计准则——基本准则》第十二条规定："企业应当以实际发生的交易或者事项为依据进行会计确认、计量和报告，如实反映符合确认和计量要求的各项会计要素及其他相关信息，保证会计信息真实可靠、内容完整。"

可靠性也称客观性、真实性，是对会计信息质量的一项基本要求，它要求会计信息必须是客观存在，中立的，且具有可验证性。

会计信息要有用，必须以可靠为基础，如果财务报告所提供的会计信息是不可靠的，就会给投资者等使用者的决策产生误导甚至损失。为了贯彻可靠性要求，企业应当做到以下几个方面。

（1）以实际发生的交易或者事项为依据进行确认、计量，将符合会计要素定义及其确认条件的资产、负债、所有者权益、收入、费用和利润等如实反映在财务报表中，不得根据虚构的、没有发生的或者尚未发生的交易或者事项进行确认、计量和报告。例如，某公司于 2023 年年末发现公司销售萎缩，无法实现年初确定的销售收入目标，考虑到在 2024 年春节前后，公司销售可能会出现较大幅度的增长，公司为此提前预计库存商品销售，在 2023 年年末制作了若干存货出库凭证，并确认销售收入实现。该公司这种处理不是以其实际发生的交易事项为依据的，而是虚构的交易事项，违背了会计信息质量要求的可靠性原则，也违背了我国"会计法"的规定。

（2）在符合重要性和成本效益原则的前提下，保证会计信息的完整性，其中包括应当编报的报表及其附注内容等应当保持完整，不能随意遗漏或者减少应予披露的信息，与使用者决策相关的有用信息都应当充分披露。

（3）包括在财务报告中的会计信息应当是中立的、无偏的。会计人员不能为了某些特定利益者的意愿而对会计信息作出特殊安排，故意选用不适当的计量和计算方法，隐瞒或歪曲部分事实，来诱使特定的行为发生。例如，企业在财务报告中为了达到事先设定的结果或效果，通过选择或列示有关会计信息以影响决策和判断的，这样的财务报告信息就不是中立的。

2. 相关性

《企业会计准则——基本准则》第十三条规定："企业提供的会计信息应当与财务会计报告使用者的经济决策需要相关，有助于财务会计报告使用者对企业过去、现在或者未来的情况做出评价或者预测。"

相关性也称有用性，是会计信息质量的一项基本要求，它要求企业提供的会计信息应当与投资者等财务报告使用者的经济决策需要相关，有助于投资者等财务报告使用者对企业过去、现在或者未来的情况作出评价或者预测。

会计信息是否有用，是否具有价值，关键是看其与使用者的决策需要是否相关，是否有助于决策或者提高决策水平。相关的会计信息应当能够有助于使用者评价企业过去的决策，证实或者修正过去的有关预测，因而具有反馈价值。相关的会计信息还应当具有预测价值，有助于使用者根据财务报告所提供的会计信息预测企业未来的财务状况、经营成果和现金流量。

会计信息质量的相关性要求，需要企业在确认、计量和报告会计信息的过程中，充分考虑使用者的决策模式和信息需要。但是，相关性是以可靠性为基础的，两者之间并不矛盾，不应将两者对立起来。也就是说，会计信息在可靠性前提下，尽可能地做到相关性，以满足投资者等财务报告使用者的决策需要。

3. 清晰性

《企业会计准则——基本准则》第十四条规定："企业提供的会计信息应当清晰明了，便于财务会计报告使用者理解和使用。"

清晰性也称可理解性，是对会计信息质量的一项重要要求。企业编制财务报告、提供会计信息的目的在于使用，而要使使用者有效使用会计信息，应当能让其了解会计信息的内涵，弄懂会计信息的内容，这就要求财务报告所提供的会计信息应当清晰明了，易于理解。只有这样，才能提高会计信息的有用性，实现财务报告的目标，满足向投资者等财务报告使用者提供决策有用信息的要求。

会计信息毕竟是一种专业性较强的信息产品，在强调会计信息的可理解性要求的同时，还应假定使用者具有一定的有关企业经营活动和会计方面的知识，并且愿意付出努力去研究这些信息。对于某些复杂的信息，如交易本身较为复杂或者会计处理较为复杂，但其与使用者的经济决策相关的，企业就应当在财务报告中予以充分披露。

4. 可比性

《企业会计准则——基本准则》第十五条规定："企业提供的会计信息应当具有可比性。"

可比性要求企业提供的会计信息应当相互可比，这主要包括两层含义。

（1）同一企业不同时期可比。为了便于投资者等财务报告使用者了解企业财务状况、经营成果和现金流量的变化趋势，比较企业在不同时期的财务报告信息，全面、客观地评价过去、预测未来从而做出决策，会计信息质量的可比性要求同一企业不同时期发生的相同或者相似的交易或者事项，应当采用一致的会计政策，不得随意变更。但是，满足会计信息可比性要求，并非表明企业不得变更会计政策，如果按照规定或者在会计政策变更后可以提供更可靠、更相关的会计信息，可以变更会计政策。有关会计政策变更的情况，应当在报表附注中予以说明。

（2）不同企业相同会计期间可比。为了便于投资者等财务报告使用者评价不同企业的财务状况、经营成果和现金流量及其变动情况，会计信息质量的可比性要求不同企业同一会计期间发生的相同或者相似的交易或者事项，应当采用规定的会计政策，确保会计信息口径一致、相互可比，以使不同企业按照一致的确认、计量和报告要求提供有关会计信息。

5. 实质重于形式

《企业会计准则——基本准则》第十六条规定："企业应当按照交易或者事项的经济

实质进行会计确认、计量和报告，不应仅以交易或者事项的法律形式为依据。”

企业发生的交易或事项在多数情况下，其经济实质和法律形式是一致的，但在有些情况下，会出现不一致。例如企业非短期租入固定资产，虽然从法律形式来讲企业并不拥有其所有权，但是从其经济实质来看，企业能够在一定程度上控制租入固定资产所创造的未来经济利益，因此，就应当将其作为企业的使用权资产进行确认、计量和报告。

又如，企业按照销售合同销售商品但又签订了售后回购协议，虽然从法律形式上实现了收入，但如果回购是确定事项，且回购价确定，则其经济实质上往往只是以商品为抵押进行融资，即使签订了商品销售合同或者已将商品交付给购货方，也不应当确认销售收入。

6. 重要性

《企业会计准则——基本准则》第十七条规定：“企业提供的会计信息应当反映与企业财务状况、经营成果和现金流量等有关的所有重要交易或者事项。”

在实务中，如果会计信息的省略或者错报会影响投资者等财务报告使用者据此做出决策的，该信息就具有重要性。重要性的应用需要依赖职业判断，企业应当根据其所处环境和实际情况，从项目的性质和金额大小两方面加以判断。对于不重要的经济业务，可以简化处理，不必在会计报表上详细列示。例如，我国上市公司要求对外提供季度财务报告，考虑到季度财务报告披露的时间较短，从成本效益原则的考虑，季度财务报告没有必要像年度财务报告那样披露详细的附注信息。

7. 谨慎性

《企业会计准则——基本准则》第十八条规定：“企业对交易或者事项进行会计确认、计量和报告应当保持应有的谨慎，不应高估资产或者收益、低估负债或者费用。”

谨慎性，又称稳健性，是指一项经济业务在有多种会计方法可供选择时，尽量选择不高估资产和收益，不低估费用和负债的方法。在市场经济环境下，企业的生产经营活动面临着许多风险和不确定性，如应收款项的可收回性、固定资产的使用寿命、无形资产的使用寿命、售出存货可能发生的退货或者返修等。会计信息质量的谨慎性要求，需要企业在面临不确定性因素的情况下做出职业判断时，应当保持应有的谨慎，充分估计到各种风险和损失，既不高估资产或者收益，也不低估负债或者费用。例如，要求企业对可能发生的资产减值损失计提资产减值准备、对售出商品可能发生的保修义务等确认预计负债等，就体现了会计信息质量的谨慎性要求。

谨慎性的应用也不允许企业设置秘密准备，如果企业故意低估资产或者收益，或者故意高估负债或者费用，将不符合会计信息的可靠性和相关性要求，损害会计信息质量，扭曲企业实际的财务状况和经营成果，从而对使用者的决策产生误导，这是会计准则所不允许的。

8. 及时性

《企业会计准则——基本准则》第十九条规定：“企业对于已经发生的交易或者事项，应当及时进行会计确认、计量和报告，不得提前或者延后。”

及时性是指会计信息的时效性。会计信息的价值在于帮助所有者或者其他方面做出经济决策，即使是可靠、相关的会计信息，如果不及时提供，就失去了时效性，对于使用者的效用就大大降低，甚至不再具有实际意义。在会计确认、计量和报告过程中贯彻及时性，一是要求及时收集会计信息，即在经济交易或者事项发生后，及时收集整理各种原始单据或者凭证；二是要求及时处理会计信息，即按照会计准则的规定，及时对经济交易或者事项进行确认或者计量，并编制出财务报告；三是要求及时传递会计信息，即按照国家规定的有关时限，及时地将编制的财务报告传递给财务报告使用者，便于其及时使用和决策。

在实务中，为了及时提供会计信息，可能需要在有关交易或者事项的信息全部获得之前即进行会计处理，这样就满足了会计信息的及时性要求，但可能会影响会计信息的可靠性；反之，如果企业等到与交易或者事项有关的全部信息获得之后再进行会计处理，这样的信息披露可能会由于时效性问题，对于财务报告使用者决策的有用性将大大降低。这就需要在及时性和可靠性之间作相应权衡，以最好地满足财务报告使用者的经济决策需要为判断标准。

本章小结

会计是以货币作为主要计量单位，借助专门的方法和程序，对一定主体的经济活动进行连续、系统、全面、综合的核算和监督，并向有关方面提供会计信息的一种管理活动，它是经济管理的重要组成部分。会计产生于人们对经济活动进行管理的客观需要，随社会经济的要求而发展。

对会计本质的认识主要有三种代表性的观点：管理工具论、管理活动论、信息系统论。

会计目标就是对会计自身所提供经济信息的内容、种类、时间、方式及质量等方面的要求。会计目标有两种主流理论："受托责任观"和"决策有用观"。我国《企业会计准则——基本准则》明确的会计目标是"向财务报告使用者提供与企业财务状况、经营成果和现金流量有关的会计信息，反映企业管理者受托责任履行情况，有助于财务报告使用者做出经济决策"。

会计具有核算和监督两项基本职能，会计核算是会计监督的基础和前提，会计监督是会计核算的深化和发展。会计的作用包括两方面的内容：既能完善和加强经济管理，也能弱化经济管理。

会计的作用是指会计的各项职能在特定的历史时期、特定的社会经济制度下实现和利用之后所产生的效果。

会计核算的基本程序包括确认、计量、记录和报告四个环节。会计确认可分为初次确认和再次确认。计量属性有历史成本、重置成本、现值、可变现净值、公允价值等。

会计方法主要包括会计核算方法、会计分析方法和会计检查方法，其中会计核算方法是会计的基本方法。会计核算方法包括：设置会计科目及账户、复式记账、填制与审核凭证、登记账簿、成本计算、财产清查及编制财务报表。

会计假设也称会计核算基本前提，是为保证会计工作正常进行和会计信息质量，对会计核算的范围、内容、基本程序和方法等所做的基本假定。会计基本假设包括会计主体、持续经营、会计分期和货币计量。

会计信息质量要求是对企业财务报告中所提供会计信息质量的基本要求，是使财务报告中所提供会计信息对投资者等使用者决策有用应具备的基本特征，它主要包括可靠性、相关性、清晰性、可比性、实质重于形式、重要性、谨慎性和及时性。

课后练习

一、知识巩固和应用

（一）单项选择题

1. 会计是以（　　）为主要计量单位。

A. 实物　　B. 货币　　C. 劳动量　　D. 价格

2. 会计的基本职能一般包括（　　）。

A. 会计计划与会计决策　　B. 会计预测与会计控制

C. 会计控制与会计决策　　D. 会计核算与会计监督

3. 会计以货币为主要计量单位，通过确认、计量、记录、报告等环节，对特定主体的经济活动进行记账、算账、报账，为各有关方面提供会计信息的功能称为（　　）。

A. 会计核算职能　　B. 会计监督职能

C. 会计控制职能　　D. 会计预测职能

4. 会计人员在进行会计核算的同时，对特定主体经济活动的合法性、合理性进行审查称为（　　）。

A. 会计检查职能　　B. 会计核算职能

C. 会计监督职能　　D. 会计分析职能

5.（　　）界定了从事会计工作和提供会计信息的空间范围。

A. 会计职能　　B. 会计对象　　C. 会计内容　　D. 会计主体

6. 在可预见的未来，会计主体不会破产清算，所持有的资产将正常营运，所负有的债务将正常偿还。这属于（　　）。

A. 会计主体假设　　B. 持续经营假设

C. 会计分期假设　　D. 货币计量假设

7. 在我国，会计期间分为年度、半年度、季度和月度，它们均按（　　）确定。

A. 公历起讫日期　　B. 农历起讫日期

C. 7 月制起讫日期　　D. 4 月制起讫日期

8. 会计核算和监督的内容是特定主体的（　　）。

A. 资本运作　　B. 实物运动

C. 资金运动　　D. 经济资源

9.（　　）作为会计的基本假设，就是将一个会计主体持续经营的生产经营活动划分为若干个相等的会计期间。

A. 会计分期　　B. 会计主体

C. 会计年度　　D. 持续经营

10. 在货币计量前提下，我国企业的会计核算可以选用一种外币作为记账本位币，但其编制的财务会计报告应折算为（　　）反映。

A. 记账本位币　　B. 功能货币　　C. 人民币　　D. 某种外币

（二）多项选择题

1. 下列项目中，可以作为一个会计主体进行核算的有（　　）。

A. 母公司　　B. 分公司
C. 母公司和子公司组成的企业集团　　D. 销售部门
2. 下列项目中，属于会计基本假设的有（　　）。
A. 会计主体　　B. 持续经营　　C. 会计分期　　D. 货币计量
3. 下列说法正确的有（　　）。
A. 会计核算过程中采用货币为主要计量单位
B. 我国企业的会计核算只能以人民币为记账本位币
C. 业务收支以外币为主的单位可以选择某种外币为记账本位币
D. 在境外设立的中国企业向国内报送的财务报告，应当折算为人民币
4. 会计核算职能是指会计以货币为主要计量单位，通过（　　）等环节，对特定主体的经济活动进行记账、算账、报账。
A. 确认　　B. 记录　　C. 计算　　D. 报告
5. 会计期间可以分为（　　）。
A. 月度　　B. 季度　　C. 年度　　D. 半年度
6. 会计监督职能是指会计人员在进行会计核算的同时，对经济活动的（　　）进行审查。
A. 合法性　　B. 合理性　　C. 时效性　　D. 盈利性
7. 下列会计处理方法中，基于会计分期假设的有（　　）。
A. 应收　　B. 应付　　C. 预收　　D. 预付
8. 会计期间通常分为年度和中期，中期财务会计报告包括（　　）。
A. 周报　　B. 月报　　C. 季报　　D. 半年报
9. 会计主体发生的一切经济业务，都要依次经过的基本核算环节有（　　）。
A. 成本计算　　B. 编制会计报表　　C. 填制审核凭证　　D. 登记账簿
10. 会计信息的质量要求包括（　　）等。
A. 可靠性　　B. 相关性　　C. 系统性　　D. 可比性
（三）判断题
1. 会计主体是指企业法人。（　　）
2. 会计主体一般都是法律主体，但法律主体不一定是会计主体。（　　）
3. 会计是指以货币为主要计量单位，反映和监督一个单位经济活动的管理工作。（　　）
4. 会计核算和监督的内容就是指企业发生的所有的经济活动。（　　）
5. 会计的监督是会计人员在进行会计核算的同时，对特定会计主体经济活动的合法性、合理性进行审查。（　　）
6. 会计的职能只有两个，即会计核算与会计审查。（　　）
7. 在我国境内设立的企业，会计核算都必须以人民币作为记账本位币。（　　）
8. 凡是特定主体能够以货币表现的经济活动都是会计对象。（　　）
9. 会计主体是进行会计核算的基本前提之一，一个企业可以根据具体情况确定一个或若干个会计主体。（　　）
10. 各单位必须根据实际发生的经济业务事项进行会计核算，编制财务会计报告。（　　）

11. 企业发生的经济业务事项应在依法设置的会计账簿上统一登记、核算，不得私设账簿。 （　　）

12. 会计记录所使用的文字只能是中文，不允许使用民族文字或外国文字。 （　　）

二、素质养成和价值引领

（一）思考题

1. 为什么要确定会计假设？

2. 会计主体和法律主体是一回事吗？请举例说明。

3. 历史成本与公允价值，哪个侧重可靠性？哪个侧重相关性？

4. 公允价值的应用，是哪一种会计目标的体现？

（二）案例题

“果先生”超市是大学生小李和小王共同出资创办的，他俩每月将超市滞销的水果带回家吃，会计人员认为无须记账。有一天，小李从包里掏出超市采购办公用品的发票和他购买自行车的发票交给会计人员，会计人员都进行登记入账。

思考：“果先生”超市账务处理是否正确？为什么？

第 2 章　会计要素和会计账户

学习目标

知识目标： 掌握会计要素概念和我国会计六大要素的基本内容，深入了解会计等式平衡的原理与账户的基本结构，理解会计科目和会计账户的关系。

能力目标： 能够判断各类经济业务对会计等式的影响，能结合现实生活中的经济问题进行六大会计要素的具体分析。

素质目标： 充分认识会计要素分类规则，深刻领会会计信息对现代企业高质量发展的重要意义。

关键词

资产	asset
负债	liability
所有者权益	owner's equity
收入	revenue
费用	expenses
利润	profit
账户	account

知识导图

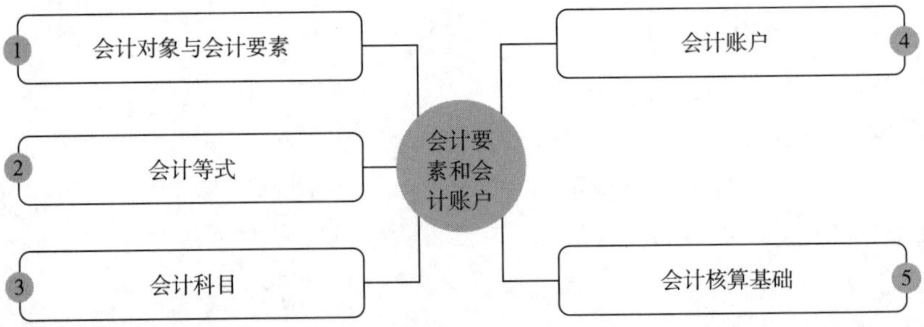

导例

在近年全面推动乡村振兴的时代背景下，位于偏远山村的小美和小翠家都开始办起小厂经营，成功脱贫。

小美家依托小山村得天独厚的水资源，办起矿泉水厂，她说："山泉水是我们厂最重要的资产!"

小翠将自家独特的蜡染、刺绣等传统技艺创造性应用到旅游商品、家具装饰当中，用文旅融合的推手，将古老的指尖技艺转化为指尖经济，开辟了乡村致富的新途径。她说："独特的手工艺是我们厂最重要的资产!"

从会计的角度，她们对资产的理解是否正确呢?

2.1　会计对象与会计要素

会计要素是会计对象具体内容的基本分类，明确会计对象是把握会计要素的基本前提。

2.1.1　会计对象

1. 会计的一般对象

马克思在《资本论》提到："簿记的方法改变不了账簿所记事物的实际联系。"这里所谓"账簿所记事物"，指的就是会计的对象，"会计对象"好比"的"，"会计方法"好比"矢"，认准了对象，方法的应用才能做到"有的放矢"。如果说，会计主体所回答的是会计发生作用的空间范围的话，那么，会计对象所要回答的则是会计客体，即指会计反映和控制的内容，具体是指社会再生产过程中能以货币表现的经济活动，即资金运动或价值运动。

在我国，经济活动的主体可以分为企业和行政事业两大类不同性质的单位。企业是国民经济的主要基层组织，以盈利为目的进行生产经营活动；行政事业单位的主要职责是完成国家赋予的各项任务，在履行职能的过程中发生财务收支活动。虽然每个企业、行政事业单位各自的业务性质和工作任务不同，但是各个单位在经济活动中都在不同程度上与商品的生产、交换、分配和消费有关，他们都是社会再生产的组成部分。会计主要利用货币度量对再生产过程的经济活动进行反映和监督，因此，凡是能以货币表现的经济活动，就是会计的一般对象。社会再生产过程中所有财产、物资（包括货币本身）的货币表现形式被称为资金，能以货币表现的经济活动也就是资金运动。

企业单位的资金运动具体表现为资金的投入、资金的运用和资金的退出。行政事业单位的资金运动具体表现为预算资金的收支。下文主要阐述企业单位的资金运动。

2. 会计的具体对象

企业的资金不是静止不动的，而是随着企业生产经营活动的进行而不停地流转。企业的再生产过程就是资金投入、资金运用与资金退出不断循环反复的过程。下面以制造业企业为例说明会计的具体对象。

（1）资金投入。资金投入企业，从企业角度来讲，就是资金的筹集，是指企业通过吸收投资、发行股票或向银行借款、发行债券等方式筹措、取得资金。资金进入企业形成企业进行生产经营活动必备的物质基础。根据企业生产经营的需要，这些资金具体转化为各种不同形式的资金占用形态。资金是企业的"血液"，有了资金，企业才能生存和发展。

（2）资金运用。企业运用资金的过程，就是资金在企业中的循环和周转过程。制造业企业的资金循环包括供应、生产和销售三个过程。在供应过程中，企业购建厂房、机器设备等生产经营设施以及购买原材料等，为生产做准备，使货币资金转化为固定资金和储备资金。在生产过程中，企业劳动者运用劳动资料如机器设备及工具器具等，对原材料进行加工制造成产品。在这一过程中，一方面要将供应过程所储备的材料投入生产，使储备资金形态转化为生产资金，具体表现为在产品、半成品等。另一方面，劳动资料在使用过程中发生磨损，其损耗的价值（称为固定资产折旧费用）和支付的工资费用等也转化为生产资金形态。生产过程结束后，生产资金随着产品的完工入库转化为产成品形态的资金即成品资金。在销售过程中，企业销售产品取得收入，收回货币资金，使成品资金又转化为货币资金。此时的货币资金一般大于开始投入的货币资金，即资金发生增值，也被称为企业的经营成果。

制造业企业资金顺序经过供应、生产、销售三个过程，从货币资金开始依次转化为固定资金和储备资金、生产资金、成品资金，最后又回到货币资金，称之为资金循环。企业的再生产过程，就是资金按上述规律，周而复始地进行循环的过程，称为资金的周转。

（3）资金退出。资金退出企业是指由于上缴税金、发放股利、偿还银行借款及其他各种债务等，部分资金流出企业而不再参与其生产经营活动。

总之，制造业企业的资金运动包括资金的投入、资金的运用（即资金循环与周转）以及资金的退出三部分。上述制造业企业资金运动过程如图 2-1 所示。

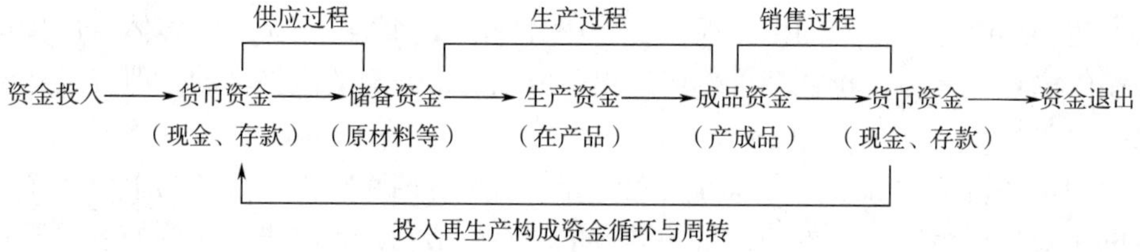

图 2-1　资金循环与周转

2.1.2　企业的会计要素

会计要素是根据会计对象的经济特征所作的基本分类，是会计对象的具体化。企业的经济活动千姿百态，会计对象的具体内容也就千变万化、纷繁复杂。为了便于会计反映和会计监督，必须对这些经济活动所涉及的具体内容加以适当的分类，并赋予每一类别一个名称，这就是会计要素。简言之，会计要素是对经济活动所引起变化的项目所做的基本分类，是会计所要核算和监督的会计对象的具体组成部分。会计要素构成财务报表的基本框架，亦被称为财务报表要素。会计要素的界定和分类可以使财务会计系统更加科学严密，为投资者等财务报告使用者提供更加有用的会计信息。

不同国家有不同的会计规范，对会计要素的基本内容所做的界定也有所不同。美国财务会计准则委员会（FASB）在其颁布的《财务会计概念公告——财务报表要素》中规定，会计要素包括资产、负债、权益、业主投资、派给业主款、综合收益、收入、费用、利得和损失十个部分。国际会计准则委员会（IASC）在其颁布的《关于编制和提供财务会计报表的框架》中，将会计要素分为资产、负债、产权、收益和费用五个部分。而在我国的《企业会计准则》中，将会计要素划分为资产、负债、所有者权益、收入、费用和利润六个部分，通称六大会计要素。

企业的资金虽然处于周而复始的循环和周转过程中，但可以从静态和动态两个角度来考察。在相对静止状态时，企业的资金表现为资金占用和资金来源两方面。资金占用的具体表现形式例如银行存款、原材料、库存商品、固定资产等就是企业的资产。资金来源又可分为企业所有者投入资金和债权人投入资金两类。债权人对投入资产的求偿权称为债权人权益，表现为企业的负债；企业所有者对企业净资产（资产与负债的差额）的所有权称为所有者权益。因此，从相对静止状态来看，可以分离出资产、负债及所有者权益三项表现资金运动静止状态的会计要素。而从动态角度来看，企业的各项资产经过某一会计期间的营运，发生了一定的耗费，生产出特定种类和数量的产品，产品销售后获得收入，收支相抵后形成当期的损益，由此分离出收入、费用及利润三项表现资金运动变动状态的会计要素。三项表现资金运动静止状态的会计要素即资产、负债和所有者权益，反映了企业的财务状况，构成资产负债表的基本框架，又称为资产负债表要素；三项表现资金运动变动状态的会计要素即收入、费用和利润，反映了企业的经营成果，构成利润表的基本框架，又称为利润表要素。

2.1.3　我国企业会计六大要素的具体内容

我国《企业会计准则》依据六大要素的不同性质和特点，界定了其定义，并规定了其基本内容和进行核算应遵循的基本要求。

2.1.3.1　资产

资产是指企业过去的交易或者事项形成的、由企业拥有或者控制的、预期会给企业带来经济利益的资源。具体来讲，企业从事生产经营活动必须拥有一定的物质资源，如货币资金、厂房场地、机器设备、原材料等，这些都是企业的资产。此外，像专利权、商标权等不具有实物形态但却有助于生产经营活动进行的无形资产，以及企业持有的债权、对其他单位的投资等也都属于资产。

1. 资产的特征

（1）资产预期会给企业带来经济利益。资产预期会给企业带来经济利益，是指资产直接或者间接导致现金和现金等价物流入企业的潜力。资产都应能够为企业带来经济利益，例如企业通过收回应收账款、出售库存商品等直接获得经济利益，企业也可通过对外投资以获得股利或参与分配利润的方式间接获得经济利益。按照这一特征，那些已经没有经济价值、不能给企业带来经济利益的项目，就不能继续确认为企业的资产。例如，已经被淘汰或长期闲置不用的机器设备，已经不能给企业带来经济利益，就不应该再确认为资产。

（2）资产应为企业拥有或者控制的资源。资产作为一项资源，应当由企业拥有或者控制，具体是指企业享有某项资源的所有权，或者虽然不享有某项资源的所有权，但该资源能被企业所控制。企业拥有资产的所有权，通常表明企业能够排他性地从资产中获得经济利益。通常判断资产是否存在时，所有权是考虑的首要因素。在有些情况下，企业虽然不拥有资产所有权却能够对其实际控制的，同样表明企业能够从资产中获取经济利益，符合会计上对资产的定义。比如，长期租入的固定资产，也应当确认为企业的资产。

（3）资产是由过去的交易或事项形成的。企业过去的交易或者事项包括购买、生产、建造等行为。预期在未来发生的交易或者事项不形成资产。也就是说，资产是过去已经发生的交易或事项所产生的结果，资产必须是现实的资产，而不能是预期的资产。未来交易或事项可能产生的结果不能作为资产确认。例如，企业计划在明年年初购买一批机器设备，今年 11 月份与销售方签订了购买合同，但实际购买行为发生在明年年初，则企业不能在今年 11 月份将该批设备确认为资产。

2. 资产的分类

企业在生产经营过程中需要各种各样的经济资源，也即资产的内容包罗万象，需要分类加以认识。在会计学中，资产通常按照流动性进行分类。会计上所称的流动性主要是指资产的变现能力。

资产按其流动性可分为流动资产和非流动资产两大类，如图 2–2 所示。

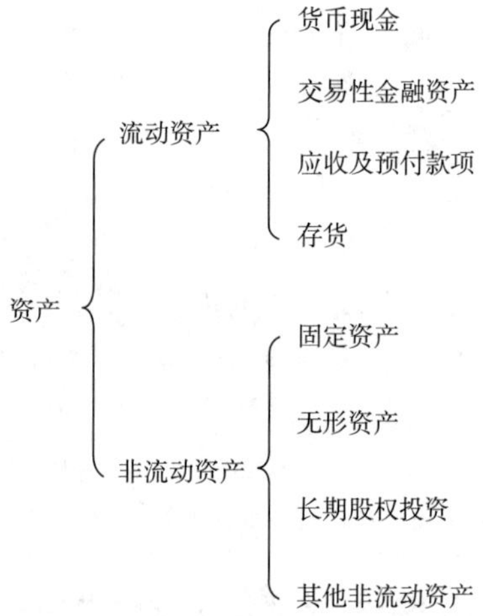

图 2–2　企业主要资产的构成

（1）流动资产。《企业会计准则第 30 号——财务报表列报》规定，资产满足下列条件之一的，应当归类为流动资产。

- 预计在一个正常营业周期中变现、出售或耗用。
- 主要为交易目的而持有。
- 预计在资产负债表日起一年内（含一年，下同）变现。自资产负债表日起一年内，交换其他资产或清偿负债的能力不受限制的现金或现金等价物。

知识拓展

一个正常营业周期是指企业从购买用于加工的资产起至销售实现现金或现金等价物的期间。正常营业周期通常短于一年，在一年内有几个营业周期。但是，也存在正常营业周期长于一年的情况，在这种情况下，与生产循环相关的产成品、应收账款、原材料尽管是超过一年才变现、出售或耗用，仍应作为流动资产。当正常营业周期不能确定时，应当以一年作为正常营业周期。

企业流动资产的主要内容包括以下几个方面。

- 货币资金，指企业存放在财会部门的货币和存放在银行或其他金融机构的各种存款。
- 交易性金融资产，指企业所持有的准备近期内出售的金融资产，如企业以赚取差价为目的从二级市场购入的股票、债券和基金等。
- 应收及预付款项，指企业在商品交易活动中因延期收款和预付货款而产生的短期债权如应收账款、应收票据、预付货款等。
- 存货，是指企业在日常活动中持有以备出售的产成品或商品、处在生产过程中的在产品、在生产过程或提供劳务过程中耗用的材料和物料等。

（2）非流动资产。非流动资产是指流动资产以外的资产。企业的非流动资产主要包括以下几个方面。

- 固定资产，指为生产产品、提供劳务、出租或经营管理而持有的，使用寿命超过一个会计年度的有形资产，包括房屋及建筑物、机器设备、运输设备、工具及器具等。
- 无形资产，指企业为生产产品、提供劳务、出租或经营管理而持有的、没有实物形态的可辨认非货币性资产，包括土地使用权、专利权、非专利技术、商标权、著作权、特许权等。

- 长期股权投资，指企业持有被投资单位的股权，能够对被投资单位实施控制、共同控制、重大影响的投资，主要指对子公司、合营企业和联营企业的投资。
- 其他非流动资产，包括债权投资、其他债权投资、其他权益工具投资等。

知识拓展

习近平总书记指出，“发挥数据的基础资源作用和创新引擎作用，加快形成以创新发展为引领和支撑的数字经济”。党的二十大报告提出，“加快建设制造强国、质量强国、航天强国、交通强国、网络强国、数字中国”和“加快发展数字经济”。作为具体举措，2023 年 8 月 21 日，财政部印发《企业数据资源相关会计处理暂行规定》（以下简称《暂行规定》），明确了数据资源会计处理适用的范围、准则、列示和披露要求。这一制度安排是数字化“软资产”入表核算和资产化管理的重要里程碑，对于推动我国企业的数字化转型、推进数据要素市场建设、提升数字经济发展的质量和水平具有重要历史意义。

2.1.3.2　负债

负债是指企业过去的交易、事项形成的，预期会导致经济利益流出企业的现时义务。

1. 负债的特征

（1）负债是企业承担的现时义务。现时义务是指企业在现行条件下已承担的义务，未来发生的交易或者事项形成的义务，不属于现时义务，不应当确认为负债。

这里所指的义务可以是法定义务，也可以是推定义务，其中法定义务是指具有约束力的合同或者法律法规规定的义务，通常在法律意义上需要强制执行。例如，企业购买原材料形成应付账款，企业向银行贷入款项形成借款，企业按照税法规定应当缴纳的税款等，均属于企业承担的法定义务，需要依法予以偿还。推定义务是指根据企业多年来的习惯做法、公开的承诺或者公开宣布的政策而导致企业将承担的责任，这些责任也使有关各方形成了企业将履行义务的合理预期。例如，某企业多年来制定有一项销售政策，对于售出商品提供一定期限内的售后保修服务，预期将为售出商品提供的保修服务就属于推定义务，应当将其确认为一项负债。

（2）负债预期会导致经济利益流出企业。预期会导致经济利益流出企业也是负债的一个本质特征，只有企业在履行义务时会导致经济利益流出企业的，才符合负债的定义，如果不会导致企业经济利益流出，就不符合负债的定义。在清偿负债时，经济利益流出企业的形式多种多样，例如用现金偿还或以实物资产形式偿还、以提供劳务形式偿还、部分转移资产与部分提供劳务形式偿还、将负债转为资本等。

（3）负债是由企业过去的交易或者事项形成的。导致负债的交易或事项必须已经发生，只有源于已经发生的交易或事项，会计上才有可能确认为负债。例如，赊购货物会产生应付账款，向银行贷款则会产生偿还贷款的义务，而对于企业正在筹划的未来交易或事项，如企业的业务计划等，不构成企业的负债。

2. 负债的分类

按偿还期限的长短，一般将负债分为流动负债和非流动负债。

（1）流动负债。《企业会计准则第 30 号——财务报表列报》规定，负债满足下列条件之一的，应当归类为流动负债。

- 预计在一个正常营业周期中清偿。
- 主要为交易目的而持有。
- 自资产负债表日起一年内到期应予以清偿。
- 企业无权自主地将清偿推迟至资产负债表日后一年以上。

企业流动负债的主要内容包括以下几个方面。

- 短期借款，指企业向银行或其他金融机构借入的期限短于一年，主要用于补充企业流动资金的各项借款。
- 应付票据，指企业因购买商品或接受劳务而开给收款人或持票人特定金额和期限的商业汇票。
- 应付账款，指企业因购买商品或接受劳务应该支付而未支付给供应商的账款。
- 预收款项，指企业预先向客户收取的购买商品或接受劳务的款项。
- 应付职工薪酬，指企业应向员工支付的工资报酬。员工每服务一天，企业就欠员工薪酬一天，但薪酬费用一般按月结算，因此，在企业实际发放工资之前，就形成了一项流动负债。
- 应交税费，指企业在从事生产经营活动中，按照税法要求计算出的各种应该向国家缴纳而尚未缴纳的税款，包括应交增值税、应交所得税、应交消费税等。

（2）非流动负债。非流动负债是指流动负债以外的负债。非流动负债亦称长期负债，偿还期限一般在一年或者超过一年的一个营业周期以上。

非流动负债的主要内容包括以下几个方面。

- 长期借款，指企业向银行或其他金融机构借入的期限超过一年的各种借款，主要用于大型工程建设、研究开发等项目。
- 应付债券，指企业为筹集长期资金而依照法定程序向社会公开发行，约定在一年或长于一年的一个营业周期以上的期限还本付息的债券。债券有面值、票面利率和期限，企业应在约定的时间和条件下按票面利率偿还利息和本金，在没有偿还之前形成企业的非流动负债。

另外，负债按其偿还的方式可分为货币性负债和非货币性负债。货币性负债指未来需用货币资金偿还的债务，如应付账款、应付票据等；非货币性负债指将来需用提供劳务或商品（产品）的方式偿还的债务，如预收款项等。

2.1.3.3 所有者权益

所有者权益是企业资产扣除负债后由所有者享有的剩余权益。股份公司的所有者权益又称为股东权益。在任何一个企业中，所有者投入的资金都是企业资金来源的一个重要方面。所有者投入资金后，拥有的对企业的要求权即所有者权益，包括所有者对企业的投资和企业历年经营所得的积累。所有者权益在数量上等于企业资产总额扣除债权人权益后的净额，即为企业的净资产。

1. 所有者权益的特征

（1）除非发生减资、清算或分派现金股利，企业不需要偿还所有者权益。

（2）所有者权益是一种剩余权益，企业清算时，只有在清偿所有的负债后，所有者权益才返还给所有者。

（3）所有者凭借所有者权益能够参与企业利润的分配。

2. 所有者权益的分类

（1）按照形成渠道划分。所有者权益可以分为所有者投入的资本和经营中形成的资本两类。所有者投入的资本包括投入资本和资本公积，经营中形成的资本包括直接计入所有者权益的利得和损失、留存收益等。

所有者投入的资本是指所有者投入企业的资本部分，它既包括构成企业注册资本（实收资本）或者股本部分的金额，也包括投入资本超过注册资本或者股本部分的金额，即资本溢价或者股本溢价，这部分投入资本在我国企业会计准则体系中被计入了资本公积，并在资产负债表中的资本公积项目反映。

直接计入所有者权益的利得和损失，是指不应计入当期损益的利得或者损失。

留存收益是盈余公积和未分配利润的统称，即企业历年经营所得的积累。

（2）按构成内容划分。所有者权益按构成内容可分为实收资本（股本）、资本公积、其他综合收益、盈余公积和未分配利润等项目。

实收资本是投资者按照企业章程、合同或协议的规定投入企业的相当于注册资本部分的资本，在股份制企业中被称为股本。它是企业承担经济责任的资金保证。

资本公积包括资本溢价（或股本溢价）和其他资本公积。资本溢价（或股本溢价）指企业收到投资者投入的资金超过其在企业注册资本或股本中所占份额的部分，其他资本公积指资本溢价（或股本溢价）项目以外所形成的资本公积。资本公积归全体所有者共同享有，可以按照规定的程序转增资本或股本。

其他综合收益，是指企业根据会计准则规定未在当期损益中确认的各项利得和损失，包括以后会计期间不能重分类进损益的其他综合收益和以后会计期间满足规定条件时将重分类进损益的其他综合收益两类。

盈余公积是指按照相关法律的规定和企业发展的需要，从企业税后利润中提取的留存于企业的部分所形成的公积金。盈余公积一般用于弥补亏损、转增资本或股本。

未分配利润是可供企业向投资者分配的待分配利润或留待以后年度分配的利润。税后利润扣除提取的盈余公积金后，形成待分配利润；待分配利润扣除分配给投资者的利润或股利后的剩余，是留待以后分配的未分配利润。

3. 所有者权益与负债的区别

所有者权益与负债统称为权益，但二者有着本质的区别。首先，负债是对债权人所承担的经济责任，企业负有定期还本付息的义务；所有者权益是对投资者所承担的经济责任，在一般的情况下企业不需要归还。其次，企业向债权人支付的是资金使用报酬，即借款利息；而向所有者支付的是税后利润，即企业盈余。再次，债权人只享有收回本金和获得利息的权利，不能参与企业的经营管理和税后利润的分配；而所有者有权参与企业的经营管理和税后利润分配。最后，在企业清算时，负债拥有优先清偿权，而所有者权益只有在清偿所有的负债后才返还给投资者。

知识拓展

负债与所有者权益之间的界限，并非总是泾渭分明，有时甚至是错综复杂，相互交织的。

2018 年，小米公司在港交所发布招股说明书，投资者对其中晦涩难懂的财务报告充满困惑：小米公司到底是严重亏损还是高额盈利？到底是资不抵债还是实力雄厚？按照国际财务报告准则（IFRS），小米公司 2017 年亏损 439 亿元，若不按 IFRS 计量，则盈利 54 亿元，两者相差高达 493 亿元，其中仅可转换可赎回优先股调增的利润就高达 541 亿元。

小米公司的可转换可赎回优先股，与普通股不同。优先股既可以是“像股的债”，也可以是“像债的股”，具体是债是股，取决于合同条款的约定，而不同的会计准则对区分负债和所有者权益的规定也有所不同。小米公司发行的可转换可赎回优先股，到底应划分为金融负债还是权益工具？IFRS 将之称为复合金融工具（compound financial instruments），而美国的公认会计原则（GAAP）则将其称为混合金融工具（hybrid financial instruments），意思是这类金融工具同时包含有负债和权益的成分。孰对孰错，见仁见智，众说纷纭，莫衷一是。

（摘自黄世忠《横看成岭侧成峰——评小米令人困惑的财务报告》）

企业负债与所有者权益的构成如图 2-3 所示。

2.1.3.4　收入

收入是指企业在日常活动中形成的、会导致所有者权益增加的、与所有者投入资本无关的经济利益的总流入。日常活动是指企业为完成其经营目标所从事的经常性活动以及与之相关的活动。

1. 收入的特征

（1）收入是企业在日常活动中形成的，而不是从偶发的交易或事项中产生的。

（2）收入有时表现为企业资产的增加（如销售商品增加企业的货币资金或应收账款等债权），有时表现为企业负债的减少（如以商品或劳务抵偿债务），但都会导致所有者权益的增加。

（3）收入是与所有者投入资本无关的经济利益的总流入。

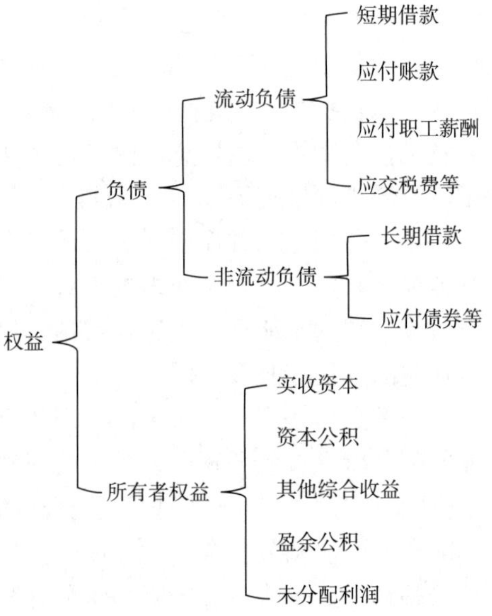

图 2-3　企业负债与所有者权益的构成

以上定义是我国《企业会计准则》所指的收入，在学术上被称为狭义的收入，即营业收入，主要强调来自经营活动的收入，经营活动具有经常性和重复性，是企业管理者能控制的活动，如销售商品、提供劳务、出租等业务。与狭义收入相对应的是广义收入，广义收入不仅包括日常活动收入，还包括非日常活动收入，非日常活动收入是企业无法控制的事项产生的。为了将其与日常活动收入相区别，会计上将其称为利得。

2. 收入的分类

广义收入分为营业收入和营业外收入，营业收入又分为主营业务收入和其他业务收入。

（1）主营业务收入。主营业务收入是企业从事主要经营活动所产生的收入，如商业企业的商品销售收入、制造业企业的产品销售收入、服务业的劳务收入、软件公司为客户开发软件的收入等。

（2）其他业务收入。其他业务收入是指除主营业务活动以外其他经营活动实现的收入，如制造业企业出售多余原材料和包装物的收入、出租机器设备等固定资产的收入等。

（3）营业外收入。营业外收入是企业非日常活动产生的，计入当期利润的利得。一般与正常的生产经营活动没有直接关系，不是经常发生，带有偶发性，不具有重复性，主要包括接受捐赠利得、非流动资产报废利得与取得违约金利得等。

知识拓展

收入（狭义）、利得和营业外收入概念辨析：

（1）利得与收入（狭义）都是经济利益的流入、都导致所有者权益增加，并且都与所有者投入的资本无关，但利得是由企业非日常活动形成的，收入（狭义）是由企业日常活动形成的。

（2）利得包括直接计入所有者权益的利得以及计入当期利润的利得，计入当期利润的利得即营业外收入。

2.1.3.5　费用

费用是指企业在日常活动中发生的、会导致所有者权益减少的、与向所有者分配利润无关的经济利益的总流出。

1. 费用的特征

（1）费用是企业在日常活动中发生的，也可以说是为获取收入而付出的代价，如企业销售产品取得收入，而为此付出的产品成本便形成了费用。

（2）费用会导致所有者权益的减少。因为费用的增加会造成利润的减少，最终导致所有者权益的减少。

（3）费用表现为企业资产的减少或负债的增加，最终会导致企业资源减少。这种减少具体表现为企业资金的支出或企业资产的耗费，即费用表现为经济利益流出，但不是所有的经济利益流出都是费用，如向所有者分配利润虽然也会导致经济利益流出，但不是企业的费用，是企业用赚来的利润回报投资者。有时经济利益的流出并不完全直接表现为费用的增加，一部分是先以资产的形式存在，随着对资产的使用和消耗再转化为费用。例如，库存商品出售以后变成已售产品的成本，固定资产通过折旧转化为费用等。可以说，资产表示的是资产价值的存量，费用是资产价值的流量（转移量）。

2. 费用的分类

与收入概念相对应，费用也分为狭义的费用和广义的费用。上述费用的概念是狭义费用，广义费用还包括损失，损失是企业非日常活动的事项所产生的，如罚款支出、捐赠支出、非流动资产报废损失等。这些经济利益的流出也被称为营业外支出。

狭义收入与狭义费用具有很强的相关性，所得是果，所费是因，费用的支出是为了得到收入的回报。收入与费用能够直接对比得出利润（亏损）。它们都是企业在从事生产、销售业务中产生的，是企业主要的盈利来源，具有重复性和可控性。狭义的费用包括生产费用与期间费用。生产费用是指与企业日常生产经营活动有关的费用，按其经济用途可分为直接材料、直接人工和制造费用。期间费用是指企业本期发生的、不能直接或间接计入产品生产成本，而应计入当期损益的各项费用，包括管理费用、销售费用和财务费用。

计入当期利润的利得（营业外收入）和损失（营业外支出）没有因果关系，换句话说，一笔营业外支出不会得到相应的一笔营业外收入。通俗理解费用与损失的区别，在于对收入是否有贡献。对收入有贡献的支出称为费用，对收入没有贡献的支出称为损失。

2.1.3.6 利润

利润是指企业在一定会计期间的经营成果，通常情况下，如果企业实现了利润，表明企业的所有者权益将增加，业绩得到了提升；反之，如果企业发生了亏损（即利润为负数），表明企业的所有者权益将减少，业绩下滑了。因此，利润往往是评价企业管理层业绩时一项重要指标，也是投资者等财务报告使用者进行决策时的重要参考。

1. 利润的来源

利润包括经营业务带来的利润和非经营业务带来的利润。

经营业务带来的利润是收入减去费用后的净额，反映的是企业日常活动的业绩。会计将日常活动取得的经济利益流入称为收入（狭义），日常经营活动产生的经济利益流出称为费用（狭义）。收入大于费用，则盈利；收入小于费用，则亏损。收入与费用之间有因果关系，具有可重复性。

非经营业务带来的利润是直接计入当期利润的利得（营业外收入）和损失（营业外支出）等，反映的是企业非日常活动的结果。利得与损失之间没有因果关系，因此不用进行配比。发生利得直接计入当期利润，发生损失直接抵减当期利润。利得和损失是偶发的，不具有重复性。

2. 利润的分类

从利润形成的过程看，利润分为营业利润、利润总额和净利润。

营业利润包括企业在销售商品、提供劳务、对外投资等日常经营活动中产生的利润。

利润总额是营业利润与营业外收支净额之和。营业外收支净额为与企业生产经营无直接关系的营业外收入减去营业外支出后的余额。

净利润是利润总额减去所得税费用后的余额，也被称为净收益。

上述利润分类是按照利润表主要内容进行的划分，实际利润表的项目更复杂，比如实务中企业利润还包括因日常经营活动接受政府补助形成的其他收益、企业非流动资产处置时获得的资产处置损益、资产贬值形成的资产减值损失、企业对外投资取得的投资收益以及资产采用公允价值计量所确认的公允价值变动损益等。

2.2 会计等式

会计等式又称会计恒等式或会计方程式，是表明企业会计要素之间相互关系的代数方程表达式。会计等式揭示了会计要素之间的内在联系，是会计核算中设置会计科目和账户、复式记账和编制会计报表的理论依据。

2.2.1 会计等式的表现形式

1. 财务状况等式

财务状况等式，亦称基本会计等式或静态会计等式，是用以反映企业某一特定时点资产、负债和所有者权益三者之间平衡关系的会计等式。即：

资产=负债+所有者权益

这一等式是复式记账法的理论基础，也是编制资产负债表的依据。

2. 经营成果等式

经营成果等式，亦称动态会计等式，是用以反映企业一定时期收入、费用和利润之间恒等关系的会计等式，即：

收入-费用=利润

这一等式反映了利润的实现过程，是编制利润表的依据。

2.2.2 财务状况等式

1. 财务状况等式的实质

企业要开展业务活动，必须拥有一定数量的经济资源，即资产，如库存现金、银行存款、原材料、产成品、机器设备及各种债权、权利等。企业的资产最初一般是以接受投资或贷款的方式取得。以投资方式向企业提供资金的个人或组织，称为企业的所有者（业主）；以贷款等方式向企业提供资金的个人或组织，为企业的债权人。企业在获得资产的同时，也产生了来自所有者和债权人的要求权。在会计上，将经济资源提供者对企业资产所拥有的权利，称之为权益。

资产和权益是对企业的经济资源从两个不同侧面进行观察的结果。从一个侧面看是企业经济资源的各种占用与分布形态，即资产；从另一个侧面看是经济资源的来源，它们要么是所有者投入的，要么是债权人投入的，所有者投入部分所产生的利益归属权即所有者权益（所有者要求权），债权人投入部分所产生的利益归属权即负债（债权人要求权）。显然，在任何时候任何情况下，每一项资产都要有自己的资金来源，而每一种来源的资金都必然分布在某种形态上，因此，资产总额和权益总额总是相等的。没有资产，就没有对这些资产的要求权，就不可能存在权益；反之，没有资金的投入，也就不可能形成企业的资产。可见，资产和权益的数量关系可用下列公式表示：

资产=权益

或：　　资产=负债+所有者权益

财务状况等式亦可写作“资产-负债=所有者权益”。不同形式的公式反映了不同的产权观念。“资产-负债=所有者权益”这一表述方式，反映业主产权观念，在这种会计等式中，业主居于中心地位。资产归业主所有，负债是业主的债务，业主权益则是业主所拥有企业资产的净值。收入被视作业主权益的增加，费用被视作业主权益的减少，净收益则表现为业主财富的增加。业主产权观念是传统的会计产权理论，适用于独资企业和合伙企业。“资产 =负债+所有者权益”这一表述方式，反映个体产权观念，在这个会计等式中，企业独立于所有者之外，居于中心地位。投资者与债权人均被视为企业外部的资金供应者，其权益代表在企业中所拥有的不同权利。收入视作企业资产的增加，费用被视作企业资产的减少，净收益则表现为企业的经营成果，可用于发放股利，也可用于扩大再生产，只有股利才是股东个人的收益。个体产权观念是现代会计强调的产权理论，适用于公司形式的企业组织。

2. 经济业务发生对财务状况等式的影响

企业所取得的资产和权益将随着生产经营活动的进行而不断发生增减变化。在会计上，导致会计要素项目金额发生增减变动的业务被称为经济业务。经济业务分为两大类，一类为对外经济业务，如所有者投入资金、向银行借入资金、取得收入或支付费用等；另一类为对内经济业务，如制造业企业在经营过程中领用物资、产品完工入库等。企业在生产经营过程中发生各种经济业务，会引起会计要素不断地增减变动，但不论其如何变动，都不会破坏会计等式的平衡。

下面以一新创企业为例，说明经济业务的发生对财务状况等式产生的影响。

【例 2-1】2023 年 12 月 1 日，大学生小李与小王决定创办“果先生”水果超市，从事水果线上线下批发与零售业务。按照协约，小李以银行存款 30 000 元及价值 10 000 元的电脑进行投资，小王以银行存款 80 000 元进行投资。两人的投资已全部实际到位，并按出资比例享有对超市的所有权。此时，该超市的资产、负债和所有者权益的数量关系如表 2-1 所示。

表 2-1　　水果超市资产、负债、所有者权益的数量关系

2023 年 12 月 1 日　　单位：元

资产	金额	权益	金额
1. 银行存款	110 000	负债	0
2. 办公设备	10 000	所有者权益	
		1. 小李的权益	40 000
		2. 小王的权益	80 000
资产合计	120 000	负债和所有者权益合计	120 000

从表 2-1 可以看出，该超市拥有的 120 000 元资产均来自小李和小王以所有者身份投入，因此负债为 0，此时，资产、负债和所有者权益的数量平衡关系是成立的。

【例 2-2】12 月 2 日，该超市以银行存款购买水果 50 000 元。

这项业务的发生导致资产中的两个项目发生变化，银行存款因购买活动减少 50 000 元，同时库存商品（水果）增加 50 000 元，增减变化的结果是资产总额保持不变。

这是一种资产相互转换的业务，一项资产增加，另一项资产减少，不涉及负债和所有者权益的变动。显然，发生该项经济业务后，财务状况等式仍然保持平衡。

【例 2-3】12 月 4 日，超市购进一辆运货车，价值 30 000 元，款项尚未支付。

由于购货尚未支付的款项称为应付账款，是一种负债，所以这项经济业务导致资产方的运输设备和负债方的应付账款同时增加 30 000 元，但不涉及所有者权益项目的变动。财务状况等式在资产和负债同时等额增加 30 000 元的基础上产生新的平衡。

【例 2-4】12 月 8 日，以银行存款 10 000 元偿还前欠部分购车款。

这笔经济业务使得资产方的银行存款和负债方的应付账款同时减少 10 000 元。类似的业务有缴纳应交未交的税费、支付应付利润等。此类业务的发生，使财务状况等式的两边在同时等额减少的基础上达到新的平衡。

【例 2-5】12 月 10 日，超市出具商业汇票 20 000 元抵付尚欠购车款。

商业汇票是购货方企业承诺在将来某个时间支付某一确定金额款项的一种书面凭证，属于企业的一种负债，在付款方被称为应付票据。所以，这项经济业务的发生对财务状况等式影响表现为等式右方负债中的两个项目一增一减，即应付票据增加 20 000 元，应付账款减少 20 000 元，不影响等式的资产方和所有者权益方项目的变动。显然，该项业务的发生不影响财务状况等式的平衡关系。

【例 2-6】12 月 12 日，从银行提取现金 1 500 元备用。

这项经济业务发生导致资产方的两个项目一增一减，即库存现金增加 1 500 元而银行存款减少 1 500 元，不涉及等式右方的负债和所有者权益项目的变动。显然，该项业务的发生不影响财务状况等式的平衡关系。

【例 2–7】12 月 15 日，大学生小张希望加入超市共同创业，已达成投资协议：张某投资 40 000 元，占公司投资总额的 1/4。当日收到投资款存入银行。

这项经济业务的发生导致资产方的银行存款项目和权益方的所有者权益同时增加 40 000 元，财务状况等式在两边同时等额增加的基础上达到新的平衡。

发生以上经济业务后，超市的资产、负债和所有者权益的数量关系如表 2–2 所示。

表 2–2　　水果超市资产、负债、所有者权益的数量关系

2023 年 12 月 15 日　　单位：元

资产	金额	权益	金额
1. 现金	1 500	负债	
2. 库存商品	50 000	应付票据	20 000
3. 银行存款	88 500	所有者权益	
4. 办公设备	10 000	1. 小李的权益	40 000
5. 运输设备	30 000	2. 小王的权益	80 000
		3. 小张的权益	40 000
资产合计	180 000	负债和所有者权益合计	180 000

“果先生”超市发生的以上经济业务，归纳起来有四种类型。

（1）资产和权益（负债和所有者权益）同时等额增加，如【例 2–1】【例 2–3】和【例 2–7】。这是一种资金进入企业的会计事项。

（2）资产和权益（负债和所有者权益）同时等额减少，如【例 2–4】。这是一种资金退出企业的会计事项。

（3）资产内部有关项目有增有减，如【例 2–2】【例 2–6】。这是企业的一种资产形式转化为另一种资产形式。

（4）权益（负债和所有者权益）之间有关项目有增有减，如【例 2–5】。这表现为资金来源渠道的变更。

在这四种类型的经济业务中，第（1）、（2）种类型将使超市的资产和权益总额发生增减变化，但财务状况等式两边增减的金额是相等的，所以不影响等式的平衡关系；第（3）、（4）种类型只影响资产或权益内部有关项目发生增减变化，不但不影响财务状况等式的平衡，而且资产或权益的总额也不变。

将上述四种类型的业务造成的影响再具体划分，可分为九种情况，如表 2–3 所示。

表 2–3　　经济业务类型与财务状况等式变动

经济业务	资产	负债	所有者权益
第（1）种类型	增加	增加	不变
第（1）种类型	增加	不变	增加
第（2）种类型	减少	减少	不变

续表

经济业务	资产	负债	所有者权益
第（2）种类型	减少	不变	减少
第（3）种类型	一增一减	不变	不变
第（4）种类型	不变	一增一减	不变
第（4）种类型	不变	不变	一增一减
第（4）种类型	不变	增加	减少
第（4）种类型	不变	减少	增加

企业发生的经济业务种类繁多，但归结起来不外乎以上四种类型和九种变动情况。由此可以得出结论：任何经济业务的发生，都不会影响财务状况等式的平衡，“资产=权益”或“资产=负债+所有者权益”是恒等式。这种平衡原理揭示了资产、负债、所有者权益三要素之间在数量上的规律性关系，是设置会计账户、进行复式记账和编制会计报表的理论依据。同时，按照这种平衡原理建立的各种会计方法，可以清楚地反映资产与负债及所有者权益之间的内在联系，为经济管理活动提供各种会计信息。

2.2.3 综合会计等式

财务状况等式和经营成果等式综合在一起，就成为综合会计等式，亦称扩展的会计等式。

企业通过经营活动获取收入。伴随着收入的取得，必然要产生相应的费用。企业在一定时期内获取的收入与相应发生的费用相抵，即为该期企业所获得的经营成果，用公式表示为：利润=收入-费用。

获取利润是所有者权益产生增值的重要途径。引起企业所有者权益增加无非有两个途径：所有者投入资本和企业通过经营活动获取的净利润。所有者对企业资产的要求权与债权人不同。债权人不管企业盈利与否和盈利多少，只按照预先合同或协议的规定收回本金并获得约定的利息收入。所有者则因其承担了投资风险（企业亏损倒闭和资金损失），而获得了对企业盈利资产的要求权，即企业实现的净利润归投资者所有。由此可以得出期末会计等式的扩展形式：

资产=负债+所有者权益+（收入-费用）

或：　　资产+费用=负债+所有者权益+收入

下面继续以“果先生”水果超市2023年12月发生的经济业务为例，说明综合会计等式的变动及其平衡关系。

【例2-8】12月16日以库存现金支付办公用品费500元。

这项经济业务发生导致资产和费用方的两个项目一增一减，即现金资产减少500元而管理费用增加500元，不涉及等式右方的负债和所有者权益项目的变动。显然，该项业务的发生不影响等式的平衡关系。

【例2-9】销售水果共获得价款60 000元（暂且不考虑相关税费），存入银行。

这项经济业务发生导致资产和收入同时增加60 000元，显然是使等式左右两边等额增加，不会影响等式的平衡。

【例 2-10】上述已售水果的成本为 40 000 元，进行结转。

这项经济业务发生同样导致资产和费用方的两个项目一增一减，即库存商品减少 40 000 元而营业成本增加 40 000 元，不涉及等式右方的负债和所有者权益项目的变动。显然，该项业务的发生也不影响等式的平衡关系。

【例 2-11】12 月 31 日，以银行存款支付房租水电费等各种费用 4 400 元。

该笔业务发生的影响同【例 2-8】，同样不影响等式的平衡关系。

水果超市上述经营活动的经营成果（暂不考虑各种税费）是：获得收入 60 000 元，发生成本费用共计 44 900（40 000+4 400+500）元，所以利润为 15 100 元。

由于企业的利润属于所有者权益要素，利润经过分配后所形成的盈余公积和未分配利润仍然是所有者权益要素的组成内容，因此，在会计期末，综合会计等式又恢复为财务状况等式：资产=负债+所有者权益。此时，三者的数量关系如表 2-4 所示。

表 2-4　　水果超市资产、负债、所有者权益的数量关系

2023 年 12 月 31 日　　单位：元

资产	金额	权益	金额
1. 现金	1 000	负债	
2. 库存商品	10 000	应付票据	20 000
3. 银行存款	144 100	所有者权益	
4. 办公设备	10 000	1. 小李的权益	40 000
5. 运输设备	30 000	2. 小王的权益	80 000
		3. 小张的权益	40 000
		利润	15 100
资产合计	195 100	负债和所有者权益合计	195 100

从以上“果先生”水果超市的例子可以看出，当我们从静态考察一个企业时，总是可以得到“资产=负债+所有者权益”这个财务状况等式；当我们从动态考察，也即考察正处于经营活动中的企业时，可以得到“资产+费用=负债+所有者权益+收入”这个综合会计等式。由于有会计分期假设，综合会计等式在任何会计期末总是可以恢复为“资产=负债+所有者权益”，所以每个会计期末都可以据此编制资产负债表。

2.3　会计科目

2.3.1　设置会计科目的意义

企业日常发生的经济业务纷繁复杂，引起各会计要素有关项目不断发生增减变动。为了能够全面系统又分门别类地反映和监督经济活动所引起的各会计要素增减变动的情况及其结果，提供相关又可靠的会计信息，有必要对会计要素的具体内容按其经济性质和经营管理的需要，进行科学的分类，以便按分类项目进行会计核算。会计科目就是对会计要素进一步分类核算的项目。

设置会计科目在会计核算和经济管理中具有重要意义：

（1）在会计信息系统中，科学有效的分类是构建会计核算系统、进行会计记录和提供会计信息的基础。会计核算系统是不断地搜集、输入、加工、转换、输出所需信息的过程，其主要的作用就是将经济信息加工为会计信息并对外输出。在此过程中，将会计核算的具体内容相同的归为一类，设立一个会计科目，凡是具备这类信息特征的经济业务，都归入这个科目进行处理，才能顺利完成会计信息加工的过程。

（2）在会计实务中，设置会计科目是采用其他会计核算专门方法、组织会计核算的前提条件。因为，会计科目是会计账户的名称，根据会计科目设置了账户，才能据以填制记账凭证、登记账簿，从而为编制会计报表提供所需的数据。

（3）会计科目是进行会计管理和加强国民经济核算的工具。从管理学角度，分类是一种管理工具，会计科目分类规定了核算的标准，提供了分析、考核的依据。同时，统一设置的会计科目为国民经济核算提供了口径一致的核算指标，便于宏观层面的汇总分析和综合平衡。

2.3.2 会计科目设置的基本要求

企业设置会计科目必须满足以下基本要求。

1. 满足本企业会计核算需要

会计科目的设置应能适应制造业、商业、服务业等不同类型企业的特点，适应不同规模企业的需求，要充分反映会计对象的具体内容。

2. 满足信息使用者需要

以会计科目为基础所反映的会计信息要满足投资者、债权人及其他利益相关者了解企业财务状况、经营成果的需要，也要能满足国家宏观经济管理、加强宏观调控的需要，还要满足企业内部各管理层进行企业经营管理的需要。

3. 统一性和灵活性相结合

统一性是指企业会计科目的设置要遵循会计法律法规的规定，全国范围内同一会计科目反映的经济内容应该相同，以保证会计核算结果的可比性。灵活性是指根据企业的经营业务特点和经营管理的具体要求选用合适的会计科目，或对规定的会计科目进行一定的增补和合并。

4. 简明易懂并保持稳定

根据经济业务的特点尽可能简单而明确地规定科目名称，尽量避免用晦涩难懂的文字，以便于大多数人正确理解。每一会计科目反映一项经济内容，不能模棱两可，相互交叉。为方便起见，对所设置的会计科目要进行适当的分类，给予统一的编号。为了保持不同时期会计核算指标的可比性，会计科目的设置要保持相对稳定，不频繁变更会计科目的名称、内容和数目。

2.3.3 会计科目的分类

对会计科目进行分类，有助于了解和掌握各会计科目核算的内容以及会计科目的性质，也有利于正确理解和运用各会计科目提供的信息资料。会计科目可以按其反映的经济内容和隶属关系等进行分类。

1. 会计科目按其反映的经济内容分类

根据经济管理的需要和会计要素本身的分类，会计科目按其反映的经济内容分为资产类、负债类、共同类、所有者权益类、成本类和损益类。

（1）资产类科目。资产类科目用以反映资产要素的具体内容，如“库存现金”“银行存款”“交易性金融资产”“应收账款”“其他应收款”“预付账款”“原材料”“库存商品”“固定资产”“无形资产”等科目。

（2）负债类科目。负债类科目反映负债要素的具体内容，如“短期借款”“应付账款”“预收账款”“应付职工薪酬”“应交税费”“其他应付款”“长期借款”等科目。

（3）共同类科目。共同类科目是指可能具有资产性质，也可能具有负债性质的科目，其性质取决于核算的结果。非金融企业可能要设置的共同类科目有“衍生工具”“套期工具”和“被套期项目”等。

（4）所有者权益类科目。所有者权益类科目既反映所有者权益要素的内容，也反映利润要素在会计期末结算或分配后的最终结果，包括“实收资本（或股本）”“资本公积”“盈余公积”“其他综合收益”“本年利润”和“利润分配”等科目。

（5）成本类科目。成本类科目是为了核算成本的归集和分配及结算过程而设置的，其在会计期末的结算结果也属于资产要素的内容。制造业企业通常设置的成本类科目有“生产成本”和“制造费用”等；服务业企业设置的成本类科目有“劳务成本”等。

（6）损益类科目。损益类科目比较复杂，既反映了收入和费用两大要素的内容，也反映包含在利润要素中的利得和损失。制造业企业设置的损益类科目包括“主营业务收入”“其他业务收入”“投资收益”“营业外收入”“主营业务成本”“其他业务成本”“税金及附加”“销售费用”“财务费用”“管理费用”“营业外支出”“所得税费用”等。

2. 会计科目按其隶属关系分类

会计科目按其隶属关系可以分为总分类科目和明细分类科目。设置总分类科目和明细分类科目的目的是满足不同信息使用者对不同层次会计信息的需求。其中，总分类科目又称一级科目，是按照会计对象的不同经济内容进行分类，提供总括核算资料的科目，如“库存现金”“应收账款”“固定资产”“实收资本”等。明细科目是对总分类科目所包含的具体内容进行进一步分类，提供详细核算资料的科目。明细分类科目又可分为子目（二级科目）和细目（三级科目、四级科目等）。如：“应收账款”科目反映企业可收取赊销款情况，在“应收账款”科目下分别按地区和客户名设置二级科目和明细科目，具体反映应收哪些单位货款。总分类科目、明细科目的关系举例如图 2-4 所示。

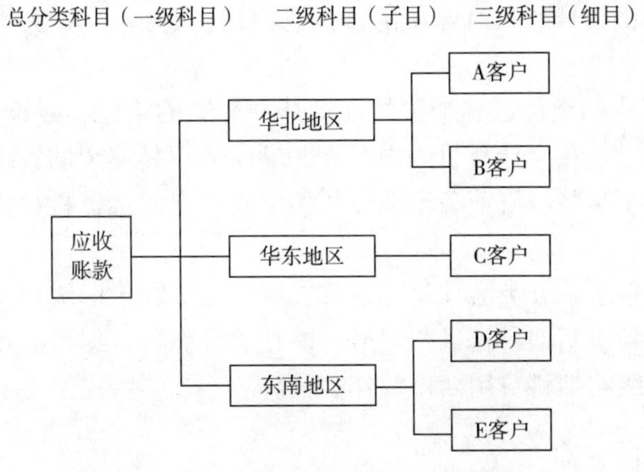

图 2-4　总分类科目与明细科目关系

为保证会计核算方法的统一性和会计信息的可比性，在我国，一级科目和部分明细科目的名称及其核算内容由财政部颁布的《企业会计准则应用指南——会计科目和主要账务处理》统一规定，企业可根据自身的经营特点选用合适的一级科目和明细科目。但对于大部分明细科目的设置和使用，不作统一要求，各企业可根据自身的特点和管理需要，设置和运用多层次的明细科目。

2.3.4 会计科目的编号

1. 会计科目编号的意义

在《企业会计准则应用指南——会计科目和主要账务处理》中，不仅统一规定了会计科目的名称和类别，也统一规定了会计科目的编号，并强调企业不应当随意打乱重编。会计科目编号是分类管理思想的延续，对会计科目进行统一编号，可以使会计科目体系化，反映每个会计科目在体系中的地位及各会计科目之间的相互联系，明确会计科目的性质和所属类别，便于编制会计凭证、登记账簿、查阅账目。光有名称而没有编号，不能适应计算机环境下会计软件的运行，随着计算机及网络技术的进一步发展，万物相连将成为现实。为每一个会计科目对应的实物资产设置一个唯一的识别码也将变得更加容易，每项资产信息都可实时传送到公司财务部门，方便对企业财产物资的管理。当然，企业在填制凭证、登记账簿时，应填写会计科目名称，或同时填写会计科目名称和编号，不能只填写会计科目编号而不写名称，以免日后查阅账目发生困难。

2. 会计科目编号的方法

《企业会计准则应用指南——会计科目和主要账务处理》对总分类会计科目采用四位数字编号，具体方法如下：

（1）四位数编码中的千位数（即从左至右的第一位数），表示会计科目按照经济内容分类所属的类别，也就是通常所说的会计科目大类。具体是：千位数“1”表示资产类、“2”表示负债类、“3”表示共同类，“4”表示所有者权益类、“5”表示成本类、“6”表示损益类。

（2）四位数编码中的百位数（即从左至右的第二位数），表示会计科目在大类下所属的小类代码，凡是同一小类会计科目核算的内容都具有在业务性质、要素特征上基本一致或类似的特点。比如，编号为“1001”中的百位数“0”，是指“1”大类（即资产类）下面所属的货币资金类；编号“1131”中的百位数“1”，是指“1”大类（即资产类）下面所属的债权类。

（3）四位数编码中的十位数和个位数（即从左至右的第三、四位数），表示会计科目在各小类别中的顺序号。在会计科目表中，有些顺序号不是连续的，中间留有空号，这主要是为了企业如果发生某些经济业务不能在相关类别给定的会计科目中反映时，可以增设会计科目及其编号。

在实际工作中，很多总分类会计科目设有二级、三级甚至四级明细科目，此时需要按照以上类似的方法对各级明细科目进行编号，即在总分类科目编号后相应增加代码，一般从二级科目往下是每级明细科目用两位数作为代码。

2.3.5 会计科目名称

为便于实务操作，需要按照会计科目设置的原则，将会计科目名称标准化。标准化的工作由财政部会计司负责组织设计，按照资产、负债、所有者权益、成本、损益进行细分。根据《企业会计准则应用指南——会计科目和主要账务处理》中规定的会计科目，节选制造业企业常用的会计科目如表 2-5 所示。

表 2-5　　制造业企业常用的会计科目

编号	会计科目	编号	会计科目
	一、资产类	1512	长期股权投资减值准备
1001	库存现金	1521	投资性房地产
1002	银行存款	1531	长期应收款
1012	其他货币资金	1532	未实现融资收益
1101	交易性金融资产	1601	固定资产
1121	应收票据	1602	累计折旧
1122	应收账款	1603	固定资产减值准备
1123	预付账款	1604	在建工程
1131	应收股利	1605	工程物资
1132	应收利息	1606	固定资产清理
1221	其他应收款	1701	无形资产
1231	坏账准备	1702	累计摊销
1261	委托代销商品	1703	无形资产减值准备
1321	代理业务资产	1711	商誉
1401	材料采购	1801	长期待摊费用
1402	在途物资	1811	递延所得税资产
1403	原材料	1901	待处理财产损溢
1404	材料成本差异		二、负债类
1405	库存商品	2001	短期借款
1406	发出商品	2101	交易性金融负债
1408	委托加工物资	2201	应付票据
1411	周转材料	2202	应付账款
1461	存货跌价准备	2203	预收账款
1462	合同资产	2204	合同负债
1501	债权投资	2211	应付职工薪酬
1502	债权投资减值准备	2221	应交税费
1503	其他债权投资	2231	应付利息
1504	其他权益工具投资	2232	应付股利
1511	长期股权投资	2241	其他应付款

续表

编号	会计科目	编号	会计科目
2314	代理业务负债		五、成本类
2401	递延收益	5001	生产成本
2501	长期借款	5101	制造费用
2502	应付债券	5201	劳务成本
2701	长期应付款	5301	研发支出
2702	未确认融资费用		六、损益类
2711	专项应付款	6001	主营业务收入
2901	递延所得税负债	6051	其他业务收入
	三、共同类	6101	公允价值变动损益
3101	衍生工具	6111	投资收益
3201	套期工具	6117	其他收益
3202	被套期项目	6301	营业外收入
	四、所有者权益类	6401	主营业务成本
4001	实收资本	6402	其他业务成本
4002	资本公积	6403	税金及附加
4101	盈余公积	6601	销售费用
4102	其他综合收益	6602	管理费用
4103	本年利润	6603	财务费用
4104	利润分配	6701	资产减值损失
4201	库存股	6711	营业外支出
4401	其他权益工具	6801	所得税费用
		6901	以前年度损益调整

2.4 会计账户

2.4.1 账户设置的必要性

会计账户是根据会计科目设置的、具有一定格式和结构、用于分类反映会计要素增减变动情况及其结果的载体。它是根据会计核算和经济管理的要求，以会计科目的名称为直接依据，按照每一会计科目的核算内容，设置具有专门结构和格式的记账载体，按规定记录会计要素增减变动及其结果的方向和金额。

设置账户是一种重要的会计核算专门方法。会计账户的作用概括起来主要有以下两方面。

一方面，通过设置和运用账户，可以把日常发生的经济业务分门别类地进行记录和反映，以便提供系统化的会计信息。通过填制记账凭证，虽然已将经济信息加工为会计信息，但还需通过登记账户，将记账凭证中零散的信息进行连续、系统、分类的记录和汇总。

另一方面，通过设置和运用账户，能清楚地提供有关会计要素增减变动情况及其结果的动态和静态指标。每一个会计账户，分别用来反映会计要素某一方面内容发生的增减变动及其结果。具体地说，账户中登记的增加额、减少额提供了会计要素某一方面内容发生的增减变动的动态指标；账户的余额，提供了其变动结果的静态指标。

2.4.2　会计科目和会计账户的区别与联系

在会计实务中，常把会计科目作为会计账户的同义语。实际上，会计账户与会计科目是既有联系又有区别的两个不同概念。会计科目只是对会计要素具体分类的项目名称，说明一定的经济业务内容，本身不存在结构问题。会计账户则不但有名称，而且有特定的结构和格式，能具体记录经济业务的内容，提供动态和静态的数据资料。与会计科目相比，会计账户内容更丰富。但是，会计账户与会计科目又不可分割，会计账户依据会计科目设置，会计科目则是会计账户的名称，两者反映的经济业务内容相同。

2.4.3　会计账户的基本结构与格式

1. 会计账户的基本结构

会计账户要清楚地记录因经济业务发生而引起的各会计要素增减变化，必须采用一定的格式。经济业务虽然纷繁复杂、多种多样，但引起的会计要素的变化形式不外乎增加和减少两种情况。因此，会计账户的基本结构就是分为左右两方，按相反方向来记录增加额和减少额，即一方反映增加，另一方反映减少，并把增减的结果即余额登记在反映增加的那一方。也就是说，如果规定在左方记录增加额，就应该在右方记录减少额；反之，如果在右方记录增加额，就应该在左方记录减少额。在具体账户的左、右两方中究竟规定哪一方记录增加额，哪一方记录减少额，取决于各账户所记录的经济内容和所采用的记账方法。

账户的基本结构可以简化为“T”形如图 2-5 所示。

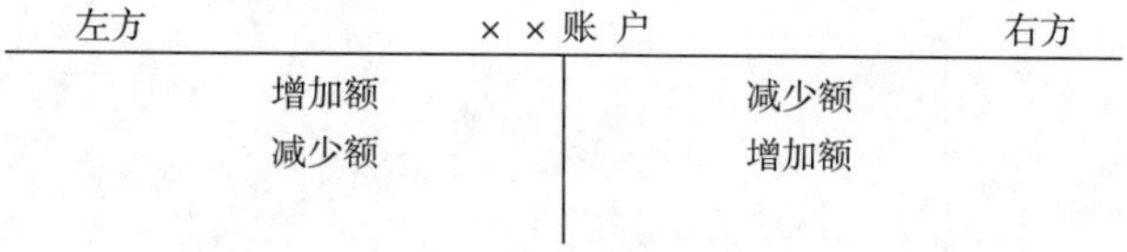

图 2-5　“T”形账户格式

在会计账户中，左方和右方分别记录增加金额和减少金额，增加额和减少额相抵后的差额，称为账户的余额。概括起来，账户中所记录的金额分为四种：期初余额、本期增加额、本期减少额和期末余额。一个账户在本期中所登记的增加额的合计数，称为本期增加额；该账户在本期中所登记的减少额的合计数，称为本期减少额；本期增加额和本期减少额统称为本期发生额；一个账户上一期的期末余额，由于时间的连续性成为该账户本期的期初余额；同理，一个账户本期的期末余额就是下一期的期初余额。期末余额与期初余额、本期发生额之间的关系如下：

期末余额=期初余额+本期增加额−本期减少额

以原材料账户为例，这四个指标在账户中的格式如图 2−6 所示。

左方	原材料账户		右方
期初余额	×××		
增加额	×××	减少额	×××
	⋮		⋮
本期发生额	×××	本期发生额	×××
期末余额	×××		

图 2−6　会计账户中的四个指标

2. 常用的会计账户格式

“T”形账户在教学和会计工作底稿中经常采用。但在会计实际工作中，会计账户还需要记录记账的时间、记账凭证的种类和编号、经济业务的主要内容等，加入这些要素，就形成了具体的账页格式。企业实际采用的账页一般要包括以下内容。

（1）账户名称。账户名称即会计科目，一般在账页的上方正中间或左上角。

（2）日期栏。用以记录经济业务发生的时间。

（3）凭证字号栏。用以记录登记账户所依据的会计凭证的类别和编号。

（4）摘要栏。用以记录经济业务的简要内容。

（5）金额栏。用以记录该账户的增加额、减少额及余额。

账户的基本格式如表 2−6 所示。

表 2−6　　账户基本格式

会计科目：×××

年		凭证		摘要	增加额	减少额	余额
月	日	种类	号数				

按规定，企业一般采用借贷记账法。在借贷记账法下，账户设置“借方栏”和“贷方栏”记录账户金额的增加额和减少额。必须注意，账户“借方栏”不一定记录增加数，“贷方栏”也不一定记录减少数。借贷方记录的内容要依据账户所要反映的会计对象的具体内容也即账户的性质而定。

在借贷记账法下，常用的账户格式如表 2−7 所示。

表 2-7　　借贷记账法中的账户基本格式

会计科目：×××

年		凭证		摘要	对方科目	借方	贷方	借或贷	余额
月	日	种类	号数						

2.5　会计核算基础

由于企业生产经营活动是连续的，而会计期间是人为划分的，所以难免有一部分收入和费用出现收支期间和应归属期间不相一致的情况。如 11 月 15 日销售商品一批，12 月 10 日收到货款，按照归属期来说，这笔收入是 11 月份的，但按照收款期来说又是 12 月份发生的，那究竟是作为 11 月份的收入还是 12 月份的收入则需要一个会计处理原则。对费用来说也是如此，本月支付下月的费用，按照归属期来说是属于下个月的费用，因为受益期是下个月，但费用的支付是在本月，究竟是作为本月的费用还是下月的费用也需要一个会计处理原则。在处理这类经济业务时，可供选择的原则包括权责发生制和收付实现制两种。

2.5.1　收付实现制

1. 收付实现制的概念

收付实现制亦称现收现付制或现金制，它是以款项的实际收付为标准来处理经济业务，确定本期收入和费用，计算本期盈亏的会计处理基础。在现金收付制的基础上，凡在本期实际以现款付出的费用，不论其应否在本期收入中获得补偿均应作为本期应计费用处理；凡在本期实际收到的现款收入，不论其是否属于本期均应作为本期应计的收入处理；反之，凡本期还没有以现款收到的收入和没有用现款支付的费用，即使它归属于本期，也不作为本期的收入和费用处理。

例如，“果先生”水果超市 2024 年 1 月份收到 2023 年应收水果销货款 20 000 元，存入银行，尽管该项收入不是 2024 年 1 月份创造的，但因为该项收入是在 1 月份收到的，所以在现金收付基础上也作为 2024 年 1 月份的收入。

在现金收付基础上，会计在处理经济业务时不考虑预收收入、预付费用，以及应计收入和应计费用的问题，会计期末也不需要进行账项调整，因为实际收到的款项和付出的款项均已登记入账，所以可以根据账簿记录来直接确定本期的收入和费用，并加以对比以确定本期盈亏。

2. 收付实现制下收入和费用确认举例

【例 2-12】“果先生”水果超市于 1 月 10 日销售水果一批，1 月 15 日收到货款，存入银行。

分析：这笔销售收入是在 1 月份收到货款，按照收付实现制处理原则，应将这笔收入作为 1 月份的收入入账。

【例 2-13】“果先生”水果超市于 1 月 15 日销售水果一批，2 月 10 日收到货款，存入银行。

分析：这笔销售收入虽然是 1 月份实现的销售收入，但是在 2 月份收到货款，按照收付实现制处理原则，应将这笔收入作为 2 月份的收入入账。

【例 2-14】“果先生”水果超市于 1 月 15 日预收对方购货单位一笔货款，存入银行，但按合同规定于 2 月份交付商品。

分析：这笔销售收入虽然是 2 月份实现的销售收入，但是在 1 月份收到货款，按照收付实现制处理原则，应将这笔收入作为 1 月份的收入入账。

【例 2-15】水果超市于 3 月 15 日支付第二季度店面租金。

分析：这笔费用虽然付的是第二季度的租金，但是付款时间是 3 月份，按照收付实现制处理原则，应将这笔费用作为 3 月份的费用入账。

【例 2-16】水果超市于 6 月 30 日将运货车出租，预收了下半年租金。

分析：这笔收入虽然预收的是下半年的租金，但是收到租金时间是 6 月份，按照收付实现制处理原则，应将这笔收入作为 6 月份的收入入账。

【例 2-17】水果超市于 6 月 30 日用银行存款支付本月水电费。

分析：这笔费用是在 6 月份付款，按照收付实现制处理原则，应将这笔费用作为 6 月份的费用入账。

2.5.2 权责发生制

1. 权责发生制的概念

权责发生制亦称应收应付制或应计制，是指企业按收入的权利和支出的义务是否归属于本期为标准来确认收入、费用，也就是以应收应付为标准，而不是按款项的实际收支是否在本期发生为标准。在权责发生制下，凡是归属于本期的收入和费用，不论款项是否实际收到或实际付出，都应作为本期的收入和费用入账；凡是不属于本期的收入和费用，即使款项在本期收到或付出，也不作为本期的收入和费用处理。由于其不论款项的收付，仅以收入和费用是否应归属本期为准，所以称为应计制。

在权责发生制基础上，只要企业在某会计期间享有收取一项收入款项的权利，无论款项是否已收到，都应确认为该期间的收入；只要企业在某会计期间承担了一项支付费用款项的责任，无论款项是否已支付，都应确认为该期间的费用。例如，对于企业本期已向客户销售而尚未收到货款的交易，由于销售已成立，就应作为本期的收入，而不应作为收款期的收入；对于本期已预收货款而尚未发出商品的交易，由于本期不具有收取货款的权利，不能作为本期的收入，而只能作为一项负债，待以后期间销售成立时，才能确认为收入。再如，对于本期应付未付的借款利息，由于付款责任属于本期，就应作为本期的费用，而不应作为支付期的费用。

2. 权责发生制下收入和费用确认举例

仍以前面所举例子说明权责发生制下收入和费用的确认。

【例 2-12】“果先生”水果超市于 1 月 10 日销售水果一批，1 月 15 日收到货款，存入银行。

分析：这笔销售收入的归属期和实际收款期同属 1 月份，按权责发生制确认的收入时间与收付实现制相同，都应作为 1 月份的收入入账。

【例 2-13】“果先生”水果超市于 1 月 15 日销售水果一批，2 月 10 日收到货款，存入银行。

分析：这笔销售收入虽然是 2 月份实现的销售收入，但是收款的权利在 1 月份就已经产生了，按照权责发生制处理原则，应将这笔收入作为 1 月份的收入入账。

【例 2-14】“果先生”水果超市于 1 月 15 日预收对方购货单位一笔货款，存入银行，但按合同规定于 2 月份交付商品。

分析：这笔销售收入虽然是在 1 月份收到货款，但是收款的权利尚未产生，按照权责发生制处理原则，应将这笔收入作为 2 月份的收入入账。

【例 2-15】水果超市于 3 月 15 日支付第二季度店面租金。

分析：这笔费用虽然付款时间是 3 月份，但其受益期是 4~6 月份，按照权责发生制处理原则，应将这笔费用作为 4~6 月的费用入账。

【例 2-16】水果超市于 6 月 30 日将运货车出租，预收了下半年租金。

分析：这笔收入虽然收到租金时间是 6 月份，但租金归属期为 7~12 月，按照权责发生制处理原则，应将这笔收入作为 7~12 月份的收入入账。

【例 2-17】水果超市于 6 月 30 日用银行存款支付本月水电费。

分析：这笔费用归属期和款项的实际支付期属于相同的会计期间，按权责发生制确认的时间与收付实现制相同，都作为 6 月份费用入账。

2.5.3　权责发生制和收付实现制的评价

1. 收付实现制的评价

（1）用收付实现制确定企业的收入、费用及利润具有客观性和现实性。用权责发生制确定企业的收入、费用及利润时，费用必须依其同收入的关系分摊到各个会计期间，就必须采用折旧方法、摊销方法和存货计价方法等人为的方法，使会计中采用了许多的估计、预测数据，从而其提供的数据也较收付实现制丧失了一定的客观性。

（2）收付实现制反映企业实实在在拥有的现金，而企业能否按期偿还债务、支付利息、分派股利等很大程度上取决于企业所实际拥有的现金。同时，在长期投资决策中，以收付实现制为基础的现金流量也更受关注。长期投资涉及时间长、风险高，投资者不仅要考虑投资的收益水平，更关心投资的回收问题。因此，投资者更加关注现金的实际流入或流出。

但是，按照收付实现制计算的盈亏不合理、不准确，所以它主要应用于行政事业单位预算会计。

2. 权责发生制的评价

（1）权责发生制能更加准确地反映特定会计期间实际的财务状况和经营业绩。权责发生制是依据持续经营和会计分期两个基本前提来正确划分不同会计期间资产、负债、收入、费用等会计要素的归属，并运用一些诸如应收、应付、预收、预付等项目来记录由此形成的资产和负债等会计要素。企业经营活动是持续不间断发生的，而其损益的记录又要分期进行，每期的损益计算理应反映所有属于本期的真实经营业绩，收付实现制显然不能完全做到这一点。因此，权责发生制能更加准确地反映特定会计期间实际的财务状况和经营业绩。《企业会计准则——基本准则》第九条规定，企业应当以权责发生制为基础进行会计确认、计量和报告。

（2）权责发生制在反映企业的财务状况时存在局限性。例如，一个在损益表上看来经营很好，效率很高的企业，在资产负债表上却可能没有相应的变现资金而陷入财务困境。这是由于权责发生制把应计的收入和费用都反映在损益表上，而其在资产负债表上则部分反映为现金收支，部分反映为债权债务。为揭示这种情况，应编制以收付实现制为基础的现金流量表来弥补权责发生制的不足。

3. 权责发生制和收付实现制的辩证统一

权责发生制与收付实现制是辩证统一的关系。对一笔收入或费用，权责发生制所描述的是收入的收取权利或费用的支付义务（责任）已经形成，它具有收入或费用的真正经济含义，是从本质内容上加以确定。而收付实现制所描述的只是收入的收取行为或费用的支出行为已经发生，它只是表面形式上的确认，并没有收入或费用的真正经济含义。权责发生制与收付实现制之间的关系不是根本对立的，而是辩证统一的，其差异主要是权利、义务的形成时间与现金收付行为的发生时间不一致所引起的。

总之，权责发生制和收付实现制实质上是内容与形式，本质与表象的辩证统一关系。它们之间既不是互相孤立、毫无联系的，也不是截然相反、根本对立的，而是同一记账对象的两个不同方面。权责发生制以权利或义务的形成为标准，从本质内容上确认了收入或费用；收付实现制以现金的收付行为的发生为标准，从表面上确认收入或费用。

知识拓展

权责发生制核算基础下，进一步延伸出配比原则及划分收益性支出与资本性支出原则。

配比原则主要是指在收入确定的情况下，将与该收入有关的费用寻找出来进行配比，以正确计算当期损益。配比包含两个层次：一是因果关系配比，如卖食品的收入不能与卖文具的成本进行匹配，必须是卖食品的收入与卖食品的成本进行配比，才能计算出卖食品的利润；二是期间配比，有些费用的发生与某一具体收入不存在明显的因果关系，但与收入所在的期间存在关系，需要与发生在同一会计期间的收入进行配比。

如果一项支出受益期只是支出的当期，则是收益性支出，会计核算应将其计入费用，一次性从当期收入中进行弥补。如果受益期超过一个会计期间，叫资本性支出，会计核算应将其计入成本，形成一项资产，该资产的成本在其受益期间进行分配。

本章小结

会计对象是指会计核算和监督的内容。会计的一般对象是社会再生产过程中能以货币表现的经济活动，也即资金运动。企业的资金运动是资金投入、资金运用与资金退出不断循环反复的过程。会计要素是对会计对象具体内容所作的基本分类，分为资产、负债、所有者权益、收入、费用和利润六个部分。资产是指过去的交易或事项形成并由企业拥有或控制的资源，该资源预期会给企业带来经济利益。资产按流动性分为流动资产和非流动资产。负债是过去的交易、事项形成的义务，履行该义务预期会导致经济利益流出企业。负债按偿还时间长短分为流动负债和长期负债。所有者权益是所有者在企业中享有的经济利益，其金额为资产减去负债后的余额。收入是指企业在日常活动中形成的、会导致所有者权益增加的、与所有者投入资本无关的经济利益的总流入。费用是指企业在日常活动中发生的、会导致所有者权益减少的、与所有者投入资本无关的经济利益的总流出。利润是指企业在一定期间的经营成果，包括收入减去费用后的净额、直接计入当期利润的利得和损失等。

会计等式是表明会计要素之间数量关系的代数方程式。

财务状况等式（静态等式）：资产=权益或资产=负债+所有者权益

经营成果等式（动态）：利润=收入-费用

综合会计等式：资产=负债+所有者权益+（收入-费用）

企业经济业务有四种类型。任何经济业务的发生都不会破坏会计等式的平衡关系。

会计科目是对会计对象按其反映的具体经济内容所作的分类项目名称。会计科目按其所反映的经济内容分为资产类科目、负债类科目、共同类科目、所有者权益类科目、成本类科目和损益类科目；会计科目按其隶属关系可以分为总账科目和明细科目。

账户是根据会计科目开设的，具有一定的结构，用以连续、系统、分类地记录和反映会计要素增减变动情况的一种专门的工具。账户与会计科目是既有联系又有区别的两个不同概念。账户的基本结构是分为左右两方，一方反映增加，另一方反映减少，并把增减的结果即余额登记在反映增加的那一方。账户中所记录的金额分为期初余额、本期增加额、本期减少额和期末余额。它们之间的关系：期末余额=期初余额+本期增加额-本期减少额。

收付实现制也称现收现付制，是以款项的实收实付为标准确定本期收入和支出的一种会计处理基础，凡是在当期与收入与费用有关的实收实付款项，都作为当期的收入费用处理，凡是当期没有实际收入和支付的款项，都不作为当期的收入和费用处理。

权责发生制亦称应收应付制，是以收入的权利和支出的义务是否归属于本期为标准来确认收入和费用的一种会计处理基础。凡是当期已经实现的收入和已经发生或应负担的费用，不论款项是否收付，都应当作为当期的收入和费用；凡是不属于当期的收入和费用，即使款项已经在当期收付，也不应当作为当期的收入和费用。

课后练习

一、知识巩固和应用

（一）单项选择题

1. 所有者权益等于（　　）。

A. 企业的全部资产减流动负债　　B. 企业的原有资金

C. 企业的新增利益　　D. 企业的全部资产减全部负债

2. 下列不属于企业所有者权益的是（　　）。

A. 实收资本　　B. 盈余公积金

C. 长期股权投资　　D. 未分配利润

3. 下列业务引起资产项目之间此增彼减的是（　　）。

A. 用银行存款偿还银行借款

B. 用银行存款购买原材料

C. 用银行存款直接偿还应付账款

D. 从国家取得拨入的资本金，划入银行存款账户

4. 某一项经济业务发生，一般会引起会计要素下各个具体项目中的（　　）发生增减变动。

A. 一个　　B. 两个　　C. 两个或两个以上　　D. 全部

5. 以下项目属于流动资产的项目是（　　）。

A. 应收账款　　B. 应付账款　　C. 机器设备　　D. 二年期国库券

6. 以下项目属于流动负债的项目是（　　）。

A. 长期应付款　　B. 预收账款　　C. 应收账款　　D. 长期借款

7. 下面各类经济业务中，会引起资产和负债同时增加的是（　　）。

A. 以银行存款投资办公司　　B. 向银行借款存入银行

C. 以银行存款购买材料　　D. 以银行存款偿还前欠货款

8. 下列经济业务中，会引起一项负债减少，而另一项负债增加的经济业务是（　　）。

A. 从某企业赊购材料　　B. 以银行借款还清所欠货款

C. 以银行借款存入银行　　D. 以银行存款还前欠货款

9. 引起资产和权益同时增加的业务是（　　）。

A. 从银行提取现金　　B. 银行借款存入银行

C. 用银行存款上缴税金　　D. 用银行存款支付前欠购货款

10. 下列经济业务同时引起负债项目和所有者权益项目此增彼减的是（　　）。

A. 将应付票据转作投资　　B. 将应付票据偿还应付账款

C. 将公积金的一部分用来转增资本金　　D. 从银行提取现金

11. 基本会计等式揭示了企业会计要素之间的规律性，因而它是（　　）。

A. 填制凭证、登记账簿和编制会计报表的理论依据

B. 总分类账和明细分类账平行登记的理论依据

C. 划分会计要素种类的理论依据

D. 设置会计科目、复式记账和编制会计报表的理论依据

12. 某企业资产总额为 100 万元，当发生下列三笔经济业务后，①向银行借款 10 万元存入银行；②用银行存款偿还应付账款 5 万元；③收回应收账款 2 万元存入银行，其权益总计为（　　）万元。

A. 107　　B. 105　　C. 117　　D. 112

13. 会计科目是（　　）的名称。

A. 会计要素　　B. 会计账簿

C. 会计账户　　D. 会计报表

14. 采用权责发生制基础时，下列业务中不能确认为当期收入的是（　　）。

A. 收到当期销货款　　B. 销售商品，货款尚未收到

C. 销售商品，同时收到货款　　D. 收到以前月份的销货款

15. 采用权责发生制基础时，下列业务中能确认为当期费用的是（　　）。

A. 支付下年的报纸杂志费　　B. 本月应付未付借款利息

C. 预付下季度房租　　D. 支付上月电费

16. 在收付实现制下不能确认为当期费用的项目是（　　）。

A. 支付下年报纸杂志费　　B. 本月应付未付借款利息

C. 支付全年的财产保险费　　D. 支付当月管理部门用房屋租金

17. 华达公司 20××年 10 月份销售 A 产品一批，价款 20 000 元，款未收；销售 B 产品一批，取得转账支票一张，价款 8 000 元；收到 9 月份所欠货款 5 000 元，按权责发生制确定该企业 10 月份销售收入应为（　　）元。

A. 25 000　　B. 28 000　　C. 8 000　　D. 5 000

（二）多项选择题

1. 根据我国《企业会计准则》的规定，会计要素包括（　　）。

A. 资产和费用　　B. 负债和收入　　C. 所有者权益　　D. 利润

2. 资产的基本特征包括（　　）。

A. 预期会给企业带来经济利益　　B. 是企业现在所拥有或控制的

C. 过去或未来的交易或事项形成　　D. 包括各种财产、债权和其他权利

E. 只包括各种财产

3. 流动资产包括（　　）。

A. 现金　　B. 银行存款　　C. 短期投资　　D. 应收及预付款项

E. 存货

4. 无形资产包括（　　）。

A. 非专利技术　　B. 商誉　　C. 开办费　　D. 商标权

E. 专利权

5. 下列项目属于流动负债的有（　　）。

A. 短期借款　　B. 应付账款　　C. 预收账款　　D. 应交税费

E. 长期借款

6. 所有者权益包括（　　）。

A. 投入资本　　B. 资本公积　　C. 盈余公积　　D. 未分配利润

E. 长期投资

7. 所有者权益按其构成内容不同可分为（　　）。

A. 其他综合收益　　B. 未分配利润　　C. 盈余公积　　D. 资本公积

E. 实收资本

8. 期间费用包括（　　）。

A. 制造费用　　B. 管理费用　　C. 财务费用　　D. 销售费用

E. 直接费用

9. 以下表示六大会计要素之间的关系的等式正确的有（　　）。

A. 资产＝负债　　B. 资产＝权益

C. 资产＝负债+所有者权益　　D. 收入−费用＝利润

E. 资产+费用＝负债+所有者权益+收入

10. 下列资产项目与权益项目之间的变动，符合资金运动规律的有（　　）。

A. 资产某项目增加与权益某项目减少

B. 资产某项目减少与权益某项目增加

C. 资产方某项目增加而另一项目减少

D. 权益方某项目增加而另一项目减少

E. 资产方某项目与权益方某项目同等数额的同时增加或同时减少

11. 下列业务中引起企业所有者权益增加的有（　　）。
A. 企业以银行存款投资子公司　　B. 投资者以设备投入企业
C. 企业经营实现利润　　D. 提取现金
E. 以银行存款购买材料
12. 下列项目中，属于会计科目的有（　　）。
A. 厂房、机器　　B. 在产品　　C. 运输设备　　D. 固定资产
E. 库存商品

（三）判断题

1. 预收款是资产，预付款是负债。（　　）
2. 资产必须是企业所拥有的经济资源。（　　）
3. 负债是债权人的权益，代表债权人对企业资产的要求权。（　　）
4. 所有的货币资产流入都是收入；所有的资产减少都是费用。（　　）
5. 资产和权益在数量上始终是相等的。（　　）
6. 资产项目和权益项目此增彼减，会计等式左右两方总额不变，仍保持平衡。（　　）
7. 费用的发生会导致资产减少或负债增加。（　　）
8. 会计科目是一个完整的体系，它包括科目的内容和科目的级次。（　　）
9. 资产增加必然导致所有者权益增加。（　　）
10. 本期发生额属于动态指标，期初余额和期末余额属于静态指标。（　　）
11. 没有无资产的权益，也没有无权益的资产。（　　）
12. 并非付出货币资金都是经营支出。（　　）
13. 所有资产的增加或负债的减少都会产生营业收入。（　　）
14. 所有的账户都是依据会计科目开设的。（　　）
15. 会计等式永远平衡的原则是复式记账赖以建立的基础。（　　）

二、能力训练和提升

（一）练习静态会计要素的确认

【资料】某服装加工厂的部分经济内容如下表所示。

序号	经济内容	资产	负债	所有者权益
1	仓库中存放的产成品			
2	尚未缴纳的税金			
3	还在加工中的产品			
4	购买其他公司的股票			
5	车间厂房			
6	运输用的汽车			
7	仓库中的原材料			
8	财会部门用的电脑			
9	生产用的机器设备			

续表

序号	经济内容	资产	负债	所有者权益
10	欠红星工厂的材料价款			
11	本月实现的利润			
12	存放在出纳处的现金			
13	存放在银行里的款项			
14	向银行借入 3 个月期限的借款			
15	仓库中存放的生产用材料			
16	正在加工中的在产品			
17	房屋及建筑物			
18	投资者投入的资本			
19	应收外单位的货款			
20	应付给外单位的材料款			

【要求】确定资料中经济内容是资产、负债还是所有者权益，将确定结果在表格的相应位置打“√”。

（二）练习会计等式的理解

【资料】假设某企业 12 月 31 日的资产、负债和所有者权益的状况如下表所示。

资产	金额/元	负债及所有者权益	金额/元
库存现金	1 000	短期借款	10 000
银行存款	27 000	应付账款	30 000
应收账款	35 000	应交税费	9 000
原材料	50 000	长期借款	B
库存商品	A	实收资本	240 000
固定资产	201 000	资本公积	23 000
合计	375 000	合计	C

【要求】

1. 计算表中应填的数据为：A ________ B ________ C ________。
2. 计算该企业的流动资产总额。
3. 计算该企业的负债总额。
4. 计算该企业的净资产总额。

（三）练习会计等式的平衡关系

【资料】某公司 20××年 7 月 31 日有关资产、负债与所有者权益的资料如下。

单位：元

项目	资产	负债	所有者权益
1. 存在银行的存款 24 000			
2. 仓储的产成品 175 000			
3. 用作仓库的房屋 35 000			
4. 仓储半成品 75 000			
5. 机器设备 20 000			
6. 出纳处的现金 1 000			
7. 货运汽车一辆 30 000			
8. 营业用房屋 195 000			
9. 应收回的销售货款 40 000			
10. 应付采购材料货款 32 000			
11. 接受国有投资 300 000			
12. 接受外单位投资 60 000			
13. 本年已实现利润 61 000			
14. 尚未缴纳税金 4 000			
15. 以前年度的未分配利润 44 000			
16. 向银行借入的资金 94 000			
合计			

【要求】

1. 区分各项目属性是资产、负债还是所有者权益类。
2. 汇总各类要素，检验其平衡关系。

(四) 练习经济业务的发生对会计等式的影响

【资料】某公司 20××年 8 月 31 日资产负债表显示资产总计 70 000 元，所有者权益总额 50 000 元，负债 20 000 元。该公司 20××年 9 月份经济业务如下。

1. 购入全新机器一台，价款 5 000 元，以银行存款支付。
2. 投资者投入原材料，价值 10 000 元。
3. 经与债权人协商，将一笔长期负债 5 000 元转化为企业投资。
4. 从银行提取现金 200 元备用。
5. 以银行存款偿还所欠供应单位账款 1 000 元。
6. 以银行存款归还短期借款 5 000 元。
7. 收到购买单位所欠账款 8 000 元，收存银行。
8. 向银行借入短期借款 10 000 元，存入银行存款户。
9. 收到客户前欠货款 6 000 元，其中 5 000 元转入银行存款户，1 000 元以现金收讫。
10. 以银行存款 10 000 元归还银行借款 8 000 元，以及所欠供应单位账款 2 000 元。

【要求】

1. 根据上述经济业务，分析说明会计要素变动情况以及对会计方程式的影响。

2. 计算 9 月末资产总额、负债总额和所有者权益总额。

（五）练习进一步掌握会计等式

【资料】由“果先生”水果超市独家出资成立的兴华搬运公司 20××年期初及期末资产负债表上列示的资产总额和负债总额如下（单位：元）：

项目	期初	期末
资产	358 000	488 000
负债	190 000	215 000

【要求】根据下列各种情况，分别计算本年度兴华搬运公司的利润（不考虑其他综合收益）。

1. “果先生”水果超市在年度中既未收回投资，也未增加投资。

2. “果先生”水果超市在年度中虽未收回投资，但曾增加投资 20 000 元。

3. “果先生”水果超市在年度中曾经收回投资 15 000 元，但未增加投资。

4. “果先生”水果超市在年度中曾经收回投资 32 000 元，但又增加投资 45 000 元。

（六）练习会计科目及其分类

【资料】某公司 20××年 5 月发生下列经济业务。

1. 购原材料一批，计价 6 000 元，货款由银行存款支付，并已验收入库。

2. 收到齐达工厂所欠货款 4 700 元，存入银行。

3. 收到国家投入全新的机器设备一台，价值 34 000 元。

4. 以银行存款 2 000 元归还到期的银行借款（借款期为半年）。

5. 生产领用原材料 4 200 元。

6. 生产完工产品 12 000 元，转入产成品库。

7. 公司经批准将其盈余公积 3 200 元转增资本。

8. 华星公司同意将公司所欠货款 10 000 元转作对本企业的投入资本。

9. 出售产成品 100 件，每件售价 150 元，取得销售收入 15 000 元，存入银行。

10. 将出售产品实际成本 12 000 元（出售产成品 100 件，每件 120 元），转列为主营业务成本。

【要求】列明各笔经济业务所涉及的会计科目名称及其类别。

（七）练习各类账户的结构

【要求】根据各类账户的结构，计算并填写下列表格的空格。

账户名称	期初余额	本期增加额	本期减少额	期末余额
库存现金	6 450	320		770
短期借款	50 000		10 000	100 000
应收账款	12 800		2 800	75 520
实收资本	500 000	200 000		700 000

续表

账户名称	期初余额	本期增加额	本期减少额	期末余额
原材料	42 000	26 000		44 000
银行存款		52 800	34 000	57 400
应付账款	18 000	26 676		12 000
固定资产	85 000	29 000	10 000	

三、素质养成和价值引领

（一）思考题

1. 有人说“会计是分类的艺术”，你觉得这句话有道理吗？说明理由。

2. 小强买了一套房，购入时为市价 150 万元，跌价后市场价为 90 万元，而他欠的按揭贷款和利息却高达 100 万元。生活中，有人把这种情况称为“负资产”，“负资产”是一项会计要素吗？它是如何形成的呢？

（二）案例分析题

1. 2023 年 9 月，大学生小林入学时，缴纳全年学杂费 6 000 元，按照收付实现制和权责发生制，分别应确认为什么时间的费用？

2. 2020 年 1 月，“果先生”水果超市购入价值 5 000 元的文具，一半发给员工使用，一半捐赠希望小学。这一业务对超市产生什么影响？购入文具的两种用途在会计确认上有什么区别？

第3章　复式记账法

学习目标

知识目标：理解复式记账法的概念和理论基础，掌握借贷记账法的记账规则，熟悉借贷记账法下的账户结构，领会借贷记账法的应用过程，了解总分类账户和明细分类账户平行登记的含义和要点。

能力目标：能运用借贷记账法的记账规则编写会计分录、学会过账和编制试算平衡表；能根据平行登记的要点编制总分类账户与明细分类账户发生额及余额对照表。

素质目标：领悟复式记账法原理，把握会计平衡规律，透过经济业务现象看本质，充分认识会计核算对企业高质量发展的意义，培养“大会计视野看客观世界”的专业素质。

关键词

复式记账法	double-entry bookkeeping system
借贷记账法	debit and credit accounting system
记账规则	recording rules
会计分录	accounting entry
过账	posting of account
试算平衡表	trial balance
平行登记	parallel recording

知识导图

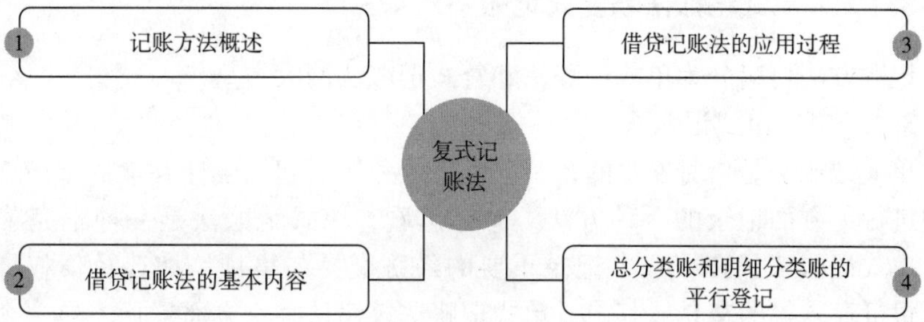

导例

由于涉及史上最多的诉讼人、史上最大的赔偿金额，康美药业财务舞弊为我国上市公司长鸣警钟。2021 年 11 月 12 日，广州市中级人民法院对全国首例证券集体诉讼案作出一审判决，责令康美药业赔偿证券投资者损失 24. 59 亿元，康美药业董事长马兴田和直接责任人及广东正中珠江会计师事务所承担全部的连带赔偿责任。我国著名学者黄世忠教授在其《八问康美药业》一文中说，根据复式簿记的原理，任何一家上市公司在利润表虚增收入和虚增利润，就必定会在资产负债表和现金流量表留下痕迹，露出破绽。根据“有借必有贷，借贷必相等”的平衡机制，康美药业在 2016—2018 年虚构了 291. 28 亿元的营业收入和 20. 72 亿元的营业利润，由此必然形成了与之对应的子虚乌有的资产。黄教授认为，复式簿记历经 500 多年而不衰，其中的一个重要原因是根据复式簿记进行记账算账和报表编制，会使财务报表之间形成非常严谨的勾稽关系。

被誉为“人类智慧的绝妙创造”的复式记账是一种什么样的科学记账方法呢？

3. 1　记账方法概述

3. 1. 1　记账方法的含义

账户是记录经济业务的专门工具，而在账户中如何记录经济业务，则涉及记账方法问题。企业经济业务的发生必然会引起会计具体对象——会计要素的增减变动，为了连续、系统、全面、综合地反映和监督各会计要素的增减变动的过程和结果，提供经营管理所需要的会计信息，除了运用必要的会计科目设置账户之外，还必须运用科学的记账方法在账户中进行登记。也就是说，要运用科学的记账方法，通过账户来反映特定会计主体经济活动的增减变动过程及结果。所谓的记账方法，是指按照一定的规则，使用一定的符号，在账户中记录各项经济业务的专门方法。例如，将企业以 20 000 元购入一批材料这笔采购业务如何记录在有关账户（原材料账户和银行存款账户）中，必须使用特定的记账方法。在账户中记录发生的经济业务，实际上是将对经济业务进行会计确认和计量的结果（会计要素变化的内容与数量），在相关账户中予以记载或登记。如对上述采购业务的记录，就是在原材料账户中记录企业的原材料增加 20 000 元，同时在银行存款账户中记录企业的银行存款减少 20 000 元。

3. 1. 2　单式记账法和复式记账法

记账方法可以分为单式记账法和复式记账法两大类型。

3. 1. 2. 1　单式记账法

单式记账法是指对发生的每一项经济业务所引起的会计要素的增减变动，只在一个账户中进行单方面记录的一种方法。总体上看，单式记账法是一种不完善的记账方法。其一，单式记账法只在账户中记录重要的经济交易与事项，如涉及债权、债务、资本、现金、银行存款等的交易；其二，单式记账法仅仅从某一方面（而不是多个方面）来记录经济交易与事项；其三，单式记账法下的账户设置不完整，只设立与“重要”交易和事项相关的账户，对于不“重要”的交易与事项则不在账户中予以记录。

例如，单式记账法下只记录债权债务交易、资本交易以及现金、银行存款交易，而对于其他经济交易与事项（如存货耗用、设备耗用等）则不予记录。对所发生的债权、债务、资本、现金、银行存款等交易，也只在账户中记录债权、债务、资本、现金、银行存款的变化（增加或减少），而经济交易与事项所引起的相应变动事宜则不予记录。如对于从出资者处取得机器设备投资 800 000 元的交易，仅在"资本"账户记录资本增加 800 000 元，而不同时记录机器设备的增加；对于购买商品 20 000 元的交易，仅在"银行存款"（或库存现金）账户记录银行存款（或库存现金）减少 20 000 元，而不同时记录商品的增加等。在单式记账法看来，商品、机器设备等属于不"重要"的经济事项。

对于购买商品 20 000 元的交易，采用单式记账的记录结果如图 3-1 所示。

图 3-1　购买商品交易的单式记账法的记录结果

因此，单式记账法对经济业务的记录不全面、不系统，不能反映经济业务对会计要素影响的全貌及经济业务的来龙去脉。在单式记账法下，账户之间既无直接联系，也无相互平衡关系。

单式记账法比较简单，它反映和监督比较简单的经济业务活动。它仅适用于家庭或经济活动简单的小型厂矿、农庄等经济单位，对于现代化管理的企业显然是难以适用的。

3.1.2.2　复式记账法

首创"资本主义"一词的德国社会学家和经济学家维纳·桑巴特（Werner Sombart）曾说："复式记账法的诞生，其意义可以与伽利略和牛顿的发现齐名。"创立矩阵论的英国数学家阿瑟·凯莱（Arthur Cayley）指出，复式记账"像欧几里得比例理论一样，是绝对完善的"。复式记账法体现了会计平衡观，也揭示了会计的内在规律，世间万事万物都遵循平衡规律，我们要以大会计情怀认识客观世界。

（1）复式记账法及其理论基础

复式记账法是在单式记账法的基础上演变出来的。这种记账方法的基本思想是：对全部经济交易与事项进行完整而相互联系的记录。复式记账法的理论基础是会计恒等式，每个单位平时所发生的各种经济业务是千变万化、多种多样的，但不管发生怎样的变化，对于任何一个单位任何一笔经济业务的发生，都会对会计要素产生相关联的影响。一项会计要素发生增减变化，其他有关会计要素也必然随之发生等额变化；或者是在同一会计要素中，一个具体项目发生增减变化，其他有关项目也会随之等额变化，但不管如何增减变化，都不会破坏会计恒等式中各要素的平衡关系，资产总量与权益总量始终是相等的，如图 3-2 所示。

只有遵循会计恒等式的内在规律，保持会计要素之间的平衡关系，在相关账户中进行等额的登记，才能保证经济业务记录的完整性。所谓复式记账法，就是指对发生的任何一项经济业务都必须以相等的金额，在两个或两个以上相互联系的账户中进行登记，借以反映经济业务来龙去脉的一种记账方法。对每一项经济业务做双重等额记录是复式记账法的本质。例如，对于以银行存款 20 000 元购买商品的经济交易，该项交易发生后使得企业的

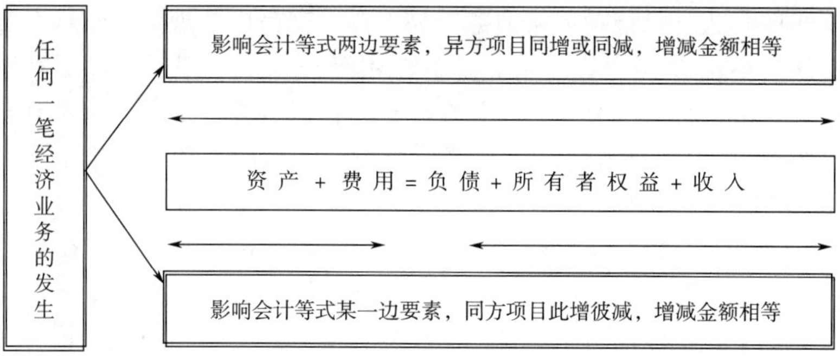

图 3-2　复式记账法的理论基础：会计恒等式

银行存款减少 20 000 元，同时企业持有的商品增加 20 000 元，因此，企业应当同时在“银行存款”账户和“库存商品”账户中进行记录。记录结果如图 3-3 所示。

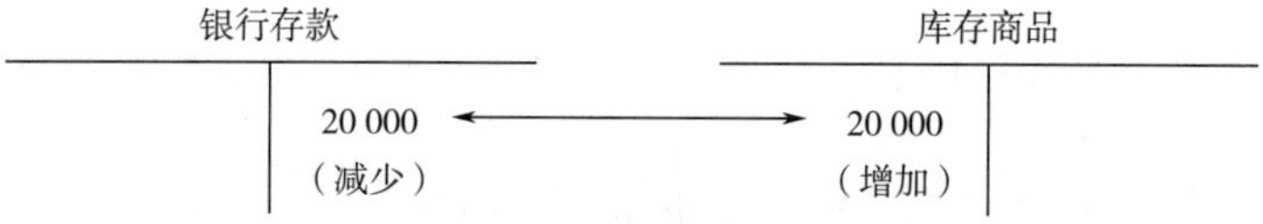

图 3-3　购买商品交易的复式记账记录结果

（2）复式记账法的优点

复式记账法在会计核算方法体系中占有重要的地位，从编制会计凭证到登记账簿都要运用复式记账法，与单式记账法相比，它有着显著的优点。

①复式记账法能够设立完整的账户体系。账户是记录经济业务的基础，企业的经济活动及其资金运动具有固有的客观规律，依据企业经济业务的特征和会计目标的要求建立科学的账户体系，是复式记账法运用的前提。完整的账户体系的建立是以会计要素及其内容为直接依据，同时，账户的设立还应当遵循相关会计准则，体现会计信息使用者的客观需求。

②复式记账法能够全面记录企业发生的所有经济业务。按照复式记账法的要求，完整账户体系的建立，为企业全面记录发生的所有经济业务奠定了基础。在复式记账法下，应当对企业所发生的每一项经济业务都在相关的账户中进行记录，而不得遗漏。

③复式记账法能够完整地记录每一项经济业务所引起的各项资金变化过程，亦即完整地反映“资金变化的来龙去脉”。在复式记账法下，对每一项经济业务客观上所引起的几个不同方面的资金变化情况，都应当在相关账户中进行记录，而不得偏废或遗漏。账户体系的建立，为完整地记录每一项经济交易与事项所引起的多个方面的资金变化结果提供了基本条件。

④复式记账法能够对特定期间的账户记录结果进行试算平衡，以检查账户记录的正确性。按照复式记账法，对每一项经济业务的发生都等额地在相关账户中登记。因而，相关账户的记录结果都具有一定的规律性，根据该规律可以反过来验证账户记录过程是否正确。这种验算过程，会计上称为“试算平衡”。试算平衡是复式记账法的重要特征。

3.1.2.3　复式记账法的种类

复式记账法在世界盛行后，清末我国爱国学者们把它引入中国。1905 年清朝驻美公使馆的翻译蔡锡勇以一本会计学专著介绍它到中国；后来孟森和谢霖在日本的东京合著了一本《银行簿记学》，再次介绍借贷复式记账法到国内。1920 年潘序伦在上海创立“立信会计学校”，竭力推广复式记账方法。复式记账法至今在我国运用了一百多年，新中国成立以来，我国的会计实务中曾经采用过“收付记账法”“增减记账法”和“借贷记账法”三种复式记账法，三者均因其记账符号而得名。

①收付记账法。收付记账法是以“收”“付”为记账符号的一种复式记账法，又分为资金收付记账法（我国事业单位曾采用）、现金收付记账法（我国金融业曾采用）、钱物收付记账法（我国农村曾采用）。

②增减记账法。增减记账法是以“增”“减”为记账符号的一种复式记账法，我国商业企业曾采用过这种方法。

③借贷记账法。借贷记账法是以“借”和“贷”为记账符号的一种复式记账法。借贷记账法是经过长期反复实践和研究总结出的记账方法。目前借贷记账法以其科学性和广泛的适用性为世界各国会计所采纳。我国企业会计准则规定：“企业应当采用借贷记账法记账。”自 1993 年起，借贷记账法成为我国各行业广泛采用的复式记账法。

3.2　借贷记账法的基本内容

3.2.1　借贷记账法的含义

借贷记账法是世界上通行的应用广泛的一种复式记账方法，它是以“借”和“贷”作为记账符号，对发生的任何一项经济业务都要以相等的金额在两个或两个以上相互联系的账户中进行记录的一种复式记账方法。

借贷记账法起源于 13 世纪资本主义开始萌芽的意大利。当时，有一些专门从事借贷活动的资本家，他们作为一个中介人，一边从商人和官僚那里吸纳多余的钱财，一边又转手借给手工业者和贫民。为了记录这些借贷活动，借贷资本家分别按人名设户登记，把账户分为两方，一方登记收进的存款，记在贷主（债权人）名下，即为贷方；另一方登记放出的款项，记在借主（债务人）名下，即借方。如甲借钱给乙，由借贷资本家居中担保并记账，借贷资本家视甲为贷主，表示甲为债权人（人欠），视乙为借主，表示乙为债务人（欠人），如图 3-4 所示。

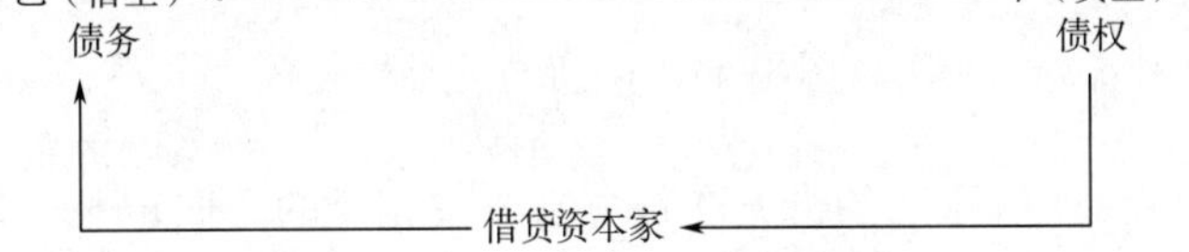

图 3-4　借贷记账法示意图

对于借贷资本家来说，“借”“贷”两字和账户记录的经济业务内容是相符合的，它不仅是记账符号，而且体现着具有现实意义的债权债务关系。随着社会经济的发展，经济活动的日趋复杂，会计对象不断扩大，记账内容不断增加，“借”“贷”两字逐渐失去了原来的含义，而纯粹转化为一种记账符号，成为会计上的专门术语。

1494年，意大利数学家卢卡·帕乔利著的《算术、几何、比及比例概要》一书，在总结了已经流行于民间的200余种的借贷记账法的基础上，系统、全面、详尽地介绍了复式簿记的理论和方法，使复式簿记知识得到了迅速传播。从此，借贷记账法就逐渐流转于西欧，并风行于世界各地，在日本明治维新时代传入日本，于清朝末年从日本传入我国。借贷记账法是目前世界各国通用的一种记账方法，可以说是会计核算的国际通用语言。

3.2.2 借贷记账法的基本内容

借贷记账法的基本内容包括记账符号、账户结构、记账规则和试算平衡。

3.2.2.1 记账符号

借贷记账法以“借”和“贷”两字作为记账符号，并以“借方”和“贷方”来称谓账户的左方和右方。作为记账符号的借贷两字都具有既表示“增加”又表示“减少”的双重含义，这种双重含义是根据账户所反映的不同经济内容的性质来界定的。对资产类账户来说，“借”表示增加，“贷”表示减少；对权益类账户来说，“贷”表示增加，“借”表示减少。在借贷记账法下，借贷作为记账符号对于不同性质账户的增减意义如图3-5所示。

账户借方登记的内容	账户贷方登记的内容
资产的增加 成本、费用的增加 负债的减少 所有者权益的减少 收入的减少	资产的减少 成本、费用的减少 负债的增加 所有者权益的增加 收入的增加

图3-5 借贷记账法中记账符号的含义

3.2.2.2 账户结构

在借贷记账法下，账户的基本结构是：左方为借方，右方为贷方，其基本格式如图3-6所示。

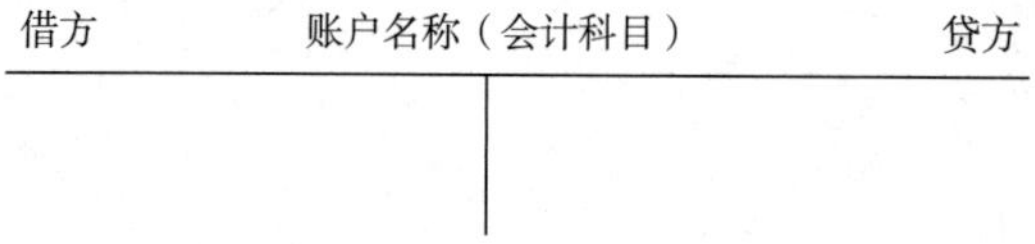

图3-6 “T”形账户结构

在借贷记账法下，所有账户的借方和贷方都要按相反的方向记录其增减变动，即一方登记增加额，另一方登记减少额。每个账户借方或贷方所登记的一定时期内发生的各项经济业务金额的合计数，称为本期借方发生额或本期贷方发生额。两个发生额相抵后的金额称为账户的余额，本期的期末余额到了下一期则称为期初余额。账户的期初、期末余额可能在借方，也可能在贷方，它们一般应与增加额位于同一方向。下面分别说明各类账户的结构。

（1）资产类账户结构。资产类账户借方登记增加额，贷方登记减少额，期末若有余额，一般在借方（与登记增加额在同一方向），表示期末资产实存额。资产类账户结构如图 3-7 所示。

借方	账户名称（会计科目）	贷方
期初余额　××× 本期增加额　×××		 本期减少额　×××
本期发生额　××× 期末余额　×××		本期发生额　×××

图 3-7　资产类账户结构

资产类账户的期末余额计算公式如下：

期末余额=期初余额+本期借方发生额-本期贷方发生额

（2）负债与所有者权益类账户结构。负债与所有者权益都列在会计等式的右边，这两类账户的结构是相同的，即负债与所有者权益类账户的增加额记贷方，减少额记借方，期末若有余额，一般在贷方（与登记增加额在同一方向），表示期末负债与所有者权益的余额。负债与所有者权益类账户结构如图 3-8 所示。

借方	账户名称（会计科目）	贷方
 本期减少额　×××		期初余额　××× 本期增加额　×××
本期发生额　×××		本期发生额　××× 期末余额　×××

图 3-8　负债与所有者权益类账户结构

负债与所有者权益类账户的期末余额计算公式如下：

期末余额=期初余额+本期贷方发生额-本期借方发生额

（3）成本类账户。成本类账户的结构与资产类账户的结构基本相同，即借方登记增加额，贷方登记减少额，期末若有余额，一般在借方，如“生产成本”账户，在期末如有尚未完工的在产品，一定有期末借方余额，表示在产品成本。成本类账户结构如图 3-9 所示。

借方	账户名称（会计科目）	贷方
期初余额　××× 本期增加额　×××		 本期减少额　×××
本期发生额　××× 期末余额　×××		本期发生额　×××

图 3-9　成本类账户结构

成本类账户如有期末余额，其计算公式与资产类账户相同。

（4）损益类账户结构。损益类账户分为收入类账户和费用类账户两种。根据“资产=负债+所有者权益+收入-费用”这一等式，进行移项可以得出“资产+费用=负债+所有者权益+收入”，从这一等式可以看出，费用与资产方向一致，收入与负债及所有者权益方向一致。

- 收入类账户结构。收入的增加额记入账户的贷方，减少额或转销额记入账户的借方。期末时，本期收入的增加额减去减少额后的差额应结转入“本年利润”账户贷方，所以期末没有余额。收入类账户结构如图 3-10 所示。

借方　　账户名称（会计科目）	贷方
本期减少额或转销额　×××	本期增加额　×××
本期发生额　×××	本期发生额　×××

图 3-10　收入类账户结构

- 费用类账户结构。费用支出的增加额记入账户的借方，减少额或转销额记入账户的贷方。期末时，本期费用支出的增加额减去减少额后的差额应结转入“本年利润”账户借方，所以期末没有余额。费用类账户结构如图 3-11 所示。

借方　　账户名称（会计科目）	贷方
本期增加额　×××	本期减少额或转销额　×××
本期发生额　×××	本期发生额　×××

图 3-11　费用类账户结构

知识拓展

对借贷记账法下账户基本结构的理解不要绝对化。如在资产类账户中，同样存在着余额在贷方的账户如“累计折旧”，因为其实质上是资产类账户的抵减调整账户，所以余额应在贷方。还有“应收账款”账户，本身是资产类账户，但如因业务需要多收了对方的款项，多收部分就会转化为负债。因此，“应收账款”账户的余额也有可能出现在贷方。

3.2.2.3　记账规则

记账规则是指采用某种记账方法登记具体经济业务应遵循的规律。根据第 2 章的阐述，企业的经济业务错综复杂，但归纳起来不外乎四种类型，即：资产和权益同时增加；

资产和权益同时减少；资产内部一增一减；权益内部一增一减。根据借贷记账法账户的结构原理，这四种类型经济业务关系及记账方向如图 3-12 所示。

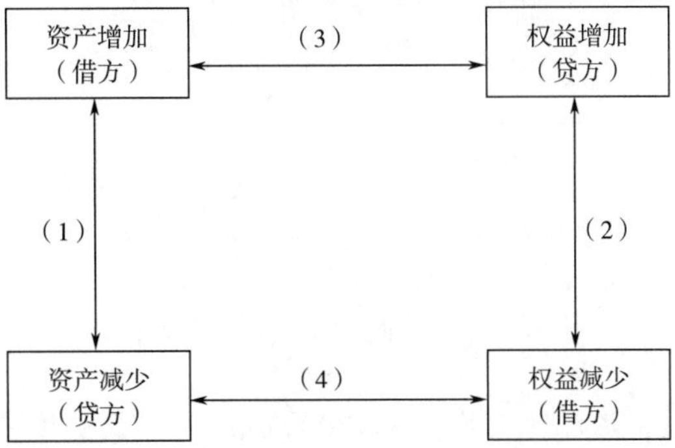

图 3-12　借贷记账法下账户变化的四种类型

图 3-12 说明，不论是资产账户之间此增彼减的经济业务，还是权益账户之间此增彼减的经济业务；不论是资产与权益账户同增的经济业务，还是资产与权益账户同减的经济业务，采用借贷记账法记账时都是一方记借方，同时另一方必然记贷方，且记入借方和贷方的金额必然相等。因此，借贷记账法的记账规则，概括地说，就是“有借必有贷，借贷必相等”。

运用借贷记账法的记账规则登记经济业务，其思维方式应分为以下三步。

（1）一项经济业务发生后，首先确定使用什么账户，即确定该项经济业务引起哪些账户发生增减变化。

（2）确定这些账户金额是增加还是减少。

（3）根据涉及账户的性质来确定各该账户应借应贷方向。

下面以大学生小李与小王一起创办的“果先生”水果超市 20××年 6 月发生的经济业务为例，说明借贷记账法的记账规则。

“果先生”水果超市 20××年 6 月发生以下经济业务。

【例 3-1】6 月 2 日，该超市开出转账支票一张，以银行存款 8 000 元购买一批水果。

这是一项资产内部有关项目此增彼减的经济业务，涉及“库存商品”“银行存款”这两个资产类账户，“库存商品”增加 8 000 元，“银行存款”减少 8 000 元。由于资产类账户借方表示增加，贷方表示减少，因此，增加的金额应记入“库存商品”账户的借方，减少的金额应记入“银行存款”账户的贷方。登记结果如图 3-13 所示。

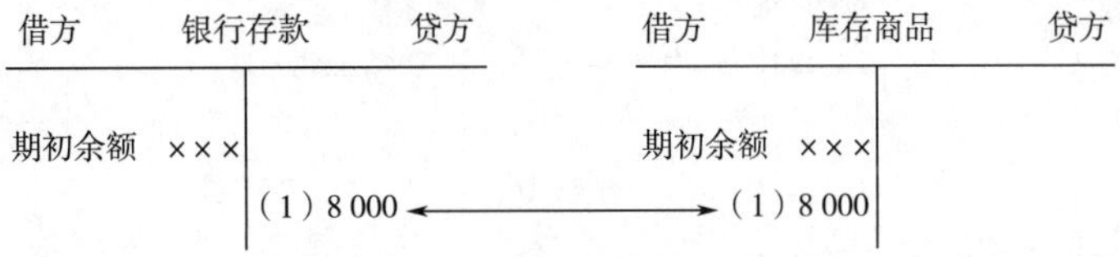

图 3-13

【例 3-2】6 月 5 日，该超市以银行存款 4 000 元偿还前欠银行短期借款。

这是一项资产和负债项目同时减少的经济业务，它涉及“银行存款”这个资产类账户和“短期借款”这个负债类账户，两者金额同时减少 4 000 元。由于负债类账户借方表示减少，资产类账户贷方表示减少，因此双方减少的金额应分别记入“短期借款”的借方和“银行存款”账户的贷方，登记结果如图 3-14 所示。

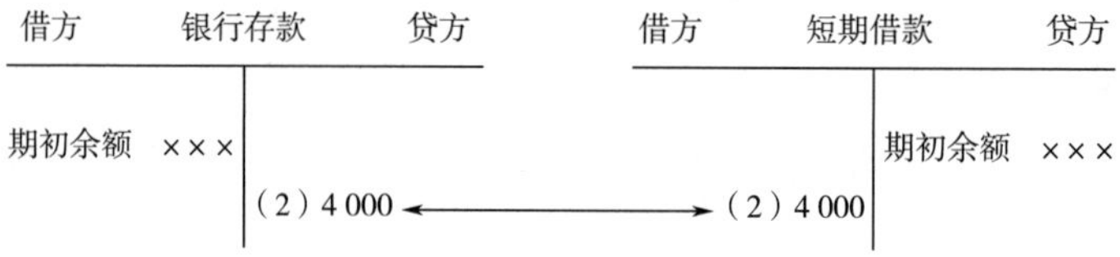

图 3-14

【例 3-3】6 月 10 日，该超市开出面值 3 000 元商业汇票，偿还应付账款。

这是一项负债内部项目此增彼减的经济业务，它涉及“应付票据”和“应付账款”这两个负债类账户。“应付票据”增加 3 000 元，“应付账款”减少 3 000 元。由于负债类账户贷方表示增加，借方表示减少。因此，增加的数额应记入“应付票据”账户的贷方，减少的数额应记入“应付账款”账户的借方，登记结果如图 3-15 所示。

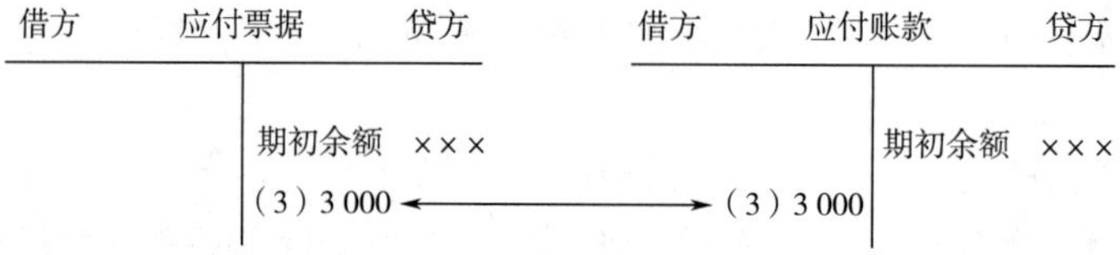

图 3-15

【例 3-4】大学生小林要加入“果先生”超市共同创业，6 月 20 日该超市与小林达成投资协议，当日收到小林的投资款 80 000 元存入银行。

这是一项资产和所有者权益同时增加的经济业务，它涉及资产类“银行存款”账户和所有者权益类“实收资本”账户。“银行存款”增加 80 000 元，“实收资本”也增加 80 000 元。由于资产类账户借方表示增加，所有者权益账户贷方表示增加，因此双方增加数额应分别记入“银行存款”账户借方和“实收资本”账户贷方，登记结果如图 3-16 所示。

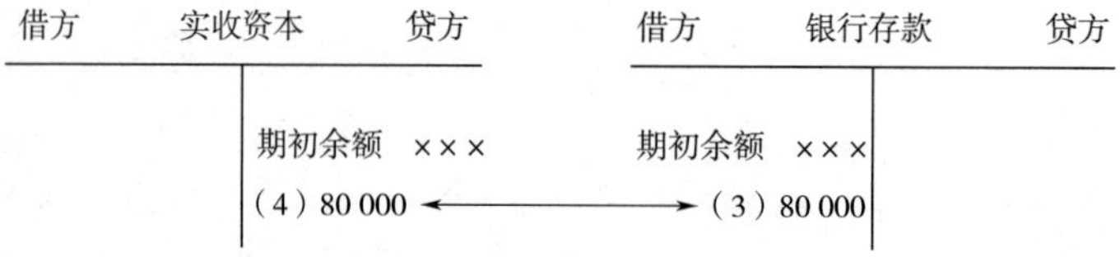

图 3-16

从以上例子可以看出，无论哪一类经济业务发生后，在采用借贷记账法记账时，都一律遵循“有借必有贷，借贷必相等”的记账规则，也就是说，运用借贷记账法记账，任何一笔经济业务的发生，不论涉及哪一类账户，都要同时记录在一个（或几个）账户的借方和其对应的另几个（或一个）账户的贷方，借方和贷方的金额必然保持相等。

3.2.2.4　试算平衡

所谓试算平衡，就是根据资产、权益之间的平衡关系和借贷记账法的记账规则来检查账户记录正确性和完整性的一种验证方法。

1. 试算平衡原理

借贷记账法的试算平衡有账户发生额平衡（即动态平衡）和账户余额平衡（即静态平衡）两种。从发生额平衡来看，按照“有借必有贷，借贷必相等”的记账规则编制会计分录，每一笔会计分录的借贷双方的发生额必然相等，将一定时期发生的经济业务编制的会计分录全部记入账户后，所有账户的借方和贷方本期发生额合计数也必然相等。从余额平衡来看，由于所有账户的期初（末）余额是以发生额为基础进行计算的结果。因此，所有账户的借方期初（末）余额合计数与贷方期初（末）余额合计数也必然相等。

2. 试算平衡公式

借贷记账法的试算平衡公式有发生额平衡公式和余额平衡公式两种。

（1）发生额平衡公式。

全部账户本期借方发生额合计＝全部账户本期贷方发生额合计

（2）余额平衡公式。

全部账户借方余额合计＝全部账户贷方余额合计

即：　全部账户期初借方余额合计＝全部账户期初贷方余额合计

全部账户期末借方余额合计＝全部账户期末贷方余额合计

3. 试算平衡表的编制

在实际工作中，试算平衡是通过编制试算平衡表进行的，试算平衡表的编制通常分为两种：一种是将本期发生额和期末余额试算平衡分别列表编制，即根据各个账户的本期发生额编制“总分类账户本期发生额试算平衡表”，如表 3-1 所示，根据各个账户的余额编制“总分类账户余额试算平衡表”，如表 3-2 所示；另一种将本期发生额和余额合并在一张表上进行试算平衡，即根据各个账户的本期发生额和余额编制“总分类账户本期发生额和余额试算平衡表”，如表 3-3 所示。

表 3-1　　**总分类账户本期发生额试算平衡表**

年　月　　金额：元

账户名称	本期借方发生额	本期贷方发生额
合计		

表 3-2 总分类账户余额试算平衡表

年 月 金额：元

账户名称	借方余额	贷方余额
合计		

表 3-3 总分类账户本期发生额和余额试算平衡表

年 月 金额：元

账户名称	期初余额		本期发生额		期末余额	
	借方	贷方	借方	贷方	借方	贷方
合计						

编制试算平衡表的步骤如下：

（1）将发生的经济业务编制会计分录。

（2）过账，开设“T”形账户，将期初余额和根据经济业务编制的会计分录全部登记入账。

（3）计算出各账户的借方本期发生额、贷方本期发生额和期末余额。

（4）将各账户本期发生额和期初（末）余额填入试算平衡表的借贷方后，计算出借贷方合计数。

（5）检查各账户本期发生额和期初（末）余额借贷方合计数是否相等。

知识扩展

会计的理论和实务是密不可分的。当任何一项交易或事项发生后，我们都依据原始凭证填制记账凭证，填制记账凭证的主要过程就是编写会计分录，即把会计分录记载在凭证上，然后根据记账凭证过账，过账在会计实务中就是登记会计账簿，开设“T”形账户就是建账的过程，编制试算平衡表是检验会计账簿记录正确性和完整性的重要方法，只有试算平衡了，期末账对平了，才能结账，继而编制财务报表。

3.3 借贷记账法的应用过程

3.3.1 编制会计分录

1. 会计分录的含义

借贷记账法的实际应用是通过编制会计分录来体现的，同时每一笔会计分录又体现了账户的对应关系。所谓账户的对应关系是指复式记账法所记入的相互联系的两个或两个以上账户之间的应借应贷关系。存在着对应关系的账户又称为对应账户。通过账户的对应关系，可以了解经济活动的具体内容、资金运动的来龙去脉和经济活动的合法性与合理性。

经济业务发生后，为了保证账户对应关系的正确性，在记账之前，应先通过编制会计分录来确定其所涉及的账户及其对应关系，从而保证账户记录的正确性。所谓会计分录（简称分录），是指对某项经济业务标明其应借应贷账户及其金额的记录。在实际工作中，会计分录是通过填制记账凭证来进行的。一笔会计分录包含三个要素：账户名称（会计科目）、记账方向（记账符号）和记录的金额。

2. 会计分录的编制

在编制会计分录过程中，必须熟悉会计要素的内容，把握资金运动增减变化的内在规律，掌握借贷记账法下各账户核算的内容及其基本结构，理解借贷记账法的记账规则。会计分录的编制可按照以下思维的步骤进行：首先，分析经济业务的发生影响到的会计要素是资产（费用）还是权益（负债、所有者权益或收入）；其次，确定经济业务涉及哪些账户，是增加还是减少；再次，根据涉及账户的性质确定应记入哪个（或哪些）账户的借方、哪个（或哪些）账户的贷方；最后，确定应借应贷账户是否正确，借贷方金额是否相等。

以一笔经济业务"某日'果先生'超市借入短期借款 30 000 元，款项已存入银行"为例，编制会计分录基本思路和步骤分析如表 3-4 所示。

表 3-4　编制会计分录的思维步骤

步骤	会计分录	
第一步，分析涉及要素	资产	负债
第二步，确定登记账户	银行存款	短期借款
第三步，分析增减变化	增加	增加
第四步，确定记账方向	借方	贷方
第五步，确定登记金额	30 000	30 000
第六步，写出完整会计分录	借：银行存款　30 000 　贷：短期借款　30 000	

会计分录的书写格式为：上借下贷；借、贷错开一格；金额错开排列；金额后不必写单位。

现仍以上述"果先生"水果超市 20××年 6 月份发生的四项经济业务为例，编制会计分录如下：

【例 3-1】6 月 2 日，该超市开出转账支票一张，以银行存款 8 000 元购买一批水果。

借：库存商品　　8 000
　贷：银行存款　　8 000

【例 3-2】6 月 5 日，该超市以银行存款 4 000 元偿还前欠银行短期借款。

借：短期借款　　4 000

贷：银行存款　　　　4 000

【例 3-3】6 月 10 日，该超市开出面值 3 000 元商业汇票，偿还应付账款。

借：应付账款　　　　3 000

贷：应付票据　　　　3 000

【例 3-4】大学生小林要加入“果先生”超市共同创业，6 月 20 日该超市与小林达成投资协议，当日收到小林的投资款 80 000 元存入银行。

借：银行存款　　　　80 000

贷：实收资本　　　　80 000

以上所举的会计分录都是以一个账户的借方与另一个账户的贷方相对应组成的，这种只涉及两个账户，即一借一贷的会计分录，称为“简单分录”。有些会计分录是以一个账户的借方与另外几个账户的贷方，或以一个账户的贷方与另外几个账户的借方相对应组成，这种涉及两个以上的账户（即一借多贷或一贷多借）的会计分录，称为复合分录。在编制复合分录时，要求多借或多贷的账户文字和金额数字对齐。现仍以“果先生”水果超市 2023 年 6 月发生的经济业务说明复合分录的编制方法。

假设“果先生”水果超市 20××年 6 月又发生了以下的经济业务：

【例 3-5】6 月 22 日，该超市又购买水果一批，价款 10 000 元，其中银行存款支付 2 000 元，其余款项暂欠。

借：库存商品　　　　10 000

贷：银行存款　　　　2 000

应付账款　　　　8 000

【例 3-6】6 月 26 日，该超市收到国家扶持大学生创业基金投资 10 万元，其中货币资金 20 000 元，款存银行，全新的大型运货卡车一辆，价值 80 000 元。

借：银行存款　　　　20 000

固定资产　　　　80 000

贷：实收资本　　　　100 000

上述【例 3-5】复合分录可以拆分为以下两个简单分录：

借：库存商品　　　　2 000

贷：银行存款　　　　2 000

借：库存商品　　　　8 000

贷：应付账款　　　　8 000

上述【例 3-6】复合分录可以拆分为以下两个简单分录：

借：银行存款　　　　20 000

贷：实收资本　　　　20 000

借：固定资产　　　　80 000

贷：实收资本　　　　80 000

值得注意的是，每一笔会计分录只能反映一个明确的经济业务内容。一笔复合分录可以拆分为若干个简单分录，但我们不能把几笔简单分录合并成一笔复合分录。多借多贷分录一般不宜编制，因为多借多贷分录不能反映出账户之间的对应关系，不能清晰地反映账户之间增减变化的来龙去脉。

3.3.2 过账

各项经济业务编制会计分录后，应记入有关账户。这个记账步骤，通常称为“过账”。

过入账户之后，一般要在月终进行结账，即结算出各账户的本期发生额和期末余额。

假设“果先生”水果超市 2023 年 5 月 31 日各账户的余额如表 3-5 所示。

表 3-5　　“果先生”水果超市 2023 年 5 月 31 日账户余额表　　单位：元

账户名称	借方余额	账户名称	贷方余额
库存商品	8 000	短期借款	10 000
银行存款	20 000	应付票据	3 000
固定资产	30 000	应付账款	2 000
		实收资本	43 000
合计	58 000	合计	58 000

现将以上“果先生”水果超市 2023 年 6 月份发生的六笔经济业务的会计分录过入下列各账户如图 3-17 所示。

银行存款

借方		贷方	
期初余额	20 000		
	（4）80 000		（1）8 000
	（6）20 000		（2）4 000
			（5）2 000
本期发生额	100 000	本期发生额	14 000
期末余额	106 000		

库存商品

借方		贷方	
期初余额	8 000		
	（1）8 000		
	（5）10 000		
本期发生额	18 000	本期发生额	0
期末余额	26 000		

固定资产

借方		贷方	
期初余额	30 000		
	（6）80 000		
本期发生额	80 000	本期发生额	0
期末余额	110 000		

短期借款

借方		贷方	
		期初余额	10 000
	（2）4 000		
本期发生额	4 000	本期发生额	0
		期末余额	6 000

应付票据

借方		贷方	
		期初余额	3 000
			（3）3 000
本期发生额	0	本期发生额	3 000
		期末余额	6 000

应付账款

借方		贷方	
		期初余额	2 000
	（3）3 000		（5）8 000
本期发生额	3 000	本期发生额	8 000
		期末余额	7 000

实收资本

借方		贷方	
		期初余额	43 000
			（4）80 000
			（6）100 000
本期发生额	0	本期发生额	180 000
		期末余额	223 000

图 3-17　“果先生”超市 6 月份经济业务过账图

3.3.3 编制试算平衡表

在实际工作中，试算平衡表通常是在期末（月末）结计出各个账户的本期发生额和期末余额后来编制的。我们可以将各个账户中的本期发生额和期初（末）余额分别按借方、贷方抄列入试算平衡表中相关账户名称的相应栏次，再汇总计算出试算平衡表中全部账户的借、贷双方本期发生额和期初（末）借方和贷方余额合计数，最后检验借贷双方汇总合计数是否平衡，如表3-6所示。

表3-6　　总分类账户本期发生额和余额试算平衡表

账户名称	期初余额		本期发生额		期末余额	
	借方	贷方	借方	贷方	借方	贷方
银行存款	20 000		100 000	14 000	106 000	
库存商品	8 000		18 000		26 000	
固定资产	30 000		80 000		110 000	
短期借款		10 000	4 000			6 000
应付票据		3 000		3 000		6 000
应付账款		2 000	3 000	8 000		7 000
实收资本		43 000		180 000		223 000
合计	58 000	58 000	205 000	205 000	242 000	242 000

在编制试算平衡表时要保证所有账户的本期发生额和期初（末）余额都已记入平衡表，如果缺少任何一个账户本期发生额和期初（末）余额，都将造成本期发生额的合计数或期初（末）余额不平衡。如果借贷不平衡，可以肯定账户记录或计算有错误。但是，借贷平衡并不能绝对保证记账没有错误，因为有些错误对于借贷双方的平衡不发生影响，不能通过试算平衡表来发现。例如：

①一笔经济业务的记录全部被重记或漏记，使借贷双方本期发生额同时等额增加或减少，借贷仍平衡。

②一笔经济业务在编制会计分录时，借贷双方金额上发生同样的错误，借贷仍平衡。

③一笔经济业务应借应贷方向互相颠倒或误用了账户名称，借贷仍平衡。

④借方或贷方发生额中，一多一少恰好相互抵消，借贷仍平衡。

在这些情况下，需要对所有会计记录进行日常或定期的复核，以保证账面记录的正确性。

3.4 总分类账和明细分类账的平行登记

3.4.1 平行登记的含义

在复式记账法下，对既设有总分类账户又设有明细分类账户的企业，应采用平行登记的方法同时进行总分类核算和明细分类核算。这样，会计核算不仅能提供总括综合的信息，还能提供更为详细具体的信息。

平行登记是指对发生的每一笔经济业务，一方面既要在总分类账户中进行总括登记，另一方面又要在该总分类账户所属的明细分类账户中进行详细登记的方法。

3.4.2　平行登记的要点

进行总分类账户和明细分类账户的平行登记，要求做到同一原始依据、同期间、同方向和等金额，即需要把握以下要点：

(1) 登账的内容相同。在总分类账户和其所属明细分类账户中同时登记依据的是发生的同一笔经济业务，即根据审核无误的同一会计凭证。因此，它们登记的是相同的经济业务内容。

(2) 登账的时期相同。对同一经济业务，登记总分类账户和明细分类账户的会计期间相同。在会计实务工作中，总分类账户和明细分类账户的具体登记时间可以有先有后，但两者登记时间必须在同一会计期间内。

(3) 登账的方向相同。登记总分类账户的借贷方向与登记其所属明细分类账户的借贷方向必须一致。凡总分类账户登记在借方的，其所属明细分类账户也要登记在借方；凡总分类账户登记在贷方的，其所属明细分类账户也要登记在贷方。

(4) 登账的金额相同。记入总分类账户的金额必须与记入其所属的各明细分类账户的金额之和相同，即：

总分类账户本期发生额=所属各明细分类账户本期发生额合计

总分类账户期初（末）余额=所属各明细分类账户期初（末）余额合计

3.4.3　平行登记法的应用实例

1. 编制会计分录

假定“果先生”水果超市20××年7月初又发生以下两笔经济业务。

【例3-7】7月2日，该超市购入A、B两种水果计8 000元。其中，A水果5 000元，从水果批发商大同公司购得；B水果3 000元，从水果批发商兴华公司购得。以上货款均尚未支付（假定不考虑税金），两种水果已运达超市，并已验收完毕。编制会计分录如下：

借：库存商品——A水果　　5 000

　　　　　　——B水果　　3 000

　贷：应付账款——大同公司　　5 000

　　　　　　　——兴华公司　　3 000

【例3-8】7月5日该超市以银行存款4 000元偿还批发商大同公司货款，款项直接从超市的存款账户划转。编制会计分录如下：

借：应付账款——大同公司　　4 000

　贷：银行存款　　4 000

会计分录的编制是为账户记录做准备的，对需要进行平行登记的经济业务，会计分录的编制有一定的要求。在会计分录中不仅要写出总分类账户的名称，同时一定要写出明细分类账户的名称，而且发生额也应按明细分类账户分别写出。会计分录在书写时通常用破折号连接总账科目和明细科目，格式上要求同一个总分类账科目下的若干明细分类账科目和发生额都要对齐，为下一步的总分类账户和明细分类账户的平行登记提供依据。

2. 总分类账和明细分类账的平行登记

假定“果先生”水果超市7月份“库存商品”账户的期初余额为26 000元（借方），其明细分类账户“A水果”的期初余额为15 000元（借方），“B水果”的期初余额为11 000元（借方）；“应付账款”账户的期初余额为7 000元（贷方），其明细分类账户“大同公司”的期初余额为5 000元（贷方），“兴华公司”的期初余额为2 000元（贷方）。

根据以上会计分录即可进行“库存商品”和“应付账款”账户的复式记账和平行登记。【例3-7】及【例3-8】在总分类账户和明细分类账户中的登记情况如图3-18及图3-19所示。

借方　　库存商品（总分类账户）　　贷方

期初余额	26 000		
（1）	8 000		
本期发生额	8 000	本期发生额	0
期末余额	34 000		

借方　　库存商品——A水果（明细分类账户）　　贷方

期初余额	15 000		
（1）	5 000		
本期发生额	5 000	本期发生额	0
期末余额	20 000		

借方　　库存商品——B水果（明细分类账户）　　贷方

期初余额	11 000		
（1）	3 000		
本期发生额	3 000	本期发生额	0
期末余额	14 000		

图3-18　“库存商品”总账与明细账平行登记图

3. 总分类账和明细分类账的试算平衡

为了检验总分类账户与明细分类账户平行登记的过程和其结果是否一致，保证账户记录的正确性，我们可编制“总分类账户与明细分类账户发生额及余额对照表”进行验证。编制总分类账户与明细分类账户发生额及余额对照表通常分为三步：

第一步：先把总分类账户及其所属明细账户的本期发生额和期初（末）余额相应地抄列于对照表的“本期发生额”和“余额”栏。

第二步，将明细分类账户的本期发生额和期初（末）余额分别加计求得合计数。

第三步，将总分类账户发生额和余额与其所属明细分类账户的发生额和余额合计数进行核对，如果金额相等，则说明平行登记基本是正确的，如果不相等，应及时查找更正。

本例中的总分类账户与明细分类账户发生额及余额对照表如表3-7所示。

借方	应付账款（总分类账户）	贷方
	期初余额	7 000
（3）4 000		（1）8 000
本期发生额　4 000	本期发生额	8 000
	期末余额	11 000

借方	应付账款——大同公司（明细分类账户）	贷方
	期初余额	5 000
（2）4 000		（1）5 000
本期发生额　4 000	本期发生额	5 000
	期末余额	6 000

借方	应付账款——兴华公司（明细分类账户）	贷方
	期初余额	2 000
		（1）3 000
本期发生额　0	本期发生额	3 000
	期末余额	5 000

图 3-19　“应付账款”总账与明细账平行登记图

表 3-7　　总分类账户与明细分类账户发生额及余额对照表　　单位：元

账户名称	期初余额		本期发生额		期末余额	
	借方	贷方	借方	贷方	借方	贷方
库存商品总账	26 000		8 000		34 000	
库存商品明细账合计	26 000		8 000		34 000	
A 水果	15 000		5 000		20 000	
B 水果	11 000		3 000		14 000	
应付账款总账		7 000	4 000	8 000		11 000
应付账款明细账合计		7 000	4 000	8 000		11 000
大同公司		5 000	4 000	5 000		6 000
兴华公司		2 000		3 000		5 000

本章小结

复式记账法是指对发生的任何一项经济业务都必须以相等的金额，在两个或两个以上相互联系的账户中进行登记，能够反映经济业务来龙去脉的一种记账方法。复式记账法的理论基础就是会计恒等式。对每项经济业务做双重等额登记是复式记账法的本质。

借贷记账法是国际上通行的记账方法，它是以“借”“贷”作为记账符号的一种复式记账法。在现代会计中，借贷记账法的“借”“贷”二字已失去原有的字面含义，而成为两个单纯的记账符号。借贷记账法的账户结构概括地讲，就是在有关账户的借方登记：资产的增加、成本费用的增加，或是负债的减少、所有者权益的减少、收入的减少；在有关账户的贷方登记：资产的减少、成本费用的减少，或是负债的增加、所有者权益的增加、收入的增加。资产和权益两大类账户结构方向是相反的。资产类账户借方登记增加额，贷方登记减少额，期末如有余额，应在借方。权益类账户贷方登记增加额，借方登记减少额，期末如有余额，应在贷方。借贷记账法的记账规则是“有借必有贷，借贷必相等”。借贷记账法的试算平衡，就是根据资产和权益之间的平衡关系来检查各账户的记录是否正确。试算平衡有发生额试算平衡和余额试算平衡两种。在实际工作中，试算平衡工作是通过编制试算平衡表完成的。

在采用借贷记账法登记时，在有关账户之间会产生应借、应贷的相互关系，这就是账户的对应关系。为了保证会计核算资料的正确性，当经济业务发生后，在记入账户之前，必须先根据经济业务的具体内容确定涉及的账户名称、应借应贷方向及其金额。这种指明某项经济业务应记入的账户、应借应贷方向及其金额的记录称为会计分录。一笔会计分录包含三要素：账户名称、记账符号和金额。会计分录有简单分录和复合分录两种。借贷记账法的实际应用是通过编制会计分录来体现的，我们可以对发生的每一笔经济业务编制会计分录，然后记入有关账户即过账，月终要结账，结算出各账户的本期发生额和期末余额，最后编制试算平衡表。

在复式记账法下，对发生的每一项经济业务，应在总分类账户与所属的明细分类账户进行平行登记，平行登记的原则是：用同一原始依据，同期间、同方向、等金额，一方面在总分类账户中作总括登记，另一方面在其所属的明细账户中作详细登记。总分类账户与明细分类账户之间的平行登记结果可编制总分类账户与明细分类账本期发生额和余额的对照表来验证。

课后练习

一、知识巩固和应用

（一）单项选择题

1. 复式记账法是对每笔经济业务都以相等的金额，在（　　）中同时登记。

A. 一个账户　　B. 两个账户

C. 全部账户　　D. 两个或两个以上账户

2. 复式记账法的理论基础是（　　）。

A. 账户结构　　B. 会计等式

C. 发生经济业务的内容　　D. 会计要素的类别

3. 采用复式记账法，可以对记录的结果进行（　　）。

A. 平行登记　　B. 试算平衡　　C. 相互核对　　D. 相互验算

4. 在借贷记账法中，账户的哪一方登记增加，哪一方登记减少，取决于（　　）。

A. 账户结构　　B. 账户性质　　C. 账户用途　　D. 账户格式

5. 存在对应关系的账户，称为（　　）。

A. 关联账户　B. 恒等账户　C. 对应账户　D. 联结账户

6. 收入类账户的余额一般在（　　）。

A. 借方　B. 贷方　C. 借方或贷方　D. 一般无余额

7. 应付票据账户的期初余额为贷方 9 000 元，本期贷方发生额为 10 000 元，期末余额为贷方 5 000 元，则该账户的本期借方发生额为（　　）元。

A. 12 000　B. 1 000　C. 4 000　D. 14 000

8. 通过试算平衡，全部账户借方余额与贷方余额相等，说明账户记录（　　）。

A. 绝对正确　B. 肯定有错误

C. 一定没有错误　D. 不一定没有错误

9. 下列哪一笔经济业务，属于资产内部一个项目增加，另一个项目减少的业务（　　）。

A. 收回外单位欠款　B. 支付前欠外单位款

C. 借入短期借款　D. 销售收入存入银行

10. 对既设有总分类账户又设有明细分类账户的企业，应采用（　　）同时进行总分类核算和明细分类核算。

A. 平行登记法　B. 双重登记法　C. 复式登记法　D. 单式登记法

（二）多项选择题

1. 借贷记账法的特点是（　　）。

A. 以“借”“贷”为记账符号

B. 以单式记账法为记账依据

C. 以“有借必有贷，借贷必相等”作为记账规则

D. 所有账户的余额均在借方

2. 会计等式是（　　）的理论基础。

A. 平行登记　B. 设置账户　C. 复式记账　D. 编制会计报表

3. 每一笔会计分录均包括（　　）。

A. 会计科目　B. 金额　C. 记账方向　D. 摘要

4. 下列账户中，期末有借方余额的是（　　）。

A. 原材料　B. 生产成本　C. 应付账款　D. 盈余公积

5. 下列账户一般有期末贷方余额的有（　　）。

A. 累计折旧　B. 实收资本　C. 应交税费　D. 固定资产

6. 通过账户的对应关系可以（　　）。

A. 登记账簿　B. 进行试算平衡

C. 了解经济业务的内容　D. 检查经济业务处理的合理合法

7. 试算平衡主要体现以下几种平衡关系：（　　）。

A. 所有账户的本期借方发生额等于本期贷方发生额

B. 所有资产的借方余额等于所有资产的贷方余额

C. 所有账户期初借方余额等于期初贷方余额

D. 所有账户期末借方余额等于期末贷方余额

8. 下列不能通过试算平衡检查的错误有（　　）。

A. 某经济业务未入账　　　　　　　　B. 某经济业务重复入账
C. 记账时借贷方向反向　　　　　　　D. 借贷方同时多记了相等的金额

9.（　　）属于资产中有关项目有借有贷的经济业务。
A. 收到某单位还来欠款 800 元　　　　B. 从银行提取现金 500 元
C. 以银行存款 6 000 元偿还前欠货款　　D. 以银行存款 2 000 元购买机器

10. 总分类账户与明细分类账户平行登记的要点有（　　）。
A. 登账的内容相同　　　　　　　　B. 登账的时间相同
C. 登账的方向相同　　　　　　　　D. 登账的金额相同

（三）判断题

1. 复式记账法能够设立完整的账户体系，能够全面记录企业发生的所有经济业务。（　　）

2. 借贷记账法是一种复式记账法，它有着复式记账法的所有优点。（　　）

3. 借贷记账法中的“借”“贷”是一种记账符号，其中“借”表示增加，“贷”表示减少。（　　）

4. 一个复合会计分录可以根据经济业务的内容分解为几个简单分录。（　　）

5. 简单会计分录是指一借一贷的会计分录。（　　）

6. 每一笔会计分录可以反映若干个明确的经济业务内容。（　　）

7. 我们可以把几笔简单分录合并成一笔复合分录。（　　）

8. 借贷记账法的试算平衡有账户发生额平衡和余额平衡两种，账户发生额平衡是一种动态平衡，余额平衡是一种静态平衡。（　　）

9. 如果试算平衡表中借贷不平衡，可以肯定账户记录或计算有错误。（　　）

10. 总分类账户的余额与它所属明细分类账户的余额合计数相等，但方向不一定一致。（　　）

二、能力训练和提升

（一）练习会计分录的编制

【资料】某企业 20×× 年 1 月份有关经济业务如下。

1. 1 日，向 B 公司购入原材料价值 20 000 元，已验收入库，货款尚未支付。

2. 3 日，以银行存款支付前欠 B 公司材料款 10 000 元。

3. 4 日，收到出资者投入的资本 100 000 元，其中资金 30 000 元，已存入银行；全新的设备一台，价值 70 000 元。

4. 5 日，签发一张应付票据归还前欠 B 公司材料款 10 000 元。

5. 10 日，从银行提取现金 2 000 元备用。

6. 11 日，用现金支付办公用品费 1 000 元。

7. 13 日，收到宏达公司付来前欠货款 10 000 元，存入银行。

8. 15 日，购入全新的机器设备一台，价值 100 000 元，设备已交付使用，款项已开出支票支付。

9. 19 日，从银行借入三个月的借款 5 000 元，已划入企业存款户。

10. 20 日，支付本月车间水电费 3 000 元，款已从银行划拨。

11. 25 日，结算本月的工资费用 50 000 元，其中生产工人工资 35 000 元，车间管理人员工资 5 000 元，行政管理人员工资 10 000 元。

12. 26 日，从 A 单位购入甲材料 7 500 元，其中银行存款支付 2 500 元，其余款项暂欠，甲材料已验收入库。

13. 28 日，从银行取得六个月的借款 5 000 元，直接归还欠 A 单位的材料款。

14. 29 日，从仓库发出甲材料 5 000 元，用于产品生产。

15. 30 日，发放职工工资 50 000 元，直接从企业银行户划出。

【要求】根据上述经济业务，编制会计分录。

（二）练习借贷记账法的试算平衡

【资料】1. 某企业 20××年 2 月份各账户期初余额如下（单位：元）。

资产类账户	金额（借方）	负债及所有权益类账户	金额（贷方）
库存现金	5 000	负债	
银行存款	200 000	短期借款	50 000
应收账款	4 000	应付账款	39 000
生产成本	10 000	负债合计	89 000
原材料	20 000	实收资本	200 000
固定资产	50 000	所有者权益合计	200 000
合计	289 000	总计	289 000

2. 该企业 2 月份发生下列经济业务。

（1）2 日，从银行存款户提取现金 2 000 元。

（2）3 日，从 M 单位购进材料一批，计价款 50 000 元，其中 20 000 元以银行存款支付，剩余款项暂欠，该批材料已验收入库。

（3）5 日，以银行存款偿还上述 M 单位材料款 10 000 元。

（4）8 日，签发一张三个月期，面值 20 000 元的商业汇票，用以抵偿 M 单位剩余的材料款。

（5）10 日，生产车间从仓库领用材料 20 000 元，全部投入产品生产。

（6）13 日，收到购货单位前欠货款 3 000 元，存入银行。

（7）15 日，其他单位投入资本 200 000 元，存入银行。

（8）17 日，以银行存款购入汽车一辆，价款 200 000 元。

（9）21 日，以银行存款归还短期借款 30 000 元。

（10）27 日，接受外单位投入全新的设备一台，价值 80 000 元。

【要求】

1. 根据资料 2 的各项经济业务，编制会计分录。

2. 开设“T”形账户并过账，登记各账户的期初余额、本期发生额，结计出期末余额，并编制“总分类账户本期发生额和余额试算平衡表”。

（三）练习总分类账户与明细分类账户的平行登记

【资料】1. 假定某企业 20××年 3 月份有关账户的期初余额如下。

（1）原材料　　20 000 元（借方）

其中：原材料——A 材料　　15 000 元（借方）

——B 材料　　5 000 元（借方）

（2）应付账款　　40 000 元（贷方）

其中：应付账款——华福公司　　30 000 元（贷方）

——大华公司　　10 000 元（贷方）

2. 该企业 3 月份发生如下经济业务。

（1）2 日，从华福公司购入不需要安装的设备三台，价值 80 000 元，货款尚未支付（不考虑税金）。

（2）7 日，从大华公司购入材料一批，货款计 8 000 元。其中：A 材料 3 000 元，B 材料 5 000 元。A 材料货款已用银行存款支付，B 材料货款尚未支付，两种材料已运达企业并已验收入库（不考虑税金）。

（3）8 日，用银行存款偿还华福公司设备款 80 000 元。

（4）10 日，用银行存款偿还大华公司材料款 5 000 元。

（5）15 日，仓库发出 A 材料 2 800 元，B 材料 4 000 元用于产品生产。

【要求】

1. 编制会计分录。

2. 根据所给的账户余额资料和编制的会计分录登记"原材料"和"应付账款"总分类账户和明细分类账户（开设 T 形账户）。

3. 编制总分类账户和明细分类账户本期发生额和余额对照表。

三、素质养成和价值引领

（一）思考题

1. 相较于单式记账法，复式记账法有何优点？

2. 如何理解复式记账法的理论基础？

3. 如何理解借贷记账法的记账规则？

4. 账户的对应关系有何意义？

5. 如何理解试算平衡的原理和意义？

6. 哪些错误不能通过试算平衡表检查出来？为什么？

（二）案例讨论题

1. 导例中康美药业在 2016 年至 2018 年虚构了 291.28 亿元的营业收入和 20.72 亿元的营业利润，它还虚构了哪些与之对应的子虚乌有的资产呢？

2. 在中国信息通信研究院发布的《区块链白皮书》（2018）中，有人说："区块链打破了原有的复式记账法，变成全网共享的分布式账本，参与记账的各方之间通过同步协调机制，保证数据的防篡改和一致性，规避了复杂的多方对账过程。区块链将在会计复式记账取得颠覆性成果。"

（1）你同意上述观点吗？为什么？

（2）面对新技术带来的日新月异的变化，你觉得会计人员应如何应对？

第4章　制造企业主要经济业务核算

学习目标

知识目标：深入了解制造企业主要经济业务的内容及经济业务背后的资金循环与周转，并掌握资金筹集、产供销过程及财务成果分配等业务的核算。

能力目标：能够判断各阶段经济业务对企业财务状况和经营成果的影响，能理解经济业务与会计账务处理之间的内在逻辑关系，并能结合现实生活中的交易事项进行会计账务处理。

素质目标：充分认识提供高会计信息质量的必要性，领会会计核算与管理对企业可持续发展和实现共同富裕目标的重要性。

关键词

权益筹资	equity financing
债务筹资	debit financing
供应过程	supply process
生产过程	production process
销售过程	marketing process
利润分配	profit distribution

知识导图

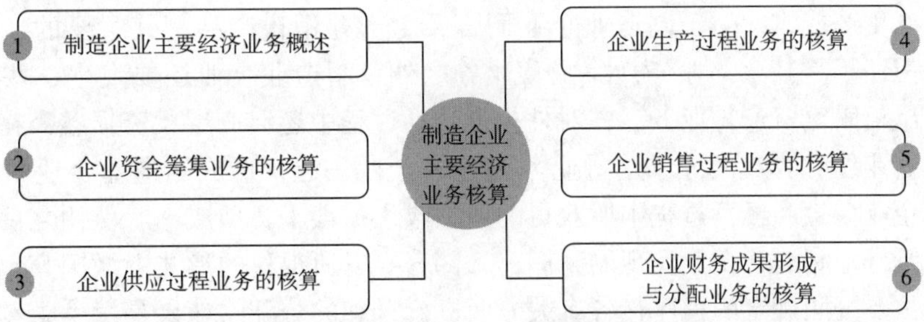

导例

朱晓毕业后来到一家工厂当会计，认识了小美、小明和小强等几位小伙伴。有一天大家看到朱晓编的会计报表，好奇地问，我们的工资填在报表的哪个栏目呢？朱晓说，因为大家岗位不同，所以工资列支的报表栏目也不同，比如小强是生产工人，他的工资作为产品生产成本，列入资产负债表的“存货”或者利润表的“营业成本”栏目；小美是行政管理人员，她的工资列在利润表的“管理费用”栏目；而小明是销售人员，工资列入“销售费用”栏目……这时小强得意扬扬地说，明白了！那朱晓你是财务人员，你的工资一定是列入“财务费用”这一栏喽！

小强的理解正确吗？

4.1 制造企业主要经济业务概述

制造企业是产品的生产单位，为了进行生产经营活动，生产出适销对路的产品，就必须拥有一定数量的经营资金，而这些经营资金都是从一定的来源渠道取得的。随着生产经营活动的进行，资金以货币资金—储备资金—生产资金—成品资金—货币资金的形式不断运动，依次经过供应、生产、销售三个过程。

在供应过程中，企业用货币资金购买机器设备等劳动资料形成固定资产，购买原材料等劳动对象形成储备资金，为生产产品做好物资上的准备，货币资金分别转化为固定资金和储备资金形态。由于固定资产一旦购建完成将长期供企业使用，固定资产购建业务不经常发生，因而供应过程的主要核算内容是用货币资金购买原材料的业务，包括支付材料价款和税款、发生采购费用、计算采购成本、材料验收入库结转成本等。完成了供应过程的核算内容，为生产产品做好了各项准备，就进入生产过程。

在生产过程中，企业生产制造产品，会发生固定资产和材料等物化劳动和劳动者活劳动的耗费。具体而言，为生产产品要耗费材料形成材料费用，耗费活劳动形成工资及福利等费用，使用厂房、机器设备等劳动资料形成折旧费用等，这些生产费用要归集和分配到各种产品上去，形成产品生产成本，其资金形态从固定资金、储备资金和一部分货币资金形态转化为生产资金形态，随着生产过程的不断进行，产成品生产出来并验收入库之后，其资金形态又转化为成品资金形态。生产费用的发生、归集和分配，以及完工产品生产成本的计算等就构成了生产过程核算的基本内容。

销售过程是产品价值的实现过程。在销售过程中，企业出售产品并收取货款，这时资金又从成品资金形态转化为货币资金形态，期间还要支付销售费用、缴纳税金、结转销售产品的生产成本。对于制造业企业而言，生产并销售产品是其主要的经营业务即主营业务，但还不是其全部业务，除主营业务之外，制造业企业还要发生一些其他诸如销售材料、出租固定资产等业务；在对外投资活动过程中还会产生投资损益；在非营业活动中会产生营业外的收支额等。这些业务内容综合在一起，形成制造业企业的全部会计核算内容。企业在生产经营过程中所获得的各项收入抵偿了各项成本、费用之后的差额，形成企业的所得即利润，企业实现的利润，一部分要以所得税的形式上缴国家；另一部分即税后利润，要按照规定的程序在各有关方面进行合理的分配。如果是发生了亏损，还要按照规定的程序进行弥补。通过利润分配，一部分资金退出了企业，一部分资金则以公积金等形式继续参加企业的资金周转。

综上所述，企业在经营过程中发生的主要经济业务内容包括资金筹集业务、供应过程业务、生产过程业务、销售过程业务、财务成果形成与分配业务。

4.2　企业资金筹集业务的核算

制造业企业要组织和完成生产经营活动，首要任务是为正常的生产经营活动筹集一定数量的资金。企业筹集资金的渠道有两种：一是接受投资者投入的资本，这种做法通常称为权益筹资；二是举债，主要包括向银行或其他金融机构借款、发行债券向社会集资等，这种做法通常称为债务筹资。

4.2.1　所有者投入资金的核算

所有者对企业的投资，形成企业的资本金。股份有限公司可以通过公开发行股票的方式筹集资本金。股份有限公司与其他企业相比较，最显著的特点就是将企业的全部资本划分为等额股份，并通过发行股票的方式来筹集资本。股东以其所认购股份对公司承担有限责任。股东的股权是以纸面或无纸化的股票为出资证明，股东不能退股，但其股票可以在证券市场交易、转让。股票需要设定面值，我国通常以每股 1 元人民币作为股票面值，每股股票同权同利，股票发行价格一般高于面值。股票的面值与股份总数的乘积为股本，股本应等于公司的注册资本。

有限责任公司只能通过股东认缴方式进行资金筹集，不能向社会公开募集资金。有限责任公司的股东可以约定同股不同权、同股不同利。

在我国《公司法》修订之前，公司的注册资本是实缴制，如注册资本为 100 万元，股东需要实际缴纳 100 万元，注册资本等于实收资本。2013 年起实施新修订的《公司法》后，实收资本不再作为工商登记事项，注册资本改为认缴制，工商部门只登记认缴的注册资本总额，不需登记实收资本。换句话说，股东认缴的资本可以在公司章程约定的时间内分期缴纳，公司登记的注册资本可能不等于实收资本。

投资者可以用货币资金进行投资；也可以用货币资金以外的有形资产，如材料、机器设备、房屋等投资；还可以用无形资产如商标权、专利权、非专利技术、土地使用权等进行投资。

1. 账户设置

为了总括地对所有者投入资金进行核算，应根据经济业务的具体内容设置“银行存款”“资本公积”“实收资本”或“股本”等账户。

(1)“银行存款”账户。该账户是资产类账户，用来核算企业存入银行及其他金融机构的各种存款。该账户的借方登记存入款项的增加，贷方登记提取或支付的款项，期末余额在借方，表示期末银行存款的结余额。

(2)“实收资本”或“股本”账户。对于企业接受投资者投入资本金的核算，应设置“实收资本”账户，股份有限公司应将该科目改为“股本”。实收资本，是指投资者按照合同协议约定或相关规定投入企业、构成企业注册资本的部分。“实收资本”(“股本”)账户是所有者权益类账户，用来核算企业实际收到投资人投入的资本或股本的增减变动及其结果。实际收到投资人作为资本或股本投入的现金、银行存款以及房屋及建筑物、机器设备、材料物资等实物或无形资产时，记入该账户的贷方；投资人收回资本或股本时记入该账户的借方，其贷方余额表示投资人投入企业的资本或股本总额。一般情况下，除企业将资本公积、盈余公积转作资本外，实收资本数额不能随意变动。实收资本账户应按投资人、投资单位设置明细分类账。企业收到投资者投入的资金，超过其在注册资本中所占的份额的部分，作为资本溢价或股本溢价，在“资本公积”科目核算，不计入本科目。

（3）“资本公积”账户。资本公积包括企业收到的投资者出资额超过其在注册资本或股本中所占份额的部分，是企业所有者权益的重要组成部分。“资本公积”账户是所有者权益类账户，用来核算资本公积的增减变化及其结果。该账户的贷方登记从不同渠道取得的资本公积的增加数，借方登记用资本公积转增资本的减少数；期末余额在贷方，表明公司资本公积的结余数。资本公积的主要用途是转增资本或股本。

2. 核算举例

旗山创意漆器有限公司（以下简称“旗山公司”）是由几个志同道合的大学生创业伙伴共同创办。本章以该公司为例，介绍制造业企业主要经济业务的核算。

【例 4-1】2023 年 6 月 1 日，由于公司参加创业创新大赛获奖，筹集到和信投资公司的天使投资 3 000 000 元，款项通过银行划转，该投资额等于其在注册资本中所确认的部分。

这笔经济业务的发生，引起资产和所有者权益两个要素发生变化。一方面旗山公司的银行存款增加 3 000 000 元，应记入“银行存款”账户的借方；另一方面注册资本金也增加 3 000 000 元，应记入“实收资本”账户的贷方。编制会计分录如下。

【例4-1】

借：银行存款　　　　3 000 000

　贷：实收资本　　　　3 000 000

知识拓展

天使投资亦称天使轮，是指个人出资协助具有专门技术或独特概念而缺少自有资金的创业家进行创业，并承担创业中的高风险和享受创业成功后的高收益，或者说是自由投资者或非正式风险投资机构对原创项目构思或小型初创企业进行的一次性的前期投资。在天使轮之后，企业成长期不同时间段的融资又被称作 A 轮、B 轮、C 轮，实际上也就是第一轮、第二轮、第三轮。A 轮发生于公司刚起步有了初步的模型时；B 轮投资时公司偏向于成熟并开始盈利；C 轮投资时公司已经非常成熟，并已经有了盈利。

在企业创立和成长的不同时间段进行投资，对企业的贡献和所冒风险大小是不同的。为了解决企业创业者或先入伙股东与后入伙股东的利益平衡问题，创业利润概念应运而生。所谓创业利润，是指投资者的投资额超过其在注册资本中所确认部分的差额。若是股份制企业，创业利润表现为新增股份每股出资高于原有股份的每股净资产。在会计上，创业利润通过“资本公积”账户进行核算。若上例中，旗山公司收到 A 投资者的投资额在注册资本中所确认的部分为 2 500 000 元，则超出注册资本份额的 500 000 元计入资本公积。编制会计分录如下：

借：银行存款　　　　3 000 000

　贷：实收资本　　　　2 500 000

　　　资本公积　　　　500 000

【例 4-2】2023 年 6 月 12 日旗山公司收到投资者华英先生投入的新设备一台及专利技术一项，经投资双方确认，设备的价值为 8 820 000 元，专利技术价值为 180 000 元，投资者投入两项资产的价值等于其在

【例4-2】

注册资本中所确认的部分。

这笔经济业务的发生，引起资产和所有者权益两个要素发生变化。一方面公司的固定资产增加了 8 820 000 元，应记入“固定资产”账户的借方，无形资产增加了 180 000 元，应记入“无形资产”账户的借方；另一方面华英先生对公司的投资也增加了 9 000 000 元，应记入“实收资本”账户的贷方。编制会计分录如下。

借：固定资产　　　　8 820 000
　　无形资产　　　　180 000
　贷：实收资本　　　　9 000 000

4.2.2　借入资金的核算

借入资金指企业从银行等金融机构借入或通过向社会公众发行债券取得一定数量的货币资金。借入资金按偿还期限长短可分为短期借款和长期借款。短期借款是企业为满足其生产经营活动对资金的临时需要而向银行或其他金融机构借入的期限在 1 年以下（含 1 年）的各种借款。长期借款是企业向银行或其他金融机构借入的期限在 1 年以上（不含 1 年）的各种借款。

借款必须按期归还本金并按时支付利息，一般来说，借款利息支出属于企业为筹集资金而发生的一种耗费，在会计核算中，企业应将其作为期间费用（财务费用）进行确认。需要指出的是，为了购建固定资产等可资本化资产而筹集资金的利息支出，在资产尚未达到预定可使用或可销售状态前，满足资本化条件的，应对其进行资本化，计入相关资产的购建成本，不作为财务费用列支。利息的资本化问题将在“中级财务会计”课程中进行介绍，以下关于利息的核算不考虑资本化问题。

对借款利息进行核算，还要考虑银行的利息计收方式：如果银行对企业是按月计收利息，企业可以在收到银行计息转账通知时，将利息计入当月的财务费用，并同时登记银行存款的减少；如果银行对企业是按季度或年度收取利息，则平时所发生的利息费用，需等到季度末或者年末收取，根据权责发生制原则，发生的利息形成一年内应进行支付的流动负债，作为应付利息进行核算；如果借入的长期借款是采用到期一次还本付息的方式，则平时所发生的利息费用，将在长于 1 年的到期日偿还，形成企业的非流动负债，一般并入长期借款进行核算。

1. 账户设置

为了总括地对借入资金进行核算，应根据借入资金的具体内容设置“短期借款”和“长期借款”等账户。

（1）“短期借款”账户。该账户是负债类账户，用来核算短期借款（本金）的增减变动及结余情况。该账户的贷方登记借入的各种短期借款，借方登记归还的短期借款；其贷方余额表示尚未归还的短期借款。该账户按贷款单位和贷款种类设置明细分类账。

（2）“长期借款”账户。该账户是负债类账户，用来核算长期借款（本金及利息）的增减变动及结余情况。该账户的贷方登记借入的长期借款的本金和各期计算的未付利息，借方登记归还的长期借款的本金和利息；其贷方余额表示尚未归还的长期借款的本金和利息。该账户按贷款单位和贷款种类设置明细分类账。

（3）“财务费用”账户。该账户属于损益类账户，用来核算企业为筹集生产经营所需资金等而发生的费用，包括应当作为期间费用的利息支出（减利息收入）、汇兑损失（减汇兑收益）以及相关的手续费等。该账户的借方登记发生的财务费用，贷方登记发生的应冲减财务费用的利息收入、汇兑收益以及期末转入本年利润账户的财务费用净额（即财务费用支出大于收入的差额，如果收入大于支出则进行反方向的结转）。经过结转之后，该账户期末没有余额。该账户应按照费用项目设置明细分类账户。

（4）“应付利息”账户。该账户是负债类账户，用来核算企业按照合同约定应支付的利息费用。该账户的贷方登记企业根据借款合同计算的应付利息的增加，借方登记应付利息的实际支付，即应付利息的减少；其贷方余额，反映企业应付未付的利息费用。该账户按照贷款人名称等进行明细核算。

2. 核算举例

【例4-3】旗山公司于2023年9月30日向银行借入期限为3个月的生产周转借款1 000 000元，年利率6%，每季度末支付利息，款项已存入银行。

这笔借款业务的发生，引起资产和负债两个要素发生变化。一方面企业的银行存款增加了1 000 000元，应记入“银行存款”账户的借方；另一方面对银行的负债也增加了1 000 000元，应记入“短期借款”账户的贷方。编制会计分录如下。

借：银行存款　　　　1 000 000

　贷：短期借款　　　　1 000 000

【例4-3】

【例4-4】2023年10月31日，计提应负担的10月份生产周转借款利息。

1 000 000×6%÷12=5 000（元）

根据权责发生制，10月份应负担的利息费用增加5 000元，应记入“财务费用”账户的借方；同时对银行的负债也增加了5 000元，应记入“应付利息”账户的贷方。编制会计分录如下。

【例4-4】

借：财务费用　　　　5 000

　贷：应付利息　　　　5 000

【例4-5】2023年11月30日，计提应负担的11月份借款利息。确认11月份应付利息，编制会计分录如下。

借：财务费用　　　　5 000

　贷：应付利息　　　　5 000

【例4-6】2023年12月31日，银行划付短期借款本金及3个月利息。

【例4-5】

支付本金和利息，导致企业的银行存款减少了1 015 000元，应记入“银行存款”账户的贷方，其中，支付本金使得“短期借款”这一负债减少了1 000 000元，应记入“短期借款”账户的借方；支付10、11月份的利息，使得“应付利息”这一负债减少10 000元，应记入“应付利息”账户的借方；支付12月份利息属于当月费用当月支付，直接计入“财务费用”账户的借方。编制会计分录如下。

借：短期借款　　　　1 000 000

　　应付利息　　　　10 000

　　财务费用　　　　5 000

　贷：银行存款　　　　1 015 000

【例4-7】2023年3月1日旗山公司向银行借入期限为5年的长期

【例4-6】

借款 2 000 000 元，用于购买新设备。款项已存入银行。

这项借款期限超过一年，应属长期借款，借款业务导致资产和负债同时增加，所以一方面公司的银行存款增加了 2 000 000 元，应记入“银行存款”账户的借方；另一方面对银行的负债也增加了 2 000 000 元，应记入“长期借款”账户的贷方。编制会计分录如下。

【例4-7】

借：银行存款　　　　　　　　2 000 000

　贷：长期借款　　　　　　　　2 000 000

企业资金筹集业务的总分类核算如图 4-1 所示。

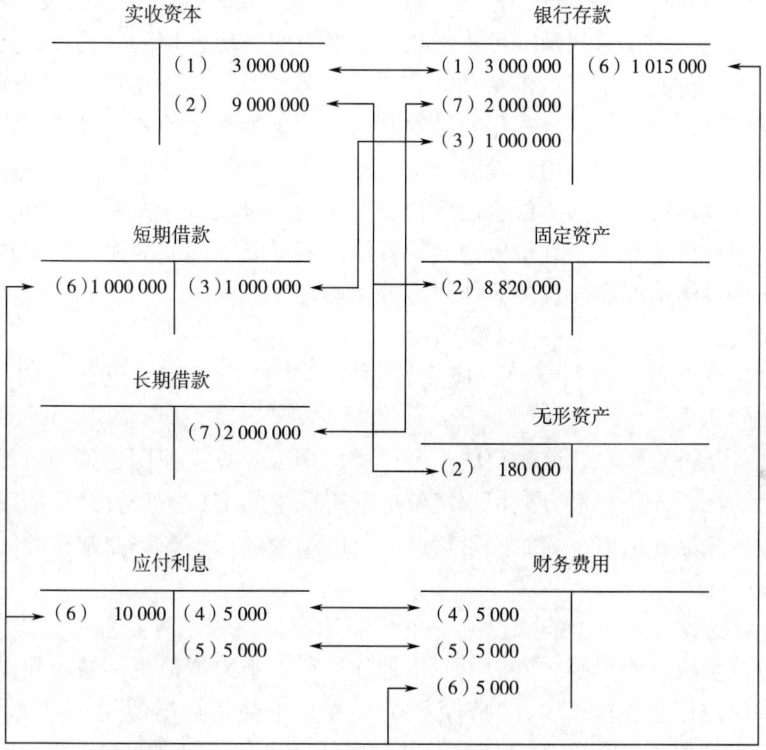

图 4-1　企业资金筹集业务的总分类核算示意图

4.3　企业供应过程业务的核算

为了生产产品，要做好多方面的物资准备工作，其中较为重要的是准备劳动资料即购建固定资产和准备劳动对象即购买原材料等。这一过程的主要任务是：核算与监督物资采购价格与采购费用，确定采购成本，检查采购计划执行情况，核算与监督储备资金的占用量。

4.3.1　固定资产购置的核算

1. 固定资产的概念与特征

固定资产是企业经营过程中使用的长期资产，包括房屋、建筑物、机器设备、机械、运输工具以及其他与生产、经营有关的设备、工具、器具等。我国《企业会计准则第 4

号——固定资产》中对固定资产的定义是，固定资产是指同时具有下列两个特征的有形资产：

①为生产商品、提供劳务、出租或经营管理而持有的。

②使用寿命超过一个会计年度。

这里的使用寿命，是指企业使用固定资产的预计期间，或者该固定资产所能生产产品或提供劳务的数量。

2. 固定资产的入账价值

《企业会计准则第 4 号——固定资产》规定，固定资产应当按照成本计量。固定资产取得时的实际成本是指企业单位购建固定资产达到预定可使用状态前所发生的一切合理、必要的支出。固定资产在达到预定可使用状态前发生的一切合理的、必要的支出中，既有直接发生的，如支付的固定资产的买价、包装费、运杂费、安装费等，也有间接发生的，如固定资产建造过程中应予以资本化的借款利息等，这些直接的和间接的支出对形成固定资产的生产能力都有一定的作用，理应计入固定资产的价值。一般来说，构成固定资产取得时实际成本的具体内容包括买价、运输费、保险费、包装费、安装成本等。企业从各种不同的渠道取得的固定资产，其价值构成的具体内容可能不同，因而，固定资产取得时的入账价值应根据具体情况和涉及的具体内容分别确定。

3. 账户设置

为了对固定资产购入进行核算，应设置“固定资产”“应交税费”和“在建工程”账户。

（1）“固定资产”账户。该账户属于资产类，用来核算企业固定资产取得成本的增减变动及其结余情况。该账户借方登记固定资产取得成本的增加，贷方登记固定资产取得成本的减少，期末余额在借方，表示固定资产原价的结余额。该账户通常按照固定资产的种类设置明细账。

（2）“应交税费”账户。该账户属于负债类账户，用来核算企业应缴纳的各种税费，包括增值税、消费税、所得税、资源税、土地使用税、土地增值税、城市建设维护税、房产税等。在供应过程业务核算中，“应交税费”账户主要核算增值税，应在“应交税费”账户下设“应交增值税”明细账户，其借方发生额反映企业购进货物或接受应税劳务支付的可抵扣的进项税额和实际已缴纳的增值税；贷方发生额反映企业销售货物或提供应税劳务产生应缴纳的销项税额等。期末借方余额，反映多上缴或者尚未抵扣的增值税额；期末贷方余额，反映企业尚未缴纳的增值税额。

知识拓展：增值税

在我国，物的流转以及无形资产的交易通常会涉及增值税，掌握增值税基本知识是进行会计处理的前提。

增值税征收对象：在中华人民共和国境内销售货物或者加工、修理修配劳务，销售服务、无形资产、不动产以及进口货物的单位和个人，为增值税的纳税人。

增值税纳税人：分为一般纳税人和小规模纳税人。年应征增值税销售额超过财政部和国家税务总局规定标准的纳税人为一般纳税人，未超过规定标准的纳税人为小规模纳税人。

增值税税率：一般为 13%、9%和 6%三档，小规模纳税人按销售额征收增值税，税率一般为 3%，不抵扣进项税额。

计税方法：包括一般计税方法和简易计税方法。通常来说，一般纳税人适用一般计税方法计税，小规模纳税人适用简易计税方法计税。一般计税方法的应纳税额，是指当期销项税额抵扣当期进项税额后的余额。进项税额是企业在购入货物或接受劳务时支付或者承担的增值税领；销项税额，是指企业在销售商品或提供劳务时按照销售额和增值税税率计算并收取的增值税额。

应纳税额=当期销项税额−当期进项税额

进项税额=买价×增值税税率

销项税额≡销售额×增值税税率

简易计税方法的应纳税额，是指按照销售额（不含税）和增值税征收率（3%，财政部和国家税务总局另有规定的除外）计算的增值税领，不得抵扣进项税额。

示例：企业买卖货物时，会在增值税专用发票上注明货物的金额和相应的税额，交易的总价款就是价税合计。例如，某公司是增值税一般纳税人，适用增值税税率为13%，在购入200元商品时，支付了226元，增值税专用发票上注明的金额为200元，税额（进项税额）为26元。将商品以300元卖出时收到339元，其中增值税专用发票上注明的金额为300元，税额（销项税）为39元。增值税应纳税额=销项税额−进项税额（39−26）=13元。也就是说，该公司的商品销售实现了增值额100元（300−200），国家对增值额征收13元（100×13%）的增值税，即增值额乘以适用税率，这就是增值税的设计原理。按照增值税的设计原理，企业向税务机关缴纳的增值税税额在理论上是根据其经济业务所实现的增值额乘以适用的税率计算而来的。

在实践中，由于购销之间可能存在较长的时间差，不可能针对每一批商品计算其增值额。因此，实务工作中实行的是分别汇总计算进项税额、销项税额，根据两者之差来确定增值税应纳税额的办法。

从供应阶段物资采购来看，按规定可以抵扣的进项税额，应该记入“应交税费”账户的借方，不能计入购入资产成本。若存在不符合抵扣条件的进项税额，则应该计入资产成本。

（3）“在建工程”账户。该账户属于资产类，用来核算企业固定资产建造、更新改造、安装等工程的成本。企业购入不需要安装的固定资产，直接记入“固定资产”科目，不通过本科目核算。“在建工程”账户借方登记固定资产购建过程中支付的购买价款、相关税费（不包括按照税法规定可抵扣的增值税进项税额）、运输费、装卸费、保险费、安装费等，贷方登记已购建完成的固定资产的实际成本（转入“固定资产”账户）。期末余额在借方，反映企业尚未达到预定可使用状态的在建工程成本。本科目应按照在建工程项目进行明细核算。

4. 核算举例

【例4−8】2023年3月18日旗山公司购买不需要安装的压胎机和砂带机，设备买价100 000元，增值税13 000元。

这笔经济业务的发生，一方面引起公司的固定资产增加了100 000元，应记入“固定资产”账户的借方，支付的增值税因为可以抵扣，记入“应交税费”账户的借方；另一方面公司的银行存款减少了113 000元，记入“银行存款”账户的贷方。编制会计分录如下。

借：固定资产　　100 000

　　应交税费——应交增值税（进项税额）　　13 000

【例4−8】

贷：银行存款　　113 000

【例 4-9】2023 年 4 月 11 日旗山公司购买需要安装的转台设备，设备买价 200 000 元，增值税 26 000 元。

由于需要安装的设备未经安装不能使用，所以这笔经济业务的发生，并没有引起固定资产的增加，而是导致在建工程成本增加了 200 000 元，应记入“在建工程”账户的借方，支付的增值税因为可以抵扣，记入“应交税费”账户的借方；公司的银行存款减少了 226 000 元，应记入“银行存款”账户的贷方。编制会计分录如下。

借：在建工程　　200 000

　应交税费——应交增值税（进项税额）　　26 000

　贷：银行存款　　226 000

【例4-9】

【例 4-10】2023 年 4 月 16 日转台设备安装费用 5 000 元，以银行存款支付（增值税略）。

设备的安装费用形成需要安装设备的实际成本，一方面引起在建工程成本增加 5 000 元，应记入“在建工程”账户的借方；另一方面公司的银行存款减少了 5 000 元，应记入“银行存款”账户的贷方。编制会计分录如下。

借：在建工程　　5 000

　贷：银行存款　　5 000

【例4-10】

【例 4-11】2023 年 4 月 23 日上述设备安装完毕，交付使用。

该设备达到可使用状态总成本为：200 000+5 000=205 000（元）

设备交付使用，一方面公司固定资产价值增加 205 000 元，应记入“固定资产”账户的借方；另一方面公司在建工程减少了 205 000 元，应记入“在建工程”账户的贷方。编制会计分录如下。

借：固定资产　　205 000

　贷：在建工程　　205 000

【例4-11】

4.3.2　材料采购业务的核算

1. 材料采购成本的构成

在材料采购过程中，企业要与供应单位或其他有关单位办理款项的结算，支付采购材料的货款、增值税、运输费、装卸费、保险费等。采购材料所支付的增值税不能计入材料采购成本，而应记入“应交税费”账户的进项税额，从当期销项税额中抵扣。其他各项采购费用按所采购的材料品种归集，就构成了各种材料的采购成本。

制造企业的材料采购成本主要由下列项目构成。

①买价，是指购货发票所注明的货款金额。

②采购过程中发生的外地运杂费（包括运输费、包装费、装卸费、保险费、仓储费等，不包括按规定可抵扣的增值税进项税额）。

③材料在运输途中发生的合理损耗。

④材料入库之前发生的整理挑选费用（包括整理挑选中发生的人工费支出和必要的损耗，并减去回收的下角废料价值）。

⑤按规定应计入材料采购成本中的各种税费，如从国外进口材料支付的关税等。

⑥其他费用，如大宗物资的市内运杂费等。

2. 账户设置

为了组织材料采购业务的核算，应设置“在途物资”“原材料”“应付账款”“应付票据”等账户。

（1）“在途物资”账户。该账户核算企业采用实际成本进行材料、商品等物资的日常核算、购入各种物资的实际采购成本。采用计划成本进行材料日常核算的，购入材料的采购成本，在“材料采购”账户核算。材料的计划成本核算将在“中级财务会计”课程进行介绍，本课程不涉及这一内容。

“在途物资”账户属于资产类（成本计算类）账户，其借方登记购入材料的买价和采购费用，贷方登记已验收入库材料的实际成本（转入“原材料”账户）。期末余额在借方，反映已付款尚未验收入库的在途材料的实际成本。该账户应按照购入材料的供应单位和物资品种设置明细分类账户。

（2）“原材料”账户。该账户属于资产类账户，用于核算企业库存各种材料包括原料及主要材料、辅助材料、外购半成品、包装材料、燃料等的收入、发出、结存情况，其借方反映已验收入库材料的成本，贷方反映库存材料发出的成本；余额在借方，表示期末库存材料的成本。“原材料”账户按照材料的具体品种、规格等设置明细分类账，具体反映每种材料的库存和增减变动情况。

（3）“应付账款”账户。该账户属于负债类账户，用于核算企业因采购材料物资、商品和接受劳务供应而应付给供应单位的款项，其贷方登记应付而未付款项的数额，借方登记实际归还的数额，余额一般在贷方，表示尚未归还供应单位的款项。为了具体反映应付各个供应单位的款项增减变动情况，该账户可按供货单位设置明细分类账户。

（4）“应付票据”账户。该账户属于负债类账户，用来核算企业购买材料、商品和接受劳务供应而开出、承兑的商业汇票。商业汇票是由收款人或付款人（或承兑申请人）签发，由承兑人承兑，并于到期日向收款人或持票人无条件支付款项的票据。商业汇票结算方式适用于企业先发货后收款或者双方约定延期付款的具有真实交易关系或债权债务关系等款项的结算，同城结算和异地结算均可使用。商业汇票的付款期限由交易双方共同商定，但根据《商业汇票结算办法》规定，其最长期限不超过 6 个月。持票人如果急需资金，可以持未到期的票据到银行办理贴现。采用商业汇票结算方式，可以使企业之间的债权债务关系表现为外在的票据，使商业信用票据化，具有较强的约束力。对于购货企业来说，由于可以延期付款，在资金暂时不足的情况下能够及时购进材料物资，保证生产经营顺利进行。对于销货企业来说，可以疏通商品渠道，扩大销售，促进生产。

“应付票据”账户的贷方登记企业开出、承兑商业汇票的金额，借方登记已偿还的到期汇票，贷方余额表示企业尚未到期的应付票据数额。“应付票据”账户需按供货单位设置明细分类账户。

3. 核算举例

【例 4-12】2023 年 5 月 7 日旗山公司向新丰公司购入甲材料 3 000 千克，单价 5 元/千克，价款共计 15 000 元，增值税税率 13%，价款开出 6 个月期的商业汇票进行支付。

这项经济业务的发生，一方面表明企业采购甲材料的成本的增加，应记入“在途物资”账户的借方，购买材料支付进项增值税应记入“应交税费”账户的借方；另一方面表示 6 个月后应支付的负债增加，记入“应付票据”账户的贷方。编制会计分录如下。

借：在途物资——甲材料　　15 000

　　应交税费——应交增值税（进项税额）　　1 950

　　贷：应付票据　　16 950

【例4-12】

【例 4-13】2023 年 5 月 17 日旗山公司的采购部门交来甲材料的运输费增值税专用发票，外地运费计 750 元，运费增值税税率 9%，价款以银行存款支付。

材料采购过程中所发生的各项采购费用分为两类：一类是能够直接区分费用归属对象的直接费用，如本例中甲材料的运输费；另一类是为两种以上材料共同发生、不能直接区分归属对象的间接采购费用，如同时采购两批材料的运输费等。对直接费用，可按对象直接记入“在途物资”账户；对间接费用，应确定适当的费用分配标准，经分配后记入“在途物资”账户。分配标准要根据材料的特点进行确定，一般来说可以选择的分配标准有材料的重量、体积、买价等。本例中的运输费是直接费用，不需要分配，可直接记入甲材料的成本。编制会计分录如下。

【例4-13】

借：在途物资——甲材料　　750

　　应交税费——应交增值税（进项税额）　　67. 50

　　贷：银行存款　　817. 50

【例 4-14】2023 年 6 月 18 日旗山公司向海坤工厂购入乙材料 750 千克，单价 10 元/千克，价款 7 500 元；丙材料 3 000 千克，单价 7 元/千克，价款 21 000 元，增值税税率 13%，款未付。

这项经济业务的发生，一方面表明企业采购乙、丙材料的成本的增加，应记入“在途物资”账户的借方，支付进项增值税，记入“应交税费”的借方；另一方面表示应付未付材料款项的增加，记入“应付账款”账户的贷方。编制会计分录如下。

借：在途物资——乙材料　　7 500

　　　　　　——丙材料　　21 000

　　应交税费——应交增值税（进项税额）　　3 705

　　贷：应付账款——海坤工厂　　32 205

【例4-14】

【例 4-15】2023 年 6 月 24 日旗山公司以银行存款支付乙、丙材料装卸费共计 1 500 元。(不考虑增值税)

由于该笔装卸费是同时采购乙、丙两种材料时发生的，所以应确定适当的费用分配标准进行分配。计算公式为：

材料采购费用分配率=采购费用金额÷分配标准总和

某种材料应分摊的采购费用=材料采购费用分配率×该种材料分配标准

设本例中的材料装卸费按照所装卸材料的重量进行分配：

每千克材料应负担采购费用为：1 500÷（750+3 000）= 0. 40 元

乙材料应分摊采购费用为：0. 40×750=300（元）

丙材料应分摊采购费用为：0. 40×3 000=1 200（元）

根据计算结果，编制会计分录如下。

【例4-15】

借：在途物资——乙材料　　300

　　　　　　——丙材料　　1 200

贷：银行存款　　　　　　　　　　　　　　1 500

【例 4-16】2023 年 7 月 2 日旗山公司以银行存款支付前欠海坤工厂材料款 32 205 元。

这笔经济业务的发生，一方面表明应付货款已支付，负债减少，应记入“应付账款”账户的借方；另一方面表明负债是用银行存款支付的，因此银行存款减少，应记入“银行存款”账户的贷方。编制会计分录如下。

借：应付账款——海坤工厂　　　　　　32 205

　贷：银行存款　　　　　　　　　　　　32 205

【例4-16】

【例 4-17】7 月末，三种材料均已验收入库，汇总结转三种材料的采购成本。

通常，企业为简化会计核算，一般在月底对当月所采购入库的材料成本进行结转。这笔经济业务的发生，表明材料的供应过程已完结，因此，应从“在途物资”账户的贷方将验收入库的材料成本转入“原材料”账户的借方，反映库存材料的增加。编制会计分录如下。

借：原材料——甲材料　　　　　　15 750

　　　　——乙材料　　　　　　　7 800

　　　　——丙材料　　　　　　　22 200

　贷：在途物资——甲材料　　　　　　15 750

　　　　　　——乙材料　　　　　　　7 800

　　　　　　——丙材料　　　　　　　22 200

【例4-17】

会计实务中，“在途物资”账户要按材料物资品种设置明细分类账进行明细核算。甲、乙、丙三种材料在途物资明细账如表 4-1，表 4-2，表 4-3 所示。

表 4-1　　　　在途物资明细分类账

物资名称或类别：甲材料

年		凭证字号	摘要	借方金额			贷方金额	结余金额
月	日			买价	采购费用	合计		
		略	购 3 000 千克@ 5.00	15 000.00		15 000.00		15 000.00
			分摊运杂费		750.00	750.00		15 750.00
			结转实际采购成本				15 750.00	
			发生额和余额	15 000.00	750.00	15 750.00	15 750.00	

表 4-2　　　　在途物资明细分类账

物资名称或类别：乙材料

年		凭证字号	摘要	借方金额			贷方金额	结余金额
月	日			买价	采购费用	合计		
		略	购 750 千克@ 10.00	7 500.00		7 500.00		7 500.00
			分摊运杂费		300.00	300.00		7 800.00
			结转实际采购成本				7 800.00	
			发生额和余额	7 500.00	300.00	7 800.00	7 800.00	

表 4-3　　在途物资明细分类账

物资名称或类别：丙材料

年		凭证字号	摘要	借方金额			贷方金额	结余金额
月	日			买价	采购费用	合计		
		略	购 3 000 千克@ 7.00	21 000.00		21 000.00		21 000.00
			分摊运杂费		1 200.00	1 200.00		22 200.00
			结转实际采购成本				22 200.00	
			发生额和余额	21 000.00	1 200.00	22 200.00	22 200.00	

材料采购过程结束后，还应编制材料采购成本计算表。公司本月所采购材料的成本表如表 4-4 所示。

表 4-4　　材料采购成本计算表

成本项目	甲材料		乙材料		丙材料	
	总成本（3 000 千克）	单位成本	总成本（750 千克）	单位成本	总成本（3 000 千克）	单位成本
1. 买价	15 000.00	5.00	7 500	10.00	21 000	7.00
2. 采购费用	750.00	0.25	300	0.40	1 200	0.40
材料采购成本	15 750.00	5.25	7 800	10.40	22 200	7.40

企业供应业务的总分类核算如图 4-2 所示。

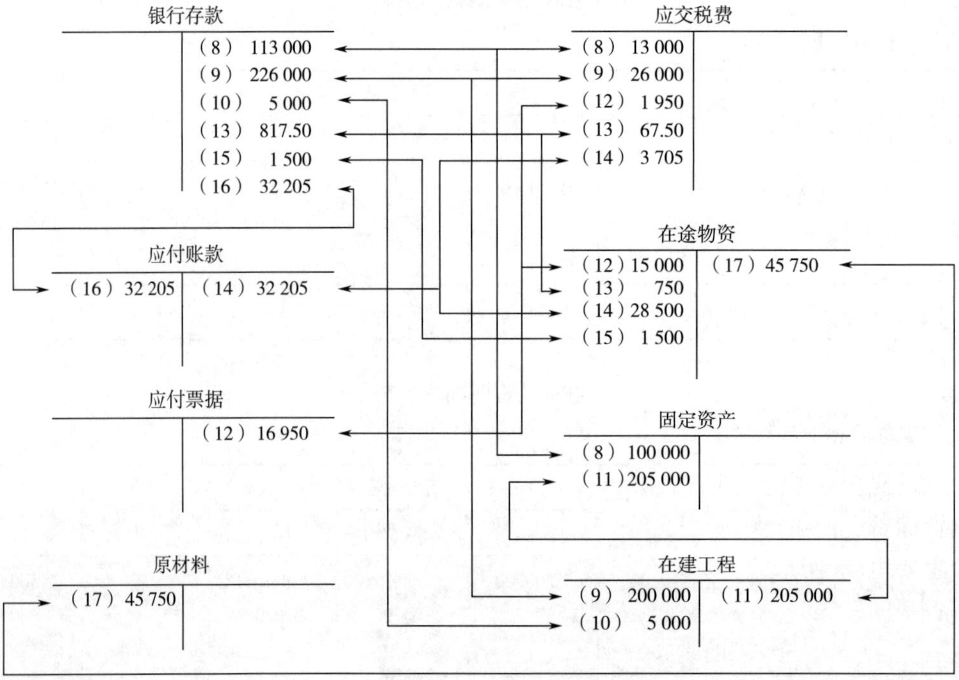

图 4-2　供应业务的总分类核算示意图

4.4　企业生产过程业务的核算

4.4.1　生产费用内容及其核算概述

生产过程是把劳动对象加工成产品的过程，是制造企业的一个重要环节。生产过程一方面是物化劳动和活劳动的耗费过程，另一方面是新产品的加工制造过程。在这一过程中，所耗费的劳动对象和劳动资料的价值，以及用于支付工资和其他生产费用的货币支出，最终均将转化为产品成本。

企业在一定时期内发生的费用，分为生产费用和非生产费用（期间费用）两类，前者构成生产成本，后者则不能计入生产成本。

生产费用是指与生产产品相关的耗费，这种费用最终都要归集、分配到一定种类产品上去，从而形成各种产品的成本。换言之，企业为生产一定种类、一定数量产品所支出的各种生产费用的总和对象化于产品就形成了这些产品的成本。

生产费用按照计入生产成本的方式的不同，分为直接费用和间接费用。直接费用是指为生产某种产品发生的直接材料费、直接人工费等。直接材料费指构成产品实体或有助于产品形成的各项原料及辅助材料，直接人工费指为制造产品而发生的生产工人工资、津贴、补贴及福利费等，这些费用可以直接计入某种产品生产成本。间接费用又称制造费用，指车间生产部门为组织和管理生产活动以及为生产活动服务而发生的各项费用，如生产设备折旧费、车间水电费、运输费，车间管理人员工资及福利费等。间接费用是为生产多种产品而共同发生的费用，它不能直接计入某种产品的生产成本，必须经过归集，采用一定的方法分配计入各种产品生产成本。

期间费用是指与生产产品无直接关系，属于某一时期的费用，包括管理费用、财务费用和销售费用。管理费用是指企业行政管理部门为组织和管理生产经营活动而发生的费用；财务费用是指企业筹集生产经营所需资金而发生的费用；销售费用是指企业在销售产品或提供工业性劳务过程中发生的各项费用以及专设销售机构的各项经费。这三项费用不计入产品成本，而是直接计入当期损益，冲减当期利润。

生产过程的主要任务是：核算和监督生产费用的发生和分配，计算产品成本，考核生产资金定额和成本计划的执行情况，促使企业不断降低生产成本，提高经济效益。生产过程核算主要经济业务包括计算和分配材料费用、计算和分配职工薪酬、计提固定资产折旧、归集和分配制造费用、计算和结转产品成本等。可见，生产过程核算的主要内容是进行生产费用的核算与产品制造成本的计算。

4.4.2　材料费用的核算

制造业企业通过供应过程采购的各种原材料，经过验收入库之后，就形成了生产产品的物资储备，由生产产品及其他方面领用时，就形成了材料费用。材料是构成产品实体的一个重要组成部分，对材料费的归集与分配的核算是生产过程核算中非常重要的内容。

各部门领用材料时，填制领料单，向仓库办理领料手续，领取所需的材料。仓库发出材料后，要将领料凭证传递到会计部门。会计部门按车间、部门和不同用途汇总后分配计入生产费用和其他有关费用，具体情况为：对于直接用于某种产品生产的材料费，直接计入生产成本；对于由几种产品共同耗用、应由这些产品共同负担的材料费，应选择适当的标准在各种产品之间进行分配之后，计入各有关产品成本；对于为创造生产条件等需要而间接消耗的各种材料费，计入制造费用；对于管理部门领用的材料，应计入管理费用。

1. 账户设置

材料费用核算涉及“生产成本”账户、“制造费用”账户、“管理费用”账户等。

（1）“生产成本”账户。该账户属于成本类账户（资产类），用来归集产品生产过程中所发生的、应计入产品成本的直接材料、直接人工和制造费用，并据以确定产品的实际生产成本。其借方登记当期发生的、应计入产品成本的生产费用，贷方登记期末结转的完工产品的实际生产成本；余额在借方，表示月末尚未完工产品（在产品）的生产成本。为了具体核算每一种产品的生产数量、生产费用、确定各产品的实际生产成本，该账户可按产品的品名或类别设置明细分类账户，进行明细分类核算。

（2）“制造费用”账户。该账户属于成本类账户，用于归集和分配企业在车间范围内为生产产品和提供劳务而发生的、应计入产品成本的各项间接费用，包括生产车间办公费、车间管理人员的薪酬、机器设备等生产用固定资产折旧费及修理费、水电费、机物料消耗等不能直接计入产品生产成本的费用。该账户借方登记月份内发生的各种制造费用，贷方登记月末按一定标准分配结转给各种产品负担的制造费用，月末一般无余额。

为了考核和控制不同车间的经费开支情况及不同产品的制造费用分配标准和数额，本账户可按不同车间、部门和费用项目设置明细账。

（3）“管理费用”账户。该账户属于损益类账户，用来核算企业为组织和管理企业生产经营所发生的管理费用，即企业的董事会和行政管理部门在企业的经营管理中发生的、应由企业统一负担的公司经费。管理费用包括行政管理部门的职工薪酬、折旧费、工会经费、业务招待费、修理费、低值易耗品摊销、办公费、差旅费、董事会费、聘请中介机构费、咨询费（含顾问费）、诉讼费、矿产资源补偿费、排污费、技术转让费等。“管理费用”账户借方登记发生的各项管理费用，贷方登记已冲减的管理费用或转入“本年利润”账户的管理费用；期末结转后应无余额。

2. 核算举例

【例4-18】2023年7月14日仓库发出甲、乙、丙三种材料，用以生产产品和其他一般耗用。会计部门根据领料单编制“发出材料汇总表”，如表4-5所示。

表4-5　　发出材料汇总表

项目	甲材料		乙材料		丙材料		合计
	数量（千克）	金额（元）	数量（千克）	金额（元）	数量（千克）	金额（元）	金额（元）
a产品耗用	5 000	26 250	2 000	20 800	9 000	66 600	113 650
b产品耗用	8 000	42 000	1 000	10 400	8 000	59 200	111 600
小计	13 000	68 250	3 000	31 200	17 000	125 800	225 250
车间一般耗用	1 000	5 250			2 000	14 800	20 050
管理部门耗用			500	5 200			5 200
合计	14 000	73 500	3 500	36 400	19 000	140 600	250 500

这笔经济业务的发生，一方面表明库存材料减少，应记入“原材料”账户的贷方；另一方面表明材料投入生产，增加生产费用，其中直接用于 a、b 产品的有 225 250 元，应直接计入产品成本，记入“生产成本”账户的借方，车间一般耗用材料 20 050 元属于间接费用，应记入“制造费用”账户的借方，行政管理部门耗用材料 5 200 元属于期间费用，应记入“管理费用”账户的借方。编制会计分录如下。

借：生产成本——a 产品	113 650	
——b 产品	111 600	
制造费用	20 050	
管理费用	5 200	
贷：原材料——甲材料		73 500
——乙材料		36 400
——丙材料		140 600

【例4-18】

4.4.3　职工薪酬核算

人工费用是产品成本的又一大组成部分。制造业企业必须根据职工劳动的质量和数量，向职工支付一定的薪酬。

1. 职工薪酬的内容

职工薪酬，是指企业为获得职工提供的服务或解除劳动关系而给予的各种形式的报酬或补偿。职工薪酬包括短期薪酬、离职后福利、辞退福利和其他长期职工福利。企业提供给职工配偶、子女、受赡养人、已故员工遗属及其他受益人等的福利，也属于职工薪酬。

（1）短期薪酬。短期薪酬是指企业在职工提供相关服务的年度报告期间结束后 12 个月内需要全部予以支付的职工薪酬，因解除与职工的劳动关系给予的补偿除外。短期薪酬具体包括：职工工资、奖金、津贴和补贴，职工福利费，医疗保险费、工伤保险费和生育保险费等社会保险费，住房公积金，工会经费和职工教育经费，短期带薪缺勤，短期利润分享计划，非货币性福利以及其他短期薪酬。其中，职工工资、奖金、津贴和补贴等支付给职工个人的部分，被称为应付工资总额，通常作为计缴各项社会保险、住房公积金以及计提或列支工会经费、职工福利费等的基数。

带薪缺勤是指企业支付工资或提供补偿的职工缺勤，包括年休假、病假、短期伤残、婚假、产假、丧假、探亲假等。利润分享计划，是指因职工提供服务而与职工达成的基于利润或其他经营成果提供薪酬的协议。

（2）离职后福利。离职后福利是指企业为获得职工提供的服务而在职工退休或与企业解除劳动关系后，提供的各种形式的报酬和福利，短期薪酬和辞退福利除外。

（3）辞退福利。辞退福利是指企业在职工劳动合同到期之前解除与职工的劳动关系，或者为鼓励职工自愿接受裁减而给予职工的补偿。

（4）其他长期职工福利。其他长期职工福利是指除短期薪酬、离职后福利、辞退福利之外所有的职工薪酬，包括长期带薪缺勤、长期残疾福利、长期利润分享计划等。

初学者主要掌握短期薪酬的核算，其他形式薪酬的核算将在“中级财务会计”课程中学习。

财会部门应当在职工为其提供服务的会计期间，按照职工提供服务的受益对象，将实际发生的短期职工薪酬计入当期损益或相关资产成本。其中，生产工人薪酬应直接记入各种产品“生产成本”中；生产车间技术人员、管理人员薪酬，应记入“制造费用”；企业行政部门管理人员工资应记入“管理费用”；专设销售机构销售人员的薪酬记入“销售费用”；固定资产建造人员工资记入“在建工程”。

2. 账户设置

制造企业核算职工薪酬需设置“应付职工薪酬”“其他应付款”账户，此外还涉及“生产成本”“制造费用”“管理费用”等账户。

（1）“应付职工薪酬”账户。该账户属于负债类账户，用于核算企业应付给职工的薪酬总额，以及由此形成的企业与职工之间的薪酬结算情况。其贷方登记企业应发给职工的薪酬总额，借方登记企业实际支付的薪酬数额；余额通常在贷方，表示月末应付而未付的职工薪酬。如果出现借方余额，表明企业实际多支付给职工的薪酬。“应付职工薪酬”账户可以按照各薪酬项目进行明细分类核算。

（2）“其他应付款”账户。该账户属于负债类账户，用于核算企业除应付账款、预收账款、应付职工薪酬、应交税费、应付利息、应付利润等以外的其他各项应付、暂收的款项。其贷方登记企业发生的其他各种应付、暂收款项，借方登记其他各种应付、暂收款项的支付；期末贷方余额反映企业应付未付的其他应付款项。该账户按照其他应付款的项目和对方单位（或个人）等进行明细核算。

3. 核算举例

【例 4-19】2023 年 11 月 30 日旗山公司结算本月份应付职工工资 325 478 元，其中：

制造 a 产品工人工资	198 261 元
制造 b 产品工人工资	74 348 元
车间管理人员工资	21 478 元
厂部管理人员工资	31 391 元
合计	325 478 元

这笔经济业务的发生，一方面表明本月发生应付未付职工工资 325 478 元，应记入“应付职工薪酬”账户的贷方；另一方面表明工资费用也增加了 325 478 元，其中制造 a、b 产品的生产工人工资属于直接费用，应直接记入“生产成本”账户的借方，车间和厂部管理人员工资属于间接费用和期间费用，应分别记入“制造费用”和“管理费用”账户的借方。编制会计分录如下。

【例4-19】

借：生产成本——a 产品　　198 261
　　　　　　——b 产品　　74 348
　　制造费用　　21 478
　　管理费用　　31 391
　贷：应付职工薪酬　　325 478

【例 4-20】2023 年 11 月 30 日按照政府规定的比例，计算出应为职工缴纳的社会保险、住房公积金以及应计提的工会经费和职工教育经费，如表 4-6 所示。

表 4-6　　其他短期薪酬汇总表

项目	社会保险费	住房公积金	工会经费	教育经费	合计
a 产品工人	47 583	20 817	3 965	2 974	75 339

续表

项目	社会保险费	住房公积金	工会经费	教育经费	合计
b 产品工人	17 844	7 806	1 487	1 115	28 252
车间管理人员	5 155	2 255	430	322	8 162
厂部管理人员	7 534	3 296	628	471	11 929
合计	78 116	34 174	6 510	4 882	123 682

企业为职工缴纳的社会保险、住房公积金、工会经费和职工教育经费都属于职工薪酬的范围，这笔经济业务的发生，一方面表明本月发生应付职工薪酬增加 123 682 元，应记入“应付职工薪酬”账户的贷方；另一方面，属于制造 a、b 产品的生产工人的薪酬应直接记入“生产成本”账户的借方，车间和厂部管理人员薪酬属于间接费用和期间费用，应分别记入“制造费用”和“管理费用”账户的借方。编制会计分录如下。

【例4-20】

借：生产成本——a 产品　　75 339
　　　　　　——b 产品　　28 252
　　制造费用　　8 162
　　管理费用　　11 929
　贷：应付职工薪酬　　123 682

【例 4-21】2023 年 12 月 8 日按照政府规定的比例，职工个人应缴纳的社会保险费为 24 668 元，住房公积金 34 174 元，应交个人所得税 5 580 元，从应发工资扣缴。

这笔代扣费用的发生，一方面应付给职工的薪酬减少了 64 422 元，应记入“应付职工薪酬”账户的借方；另一方面表明企业代缴义务增加 64 422 元，其中，代缴个人所得税义务的增加，应记入“应交税费”的贷方；代缴社会保险费和住房公积金义务的增加，应记入“其他应付款”账户的贷方。编制会计分录如下。

【例4-21】

借：应付职工薪酬　　64 422
　贷：其他应付款——社会保险费　　24 668
　　　　　　　　——住房公积金　　34 174
　　　应交税费——个人所得税　　5 580

【例 4-22】2023 年 12 月 8 日将扣缴后的实发工资 261 056 元以银行存款支付。

这笔经济业务的发生，一方面表明银行存款减少 261 056 元，应记入“银行存款”账户的贷方；另一方面应付职工薪酬也减少了 261 056 元，应记入“应付职工薪酬”账户的借方。编制会计分录如下。

【例4-22】

借：应付职工薪酬　　261 056
　贷：银行存款　　261 056

【例 4-23】2023 年 12 月 11 日上缴个人所得税 5 580 元。

这笔经济业务的发生，一方面表明银行存款减少 5 580 元，应记入“银行存款”账户的贷方；另一方面企业的代缴税金义务也减少了 5 580 元，应记入“应交税费”账户的借方。编制会计分录如下。

【例4-23】

借：应交税费——个人所得税　　5 580
　　贷：银行存款　　5 580

【例 4-24】2023 年 12 月 11 日上缴社会保险费 102 784 元（其中包括企业应缴 78 116 元，个人扣缴 24 668 元），上缴住房公积金 68 348 元（其中包括企业应缴 34 174 元，个人扣缴 34 174 元）。

这笔经济业务的发生，一方面表明银行存款减少 171 132 元，应记入“银行存款”账户的贷方；另一方面，企业应缴部分的上缴是“应付职工薪酬”的支付，记入“应付职工薪酬”的借方，企业代职工上缴部分已从职工工资中代扣，代缴义务的减少应记入“其他应付款”账户的借方。编制会计分录如下。

【例4-24】

借：应付职工薪酬　　112 290
　　其他应付款——社会保险费　　24 668
　　　　　　　——住房公积金　　34 174
　　贷：银行存款　　171 132

【例 4-25】2023 年 12 月 15 日以银行存款支付职工福利费 43 800 元。

这笔经济业务的发生，一方面表明银行存款减少 43 800 元，应记入“银行存款”账户的贷方；另一方面应付职工薪酬这一负债减少了 43 800 元，应记入“应付职工薪酬”账户的借方。编制会计分录如下。

【例4-25】

借：应付职工薪酬　　43 800
　　贷：银行存款　　43 800

【例 4-26】2023 年 12 月 30 日列支上述福利费，其中：

制造 a 产品工人福利费	21 500 元
制造 b 产品工人福利费	14 200 元
车间管理人员福利费	3 600 元
厂部管理人员福利费	4 500 元
合计	43 800 元

这笔经济业务的发生，一方面表明本月应付职工薪酬增加 43 800 元，应记入“应付职工薪酬”账户的贷方；另一方面，制造 a、b 产品的生产工人福利费属于直接费用，应直接记入“生产成本”账户的借方，车间和厂部管理人员福利费属于间接费用和期间费用，应分别记入“制造费用”和“管理费用”账户的借方。编制会计分录如下。

【例4-26】

借：生产成本——a 产品　　21 500
　　　　　　——b 产品　　14 200
　　制造费用　　3 600
　　管理费用　　4 500
　　贷：应付职工薪酬　　43 800

4.4.4 固定资产折旧费用核算

1. 折旧和折旧费用

对已发生的资产成本进行的分摊，其目的是将其成本分期分批、逐渐转移到产品中，符合权责发生制原则。在会计上对不同资产的成本分摊有不同的称谓，对固定资产而言是折旧，对无形资产而言是摊销，对生物资产而言是折耗，可以说，固定资产折旧是固定资产由于使用或受到自然力的影响发生损耗而逐渐转移的价值。转移价值的货币表现，称为折旧费。固定资产折旧费是产品成本的重要组成部分。会计准则提供的折旧方法有加速折旧法、平均分摊法、工作量法等，具体计算方法在“中级财务会计”课程中介绍。本书只涉及最简单的分摊方法，即按照固定资产使用年限平均分摊。

制造业企业每月都需按既定的折旧政策计提折旧，并按固定资产的使用部门和具体用途分配折旧费用。企业生产车间使用的固定资产计提的折旧额，应作为间接费用，计入制造费用；企业行政管理部门使用的固定资产计提的折旧额，应作为期间费用，计入管理费用。

2. 账户设置

制造企业核算固定资产折旧需设置“累计折旧”账户，此外还涉及“制造费用”“管理费用”等账户。

“累计折旧”账户是“固定资产”账户的备抵账户，贷方登记固定资产因使用而转移到产品中去的价值（折旧增加额）；借方登记报废或变卖固定资产时应冲减的已计提折旧额，余额在贷方，表示期末累计已计提的折旧额。

3. 核算举例

【例 4-27】2023 年 12 月 30 日按照规定的固定资产折旧率，计提本月固定资产折旧 106 000 元，其中车间固定资产折旧 72 400 元，行政管理部门固定资产折旧 33 600 元，如表 4-7 所示。

表 4-7　　固定资产折旧额计算表

项目	原值（元）	预计净残值（元）	预计使用年限（年）	年折旧额（元）	月折旧额（元）
生产用固定资产	8 820 000	132 000	10	868 800	72 400
管理用固定资产	1 220 000	10 400	3	403 200	33 600
合计					106 000

这笔经济业务的发生，一方面要反映折旧费用增加，分别记入“制造费用”和“管理费用”账户的借方；另一方面要反映固定资产折旧增加，应记入“累计折旧”账户的贷方。编制会计分录如下。

借：制造费用　　72 400
　　管理费用　　33 600
　贷：累计折旧　　106 000

【例4-27】

4.4.5　其他费用核算

制造企业为了组织和管理生产活动还会发生一些其他费用，如办公费、水电费等。在费用的归集过程中，要按照权责发生制原则的要求，正确地处理跨期间的各种费用，使其摊配于应归属的会计期间。

1. 账户设置

在其他费用的核算中，除了涉及“制造费用”“管理费用”“库存现金”“银行存款”等前文已介绍的账户外，还要设置“预付账款”“其他应收款”等账户。

（1）“预付账款”账户。该账户属于资产类账户，用来核算企业按照合同规定预付的款项，包括根据合同规定预付的购货款、租金、工程款等。该账户的借方登记企业预付的款项；贷方登记按照合同应支付的金额；期末借方余额，反映企业预付的各种款项。该账户应按照对方单位（或个人）进行明细核算。

（2）“其他应收款”账户。该账户属于资产类账户，用来核算企业除应收票据、应收账款、预付账款、应收股利、应收利息等以外的其他各种应收及暂付款项，包括各种应收的赔款、应向职工收取的各种垫付款项等。该账户的借方登记企业发生的其他各种应收款项；贷方登记收回其他各种应收款项；期末借方余额反映企业尚未收回的其他应收款项。该账户应按照对方单位（或个人）进行明细核算。

2. 核算举例

【例 4-28】2023 年 6 月 1 日旗山公司以银行存款 24 000 元预付 6 个月的厂房租金。

这笔经济业务的发生，要按照权责发生制原则，一方面作为预付账款的增加，记入“预付账款”账户的借方；另一方面银行存款减少，记入“银行存款”账户的贷方。编制会计分录如下。

借：预付账款　　24 000
　　贷：银行存款　　24 000

【例4-28】

【例 4-29】2023 年 12 月 31 日旗山公司摊销应由本月负担的厂房租金 4 000 元。

厂房的租金属于制造费用。这笔经济业务的发生，一方面使制造费用增加了 4 000 元，应记入“制造费用”账户的借方；另一方面预付账款减少，应记入“预付账款”账户的贷方。编制会计分录如下。

借：制造费用　　4 000
　　贷：预付账款　　4 000

【例4-29】

【例 4-30】2023 年 8 月 14 日旗山公司以银行存款支付本月车间办公费 15 310 元，行政管理部门办公费 25 200 元。

这笔经济业务的发生，一方面使银行存款减少 40 510 元，应记入“银行存款”账户的贷方；另一方面车间管理部门的费用 15 310 元属于制造费用，应记入“制造费用”账户的借方，行政管理部门的费用 25 200 元属于管理费用，应记入“管理费用”账户的借方。编制会计分录如下。

借：制造费用　　15 310
　　管理费用　　25 200
　　贷：银行存款　　40 510

【例4-30】

【例 4-31】2023 年 9 月 2 日职工朱晓预支差旅费 3 000 元，以库存现金支付。

这笔经济业务的发生，一方面使库存现金减少 3 000 元，应记入“库存现金”账户的贷方；另一方面预借给职工的款项属于企业的债权增加，应记入“其他应收款”账户的借方。编制会计分录如下。

借：其他应收款　　3 000
　　贷：库存现金　　3 000

【例4-31】

【例 4-32】2023 年 9 月 4 日职工朱晓出差回来，报销差旅费 2 800 元，原预支 3 000 元，余额归还现金。

这笔经济业务的发生使得企业差旅费用增加 2 800 元，应计入“管理费用”的借方；库存现金增加 200 元，应记入“库存现金”账户的借方；同时，对职工的预借款债权减少，应记入“其他应收款”账户的贷方。编制会计分录如下。

借：管理费用　　2 800
　　库存现金　　200
　贷：其他应收款　　3 000

【例4-32】

4.4.6　制造费用的结转

制造费用是产品生产成本的组成部分，月末应将月内归集的所有间接生产费用从制造费用账户转入生产成本账户，以反映产品的全部生产成本。

【例 4-33】2023 年 12 月末，按以上经济业务归集，本月发生的制造费用共计 145 000 元，按照生产工时比例分配，a 产品应负担 58 000 元、b 产品应负担 87 000 元。（制造费用分配的计算方法将在第 6 章进行介绍）。

这笔经济业务的发生，一方面要转销制造费用，记入制造费用账户的贷方；另一方面要增加产品生产成本，记入生产成本账户的借方。编制会计分录如下。

借：生产成本——a 产品　　58 000
　　　　　　——b 产品　　87 000
　贷：制造费用　　145 000

【例4-33】

4.4.7　完工入库产品成本的结转

在将制造费用分配由各种产品成本负担之后，生产成本账户的借方归集了各种产品所发生的直接材料、直接人工和制造费用的全部内容，在此基础上就可以进行产品成本计算并结转完工产品成本。（产品生产成本计算方法将在第 6 章进行介绍）

核算完工入库产品的成本需设置“库存商品”账户。该账户是资产类账户，用来核算企业生产完工验收入库可供销售成品的收入、发出、结存情况。其借方登记已完工验收入库的各种成品的实际生产成本；贷方登记发出各种产品的实际生产成本；余额在借方，表示期末库存产成品的实际生产成本。该账户应按产成品的品种、规格或类别设置明细账，以详细反映和监督各种产成品的收发、结存情况。

【例 4-34】2023 年 12 月 31 日本月投产的 a 产品 100 台全部制造完工，并已验收入库，按其实际生产成本 466 750 元转账。

这笔经济业务的发生，说明 a 产品已全部制造完工，并已验收入库。一方面表示产品生产完成应按实际成本转账，记入“生产成本”账户的贷方；另一方面表示成品增加，记入“库存商品”账户的借方。编制会计分录如下。

借：库存商品　　466 750
　贷：生产成本——a 产品　　466 750

【例4-34】

另外 b 产品尚未制造完工，因此，月末“生产成本”账户的借方余额 315 400 元为 b 产品的在产品的实际生产成本。

企业生产过程总分类核算如图 4-3 所示。

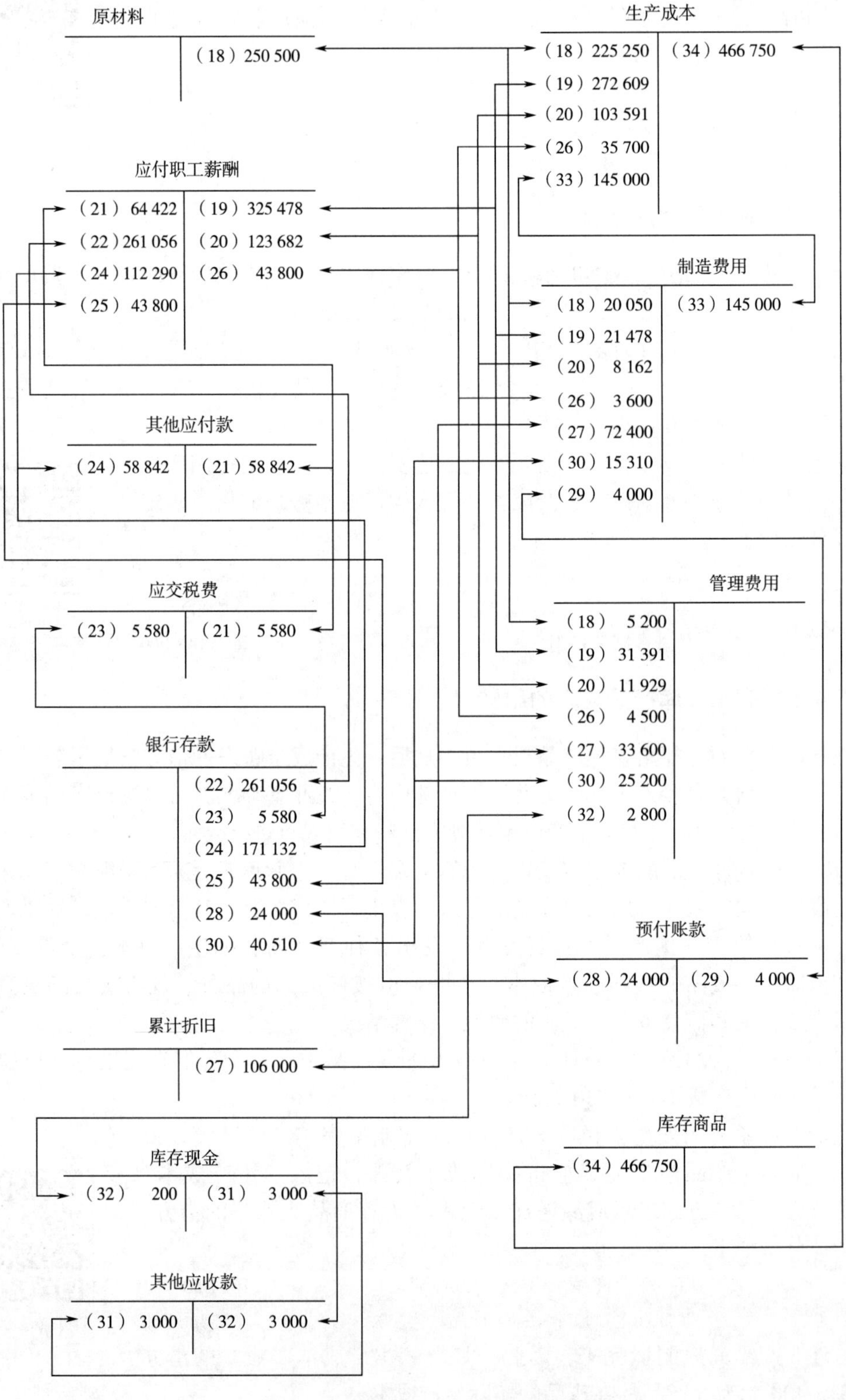

图 4-3 生产过程总分类核算示意图

4.5　企业销售过程业务的核算

销售过程是企业产品价值的实现过程，在销售过程中，企业要通过产品的销售取得收入，用于补偿生产过程中的各种耗费，以保证再生产过程的顺利进行。因此这是资金周转最重要的一个过程。如果企业生产出来的产品销售不出去，或者不能销售完，那么成品资金就不能顺利转化为货币资金，通过生产过程增值的价值就不能得到体现。

企业将其产成品及时销售给购买单位，收回货款，取得销售收入，这表明企业的产成品资金已转化为货币资金，完成了一次资金周转。在此过程中，企业的产成品减少，要进行销售成本的结转；同时根据税法规定，企业要缴纳各种税金和附加费等；此外，销售过程中会发生包装费、运输费、广告费、装卸费、展览费以及为销售本企业产品而专设的销售机构的费用，应计入当期损益。企业在销售过程中除了发生销售商品、自制半成品以及提供工业性劳务等主营业务外，还可能发生一些其他业务，如销售材料、出租包装物、出租固定资产等。

因此，销售过程核算的任务是：正确核算主营业务收入和其他业务收入，核算与监督销售货款的结算，准确结转销售成本，计算缴纳税金及附加费（关于销售费用的核算在期间费用部分讲述）。

4.5.1　主营业务收支的核算

制造业企业的主营业务范围包括销售商品、自制半成品、代制品、代修品以及提供工业性劳务等。下面主要介绍商品销售业务的核算。

收入确认和计量大致分为五步：第一步，识别与客户订立的合同；第二步，识别合同中的单项履约义务；第三步，确定交易价格；第四步，将交易价格分摊至各单项履约义务；第五步，履行各单项履约义务时确认收入。其中，第一步、第二步和第五步主要与收入的确认有关，第三步和第四步主要与收入的计量有关。

4.5.1.1　收入确认的原则

企业应当在履行了合同中的履约义务，即在客户取得相关商品控制权时确认收入。取得相关商品控制权，是指能够主导该商品的使用并从中获得几乎全部的经济利益，也包括有能力阻止其他方主导该商品的使用并从中获得经济利益。取得商品控制权包括以下三个要素：

一是能力。即客户必须拥有现时权利，能够主导该商品的使用并从中获得几乎全部经济利益。如果客户只能在未来的某一期间主导该商品的使用并从中获益，则表明其尚未取得该商品的控制权。

二是主导该商品的使用。客户有能力主导该商品的使用，是指客户有权使用该商品，或者能够允许或阻止其他方使用该商品。

三是能够获得几乎全部的经济利益。商品的经济利益，是指该商品的潜在现金流量，既包括现金流入的增加，也包括现金流出的减少。客户可以通过很多方式直接或间接地获得商品的经济利益，例如使用、消耗、出售或持有该商品、使用该商品提升其他资产的价值，以及将该商品用于清偿债务、支付费用或抵押等。

4.5.1.2　收入确认的前提条件

企业与客户之间的合同同时满足下列条件的，企业应当在客户取得相关商品控制权时确认收入：

①合同各方已批准该合同并承诺将履行各自义务。

②该合同明确了合同各方与所转让的商品（或提供的服务，以下简称转让的商品）相关的权利和义务。

③该合同有明确的与所转让的商品相关的支付条款。

④该合同具有商业实质，即履行该合同将改变企业未来现金流量的风险、时间分布或金额。

⑤企业因向客户转让商品而有权取得的对价很可能收回。

在进行上述判断时，需要注意以下三点：

一是合同约定的权利和义务是否具有法律约束力，需要根据企业所处的法律环境和实务操作进行判断，包括合同订立的方式和流程、具有法律约束力的权利和义务的时间等。对于合同各方均有权单方面终止完全未执行的合同，且无需对合同其他方作出补偿的，企业应当视为该合同不存在。其中，完全未执行的合同，是指企业尚未向客户转让任何合同中承诺的商品，也尚未收取且尚未有权收取已承诺商品的任何对价的合同。

二是合同具有商业实质，是指履行该合同将改变企业未来现金流量的风险、时间分布或金额。

三是企业在评估其因向客户转让商品所有权取得的对价是否很可能收回时，仅应考虑客户到期时支付对价的能力和意图（即客户的信用风险）。企业在进行判断时，应当考虑是否存在价格折让。存在价格折让的，应当在估计交易价格时进行考虑。企业预期很可能无法收回全部合同对价时，应当判断其原因是客户的信用风险还是企业向客户提供了价格折让所致。

实务中，企业可能存在一组类似的合同，企业在对该组合同中的每一份合同进行评估时，均认为其合同对价很可能收回，但是根据历史经验，企业预计可能无法收回该组合同的全部对价。在这种情况下，企业应当认为这些合同满足“因向客户转让商品而有权取得的对价很可能收回”这一条件，并以此为基础估计交易价格。

4.5.1.3 账户设置

销售过程核算主要设置“主营业务收入”账户、“主营业务成本”账户、“税金及附加”账户、“应收账款”账户、“预收账款”账户、“合同负债”账户、“应收票据”账户等。

（1）“主营业务收入”账户。该账户属于损益类账户，用于核算企业主营业务所取得的收入，包括销售商品、自制半成品、代制品、代修品以及提供工业性劳务等收入。该账户贷方登记已实现主营业务收入即主营业务收入的增加，借方登记期末转入“本年利润”账户的数额，期末结转后无余额。该账户应按主营业务的类别设置明细分类账，进行明细分类核算。

（2）“主营业务成本”账户。该账户属于损益类账户，用于核算企业主营业务发生的实际成本及其结转情况。其借方登记主营业务发生的实际成本，贷方登记期末转入“本年利润”账户的数额，结转后无余额。该账户也应按主营业务的类别设置明细分类账，以核算各类业务的实际成本。

（3）“税金及附加”账户。该账户属于损益类账户，用于核算企业经营活动发生的消费税、城市维护建设税、资源税、教育费附加、房产税、车船税、土地使用税和印花税等相关税费。其借方登记按规定的税率计算应负担的税金及附加，贷方登记期末转入“本年利润”账户的数额。期末结转后，该账户无余额。

（4）“应收账款”账户。现代市场经济是一种信用经济，企业在产品销售过程中，从促销等各方面考虑，会允许购买方推迟付款。“应收账款”账户用于反映企业因出售产品而形成的应收而未收的款项。该账户属于资产类账户，其借方登记应向购货单位收取的账款，贷方登记已收回的账款；余额一般在借方，表示期末尚未收回的账款。

概念辨析：“应收账款”与“合同资产”

合同资产这一概念是在 2017 年财政部修订发布的《企业会计准则第 14 号——收入》中被提出的，目前“合同资产”与“应收账款”账户都用来核算销售过程对客户的收款权，因而在会计实务中容易混淆。

合同资产是指企业已向客户转让商品而有权收取对价的权利，且该权利取决于时间流逝之外的其他因素。可见，合同资产的限制条件不只是“时间”，还有“条件”，只有真正达到了“条件”，履行合同的企业才能主张合法的收款权。而应收账款之所以能够被确认为并合法主张收款权，其限制条件为“时间”。

例如，A 企业与 B 企业签订了一份设备销售合同，合同规定，A 向 B 提供 10 台加工设备，B 应于接收完成的 15 天内支付 A 全部货款。在此合同中，虽然 A 没有在履行合同的当时就获得货款，但由于货款回收的限制条件仅为时间限制，因此应当被确认为应收账款。若合同规定，B 应于设备完成验收、并调试确认设备质量性能合格之后向 A 付款，则 A 企业获得货款存在一个前置条件，即 B 要进行验收且验收必须合格。这并不只是时间限制，而是存在着合格与否的问题，所以从规范意义上来说，虽然 A 已经履行了合同，但还并未达成所有合同限制条件，则应当将该笔货款确认为合同资产而非应收账款。

又如，企业向客户销售甲、乙两种商品，并在合同约定，两项商品交易完成后一并支付货款。企业先交付甲商品而有权收取款项，但收取该款项还取决于再交付乙商品，企业应当将甲商品收款权利作为合同资产。等乙商品也交付后，则甲商品的收款权可从“合同资产”转为“应收账款”。

（5）“预收账款”账户。该账户属于负债类账户，用于核算企业预收客户的款项。该账户贷方登记向购货单位预收的款项，借方登记销售收入实现的金额，期末贷方余额，反映企业预收的款项。该账户应按照对方单位（或个人）进行明细核算。

（6）“合同负债”账户。该账户属于负债类账户，核算企业已收或应收客户对价而应向客户转让商品的义务。该账户贷方登记向客户转让商品之前已经收到的合同对价，借方登记转让商品实现销售的金额，期末贷方余额反映已经收到的合同对价的金额。该账户应按合同进行明细核算。

概念辨析：“预收账款”与“合同负债”

合同负债这一概念也是在 2017 年财政部修订发布的《企业会计准则第 14 号——收入》中被提出的，指企业已收或应收客户对价而应向客户转让商品的义务。“合同负债”账户取代了以往“预收账款”账户的大部分核算内容，但目前“合同负债”账户与“预收账款”账户核算内容仍有一定的差别，主要体现在以下两个方面。

（1）“预收账款”的概念并不强调和已成立与客户之间的合同，在合同成立前已收到的对价不能称为合同负债，但仍可作为预收账款。

(2) 以履约义务相关性为前提。“预收账款”不构成履约义务，“合同负债”构成对客户的履约义务。例如，甲公司经营一家会员制健身俱乐部。甲与客户签订了为期 2 年的合同，客户入会之后可以随时在该俱乐部健身。除年费 2 000 元之外，甲公司还向客户收取了 50 元的入会费，用于补偿俱乐部为客户进行注册登记、准备会籍资料以及制作会员卡等初始活动所花费的成本。甲公司收取入会费和年费均无须返还。甲公司承诺的服务是向客户提供健身服务（即可随时使用的健身场地），而甲公司为会员入会所进行的初始活动并未向客户提供其承诺服务，而只是一些内部行政管理性质的工作。因此，甲公司虽然为补偿这项初始活动向客户收取了入会费，但是该入会费实质上是客户为健身服务所支付的对价的一部分（不构成履约义务），故应当作为健身服务的预收款与收取的年费（构成履约义务）一起在 2 年内分摊确认为收入。

(7) “应收票据”账户。该账户属于资产类账户，用于核算因销售商品（产成品或材料）、提供劳务等日常生产经营活动而收到的商业汇票（银行承兑汇票和商业承兑汇票）。该账户借方登记因销售商品、提供劳务等而收到的商业汇票，贷方登记实际收到的票面金额；期末借方余额，反映企业持有的商业汇票的票面金额。该账户应按照开出、承兑商业汇票的单位进行明细核算。

4.5.1.4 核算举例

1. 主营业务收入的核算

【例 4-35】2023 年 9 月 21 日旗山公司与胜利工厂签订销售合同，预收胜利工厂购买 a 产品的货款 237 300 元。

这笔经济业务的发生，一方面表明银行存款增加了 237 300 元，应记入“银行存款”账户的借方；另一方面表明对胜利工厂的负债增加了 237 300 元，应记入“合同负债”账户的贷方。编制会计分录如下。

借：银行存款　　　　237 300
　贷：合同负债　　　　237 300

【例4-35】

【例 4-36】2023 年 10 月 3 日旗山公司向胜利工厂出售 a 产品 30 台已发出，每台售价 7 000 元，计 210 000 元，增值税销项税额为 27 300 元。货款上例中预收，目前已经满足销售合同条件要求。

这笔经济业务的发生，一方面表明销售产品收入增加了 210 000 元及应交增值税增加了 27 300 元，应记入“主营业务收入”及“应交税费——应交增值税”账户的贷方；另一方面对胜利工厂的负债减少了 237 300 元，应记入“合同负债”账户的借方。编制会计分录如下。

借：合同负债　　　　237 300
　贷：主营业务收入　　　　210 000
　　　应交税费——应交增值税（销项税额）　　　　27 300

【例4-36】

【例 4-37】2023 年 10 月 10 日赊销给山闽公司 a 产品 60 台，发票注明的价款 420 000 元，增值税税额 54 600 元，合同约定交货后 15 天内收款，目前已交货。

这项经济业务的发生，一方面使得公司的应收账款增加 474 600 元，应记入“应收账款”账户的借方；另一方面使得公司的主营业务收入增

【例4-37】

加 420 000 元、增值税销项税额增加 54 600 元，应记入“主营业务收入”和“应交税费——应交增值税”账户的贷方。编制会计分录如下。

借：应收账款——山闽公司　　474 600
　贷：主营业务收入　　420 000
　　应交税费——应交增值税（销项税额）　　54 600

【例 4-38】2023 年 10 月 20 日山闽公司开来票面价值 474 600 元的 6 个月期限商业承兑汇票，用于抵付前欠货款。

这项经济业务的发生，一方面使得公司的应收票据增加 474 600 元，应记入“应收票据”账户的借方；另一方面使得公司的应收账款减少 474 600 元，应记入“应收账款”账户的贷方。编制的会计分录如下。

【例4-38】

借：应收票据　　474 600
　贷：应收账款——山闽公司　　474 600

2. 主营业务成本的核算

企业在销售过程中通过销售商品等业务，一方面减少企业的存货，另一方面表明企业发生了费用，我们把该费用称为主营业务成本。将销售发出的商品成本转为主营业务成本，应遵循配比原则的要求，不仅主营业务成本的结转应与主营业务收入在同一会计期间加以确认，而且应与主营业务收入在商品数量上保持一致。主营业务成本的计算公式如下：

本期应结转的主营业务成本 = 本期销售商品的数量×单位商品的生产成本

单位商品生产成本的确定，应考虑期初库存的商品成本和本期入库商品成本情况，关于发出商品计价方法的具体内容，将在相关课程内容中进行介绍。

【例 4-39】2023 年 10 月 31 日结转已销 a 产品的实际成本 420 075 元（a 产品单位成本为 4 667.5 元）。

这笔经济业务的发生，一方面表明库存产品减少，应记入“库存商品”账户的贷方；另一方面表明销售成本增加，应记入“主营业务成本”账户的借方。编制会计分录如下。

借：主营业务成本　　420 075
　贷：库存商品　　420 075

【例4-39】

3. 税金及附加的核算

企业在经营过程中，应该向国家税务机关缴纳各种税金及附加税费，这些税金及附加税费一般按规定税率计算，于下月月初缴纳。

【例 4-40】2023 年 11 月 30 日旗山公司本期需承担城市维护建设税 16 100 元，教育费附加 6 900 元。

这笔经济业务的发生，一方面表明增加税金费用 23 000 元，记入“税金及附加”账户的借方；另一方面因税费尚未缴纳，形成企业负债，应记入“应交税费”账户的贷方。编制会计分录如下。

【例4-40】

借：税金及附加　　23 000
　贷：应交税费——应交城市维护建设税　　16 100
　　　　　——应交教育费附加　　6 900

【例 4-41】2023 年 11 月 10 日用银行存款缴纳上月城市维护建设税 34 176 元，教育费附加 14 646 元。

这项经济业务的发生，一方面使得公司的银行存款减少 48 822 元，另一方面使得公司的应交税费减少 48 822 元。应交税费的减少是负债的减少，应记入“应交税费”账户的借方；银行存款的减少是资产的减少，应记入“银行存款”账户的贷方。编制会计分录如下。

【例4-41】

借：应交税费——应交城市维护建设税　　34 176

　　　　　　——应交教育费附加　　14 646

　贷：银行存款　　48 822

4.5.2　其他业务收支的核算

企业在基本业务之外，还会发生一些具有兼营性的其他经营业务，制造企业的其他经营业务主要有：材料物资出售、无形资产使用权转让、固定资产出租、包装物出租等。对于不同企业而言，主营业务和其他业务的划分并不是绝对的，一个企业的主营业务可能是另一个企业的其他业务，即便在一个企业里，不同时期的主营业务和其他业务的内容也不是固定不变的。

1. 账户设置

企业的其他业务收支应分别在“其他业务收入”和“其他业务成本”两个账户中核算。

（1）“其他业务收入”账户。该账户属于损益类账户，用来核算企业除主营业务收入以外的其他销售或其他业务收入。其贷方登记本期各项其他业务收入的发生数，借方登记期末转入本年利润账户的数额，期末结转后应无余额。

（2）“其他业务成本”账户。该账户属于损益类账户，用来核算除主营业务成本以外的其他销售或其他业务所发生的成本，包括销售材料、提供劳务而发生的相关成本、费用等，其借方登记本期各项其他业务成本的发生数，贷方登记期末转入本年利润账户的数额，期末结转后应无余额。

（3）“累计摊销”账户。该账户属于无形资产账户的备抵账户，用来核算企业对使用寿命有限的无形资产计提的累计摊销。其贷方登记企业按期计提的无形资产摊销额，借方登记处置无形资产时结转的累计摊销额；期末余额在贷方，反映企业无形资产累计摊销额。

2. 核算举例

【例 4-42】2023 年 11 月 4 日旗山公司销售甲材料 600 千克，价款 5 000 元，增值税 650 元，款项收到存入银行。

销售材料的收入属于其他业务收入。这项经济业务的发生，一方面使得公司的银行存款增加 5 650 元，另一方面使得公司的其他业务收入增加 5 000 元，增值税销项税额增加 650 元。所以，该业务涉及“银行存款”“其他业务收入”和“应交税费——应交增值税”三个账户。银行存款的增加是资产的增加，应记入“银行存款”账户的借方，其他业务收入的增加是收入的增加，应记入“其他业务收入”账户的贷方，增值税销项税额的增加是负债的增加，应记入“应交税费——应交增值税”账户的贷方。编制会计分录如下。

【例4-42】

借：银行存款　　　　5 650
　　贷：其他业务收入　　　　5 000
　　　　应交税费——应交增值税（销项税额）　　　　650

【例 4-43】2023 年 11 月末结转本月销售的甲材料的成本 3 150 元。

这项经济业务的发生，一方面使得公司的其他业务成本增加 3 150 元，另一方面使得公司的库存材料成本减少 3 150 元。所以，该业务涉及“其他业务成本”和“原材料”两个账户。其他业务成本的增加是费用成本的增加，应记入“其他业务成本”账户的借方，库存材料成本的减少是资产的减少，应记入“原材料”账户的贷方。编制会计分录如下。

【例4-43】

借：其他业务成本　　　　3 150
　　贷：原材料　　　　3 150

【例 4-44】2023 年 12 月 1 日旗山公司向某单位转让一项漆器专利技术的使用权，本月获得收入 10 000 元，存入银行。

专利技术是企业的无形资产。因而这项经济业务的发生，一方面使得公司的银行存款增加 10 000 元，另一方面使得公司的其他业务收入增加 10 000 元。该业务涉及“银行存款”和“其他业务收入”两个账户。银行存款的增加是资产的增加，应记入“银行存款”账户的借方，其他业务收入的增加是收入的增加，应记入“其他业务收入”账户的贷方。编制会计分录如下。

【例4-44】

借：银行存款　　　　10 000
　　贷：其他业务收入　　　　10 000

【例 4-45】2023 年 12 月 31 日该专利技术预计使用寿命 10 年，账面余额 180 000 元，到期无残值。

使用寿命有限的无形资产，应将其价值在预计使用寿命内进行摊销。企业自用的无形资产，其摊销额一般计入管理费用；出租的无形资产，其摊销金额计入其他业务成本。

该项专利每月摊销额 = 180 000÷10÷12 = 1 500（元）

这项经济业务的发生，一方面，公司的其他业务成本增加 1 500 元，另一方面，公司的无形资产累计摊销增加 1 500 元，即无形资产价值减少 1 500 元。该业务涉及“其他业务成本”和“累计摊销”两个账户。其他业务成本的增加是费用支出的增加，应记入“其他业务成本”账户的借方，累计摊销的增加是无形资产价值的减少，应记入“累计摊销”账户的贷方。

【例4-45】

编制会计分录如下。

借：其他业务成本　　　　1 500
　　贷：累计摊销　　　　1 500

销售过程总分类核算如图 4-4 所示。

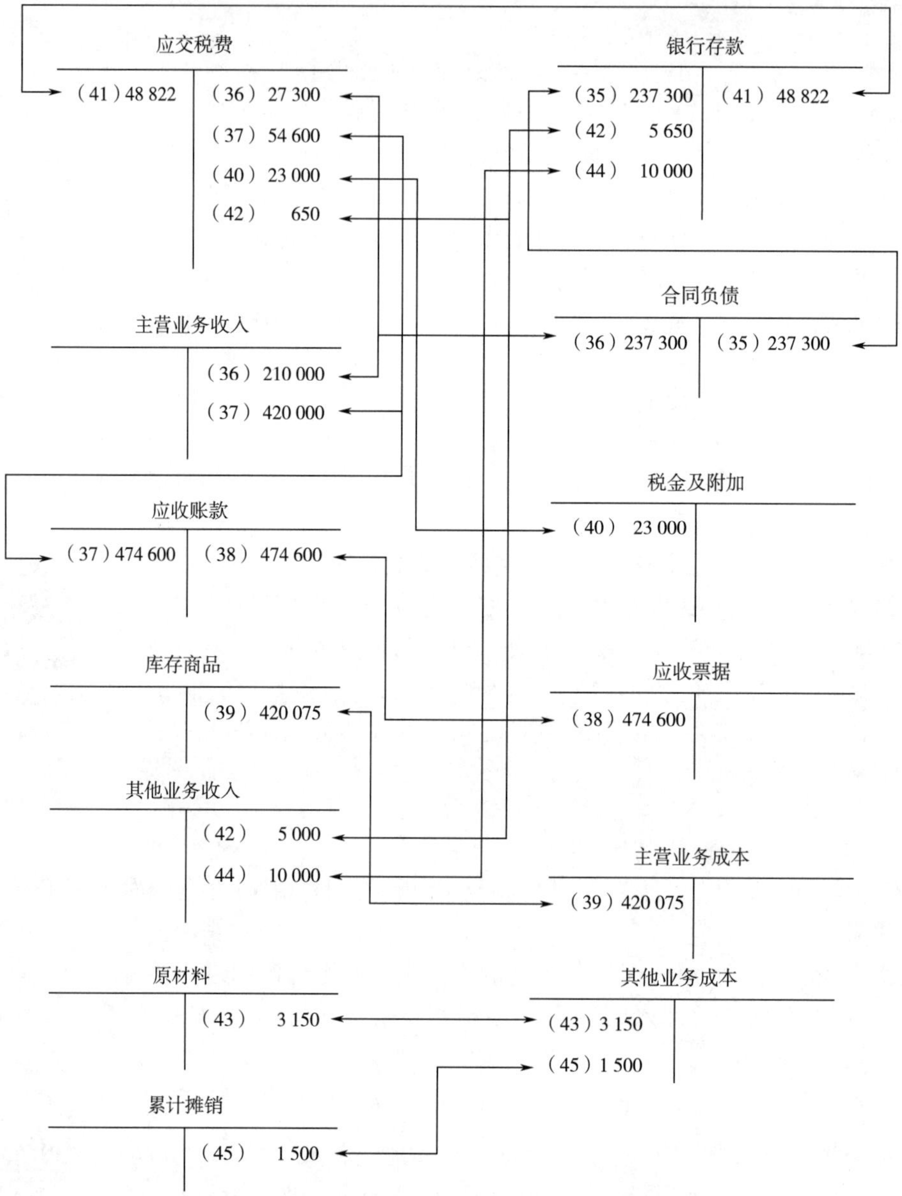

图 4-4　销售过程总分类核算示意图

4.6　企业财务成果形成与分配业务的核算

所谓财务成果是指企业在一定会计期间所实现的最终经营成果，也就是企业所实现的利润或亏损总额。利润（或亏损）是企业生产经营活动的最终成果，是综合反映企业经济效益的一个重要指标。

4.6.1　利润总额形成与计算

利润是一个综合的指标，它综合了企业在经营过程中的所费与所得，因而对于利润的确认与计量，是以企业经营活动过程中所实现的收入和发生的费用的确认与计量为基础的，同时还要包括通过投资活动而获得的投资收益等，以及与生产经营活动没有直接关系的营业外收支等。从利润的构成内容来看，既有通过生产经营活动而获得的，也有通过投资活动而获得的，还有那些与生产经营活动没有直接关系的各项收入和支出等。按照我国会计准则的规定，制造业企业的利润总额包括营业利润和营业外收支等。

1. 营业利润

营业利润是企业利润的主要来源，营业利润这一指标能够比较恰当地反映企业管理者的经营业绩。用公式表示为：

营业利润＝营业收入－营业成本－税金及附加－管理费用－财务费用－销售费用－资产减值损失－信用减值损失＋其他收益＋公允价值变动收益（－公允价值变动损失）＋投资收益（－投资损失）＋资产处置收益（－资产处置损失）

其中，营业收入包括主营业务收入和其他业务收入，营业成本包括主营业务成本和其他业务成本。

知识拓展

公式中的资产减值损失一般指物价变动导致的资产贬值损失；信用减值损失则是针对金融工具（或金融工具组合）的预期信用损失；其他收益主要反映与日常活动相关的政府补助等内容；公允价值变动损益是指采用公允价值模式计量的资产所确认的价值变动损益；资产处置损益是对企业非流动资产进行处置时获得的损失或收益，这些项目的具体核算将在“中级财务会计”课程中进行讲述。

2. 利润总额

利润总额＝营业利润＋营业外收入－营业外支出

3. 净利润

企业实现了利润总额之后，应向国家缴纳所得税费用，扣除所得税后的利润即为净利润，亦称税后利润。

净利润＝利润总额－所得税费用

4.6.2　利润形成过程中的其他核算

1. 期间费用的核算

期间费用是指不能直接归属某个特定对象的各种费用。这些费用是企业为了取得营业收入、维持企业的经营活动在某一时期能顺利进行而发生的，但与营业收入的实现没有直接因果关系，因此很难与各类收入直接配比，而是从当期损益中予以扣除。

期间费用包括管理费用、销售费用和财务费用。管理费用是企业为组织和管理企业生产经营所发生的各种费用，包括企业的董事会和行政管理部门在企业的经营管理中发生的，应由企业统一负担的公司经费。财务费用是企业为筹集生产经营所需资金等而发生的费用。这两项期间费用有关内容在前面已经介绍过，这里主要介绍销售费用的核算。

销售费用的核算需要设置“销售费用”账户。该账户属于损益类账户，用于核算企业在销售商品过程中发生的费用，包括企业销售商品过程中发生的运输费、装卸费、包装费、保险费、展览费和广告费，以及为销售本企业商品而专设的销售机构（含销售网点，售后服务网点等）的职工薪酬、类似工资性质的费用及业务费等经营费用。该账户借方登记当期发生的各种销售费用，贷方登记期末转入“本年利润”账户的数额，结转后无余额。

【例4-46】2023年12月4日旗山公司以银行存款支付a产品包装费用1 500元。

这项经济业务的发生，一方面表明销售费用增加了1 500元，应记入“销售费用”账户的借方；另一方面表明银行存款减少了1 500元，应记入“银行存款”账户的贷方。编制会计分录如下。

借：销售费用　　1 500

　贷：银行存款　　1 500

【例4-46】

【例4-47】2023年12月4日旗山公司以银行存款支付销售部门广告费20 800元。

这项经济业务的发生，一方面表明销售广告费用增加，应记入“销售费用”账户的借方；另一方面表明银行存款减少，应记入“银行存款”账户的贷方。编制会计分录如下。

借：销售费用　　20 800

　贷：银行存款　　20 800

【例4-47】

2. 投资收益的核算

企业除了使用资金进行生产经营活动以外，还可以用资金投放于股票、债券或其他财产等，以获取经济利益，这些业务称为投资活动，从中获得的收益即投资收益。

对外投资可能实现投资收益，也可能出现投资损失，不管是投资收益还是投资损失，都在“投资收益”账户进行核算，此外还涉及“交易性金融资产”“长期股权投资”“债权投资”“其他债权投资”和“其他权益工具投资”等账户。本章简单介绍交易性金融资产核算，其他投资核算的业务内容较为复杂，将在“中级财务会计”课程中介绍。交易性金融资产核算主要涉及“投资收益”与“交易性金融资产”账户。

（1）“投资收益”账户。该账户属于损益类账户，用来核算企业对外投资所获得的收益或发生的损失及其结转情况。其贷方登记实现的投资收益和期末转入“本年利润”账户的投资净损失，借方登记发生的投资损失和期末转入“本年利润”账户的投资净收益；期末结转后该账户没有余额。

（2）“交易性金融资产”账户。该账户属于资产类账户，用于核算企业为了近期内出售而持有的金融资产，例如企业以赚取差价为目的从二级市场购入的股票、债券、基金等。该账户借方登记交易性金融资产的价值增加，贷方登记金融资产价值的减少；期末借方余额，反映企业持有的交易性金融资产的公允价值。

【例4-48】2023年12月7日旗山公司以银行存款10 000元购入股票，作为交易性金融资产持有。

这项经济业务的发生，一方面使得公司的银行存款减少10 000元，另一方面使得公司的交易性金融资产增加10 000元。该业务涉及“银行存款”和“交易性金融资产”两个账户。交易性金融资产增加是资产的增加，应记入“交易性金融资产”账户的借方；银行存款的减少是资产的减少，应记入“银行存款”账户的贷方。编制会计分录如下。

【例4-48】

借：交易性金融资产　　　　10 000
　　贷：银行存款　　　　　　10 000

【例 4-49】2023 年 12 月 21 日旗山公司以 11 000 元的价格卖出前面所购股票，款项已经收到。

这项经济业务的发生，一方面使得公司的银行存款增加 11 000 元，另一方面使得公司的交易性金融资产减少 10 000 元，投资收益增加 1 000 元。该业务涉及“银行存款”“交易性金融资产”和“投资收益”三个账户。“银行存款”的增加是资产的增加，应记入“银行存款”账户的借方，“交易性金融资产”的减少是资产的减少，应记入“交易性金融资产”账户的贷方；“投资收益”的增加是收入的增加，应记入“投资收益”账户的贷方。编制会计分录如下。

【例4-49】

借：银行存款　　　　11 000
　　贷：交易性金融资产　　　　10 000
　　　　投资收益　　　　1 000

3. 营业外收支的核算

营业外收支是反映与企业正常生产经营活动无关的活动所形成的收支，包括营业外收入和营业外支出。

营业外收入是指企业发生的营业利润以外的收益。营业外收入并不是由企业经营资金耗费所产生的，不需要企业付出代价，实际上是一种纯收入，不可能也不需要与有关费用进行配比。因此，在会计处理上，应当严格区分营业外收入与营业收入的界限。营业外收入主要包括：非流动资产毁损报废利得、与企业日常活动无关的政府补助、接受捐赠利得等。

非流动资产毁损报废利得，指因自然灾害等发生毁损、已丧失使用功能而报废非流动资产所产生的清理产生的收益。

与企业日常活动无关的政府补助，指企业由于非日常活动原因，从政府无偿取得的货币性资产或非货币性资产形成的利得。

知识拓展

政府补助包括与企业日常活动相关的政府补助及与企业日常活动无关的政府补助。与企业日常活动相关的政府补助，如对企业研发费用的补助等，应当按照经济业务的实质，计入“其他收益”或者冲减相关成本费用；与企业日常活动无关的政府补助，如对企业因自然灾害等不可抗力造成的损失而给予的补助，计入“营业外收入”。

企业接受的捐赠利得，按照会计准则规定符合确认条件的，通常应当确认为当期收益。但是，企业接受控股股东（或控制股东的子公司）或非控股股东（或非控股股东的子公司）直接或间接代为偿债、债务豁免或捐赠，经济实质表明属于控股股东或非控股股东对企业的资本性投入，应当将相关利得计入所有者权益（资本公积）。

营业外支出是指企业发生的营业利润以外的支出，主要包括：非流动资产毁损报废损失、公益性捐赠支出、非常损失等。

非流动资产毁损报废损失，指因自然灾害等发生毁损、已丧失使用功能而报废非流动资产所产生的清理损失。

公益性捐赠支出，指企业对外进行公益性捐赠发生的支出。

非常损失，指企业对于因客观因素（如自然灾害等）造成的损失，在扣除保险公司赔偿后计入营业外支出的净损失。

营业外收支虽然与企业正常的生产经营活动没有直接关系，但从企业主体考虑，营业外收支同样能够增加或减少企业的利润，对利润或亏损总额以及净利润会产生一定的影响。需要注意的是，营业外收入和营业外支出应当分别核算。在具体核算时，不得以营业外支出直接冲减营业外收入，也不得以营业外收入冲减营业外支出，即企业在会计核算时，应当区别营业外收入和营业外支出进行核算。在会计核算过程中，一般按照营业外收支具体项目发生的时间，按其实际数额在当期作为利润的加项或减项分别予以确认和计量。

企业发生的营业外收支应分别在“营业外收入”和“营业外支出”两个账户中核算。

（1）“营业外收入”账户。该账户属于损益类账户，用来核算企业各项营业外收入的实现及其结转情况。其贷方登记营业外收入的增加，借方登记会计期末转入“本年利润”账户的营业外收入额，经过结转之后，该账户期末没有余额。该账户应按照收入的具体项目设置明细账户，进行明细分类核算。

（2）“营业外支出”账户。该账户属于损益类账户，用来核算企业各营业外支出的发生及其转销情况。其借方登记营业外支出的增加，贷方登记期末转入本年利润账户的营业外支出额，经过结转之后，期末没有余额。该账户应按照支出的具体项目设置明细账户，进行明细分类核算。

【例 4-50】2023 年 12 月 14 日旗山公司收到青口木材公司的合同违约金收入 8 000 元，存入银行。

合同违约金收入属于企业的营业外收入。这项经济业务的发生，一方面使得公司的银行存款增加 8 000 元，另一方面使得公司的营业外收入增加 8 000 元。该业务涉及“银行存款”和“营业外收入”两个账户。银行存款的增加是资产的增加，应记入“银行存款”账户的借方，营业外收入的增加是收益的增加，应记入“营业外收入”账户的贷方。编制会计分录如下。

【例4-50】

借：银行存款　　8 000

　　贷：营业外收入　　8 000

【例 4-51】2023 年 12 月 16 日旗山公司用银行存款 170 元支付税收罚款滞纳金。

企业的税收罚款滞纳金属于营业外支出。这项经济业务的发生，一方面使得公司的银行存款减少 170 元，另一方面使得公司的营业外支出增加 170 元。该业务涉及“银行存款”和“营业外支出”两个账户。营业外支出的增加是费用支出的增加，应记入“营业外支出”账户的借方，银行存款的减少是资产的减少，应记入“银行存款”账户的贷方。编制会计分录如下。

【例4-51】

借：营业外支出　　170

　　贷：银行存款　　170

利润形成过程中的其他核算如图 4-5 所示。

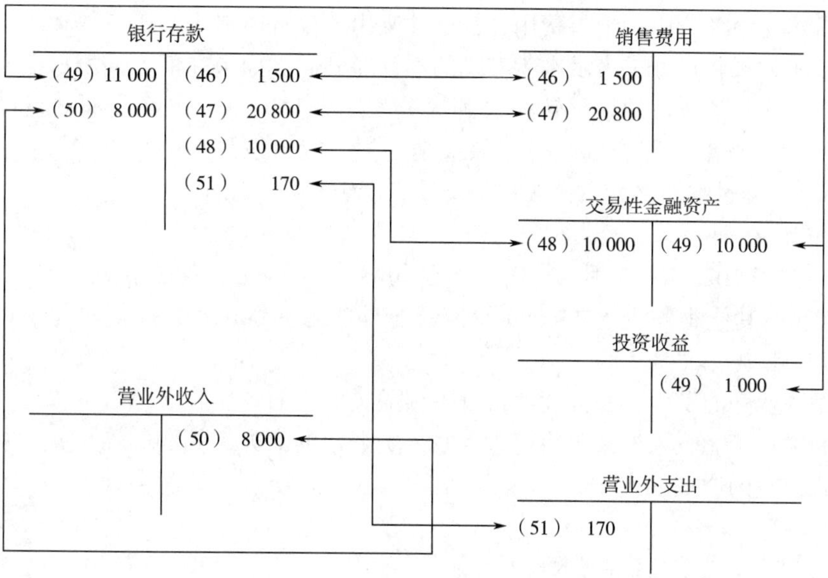

图 4-5　利润形成过程中的其他业务核算示意图

4.6.3　利润的结转

企业在经营过程中实现了各项收入，相应地也发生了各项支出，对于这些收入和支出都已经在各有关的损益类账户中得到了相应的反映。为了确定本期经营结果，所以需要编制结账分录，结清各损益类账户。

企业的利润总额、净利润额是由企业的收益与其相关的支出进行配比、抵减而确定的，这就涉及何时抵减和怎样配比、抵减的问题。企业一般应当按月核算利润，按月计算利润有困难的，经批准，也可以按季或者按年核算利润。企业计算确定本期利润总额、净利润和本年累计利润总额、累计净利润的具体方法有“账结法”和“表结法”两种。其中账结法是在每个会计期末（一般是指月末）将各损益类账户记录的金额全部转入“本年利润”账户，通过“本年利润”账户借、贷方的记录结算出本期损益总额和本年累计损益额，在这种方法下需要在每个会计期末通过编制结账分录，结清各损益类账户。表结法是在每个会计期末各损益类账户余额不作转账处理，而是通过编制利润表进行利润的结算，根据损益类项目的本期发生额、本年累计数额，填报会计报表（主要是指利润表），在会计报表中直接计算确定损益额即利润总额、净利润额，年终，在年度会计决算时再用账结法，将各损益类账户全年累计发生额通过编制结账分录转入“本年利润”账户。本节按“账结法”进行会计核算。

1. 账户设置

利润形成和结转过程的核算需专门设置“本年利润”账户，此外还涉及各损益类账户。

“本年利润”账户属于所有者权益类账户，用来核算企业一定时期内净利润的形成或亏损的发生情况，能集中反映全年累计净利润的实现或亏损的发生情况。该账户贷方登记会计期末转入的各项收入，包括主营业务收入、其他业务收入、营业外收入、投资净收益等，借方登记会计期末转入的各项支出，包括主营业务成本、税金及附加、其他业务成本、管理费用、财务费用、销售费用、营业外支出、投资净损失和所得税费用等。该账户年内期末余额如果在贷方，表示本年实现的累计净利润，如果在借方，表示本年累计发生的亏损。年末应将该账户的余额转入“利润分配”账户（如果是净利润，应自该账户的借方转入“利润分配”账户的贷方，如果是亏损，应自该账户的贷方转入“利润分配”账户的借方），经过结转之后，该账户年末没有余额。

2. 核算举例

【例 4－52】2023 年 12 月 31 日旗山公司将本月实现的各项收入包括主营业务收入 630 000 元、其他业务收入 15 000 元、营业外收入 8 000 元、投资收益 1 000 元转入“本年利润”账户。

这项经济业务的发生，一方面使得有关损益类账户的各项收入减少了，另一方面使得公司的利润增加了。收入的减少应记入各收入类账户的借方，利润的增加是所有者权益的增加，应记入“本年利润”账户的贷方。编制会计分录如下。

【例4-52】

借：主营业务收入	630 000	
其他业务收入	15 000	
营业外收入	8 000	
投资收益	1 000	
贷：本年利润		654 000

【例 4－53】2023 年 12 月 31 日旗山公司将本月发生的各项支出包括主营业务成本 420 075 元、税金及附加 23 000 元、其他业务成本 4 650 元、管理费用 114 620 元、销售费用 22 300 元、财务费用 5 000 元、营业外支出 170 元转入“本年利润”账户。

这项经济业务的发生，一方面使得有关损益类账户的各项费用减少了，另一方面使得公司的利润减少了。费用的减少应记入各费用类账户的贷方，利润的减少是所有者权益的减少，应记入“本年利润”账户的借方。编制会计分录如下。

【例4-53】

借：本年利润		589 815
贷：主营业务成本	420 075	
其他业务成本	4 650	
税金及附加	23 000	
管理费用	114 620	
销售费用	22 300	
财务费用	5 000	
营业外支出	170	

根据旗山公司的资料，可以计算出本月的营业利润额：

营业利润＝(630 000+15 000) －（420 075+4 650）－23 000－114 620－5 000－22 300+1 000＝56 355（元）

企业本月的营业外收入为 8 000 元，发生的营业外支出为 170 元，因而本月利润总额为：

利润总额＝56 355+8 000－170＝64 185（元）

4.6.4 所得税费用的核算

企业实现的利润，应按规定向国家缴纳所得税，余下的部分为税后净利润，要在投资者和企业之间进行分配。企业在利润总额的基础上，进行适当的调整，结合税率就可以计算所得税，进而计算确定净利润。

净利润＝利润总额－所得税费用

所得税是企业按照国家税法的有关规定，对企业某一经营年度实现的经营所得和其他所得，按照规定的所得税税率计算缴纳的一种税款。企业所得税一般税率为 25%，企业的所得税通常是按年计算，分期预交，年末汇算清缴的，其计算公式为：

所得税税额＝应纳税所得额×所得税税率

应纳税所得额＝利润总额±所得税前利润中予以调整的项目

公式中的所得税前利润中予以调整的项目包括纳税调整增加项目和纳税调整减少项目两部分。纳税调整增加项目主要包括税法规定不允许扣除项目和企业已计入当期费用但超过税法规定扣除标准的金额，如：超过税法规定标准的职工福利费、业务招待费支出、税收罚款滞纳金、捐赠支出等；纳税调整减少项目主要包括按税法规定允许弥补的亏损和准予免税的项目，如五年内未弥补完的亏损、国债的利息收入等。为了简化核算，在本节中假设纳税调整项目为零，因而就可以直接根据利润总额计算所得税额。

1. 账户设置

为了核算所得税费用的发生情况，需要设置“所得税费用”账户。该账户属于损益类账户，用来核算企业按照有关规定应在当期损益中扣除的所得税费用的计算及其结转情况。其借方登记按照应纳税所得额计算出的所得税费用额，贷方登记期末转入“本年利润”账户的所得税费用额，经过结转之后，该账户期末没有余额。

2. 核算举例

以下举例说明旗山公司 2023 年所得税费用的核算。

【例 4-54】2023 年 12 月 31 日旗山公司本年 1～11 月实现的利润总额为 785 815 元，则本年实现的利润总额为 850 000（785 815+64 185）元，按照 25%的税率计算本期的所得税（假设没有纳税调整项目）。

本期应纳所得税税额为 212 500 元。所得税税额计算出来之后，一般在当期并不实际缴纳，所以在形成所得税费用的同时也产生了企业的一项负债。这项经济业务的发生，一方面使得公司的所得税费用增加 212 500 元，另一方面使得公司的应交税费增加 212 500 元，该业务涉及“所得税费用”和“应交税费”两个账户。所得税费用的增加是费用支出的增加，应记入“所得税费用”账户的借方，应交税费的增加是负债的增加，应记入“应交税费”账户的贷方。编制会计分录如下。

【例4-54】

借：所得税费用　　212 500

　贷：应交税费——应交所得税　　212 500

【例 4-55】2023 年 12 月 31 日旗山公司在会计期末将计算出的所得税费用转入本年利润账户。

这项经济业务的发生，一方面使得公司的所得税费用减少 212 500 元，另一方面使得公司的利润额减少 212 500 元。所得税费用的减少是费用支出的减少，应记入“所得税费用”账户的贷方，利润的减少是所有者权益的减少，应记入“本年利润”账户的借方。编制会计分录如下。

【例4-55】

借：本年利润　　　　　　　　　　　　　　　　212 500

　　贷：所得税费用　　　　　　　　　　　　　　　212 500

所得税费用转入“本年利润”账户之后，就可以根据“本年利润”账户的借、贷方记录的各项支出和收入计算确定企业的净利润额，即：

净利润=利润总额-所得税费用=850 000-212 500=637 500（元）

企业通过净利润形成过程的核算，实现了一定时期内的财务成果即净利润。对于实现的净利润应按照国家的有关规定在各相关方面进行合理的分配。

4.6.5　利润分配及其核算

利润分配就是企业根据法律、董事会或类似权力机构提请股东大会或类似机构批准的、对企业可供分配利润指定其特定用途和分配给投资者的行为。股份公司实现的净利润应按公司法、公司章程以及股东大会决议进行分配，利润分配的过程和结果不仅关系到每个股东的权益是否得到保障，而且还关系到企业的未来发展，所以，必须做好企业利润分配工作，正确地对利润分配的具体内容进行会计核算。

1. 利润分配的顺序

企业实现的净利润，应按照国家的规定和投资者的决议进行合理的分配。企业净利润的分配涉及各个方面的利益关系，包括投资人、企业以及企业内部职工的经济利益，所以必须遵循兼顾投资人利益、企业利益以及企业职工利益的原则对净利润进行分配。企业当期实现的净利润，加上年初未分配利润（或减去年初未弥补亏损）和其他转入后的余额，为可供分配的利润。可供分配的利润，按下列顺序分配：

（1）提取法定盈余公积。法定盈余公积金应按照本年实现净利润的一定比例提取，《公司法》规定公司制企业按净利润的10%提取，其他企业可根据需要确定提取比例，但不得低于10%。企业提取的法定盈余公积金累计额超过注册资本50%以上的，可以不再提取。

（2）提取任意盈余公积。任意盈余公积一般按照股东大会决议提取。

（3）向投资者分配利润或股利。

可供投资者分配的利润经过上述分配之后，为企业的未分配利润（或未弥补亏损），年末未分配利润可用下式计算：

年末分配利润=可供分配的利润-提取法定盈余公积-提取任意盈余公积-分配利润或股利

未分配利润是企业留待以后年度进行分配的利润或等待分配的利润，它是所有者权益的一个重要组成部分。相对于所有者权益的其他部分来说，企业对于未分配利润的使用分配有较大的自主权。

2. 利润分配业务的核算

为了核算企业利润分配的具体过程及结果，需要设置“利润分配”“盈余公积”“应付利润”或“应付股利”等账户。

（1）“利润分配”账户。该账户属于所有者权益类账户，用来核算企业一定时期内净利润的分配或亏损的弥补以及历年结存的未分配利润（或未弥补亏损）情况。其借方登记实际分配的利润额，包括提取的盈余公积金和分配给投资人的利润以及年末从“本年利润”账户转入的全年累计亏损额，贷方登记用盈余公积金弥补的亏损额等其他转入数以及年末从“本年利润”账户转入的全年实现的净利润额。年末余额如果在借方，表示未弥补的亏损额；期末余额如果在贷方，表示未分配利润额。“利润分配”账户一般应按分配项目设置明细科目，主要明细科目包括“其他转入”“提取法定盈余公积”“提取任意盈余公积”“应付投资者利润”“转作资本（或股本）的普通股股利”“未分配利润”等。年末，应将“利润分配”账户下的其他明细科目的余额转入“未分配利润”明细科目，经过结转后，除“未分配利润”明细科目有余额外，其他各个明细科目均无余额。

需要说明的是，企业对实现的净利润进行利润分配，意味着企业实现的净利润这项所有者权益的减少，本应在“本年利润”账户的借方进行登记，表示直接冲减本年已实现的净利润额。但是如果这样处理，“本年利润”账户的期末贷方余额就只能表示实现的利润额减去已分配的利润额之后的差额即未分配利润额，而不能提供本年累计实现的净利润额这项指标。而累计净利润指标又恰恰是企业管理上需要提供的一个非常重要的指标。因此，为了使“本年利润”账户能够真实地反映企业一定时期内实现的净利润数据，同时又能够通过其他账户提供企业未分配利润数据，在会计核算中，专门设置了“利润分配”账户，用以提供企业已分配的利润额。这样就可以根据需要，将“本年利润”账户的贷方余额即累计净利润与“利润分配”账户的借方余额即累计已分配的利润额相抵减，以求得未分配利润这项管理上所需要的指标，因此，对于“利润分配”账户，一定要结合“本年利润”账户加以理解。

（2）“盈余公积”账户。该账户属于所有者权益类账户，用来核算企业从税后利润中提取的盈余公积金包括法定盈余公积和任意盈余公积的增减变动及其结余情况。其贷方登记提取的盈余公积金即盈余公积金的增加，借方登记实际使用的盈余公积金即盈余公积金的减少。期末余额在贷方，表示结余的盈余公积金。“盈余公积”账户应设置“法定盈余公积”和“任意盈余公积”等明细科目。

（3）“应付利润”或“应付股利”账户。该账户属于负债类账户，用来核算企业按照董事会或股东大会，或类似机构决议确定分配给投资人现金股利或利润的增减变动及其结余情况。该账户贷方登记应付给投资人现金股利或利润的增加，借方登记实际支付给投资人的现金股利或利润，即应付股利或应付利润的减少。期末余额在贷方，表示尚未支付的现金股利或利润。需要注意的是企业分配给投资人的股票股利不在本账户核算。

【例 4-56】2023 年 12 月 31 日旗山公司在期末结转本期实现的净利润 637 500 元。

结转净利润这项经济业务的发生，一方面使得记录在“本年利润”账户的累计净利润减少 637 500 元，另一方面使得可供分配利润增加 637 500 元。该业务涉及“本年利润”和“利润分配”两个账户，即应将净利润从“本年利润”账户的借方转入“利润分配”账户的贷方（如果结转亏损，则进行相反的处理）。编制会计分录如下。

【例4-56】

借：本年利润　　　　　　　　　　　　　　　637 500

　　贷：利润分配——未分配利润　　　　　　　　　　637 500

【例 4-57】2023 年 12 月 31 日旗山公司经董事会决议，按净利润的 10%提取法定盈余公积，按净利润的 5%提取任意盈余公积。

该公司本年实现的净利润为 637 500 元。因而，提取的法定盈余公积为 63 750 元，提取的任意盈余公积为 31 875 元，合计为 95 625 元。公司提取盈余公积业务的发生，一方面使得已分配的利润额增加 95 625 元，另一方面使得盈余公积增加 95 625 元。该业务涉及“利润分配”和“盈余公积”两个账户。已分配利润额的增加是所有者权益的减少，应记入“利润分配”账户的借方，盈余公积的增加是所有者权益的增加，应记入“盈余公积”账户的贷方。编制会计分录如下。

借：利润分配——提取法定盈余公积　　63 750
　　　　　　——提取任意盈余公积　　31 875
　贷：盈余公积——法定盈余公积　　63 750
　　　　　　　——任意盈余公积　　31 875

【例4-57】

【例 4-58】2023 年 12 月 31 日旗山公司决定分配给投资者利润 90 000 元。

这项经济业务的发生，一方面使得公司的已分配利润额增加 90 000 元，另一方面，利润虽然已决定分配给股东，但在分配的当时并未实际支付，所以形成公司的一项负债，使得公司的应付利润增加 90 000 元。该业务涉及“利润分配”和“应付利润”两个账户。已分配利润的增加是所有者权益的减少，应记入“利润分配”账户的借方，应付利润的增加是负债的增加，应记入“应付利润”账户的贷方。编制会计分录如下。

【例4-58】

借：利润分配——应付投资者利润　　90 000
　贷：应付利润　　90 000

【例 4-59】2023 年 12 月 31 日期末结清利润分配账户所属的各有关明细科目。

借：利润分配——未分配利润　　185 625
　贷：利润分配——提取法定盈余公积　　63 750
　　　　　　　——提取任意盈余公积　　31 875
　　　　　　　——应付投资者利润　　90 000

【例4-59】

利润的结转与分配如图 4-6 所示。

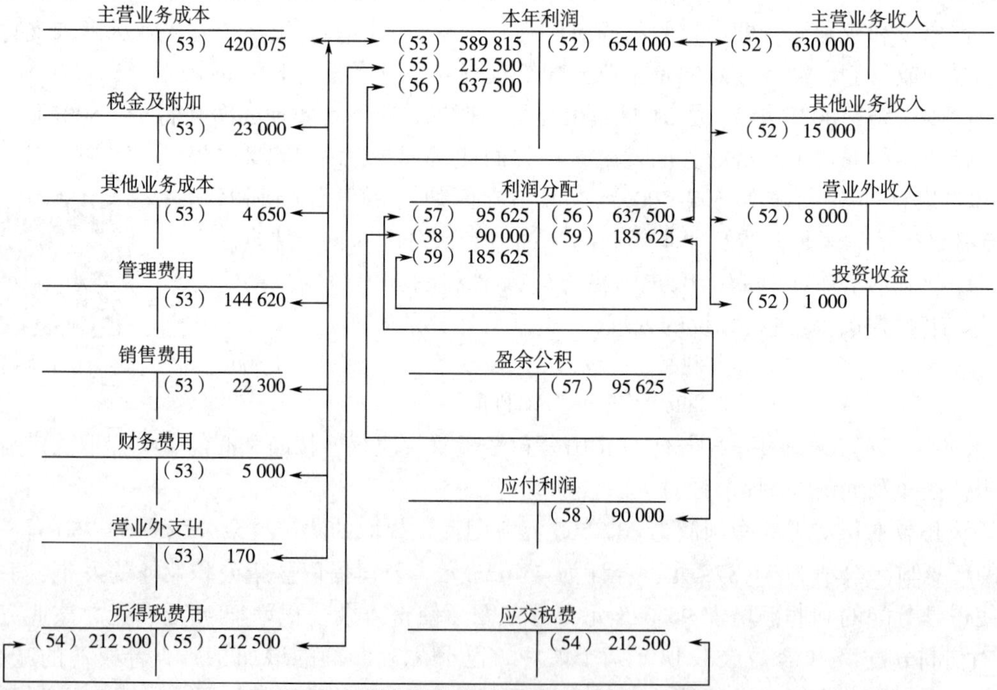

图 4-6　利润结转与分配总分类核算示意图

本章小结

本章主要阐述制造业企业生产经营过程的核算，主要是供应、生产和销售三个过程的核算。供应过程是准备过程，在此过程中发生的与供应过程有直接联系的经济业务，是用货币采购原材料，支付价款和采购费用。这类经济业务的发生，反映了货币资金转化为储备资金的全过程。生产过程既是产品制造过程，又是人力、物力、财力的耗费过程。在此过程中发生的与生产过程有直接联系的经济业务是生产耗用材料、支付职工薪酬，归集和分摊制造费用。这类经济业务的发生，反映了储备资金转化为生产资金又转化为成品资金的全过程。销售过程主要是将产成品销售出去，收回货币。在此过程中，与销售过程有直接联系的经济业务是发出商品，收回货币，支付销售费用，计缴税金，确定销售业务成果。这类经济业务的发生，反映了成品资金又转化为货币资金的全过程。企业在一定会计期间内所实现的经营成果要进行综合反映，也就是要反映企业所实现的利润或亏损。在此基础上，应按照有关规定对于实现的净利润进行合理的分配。

课后练习

一、知识巩固和应用

（一）单项选择题

1. 下列费用中，应计入产品成本的是（　　）。

A. 车间管理人员薪酬　　B. 财务人员的工资

C. 业务招待费　　D. 广告费

2. 下列账户中，一般情况下，期末无余额的是（　　）。

A. “生产成本”账户　　B. “营业外收入”账户

C. “原材料”账户　　D. “盈余公积”账户

3. 固定资产因磨损而产生价值减少应记入的账户是（　　）。

A. “固定资产 ”　　B. “累计折旧”　　C. “财务费用”　　D. “应付账款”

4.（　　）科目反映年度实现的利润（或发生的亏损）与本年分配的利润（或弥补的亏损）的结算情况。

A. “利润分配”　　B. “资本公积”　　C. “本年利润”　　D. “盈余公积”

5. 下列费用中不应计入外购存货采购成本的是（　　）。

A. 外地运杂费　　B. 运输途中的合理损耗

C. 财务人员差旅费　　D. 进口关税

6. 在下列具体开支中，不属于管理费用的是（　　）。

A. 业务招待费　　B. 工会经费

C. 财产保险费　　D. 支付给金融机构的手续费

7. “制造费用”账户属于（　　）。

A. 资产类账户　　B. 成本类账户

C. 所有者权益账户　　D. 负债类账户

8. 企业各个生产单位（分厂、车间）为组织和管理生产所发生的办公设备折旧费是（　　）。

A. 管理费用　　B. 其他业务成本　　C. 财务费用　　D. 制造费用

9. “在途物资”账户的余额表示（　　）。

A. 库存材料成本　　B. 尚欠供货单位的账款

C. 在途材料成本　　D. 购入材料运杂费

（二）多项选择题

1. 下列费用中，应计入期间费用的有（　　）。

A. 行政管理部门人员工资　　B. 不确认为收入的销售产品运输费

C. 车间管理人员的福利费　　D. 销售人员的差旅费

E. 短期借款的利息支出

2. 关于“利润分配”账户，下列表述中正确的有（　　）。

A. 借方登记实际分配的利润数额

B. 年末结转后，本账户应无余额

C. 年末结转后，借方余额表示未弥补亏损

D. 年末结转后，贷方余额表示未分配利润

3. 材料采购成本的构成项目包括（　　）。

A. 材料买价　　B. 材料的运输费

C. 材料入库前的整理挑选费用　　D. 材料的装卸费

E. 材料运输中的一切损耗

4. 下列支出直接记入“管理费用”账户借方的有（　　）。

A. 职工报销的差旅费　　B. 业务招待费

C. 广告费　　D. 短期借款利息

5. 产品的制造成本包括（　　）等。

A. 构成产品实体的材料消耗　　B. 生产工人工资

C. 车间机器设备的折旧费　　D. 车间照明用电费

6. “税金及附加”账户，是用来反映和监督应由企业负担的各种税金，包括（　　）。

A. 增值税　　B. 印花税

C. 消费税　　D. 城市维护建设税

7. 在制造业企业中，期间费用包括（　　）。

A. 管理费用　　B. 销售费用

C. 财务费用　　D. 制造费用

E. 生产成本

8. 影响营业利润的项目有（　　）。

A. 主营业务收入　　B. 财务费用

C. 主营业务成本　　D. 投资收益

E. 所得税费用

（三）判断题

1. 固定资产的价值随其损耗，逐步地转移到产品成本和期间费用中去，所以其损耗应冲减“固定资产”账户。（　　）

2. 为了正确计算损益，“制造费用”与“管理费用”账户的借方发生额都应于期末时结转“本年利润”账户。（　）

3. 企业缴纳的增值税是通过“税金及附加”账户来核算的。（　）

4. 企业预付的报刊费，应计入预付账款。（　）

5. 制造费用是产品成本的一个组成部分，属于直接费用。（　）

6. 企业年终结转后，本年利润账户一般没有余额。（　）

7. 20××年 11 月 30 日，“本年利润”账户的借方余额 20 000 元表示该年 1 月至 11 月为止累计发生了 20 000 元亏损。（　）

8. 非营业活动产生的利得和损失应计入营业外收入和营业外支出，二者之间存在因果配比关系。（　）

9. 材料的采购成本只包括材料的买价和运费。（　）

10. 固定资产账户余额反映固定资产的原价。（　）

二、能力训练和提升

（一）某工厂 20××年 7 月发生以下有关材料采购的经济业务。

1. 购进下列原材料，货未到，增值税税率 13%，货款以商业承兑汇票结算。

甲材料	1 600 千克	单价 10 元/千克	计 16 000 元
乙材料	800 千克	单价 15 元/千克	计 12 000 元
应交增值税			3 640 元
合计			31 640 元

2. 以银行存款支付上述材料装卸搬运费 1 800 元（装卸搬运费按材料重量比例，计入材料采购成本，不考虑增值税）。

3. 商业汇票到期，以银行存款支付上述材料款 31 640 元。

4. 从外地购入材料，其中甲材料 500 千克，单价 10 元/千克，应交增值税 650 元。货款以银行存款支付，材料未到。

5. 以现金支付上述材料装卸费 720 元。（不考虑增值税）

6. 本月购入材料均已入库，按实际成本转账。

【要求】根据上列材料采购的经济业务，编制会计分录。

（二）某工厂 20××年 8 月份，发生以下经济业务。

1. 生产车间从仓库领用各种原材料进行产品生产，计用于生产 A 产品的甲材料 150 千克，单价 10.50 元/千克，乙材料 100 千克，单价 16.50 元/千克；用于生产 B 产品的甲材料 120 千克，单价 10.50 元/千克，乙材料 80 千克，单价 16.50 元/千克。

2. 结算本月份应付职工薪酬，按用途归集如下：

A 产品生产工人工资	5 000 元
B 产品生产工人工资	4 000 元
车间职工工资	2 000 元
管理部门职工工资	3 000 元

3. 计提本月份固定资产折旧，其中车间使用的固定资产折旧 600 元，管理部门使用固定资产折旧 300 元。

4. 车间报销办公费及其他零星开支 750 元，以库存现金支付。

5. 将制造费用总额 3 350 元进行摊配，其中 A 产品成本分摊 1 861 元，B 产品成本分摊 1 489 元。

6. 本月投产的A产品100件已制造完成，无在产品与半成品，并已验收入库，按其实际成本10 086元入账。

【要求】根据上列产品生产的经济业务编制会计分录。

（三）某工厂20××年9月份发生有关销售经济业务如下。

1. 向甲工厂出售A产品500件，每件售价60元，增值税13%，货款已存入银行。

2. 向乙公司出售B产品300件，每件售价150元，增值税13%，货款尚未收到。

3. 按出售的两种产品的实际销售成本转账（A产品每件40元，B产品每件110元）。

4. 以银行存款支付上述A、B两种产品在销售过程中包装费1 000元。

5. 结算本月份专设销售机构职工工资1 000元。

6. 本月出售产品应缴纳消费税4 500元。

7. 向丙工厂出售材料物资100千克，每千克售价15元，货款1 500元与增值税195元已收到，存入银行。

8. 按出售的材料物资实际销售成本转账（每千克10元）。

【要求】根据上列各项经济业务编制会计分录。

（四）某工厂20××年9月份发生经济业务如下。

1. 结算本月管理人员薪酬8 000元，其中厂部管理人员薪酬3 000元，车间管理人员薪酬5 000元。

2. 计提本月固定资产折旧费1 400元，其中车间固定资产折旧费800元，管理部门固定资产折旧费600元。

3. 以银行存款支付办公楼修理费1 200元。

4. 以现金支付行政管理部门用机动车修理费1 260元。

5. 按税法规定，以银行存款支付应缴纳的车船使用税300元。

6. 以现金预付下年度书报费1 200元。

7. 以银行存款支付产品广告费1 500元。

8. 计提应由本月负担尚未支付的借款利息900元。

9. 以银行存款支付产品销售过程中发生的装卸费600元，以现金支付包装费100元。

10. 厂部管理人员出差回来报销差旅费960元，原预支1 000元，余款归还现金。

11. 以银行存款支付本月水电费2 400元，其中车间用1 900元，办公室用500元。

12. 以银行存款支付本月房租3 000元，其中办公用房租金1 000元，车间生产用房租金2 000元。

【要求】根据上列各项经济业务，编制会计分录。

（五）某工厂20××年9月份发生有关业务如下。

1. 销售产品一批，价款1 000 000元，增值税130 000元，货款已收到，存入银行。

2. 购入材料一批，价款2 000 000元，增值税260 000元，装卸费1 000元，均以银行存款支付，材料入库。

3. 收到应收货款80 000元，存入银行。

4. 以银行存款支付到期应付票据20 000元。

5. 向银行借入临时资金周转借款100 000元，存入银行。

6. 以银行存款支付行政管理部门办公费用25 500元，专设销售机构办公费用3 700元。

7. 职工出差借支差旅费5 000元，以现金支付。

8. 年初已支付全年保险费 3 600 元，分摊本月应负担部分。

9. 计提本月应付未付借款利息 1 500 元。

10. 结转本月产品销售成本 859 640 元。

11. 计算本月应缴纳产品消费税 9 000 元。

12. 将本月各项损益账户余额转入“本年利润”账户。

【要求】根据以上经济业务，编制会计分录。

（六）某工厂 20××年 11 月 30 日“本年利润”账户贷方余额 389 000 元。“利润分配”账户无余额。12 月份发生以下经济业务。

1. 出售产品一批，售价 50 000 元，增值税 6 500 元，货款收到存入银行。

2. 按出售产品的实际销售成本 32 000 元转账。

3. 计算并结转销售产品应缴纳的消费税 2 500 元。

4. 以现金支付产品销售过程中的装卸费、包装费 500 元。

5. 以银行存款支付厂部办公经费 1 540 元。

6. 以银行存款支付本季度银行借款利息 1 700 元，其中属于前两个月已计提的应付未付利息 1 000 元。

7. 以银行存款支付违约罚金 500 元。

【要求】

1. 编制会计分录，并结转损益。

2. 计算 12 月份利润总额。

3. 按本年利润总额的 25%计算应缴纳的所得税。

4. 按税后利润的 10%计算应提取的法定盈余公积金。

5. 按税后利润的 10%计算应付给投资者利润。

（七）某工厂 20××年 12 月份发生下列经济业务：

1. 仓库发出材料 40 000 元，用于生产 A 产品 22 000 元，B 产品 18 000 元。

2. 仓库发出材料 2 000 元，供车间使用。

3. 从银行存款支付职工工资 24 000 元。

4. 向红星厂购入甲材料，价款 14 000 元，增值税 1 820 元，该厂垫付杂费 1 000 元，货款以银行存款支付。

5. 向高顺厂购入乙材料，价款 40 000 元，增值税 5 200 元。货款以商业承兑汇票结算。

6. 以现金支付上述购入乙材料的搬运费 600 元。

7. 上述采购材料均已验收入库，按其实际采购成本转账。

8. 收到明华工厂还来前欠货款 3 000 元存入银行。

9. 以银行存款支付上月应交城市建设维护税 1 000 元。

10. 本月份职工工资分配如下：

A 产品生产工人工资	12 000
B 产品生产工人工资	8 000
车间职工工资	1 800
管理部门职工工资	2 400
合计	24 200

11. 计提本月固定资产折旧 3 160 元，其中车间使用固定资产折旧 2 380 元，管理部门用固定资产折旧 780 元。

12. 本月分摊已支付的厂房租金 1 400 元。

13. 将制造费用 7 580 元进行摊配，其中 A 产品成本分摊 4 548 元，B 产品成本分摊 3 032 元。

14. A 产品已全部完成，共 2 000 件，按其实际生产成本 40 000 元转账。

15. 出售产成品给明华工厂，计 A 产品 1 800 件，每件售价 28 元，B 产品 4 400 件，每件售价 14 元，共计售价 126 560 元（含增值税 13%），货款尚未收到。

16. 结转上述出售产成品生产成本，计 A 产品每件 20 元、B 产品每件 10 元，共计 80 000 元。

17. 用银行存款支付销售产品包装费、装卸费等销售费用 9 000 元。

18. 以银行存款支付应付上月借款利息 5 000 元。

19. 前期已支付的行政办公楼租金，本月应分摊 1 200 元。

20. 按售价计算应交已售产品的消费税金 5 600 元。

21. 出售多余材料，价款 2 000 元，增值税 260 元，价款存入银行。同时结转该材料的实际成本 1 500 元。

22. 将 12 月份各损益账户余额转至本年利润账户，结出 12 月份利润。

【要求】根据上述经济业务编制会计分录。

（八）某企业 20××年 12 月份发生下列经济业务。

1. 向明华公司销售甲产品 200 件，每件售价 1 500 元，共计 300 000 元，应向该公司收取的增值税销项税额 39 000 元。价税款均通过银行转账收讫。

2. 根据合同规定向宏伟公司销售乙产品 300 件，每件售价 800 元，价款共计 240 000 元，以银行存款代垫运费 1 500 元，应收增值税 31 335 元。价税款及代垫运费均未收到。

3. 以银行存款支付当月短期借款利息 500 元。

4. 用银行存款支付本月广告费 1 200 元。

5. 用银行存款支付罚款支出 15 000 元。

6. 月末，结转已销售产品的生产成本，其中甲产品单位生产成本 1 000 元，乙产品单位生产成本 550 元。

7. 月末，计算出本月应负担的产品消费税 1 350 元。

8. 月末，结转本月发生的各种收入、费用。

9. 假定该企业利润总额与应纳税所得额一致。月末，按 25%所得税率计提本月应交所得税。

10. 年末，将“本年利润”账户余额转入“利润分配”账户。“本年利润”账户 11 月 30 日贷方余额 284 000 元。

11. 月末，按净利润的 10%提取法定盈余公积。

12. 企业决定本年度向投资者分配利润 95 000 元。

【要求】根据上述经济业务编制会计分录。

三、素质养成和价值引领

（一）思考题

1. 增值税是购入资产的成本吗？为什么？

2. 为什么要区分营业收入与营业外收入？

3. 如何确认与计量营业利润？

4. 为什么固定资产的损耗不直接冲减“固定资产”账户，而要单独设置“累计折旧”账户？

5. 为什么不直接设置“利润”账户，而要设置“本年利润”与“利润分配”账户？这两个账户核算的内容有什么联系和区别？

6. 某企业将门卫保安和食堂员工的工资作为车间生产工人薪酬列支，这种处理方法对吗？职工薪酬列支不当会影响企业利润吗？

（二）案例分析题

某企业发生以下业务。

1. 企业自主研发一套客户管理系统，会计人员将其价值 30 万元计入“固定资产”并对其计提折旧。

2. 企业在职工食堂招待客户用餐，会计人员将这项支出计入职工福利费。

思考：该企业会计的做法正确吗？为什么？

第5章　账户的分类

学习目标

知识目标： 理解会计账户分类的意义以及账户分类的主要标志，认识各账户之间的内在联系，理解各账户在整个账户体系中的地位和作用。

能力目标： 掌握各类账户在提供会计信息方面的规律，能够正确设置和运用会计账户，提高应用账户处理各种经济业务的能力。

素质目标： 理解账户体系所反映的会计信息，深入体会高质量的账户分类信息对于现代化企业管理与社会可持续发展的重要性。

关键词

账户分类	account classification
调整类账户	adjustment account
盘存账户	inventory account
抵减账户	contra account

知识导图

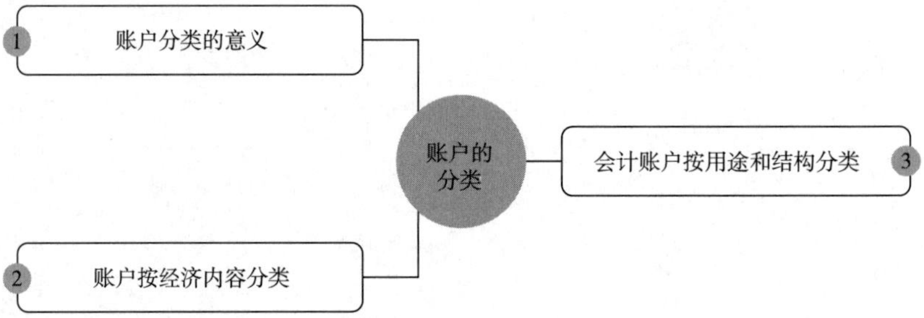

导例

小王、小李和小范三位同学一起创业，各出资30万元设立了一家公司，三人持股比例相同。公司经营五年后，股东小王想详细了解自己原先投资的30万元是否得到保值增值以及如何实现，于是小王就请会计人员搬出全部会计账户（簿）。那么，小王应该重点查看哪些账户呢？通过本章的学习，就能够帮助小王明确各账户的作用以及内在联系，正确查阅会计账户以获得所需信息。

5.1　账户分类的意义

5.1.1　账户分类的内涵

所谓账户分类，就是将会计账户按照不同的标志进行归类总结，揭示不同账户的基本特征和内在规律，以便更好地认识、掌握和运用会计账户。

账户之所以要进行分类，从根本上说是因为账户的多样性和复杂性所引起的认识和运用账户的困难。前已述及，会计账户是根据会计科目开设的、用以分类记录和反映会计要素的具体内容增减变动情况的一种专门的工具，通过会计账户，能够提供有关会计要素具体项目的动态和静态指标。由于会计要素具体项目内容复杂、种类繁多，相互之间又存在着极为广泛的联系，因此，会计账户具有多样性和复杂性。但是，由于会计要素各项目具体内容之间又存在着一定的、规律性的联系，对六个会计要素的科学核算能提供完整而系统的会计信息，因此，作为反映各种会计要素手段的账户，也必定存在相互依存、相辅相成的关系，各个账户既有各自的特性，相互之间又存在着某种共性。各账户分工协作地处理全部会计数据，账户的整体集合构成一个完整的账户体系，全面地反映资金运动情况。账户分类就是把具有共同特征的账户归在一起，分成若干类别，使为数众多的账户条理化和系统化，形成一个完整的账户体系。

5.1.2　账户分类的标志

账户可以采用不同的标志进行分类，运用不同的标志对账户进行分类，可以从不同的角度全方位观察账户体系的全貌。

1. 以经济内容为分类标志

账户的经济内容，是指账户所反映的会计对象的具体内容。而对会计对象的基本分类就是会计要素，因此，以账户的经济内容进行分类与会计要素密不可分。

账户以经济内容作为分类标志，是账户最基本的分类标志，账户按经济内容分为资产类账户、负债类账户、共同类账户、所有者权益类账户、成本类账户和损益类账户六大类。

2. 以用途和结构为分类标志

由于各个账户的使用方法不同，在账户体系中起着不同的作用，从不同的角度反映经济活动的某一侧面，提供着不同的信息，因此，在对账户按经济内容分类的基础上，还可以以用途和结构为分类标志对账户进行分类。

账户的用途和结构是账户分类的一个主要标志。账户按用途分类，可以了解其所提供的信息及所起的作用，解决在什么条件下使用各该类账户的问题；账户按结构分类，可以明确账户的借方、贷方所登记的具体内容和余额表示的含义，有利于掌握各类账户的使用方法，解决各类账户具体提供何种信息的问题。

账户按用途和结构分类，一般可以划分为盘存账户、资本账户、结算账户、暂记账户、跨期摊配账户、成本计算账户、收入账户、费用账户、财务成果账户、调整账户十类账户。

3. 以统驭与被统驭关系为分类标志

账户按其提供会计资料的详细程度不同，可分为总分类账户和明细分类账户。这种分类标志表明会计资料具有不同的层次和等级，各层次会计资料具有控制与被控制、统驭与被统驭的关系。

4. 以账户与会计报表的关系为分类标志

账户以其与会计报表的关系为标志进行分类，可以分为资产负债表账户和利润表账户两类。这种分类方法以会计要素分类为基础，把反映资产、负债和所有者权益的三类账户构成一组，称为资产负债表账户或实账户，主要反映企业在某一时点的财务状况；把反映收入、费用和利润的三类账户构成一组，称为利润表账户或虚账户，主要反映企业在一定期间的经营成果。

资产负债表账户的特点是：期末一般有余额，期末余额是编制资产负债表的资料来源。同时，期末余额还需要结转到下一个会计期间。

利润表账户的特点是：发生额反映企业已经实现的收入或已经发生的成本、费用和支出，在每一会计期间末了，都要转至“本年利润”账户。因此，利润表账户一般无期末余额。

5. 以会计主体为分类标志

前所述及的账户分类，都是对一个会计主体而言的，不涉及其他会计主体，而代为加工的原材料、代管物资等账户，它们所反映的财产物资只是暂时留存本企业，本企业只有保管权而无支配使用权，因而不应列入本主体的资产负债表中。鉴此，账户可以分为表内账户和表外账户。这种分类的目的，是为了严格划清会计对象的空间界限。

本章将重点介绍按经济内容以及按用途和结构两种分类标志。

5.1.3 账户分类的意义

（1）账户分类有利于从理论上加深对账户的全面认识，了解账户体系的设置和运用在会计核算体系中的地位和作用，有助于正确运用设置账户这种会计核算的专门方法，建立起更加完善的会计核算体系。

（2）账户分类便于进一步了解账户体系中各个账户内容之间的联系和区别，从使用账户的技术方法的角度来研究账户的不同用途和结构，揭示账户在使用中的规律性，不断提高运用账户的技能，从而做到正确、熟练地使用账户。

（3）账户的分类有利于正确认识各会计要素的经济内容，通过对数据按报表信息的要求进行分类，形成报表所需要揭示的会计信息和其他经济信息，为经济管理提供系统的、分门别类的会计资料。

（4）账户分类能够揭示全部账户在反映会计对象的具体内容上存在的既分工又协作的关系，当会计账户随各个时期经济管理的不同要求变动时，能够尽快适应，并在会计准则规范许可的范围内，根据企业实际情况增设或合并会计账户。

总而言之，通过对账户按个性和共性进行有机的分类，既能加深对各个账户的认识，更好地掌握和运用账户；又能进一步认识各种账户的共性和账户之间规律性的联系，从而运用账户提供反映企业资金运动的全过程和结果的各种数据信息。

5.2　账户按经济内容分类

会计账户的经济内容是账户所反映和监督的会计对象的具体内容。账户之间最本质的差别是其反映的经济内容不同。账户按经济内容分类是账户分类的基础，是一种最基本的账户分类。如前所述，企业会计对象通过基本分类，分为资产、负债、所有者权益、收入、费用和利润六大会计要素。与此相对应，账户按其所反映的经济内容，也可以分为资产类账户、负债类账户、所有者权益类账户、收入类账户、费用类账户和利润类账户六大类账户。

但是，在会计实务中，企业在一定时间内实现的利润，除了分配给投资者退出企业以外，按一定比例提取的盈余公积金和尚未分配的利润，都转化为所有者权益。因此，用来确认本年实现的利润和反映本年利润分配情况的账户，即“本年利润”和“利润分配”账户，就其性质也应归属于所有者权益类账户。另外，设置收入类和费用类账户的目的是归集一定期间内发生的收入和费用，最终收入类账户和费用类账户的发生额都将结转到“本年利润”账户，以此计算确定一定时期的损益，因此，习惯上将收入类账户和费用类账户合并为损益类账户。在制造业企业中，产品成本的计算是一个极为复杂的过程，为了归集生产过程中发生的费用，计算产品成本，要专门设置成本类账户。还有些企业的业务涉及衍生金融工具，对衍生金融工具、套期工具、被套期项目等形成的资产或负债进行核算时，还要设置具有双重性质的共同类账户。

综上所述，在实际工作中使用的会计账户按其经济内容可以归结为六类：资产类账户、负债类账户、共同类账户、所有者权益类账户、成本类账户和损益类账户。其中资产类账户、负债类账户、共同类账户、所有者权益类账户可以反映企业资金取得或形成的渠道和资金运用的规模和结构，综合反映企业在某一时点的财务状况。

5.2.1　资产类账户

资产类账户是用来核算企业拥有或者控制的、能以货币计量的经济资源的增减变动及结余情况的账户。资产类账户通常按照流动性不同分为两类。

1. 反映流动资产的账户

反映流动资产的账户，主要包括“库存现金”“银行存款”“交易性金融资产”“应收账款”“应收票据”“预付账款”“其他应收款”“原材料”“库存商品”等账户。

2. 反映非流动资产的账户

反映非流动资产的账户，主要包括“债权投资”“其他债权投资”“其他权益工具投资”“长期股权投资”“固定资产”“累计折旧”“无形资产”和“长期待摊费用”等账户。

5.2.2　负债类账户

负债类账户是用来核算企业承担的、能以货币计量、需以资产或劳务偿付的债务的增减变动和结余情况的账户。负债类账户按照偿还期限不同分为两类。

1. 反映流动负债的账户

反映流动负债的账户，主要包括“短期借款”“应付账款”“应付票据”“预收账款”

“其他应付款”“应付职工薪酬”“应付利息”“应交税费”“应付利润”等账户。

2. 反映长期负债的账户

反映长期负债的账户，主要包括“长期借款”“应付债券”和“长期应付款”等账户。

5.2.3 共同类账户

共同类账户具有资产或负债的双重性质，是用来核算企业所持有的衍生金融工具、套期工具、被套期项目等形成的资产或负债的增减变动和结余情况的账户，其账户余额既可能在借方也可能在贷方，其最终性质取决于核算结果，主要包括“衍生工具”“套期工具”“被套期项目”等账户。

5.2.4 所有者权益类账户

所有者权益类账户是用来核算企业投资人对企业净资产所有权的增减变动和结余情况的账户。所有者权益类账户按照资金来源构成分为两类。

1. 反映所有者投资的账户

反映所有者投资的账户，如“实收资本”“资本公积”等账户，用来反映各方投资者对企业投入的资本总额。

2. 反映经营积累的账户

反映经营积累的账户，主要包括“盈余公积”“本年利润”“利润分配”等账户。

5.2.5 成本类账户

制造业企业的成本类账户是用来归集生产费用、计算产品生产成本的账户，主要包括“生产成本”和“制造费用”账户。另外，可设置“研发支出”账户用以核算企业进行研究与开发无形资产过程中发生的各项支出。

广义地说，制造业企业除生产过程要进行生产成本的计算外，在供应过程等环节也涉及成本计算，如，材料采购过程中要归集购入材料的买价和采购费用、计算材料采购成本，为此设置了“在途物资”或“材料采购”账户；固定资产购建过程中要归集购买或建造的费用支出、计算固定资产实际购建成本，为此设置了“在建工程”账户。

成本类账户与资产类账户有着密切的联系。资产经耗用可转化为成本费用，而成本类账户的期末借方余额属于企业的资产，如“在途物资”账户的借方余额反映在途材料的实际成本，“生产成本”账户的借方余额反映在产品的实际成本，“在建工程”账户的借方余额反映未完工程的实际成本，这些都属于企业的资产。从这种意义上来说，成本类账户是一种特殊的资产类账户。

5.2.6 损益类账户

损益类账户是指其在一定时期的发生额合计数要在当期期末结转到“本年利润”账户、用以计算确定一定时期内损益的账户。损益类账户包括企业的收入和费用类账户。损益类账户按其与损益组成内容的关系分为三类。

1. 反映营业和营业外收入的账户

反映营业和营业外收入的账户，主要包括“主营业务收入”“其他业务收入”“投资收益”和“营业外收入”等账户。

2. 反映营业和营业外支出的账户

反映营业和营业外支出的账户，主要包括“主营业务成本”“销售费用”“税金及附加”“其他业务成本”“管理费用”“财务费用”和“营业外支出”等账户。

3. 反映所得税的账户

反映所得税的账户，是指“所得税费用”账户，用以反映当期应缴纳的所得税费用。

账户按其经济内容分类如图 5-1 所示。

- 资产类
  - 反映流动资产的账户
    - 库存现金
    - 银行存款
    - 应收票据
    - 应收账款
    - 预付账款
    - 其他应收款
    - 原材料
    - 库存商品
    - …
  - 反映非流动资产的账户
    - 债权投资
    - 其他债权投资
    - 长期股权投资
    - 固定资产
    - 累计折旧
    - 在建工程
    - 固定资产清理
    - 无形资产
    - 长期待摊费用
    - …
- 负债类
  - 反映流动负债的账户
    - 短期借款
    - 应付票据
    - 应付账款
    - 预收账款
    - 其他应付款
    - 应付职工薪酬
    - 应交税费
    - 应付利息
    - 应付股利
    - …
  - 反映非流动负债的账户
    - 长期借款
    - 应付债券
    - 长期应付款
    - …
- 成本类账户 —— 反映成本计算的账户
  - 生产成本
  - 制造费用
- 共同类 —— 反映双重性质的账户
  - 衍生工具
  - 套期工具
  - 被套期项目
- 所有者权益类账户
  - 反映投入资本的账户
    - 实收资本（或股本）
    - 资本公积
  - 反映经营积累的账户
    - 盈余公积
    - 本年利润
    - 利润分配
- 损益类账户
  - 广义收入类账户
    - 主营业务收入
    - 其他业务收入
    - 投资收益
    - 营业外收入
  - 广义费用类账户
    - 主营业务成本
    - 销售费用
    - 税金及附加
    - 其他业务成本
    - 财务费用
    - 管理费用
    - 营业外支出
    - 所得税费用

图 5-1　账户按其经济内容分类

上列账户的分类是按照各账户核算的主要经济内容划分的。该注意的是，有些账户归属的类别并不是唯一的。例如，企业为管理上需要设置某些双重性质的账户，如在不设“预付账款”账户的情况下，运用“应付账款”账户反映预付购货款和应付购货款的经济业务，当账户出现贷方余额时，表示应付账款大于预付账款，账户为负债类性质；当账户出现借方余额时，表示预付账款大于应付账款，账户为资产类性质。同样，企业可以设置双重性质的“应收账款”账户反映预收账款和应收账款的情况；设置双重性质的“其他往来”账户反映其他应收款和其他应付款。因此，要根据账户具体反映的经济内容和余额的方向确定其所属类别。

5.3 会计账户按用途和结构分类

会计账户按经济内容分类是一种最基本的分类，有助于正确区分账户的经济性质、合理设置账户、提供企业内外各方面所需的会计信息资料。但是，仅按经济内容进行账户分类，还难以详细地了解各账户的具体用途，以及各账户提供各种不同核算指标的规律性。因此，还必须对账户按用途和结构进行分类，作为账户按经济内容分类的补充。

账户的用途是指设置和运用账户的目的，通过账户的记录提供哪些核算指标。账户的结构是指在账户中怎样记录经济业务，才能取得各种必要的核算指标，即账户的借方和贷方登记的内容，余额的方向及其表示的含义。

会计账户按用途和结构分类，可分为盘存账户、资本账户、结算账户、暂记账户、跨期摊配账户、成本计算账户、收入账户、费用账户、财务成果账户、调整账户等。现以制造业企业常用的账户为例说明各类账户的特点。

5.3.1 盘存账户

盘存账户是用来核算和监督各种财产物资和货币资金增减变动及其结存情况的账户，包括“库存现金”“银行存款”“原材料”“库存商品”“固定资产”等。盘存账户的左方登记各种财产物资或货币资金的增加数，右方登记其减少数，期末余额总是在左方，表示各项财产物资或货币资金的结存额。盘存账户的结构如图 5-2 所示。

盘存账户

左方	右方
期初余额：期初货币资金财产物资结存额	
发生额：本期货币资金财产物资增加额	发生额：本期货币资金财产物资减少额
期末余额：期末货币资金财产物资结存额	

图 5-2　盘存账户基本结构

5.3.2 资本账户

资本账户是用来核算和监督企业所有者对企业的投资增减变动及其实有情况的账户。这类账户主要包括“实收资本”“资本公积”“盈余公积”等。“实收资本”和“资本公积”账户反映投资者的投入资本，“盈余公积”账户反映企业的留存收益，其所有权归投资者，故也归属于资本账户。资本账户的右方登记各项资本、公积金的增加数，左方登记各项资本、公积金的减少数，期末余额在右方，表示各种资本、公积金的实有数额。资本账户的结构如图 5-3 所示。

资本账户

左方	右方
发生额：本期资本和公积金减少额	期初余额：期初资本和公积金实有额 发生额：本期资本和公积金增加额
	期末余额：期末资本和公积金实有额

图 5-3　资本账户基本结构

5.3.3　结算账户

结算账户是用来核算和监督企业同其他单位或个人之间发生的债权、债务结算情况的账户。按照账户的具体用途和结构，结算账户又可分为债权结算账户、债务结算账户和债权债务结算账户三类。

1. 债权结算账户

债权结算账户是用于核算和监督企业同各个债务单位或个人之间结算业务的账户。债权结算账户的左方登记债权的增加数，右方登记债权的减少数，期末余额在左方，表示期末债权的实有额。债权结算账户主要包括“应收票据”“应收账款”“其他应收款”“预付账款”等。债权结算账户的结构如图 5-4 所示。

债权结算账户

左方	右方
期初余额：期初尚未收回的应收款项 发生额：本期应收款项增加额	发生额：本期应收款项减少额
期末余额：期末尚未收回的应收款项	

图 5-4　债权结算账户结构

2. 债务结算账户

债务结算账户是用于核算和监督企业同各个债权单位或个人之间债务结算业务的账户。债务结算账户的右方登记债务的增加数，左方登记债务的减少数，期末余额在右方，表示期末债务的实有数。债务结算账户包括“短期借款”“应付票据”“应付账款”“应付职工薪酬”“应付利息”“应交税费”“应付利润”“预收账款”和“其他应付款”等账户。债务结算账户的结构如图 5-5 所示。

债务结算账户

左方	右方
发生额：本期债务减少额	期初余额：期初结欠的债务额 发生额：本期债务增加额
	期末余额：期末尚未偿还债务的实有额

图 5-5　债务结算账户结构

3. 债权债务结算账户

债权债务结算账户是用于核算和监督企业与某一单位或个人之间发生的债权和债务往来结算的账户。在实际工作中，与企业经常发生结算业务往来的单位，有时是企业的债权人，有时又是企业的债务人。如企业向同一单位销售产品，有些款项是预收的，有些款项是应收未收的。预收款项构成了企业的债务，而应收未收款项则构成了企业的债权。为了集中反映与某一单位或个人所发生的债权、债务往来和结算情况，企业可以设置债权债务结算账户。债权债务结算账户的左方登记债权的增加数和债务的减少数，右方登记债务的增加数和债权的减少数，余额可能在左方，也可能在右方。从明细分类账来看，左方余额表示债权的实有数，右方余额表示债务的实有数。从总分类账来看，左方余额表示期末债权数大于债务数的差额，右方余额表示期末债务数大于债权数的差额。债权债务结算账户的结构如图 5-6 所示。

左方	债权债务结算账户　　右方
期初余额：期初债权大于债务的差额 发生额：本期债权增加额 　　　　本期债务减少额	期初余额：期初债务大于债权的差额 发生额：本期债务增加额 　　　　本期债权减少额
期末余额：期末债权大于债务的差额	期末余额：期末债务大于债权的差额

图 5-6　债权债务结算账户结构

当企业不单独设置“预收账款”账户，用“应收账款”账户同时反映销售产品或提供劳务的应收款项和预收款项时，“应收账款”账户便是债权债务结算账户；当企业不单独设置“预付账款”账户，用“应付账款”账户同时反映购进材料的应付款项和预付款项时，“应付账款”账户也是债权债务结算账户；当企业将其他应收款和其他应付款的增减变动和结果都集中在“其他往来”账户中核算时，“其他往来”账户也是一个债权债务结算账户。债权债务结算账户的性质必须根据所属明细分类账户的余额方向而定。

5.3.4　暂记账户

暂记账户是为了会计核算需要而设置的过渡性质的账户。在会计实务中，有些事项从发生到最终结果的处理，需要一定的时间。如制造业企业生产过程中发生的间接费用需要到期末才能分配计入有关产品的生产成本中；财产物资在盘点清查过程中所确认的盈亏要经过有关部门的审核批准，才能按一定手续核销；固定资产出售、报废或毁损等过程中所产生的收益和发生的费用支出，经过一段时间处理后才能确认损益，进行转销。

设置暂记账户可以全面地反映这些事项的发生和处理的全过程。暂记账户按其所起的作用可分为费用的集合分配账户和财产盘点及清理结果处理的账户。

1. 费用的集合分配账户

费用的集合分配账户是用来归集和分配企业在生产经营过程中某个阶段所发生的某种费用的账户。企业在生产经营过程中发生的应由各个成本计算对象共同负担的间接费用，应首先通过集合分配账户进行归集，然后再按照一定标准分配计入各个成本计算对象。费用的集合分配账户左方登记费用的发生数，右方登记费用的分配数，经过分配后，该类账户没有余额。集合分配账户主要包括“制造费用”账户等。这类账户的结构（以“制造费用”账户为例）如图 5-7 所示。

左方	制造费用　　　　　　右方
发生额：本期制造费用发生数	发生额：本期制造费用分配数

图 5-7　费用的集合分配账户

2. 财产盘点及清理结果处理账户

财产盘点及清理结果处理账户是用来核算财产盘点盈亏和清理过程中所发生的收入和费用，最终确认损益的账户。这类账户包括“待处理财产损溢”和“固定资产清理”账户等。账户的结构如图 5-8 和图 5-9 所示。

左方	待处理财产损溢　　　　　　右方
发生额：本期的财产盘亏和毁损数 经批准结转的财产盘盈数	发生额：本期的财产盘盈数 经批准处理的财产盘亏数
期末余额：尚待处理的财产净损失	期末余额：尚待处理的财产净溢余

图 5-8　财产盘点及清理结果处理账户结构（一）

左方	固定资产清理　　　　　　右方
发生额：转入清理的固定资产净值 清理费用 结转清理净收入	发生额：清理收入 结转清理净损失
期末余额：尚未结转的清理损失	期末余额：尚未结转的清理净收益

图 5-9　财产盘点及清理结果处理账户结构（二）

财产盘点及清理结果处理账户的特点体现在以下两个方面。

①在最终结果处理争议未决前，账户有期末余额；在全部处理后，账户无余额。

②最终结果的处理方法相同，净收益和净损失均转入损益类账户。

5. 3. 5　跨期摊配账户

跨期摊配账户是用来核算和监督应由几个会计期间共同负担的费用，并将这些费用在几个会计期间进行分配的账户，如“长期待摊费用”账户。设置跨期摊配账户是为了按照权责发生制的原则正确计算各个会计期间的成本和费用。

“长期待摊费用”账户核算先预付后由各受益会计期间共同负担的费用。账户的左方登记本期预付的费用数，右方登记本期摊销的费用数，期末余额在左方，表示已支付而尚未摊销的预付费用数额。

跨期摊配账户的结构如图 5-10 所示。

从账户结构图中可以看出跨期摊配账户的特点是：账户左方登记费用的实际支付数，右方登记应由各受益会计期间负担的费用数，期末余额在借方，反映至本期末已支付尚未

左方	长期待摊费用	右方
期初余额：至上期末已支付而尚未摊销的预付费用数 发生额：本期实际预付的费用		发生额：本期摊销的费用数
期末余额：至本期末已支付而尚未摊销的预付费用数		

图 5-10　跨期摊配账户的结构

摊销的、留待剩余受益期间摊销的费用数。

5.3.6　成本计算账户

成本计算账户是用来核算和监督企业经营过程中某一阶段发生的全部费用，并据此计算该阶段各个成本计算对象实际成本的账户。这类账户的左方汇集经营过程中某个阶段发生的应由成本计算对象负担的全部费用，右方登记已完成某个阶段成本计算的成本计算对象的实际成本，账户的期末余额在左方，表示尚未完成某个阶段成本计算对象的实际成本。成本计算账户的结构如图 5-11 所示。

左方	生产成本	右方
期初余额：期初在产品实际成本 发生额：汇集本期发生的全部生产成本		发生额：结转已完工产品成本
期末余额：期末在产品实际成本		

图 5-11　成本计算账户结构

成本计算账户主要包括“材料采购”“生产成本”“在建工程”和“研发支出”等账户。这类账户除设置总分类账户外，还应按各个成本计算对象分别设置明细分类账户进行明细分类核算，提供有关成本计算对象的货币指标和实物指标。

5.3.7　收入账户

收入账户是专门用来核算一定时期内所取得的各种收入和收益的账户。这类账户的右方登记一定时期内发生的收入和收益数，左方登记收入和收益的减少数或期末转入“本年利润”账户的收入和收益数。由于各项收入和收益都要在期末转入“本年利润”账户，所以这类账户期末一般没有余额。收入账户主要包括“主营业务收入”“其他业务收入”“营业外收入”“投资收益”等账户。收入账户的结构如图 5-12 所示。

左方	收入账户	右方
期末结转到“本年利润”账户的数额		发生额：本期收入增加数

图 5-12　收入账户结构

5.3.8　费用账户

费用账户是专门用来核算一定时期内所发生的应计入当期损益的各项费用、损失和支出的账户。这类账户的左方登记一定会计期间发生的费用支出数，右方登记费用支出的减少数和期末转入“本年利润”账户的费用支出数，期末没有余额。费用账户主要包括“主营业务成本”“销售费用”“税金及附加”“其他业务成本”“管理费用”“财务费用”“营业外支出”“所得税费用”等账户。费用账户的结构如图 5-13 所示。

左方　　　　　　费用账户	右方
发生额：汇集本期发生费用数额	期末结转到“本年利润”账户的数额

图 5-13　费用账户结构

收入账户和费用账户期末都没有余额，其账户的一方归集本期的发生数，另一方将本期归集的数额全部转出。这类账户也具有明显的过渡性质。

5.3.9　财务成果账户

财务成果账户是用来计算并确定企业在一定时期内全部经营活动最终成果的账户。账户的右方登记一定期间发生的各项收入数，左方登记一定期间内发生的与收入相配比的各项费用数。期末，账户如为右方余额表示收入大于费用的差额，为企业实现的净利润；账户如为左方余额表示收入少于费用的差额，即为企业发生的亏损总额。

财务成果账户主要是指“本年利润”账户。财务成果账户反映企业在一年内形成的财务成果，年内各月余额表示自年初至计算期末累计实现的利润总额或发生的亏损总额。年终将账户余额结转至“利润分配”账户后无余额。财务成果账户的结构如图 5-14 所示。

左方　　　　　　本年利润	右方
发生额：转入的各项费用	发生额：转入的各项收入
期末余额：本年累计发生的亏损	期末余额：本年累计发生的净利润

图 5-14　财务成果账户结构

5.3.10　调整账户

调整账户是为确定被调整账户的实际价值而开设的账户。在会计核算工作中，由于经营管理上的需要或其他原因，对于某些资产、负债项目，需要设置两个账户，反映两组不同的数据。以其中的一个账户反映该项目的原始数据，另一个账户反映该项目的调整数据。比如对于固定资产，出于管理的目的，需要反映其原始价值、不断减少的使用价值和实际减少的实物资产。因此，会计实务中开设“累计折旧”账户来对“固定资产”账户进行调整。

反映经济活动原始数据的账户称为“被调整账户”，如“固定资产”账户；相对应地，对被调整账户进行调整的账户称为“调整账户”，如“累计折旧”账户。调整账户按照对被调整账户的调整方式不同，分为“抵减调整账户”“附加调整账户”和“抵减附加调整账户”。

1. 抵减调整账户

抵减调整账户亦称备抵调整账户，是用来抵减被调整账户的余额，以求得被调整账户实际价值的账户。抵减账户的余额与被调整账户的余额方向一定相反，其调整方式可用下列公式表示：

被调整账户实际价值=被调整账户余额-抵减账户余额

当被调整账户为资产账户时，调整账户称为资产抵减调整账户，如“累计折旧”账户。当被调整账户为权益（负债和所有者权益）账户时，调整账户称为权益抵减调整账户。

2. 附加调整账户

附加调整账户是用来增加被调整账户的余额，以求得被调整账户实际价值的账户。附加调整账户的余额方向一定与被调整账户的余额方向相同，其调整方式用下列计算公式表示：

被调整账户实际价值=被调整账户余额+附加账户余额

3. 抵减附加调整账户

抵减附加调整账户是同时具有抵减和附加两种职能的调整账户。依据调整账户的余额方向用来抵减或附加被调整账户余额，以求得被调整账户实际价值。当调整账户的余额与被调整账户的余额方向相反时，该账户起抵减账户的作用，其调整方式与抵减账户相同。当调整账户的余额与被调整账户的余额方向一致时，该账户起附加账户的作用，其调整方式与附加调整账户相同。

例如，制造业企业的材料核算采用计划成本时，设置“材料成本差异”账户对“原材料”账户进行调整。其中，“原材料”账户为被调整账户，反映库存材料的计划成本；“材料成本差异”账户为调整账户，反映库存材料实际成本与计划成本之间的差异。“材料成本差异”账户左方登记实际成本大于计划成本的超支差异，账户的右方登记实际成本小于计划成本的节约差异；期末左方余额表示净超支数，期末右方余额表示净节约数。通过“原材料”账户和“材料成本差异”账户，可以计算确定材料的实际成本。

调整账户不能离开被调整账户而独立存在。有调整账户就一定有被调整账户，它们是相互联系、相互结合在一起的一组账户。调整账户与被调整账户所反映的经济内容相同，两者结合起来使用，可以为经营管理提供所需要的某些特定指标。

账户按其用途和结构的分类情况汇总如表 5-1 所示。

表 5-1　　账户按其用途和结构分类汇总表

盘存账户		库存现金、银行存款、原材料、库存商品、固定资产等
资本账户		实收资本、资本公积、盈余公积等
结算账户	债权结算账户	应收账款、应收票据、预付账款等
	债务结算账户	短期借款、应付票据、应付账款、预收账款、其他应付款、应付职工薪酬、应付利息、应交税费、应付利润、长期借款、应付债券、长期应付款等
	债权债务结算账户	应收账款、应付账款、其他往来等

续表

<table>
<tr><td colspan="2">暂记账户</td><td>制造费用、固定资产清理、待处理财产损溢等</td></tr>
<tr><td colspan="2">跨期摊配账户</td><td>长期待摊费用</td></tr>
<tr><td colspan="2">成本计算账户</td><td>在途物资、材料采购、生产成本、在建工程、研发支出等</td></tr>
<tr><td colspan="2">收入账户</td><td>主营业务收入、其他业务收入、投资收益、营业外收入等</td></tr>
<tr><td colspan="2">费用账户</td><td>主营业务成本、销售费用、税金及附加、其他业务成本、管理费用、财务费用、营业外支出、所得税费用等</td></tr>
<tr><td colspan="2">财务成果账户</td><td>本年利润</td></tr>
<tr><td rowspan="3">调整账户</td><td>抵减调整账户</td><td>累计折旧等</td></tr>
<tr><td>附加调整账户</td><td>很少使用</td></tr>
<tr><td>抵减附加
调整账户</td><td>材料成本差异</td></tr>
</table>

本章小结

各会计账户既各具特性，相互之间又有共性，各账户相互依存、相互联系，共同构成了账户体系，以全面反映会计对象内容。会计账户分类就是按照不同分类标志，把具有共同特征的账户归在一起，分成若干类别。通过账户分类，可以加深对各个账户的认识，提高设置和应用会计账户的技能，通过各账户之间的内在规律进一步理解会计信息内涵。本章主要介绍了两种账户分类标志，一是按经济内容分类，将账户分为资产类、负债类、共同类、所有者权益类、成本类、损益类；二是按用途和结构分类，将账户分为盘存账户、资本账户、结算账户、暂记账户、跨期摊配账户、成本计算账户、收入账户、费用账户、财务成果账户、调整账户。

课后练习

一、知识巩固和应用

（一）单项选择题

1. 在下列所有者权益账户中，反映所有者原始投资的账户是（　　）。

A. 实收资本　　B. 盈余公积　　C. 本年利润　　D. 利润分配

2. “生产成本”账户如有借方余额时，按其用途结构分类属于（　　）。

A. 计价对比类账户　　B. 盘存类账户

C. 集合分配类账户　　D. 成本计算类账户

3. 下列不属于盘存账户的是（　　）。

A. 固定资产　　B. 原材料　　C. 应收账款　　D. 库存商品

4. 下列不属于抵减账户的是（　　）。

A. 利润分配　　B. 坏账准备　　C. 累计折旧　　D. 存货跌价准备

5. “税金及附加”账户按其经济内容分类属于（　　）。
A. 负债类账户　　B. 收入计算类账户
C. 费用计算类账户　　D. 费用类账户
6. 下列账户中属于抵减附加账户的是（　　）。
A. 坏账准备　　B. 材料成本差异　　C. 利润分配　　D. 累计折旧
7. “材料成本差异”账户是用来抵减附加（　　）。
A. “原材料”账户　　B. “材料采购”账户
C. “生产成本”账户　　D. “库存商品”账户
8. 下列账户按用途结构分类不属于费用计算类账户的有（　　）。
A. 管理费用　　B. 财务费用　　C. 制造费用　　D. 营业费用
9. 结算账户的期末余额（　　）。
A. 在借方　　B. 在贷方
C. 可能在借方，也可能在贷方　　D. 以上都不对
10. 下列哪一类账户不是按用途和结构分类的类别（　　）。
A. 成本计算类账户　　B. 财务成果计算类账户
C. 费用类账户　　D. 资本账户
11. 在企业不单设“预付账款”账户时，对于预付款业务可在（　　）。
A. “应收账款”账户反映　　B. “预收账款”账户反映
C. “应付账款”账户反映　　D. “其他往来”账户反映
12. “累计折旧”账户按其经济内容分类属于（　　）。
A. 费用类账户　　B. 抵减账户　　C. 负债类账户　　D. 资产类账户
13. 下列账户中，既属于结算账户，又属于负债类账户的是（　　）。
A. “应收账款”账户　　B. “预收账款”账户
C. “应收票据”账户　　D. “预付账款”账户
14. 债权债务结算账户的贷方登记（　　）。
A. 债权的增加　　B. 债务的增加，债权的减少
C. 债务的增加　　D. 债务的减少，债权的增加
15. 属于集合分配账户的是（　　）。
A. “实收资本”账户　　B. “制造费用”账户
C. “生产成本”账户　　D. “管理费用”账户

（二）多项选择题

1. 账户的用途是指通过账户记录（　　）。
A. 能提供什么核算指标　　B. 怎样记录经济业务
C. 表明开设和运用账户的目的　　D. 观察借贷方登记的内容
E. 判断账户期末余额的方向
2. 下列账户期末一般没有余额的是（　　）。
A. 收入计算类账户　　B. 费用计算类账户
C. 盘存类账户　　D. 集合分配类账户
E. 结算类账户
3. 下列可能属于盘存账户的有（　　）。

A. “在途物资”账户　　B. “长期股权投资”账户
C. “银行存款”账户　　D. “固定资产”账户
E. “本年利润”账户

4. 下列账户期末如有余额在借方的是（　　）。
A. 债权结算账户　B. 资本账户　C. 盘存账户　D. 成本计算账户

5. 下列属于资本账户的是（　　）。
A. 本年利润　B. 实收资本　C. 利润分配　D. 资本公积
E. 盈余公积

6. 所谓账户的结构，是指账户如何提供核算指标，即（　　）。
A. 账户期末余额的方向　　B. 账户余额表示的内容
C. 账户借方核算的内容　　D. 账户贷方核算的内容
E. 运用账户的目的

7. 下列属于债权结算账户的有（　　）。
A. 预付账款　B. 应付账款　C. 应收账款　D. 应收票据
E. 预收账款

8. 账户分类的主要标志有（　　）。
A. 账户的经济内容　　B. 账户的名称
C. 账户的用途和结构　　D. 账户与会计报表的关系
E. 账户的统驭关系

9. 关于“本年利润”账户，下列说法中正确的有（　　）。
A. 期末如为贷方余额，表示累积实现的净利润
B. 期末如为贷方余额，表示本期实现的利润总额
C. 期末如为借方余额，表示累积发生的亏损额
D. 年末如为贷方余额，表示未分配利润额
E. 年度中间一般有余额

10. 按经济内容分类，下列账户属于资产类的有（　　）
A. 在建工程　B. 固定资产　C. 累计折旧　D. 预收账款
E. 长期待摊费用

（三）判断题

1. 之所以要对账户进行分类，是为了了解各个账户的特性，探讨各个账户之间的区别。（　　）

2. “本年利润”账户和“利润分配”账户按其用途结构分类同属于一个类别。（　　）

3. “主营业务收入”账户是反映营业收入的账户，“其他业务收入”账户是反映非营业收入的账户。（　　）

4. 按经济内容分类分出的费用类账户是核算企业在经营过程中发生的各种费用支出的账户，这里的费用是指狭义的费用。（　　）

5. 账户按其经济内容划分归为一类，则按其用途和结构划分也必定归为一类。（　　）

6. 调整账户按其调整方式的不同又可以分为抵减账户和抵减附加账户。（　　）

7. 投资权益账户是用来核算投资者投资的增减变动及其实有额的账户，在任何企业组织形式下，投资权益账户的期末余额都不可能在借方。（　　）

8. 抵减附加账户的期末余额方向不是固定的，当其余额在借方时，起着抵减作用，当其余额在贷方时，起着附加作用。（　　）

9. 集合分配类账户是用来归集应由某个成本计算对象负担的间接费用的账户，因而具有明显的过渡性质，期末一般都有余额。（　　）

10. 按用途和结构分类，“利润分配”属于财务成果账户。（　　）

二、能力训练和提升

（一）计算题

企业“固定资产”账户的期末余额为 150 000 元，“累计折旧”账户期末余额为 34 500 元。

【要求】

1. 计算固定资产净值。

2. 说明“固定资产”账户与“累计折旧”账户之间的关系。

（二）业务处理题

胜利仪器制造厂长期向 A 公司购买原材料，在采购过程中有应付和预付款项发生，胜利仪器制造厂会计部门只设置“应付账款——A 公司”账户，不设置“预付账款——A 公司”账户，与 A 公司的预付款项也在“应付账款——A 公司”账户中核算。该企业 12 月份发生下列业务：

（1）用银行存款预付 A 公司材料款 50 000 元。

（2）收到 A 公司发来材料，其中，材料价款 70 000 元，增值税进项税额 9 100 元，材料验收入库，扣除预付款项 50 000 元，差额部分暂未支付。

（3）用银行存款结清前所欠 A 公司材料尾款。

【要求】根据上述业务编制会计分录。

三、素质养成和价值引领

请思考回答以下问题：

1. 为什么要对账户按照不同标志进行分类？

2. 为什么要设置调整账户？调整账户有什么特点？

3. 收入计算账户、费用计算账户和财务成果计算账户之间有什么关系？

第 6 章　产品成本计算

学习目标

知识目标：理解成本内涵、成本项目、成本计算的一般程序、基本要求及生产费用归集和分配的基本方法；了解企业生产类型与成本计算对象及其关系和成本计算的主要方法。

能力目标：能够按照成本计算的基本要求和一般程序进行生产费用的归集和分配，并应用最基本的成本计算方法计算产品成本。

素质目标：在理解成本计算过程和成本信息重要性的基础上，坚守诚信品德，确保成本信息的真实性。

关键词

成本计算	cost accounting
生产费用	the operating costs
制造费用	the manufacturing costs
成本项目	cost items
品种法	variety method
分批法	batch costing
分步法	continuous process cost system

知识导图

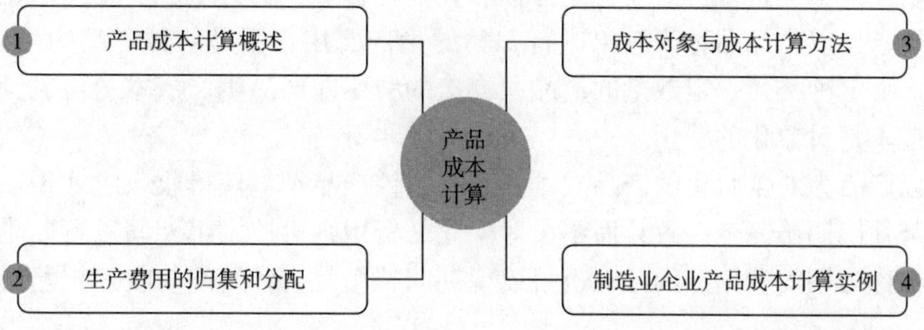

导例

旗山电子公司是一家由几名大学生创办的新公司，生产小型家用电子产品。公司成立之初，由于资金紧缺，只配备了会计主管宋星和一个会计员小秦。电子产品的特点是“麻雀虽小但五脏俱全”，耗用的元器件种类繁多，又由于按客户订单要求分批组织生产，批次多，月末未完工产品也多。宋星认为小企业只需用最基本的成本计算方法——品种法，但会计员小秦在每个月计算产品成本时却感觉用品种法很麻烦，计算量很大，而且计算结果似乎也不精确。你认为该公司应该用什么方法才能正确合理计算成本呢？

6.1 产品成本计算概述

6.1.1 成本概念

1. 产品成本的含义

在会计学界，成本的一般定义是：特定的会计主体为了达到一定目的而发生的可以用货币计量的代价。但本章所指的成本较为狭义，专门指产品的生产成本，亦称产品成本。马克思在《资本论》中对产品成本的本质含义进行了论述。他指出：商品的价值（W）由三个部分组成，即生产中消耗的生产资料的价值（C）、劳动者为自己的劳动创造的价值（V）和劳动者为社会创造的价值（M）。其中，$C+V$部分就是商品的成本。可见，产品成本的经济实质是生产经营过程中所耗费的生产资料转移价值和劳动者为自己劳动所创造的价值的货币表现，也就是企业在生产经营中所耗费的资金的总和。这是产品成本理论上的内涵。

在实际工作中，为了使企业成本计算的口径一致，防止乱挤乱摊成本，保持成本的可比性，应统一产品成本的开支范围，明确规定哪些支出允许列入产品成本，哪些支出不允许列入产品成本。2013年财政部发布的《企业产品成本核算制度》（试行）中规定，产品成本是指企业在生产产品过程中所发生的材料费用、职工薪酬等，以及不能直接计入而按一定标准分配计入的各种间接费用。

2. 成本和费用的关系

成本和费用是一组既有密切联系又有一定区别的概念。

费用是指企业在获取当期收入的过程中，对企业所拥有或控制的资产的耗费。费用可以分为生产费用和期间费用。制造业企业在生产产品过程中的各种耗费包括材料耗费、动力耗费、人工耗费、机器设备的磨损和其他耗费等，称为生产费用。根据成本核算制度的规定要求，以产品品种为对象进行归集的生产费用，则是某种产品的生产成本。简言之，为生产一定种类、一定数量的产品所支出的费用即产品生产成本。可见，费用是成本的基础，成本是对象化的费用。

以产品为对象归集的产品成本，只有当该产品销售获得收入时才得以补偿，因此其发生期与补偿期不完全一致；而不予对象化的费用则可按发生期间进行归集，由同期收入补偿，被称为期间费用。因此，也可以说期间费用是会计期间与收入相配比的成本。

6.1.2 生产费用与产品成本项目

1. 企业生产费用的经济内容

制造业企业生产经营过程中发生的费用，按其经济内容，可划归为劳动对象方面的费用、劳动手段方面的费用和活劳动方面的费用这样三大要素。为了具体反映各种费用的构成和水平，还可以进一步划分为各个费用要素，包括外购材料、外购燃料、外购动力、职工薪酬、折旧和摊销费、修理费、利息支出、税金、其他支出等。

(1) 外购材料。它是指企业为生产经营而耗用的一切从外单位购入的原料、主要材料、半成品、辅助材料、包装物、修理用备件和低值易耗品等。

(2) 外购燃料。它是指企业为生产经营而耗用的一切从外单位购入的各种燃料，包括液体燃料、气体燃料和固体燃料等。

(3) 外购动力。它是指企业为生产经营而耗用的从外单位购入的各种动力，如电力、热力和蒸汽等。

(4) 职工薪酬。它是指支付给企业职工的各种形式的报酬以及其他相关支出，包括工资、职工福利费、养老保险费、失业保险费、医疗保险费、生育保险费、工商保险费、住房公积金、工会经费、职工教育经费等。

(5) 折旧和摊销费。它是指企业按照规定计提的固定资产折旧费用，以及无形资产的摊销费等。

(6) 修理费。它是指企业为修理固定资产而发生的且不符合资本化条件的各项修理费用。

(7) 利息支出。它是指企业按规定计入生产经营费用的借款利息支出减去利息收入后的净额。

(8) 其他支出。它是指企业发生的不属于以上各要素的费用支出，如差旅费、办公费、电信费、租赁费、保险费、诉讼费等。

2. 产品成本项目

制造业企业的各项要素费用，按照经济用途分类，可以分为计入产品成本的生产费用和直接计入当期损益的期间费用两大类。在计入产品成本的生产费用中，有的直接用于产品的生产，有的间接用于产品的生产，为了具体反映计入产品成本的生产费用的各种用途、提供产品成本构成情况的资料，还需将其进一步划分为若干个成本项目。也就是说，产品成本项目是生产费用按经济用途分类核算的项目。通常，制造业企业的产品成本项目包括直接材料、燃料和动力、直接人工和制造费用等。

(1) 直接材料。它是指构成产品实体的原材料以及有助于产品形成的主要材料和辅助材料。

(2) 燃料和动力。它是指直接用于产品生产的燃料和动力。

(3) 直接人工。它是指直接从事产品生产的工人的职工薪酬。

(4) 制造费用。它是指企业为生产产品和提供劳务而发生的各项间接费用，包括企业生产部门（如生产车间）发生的水电费、固定资产折旧、管理人员的职工薪酬、劳动保护费、国家规定的有关环保费用、季节性和修理期间的停工损失等。

知识拓展

为了使成本项目更好地适应企业的生产特点和管理的需要，企业可以对上述的成本项目进行适当的调整。例如，有些企业的燃料及动力在产品成本中所占比重较小，可不单独开设“燃料及动力”成本项目，而是将其并入“直接材料”成本项目。除以上成本项目以外，有些企业还可以根据实际需要，增设自制半成品、外部加工费、专用工具、废品损失、停工损失等成本项目。

6.1.3 成本核算基本要求

企业在生产经营过程中，会发生各种各样的费用支出，为了保证企业产品成本的准确性，必须对发生的各种支出进行审核和控制，正确划分各种费用支出的界限，并要根据企业生产的特点和管理要求，选择适当的成本计算方法，归集和计算成本。

1. 严格执行统一规定的成本开支范围和费用开支标准

成本开支范围是对企业的哪些开支可以列入成本、哪些开支不能列入成本所做的规定。在我国，成本开支范围是根据企业在生产过程中的生产费用的不同性质，按照成本项目的内容以及加强经济核算的要求统一制定的。企业进行成本核算，首先要根据有关的法规和制度，以及企业的成本计划和相应的消耗定额，对企业的各项费用进行审核，决定是否应该开支；已经开支的，再看是否应该计入产品成本。例如，企业为制造产品所发生的各项耗费应计入产品成本，而企业购建固定资产的支出以及与生产经营活动无关的营业外支出等，不能计入产品成本。

费用开支标准是指对某些成本费用的支出数额或比例所做的具体规定，如福利费在工资总额中的提取或列支比例、业务招待费在营业收入中的列支比例等。企业只有严格执行统一的成本开支范围和费用开支标准，才能保证成本信息的真实性，正确计算企业的利润，并使同类企业以及企业本身不同时期的成本内容一致，保障成本信息横向和纵向的可比性。

2. 正确划分各种费用界限

企业的经济活动纷繁复杂，发生的费用支出也五花八门。为了正确计算成本，必须划清以下几方面的费用界限。

（1）划清生产经营性支出与非生产经营性支出的界限。企业的支出按照与生产经营活动的关系分类，可以分为生产经营性支出和非生产经营性支出。生产经营性支出是指与企业正常生产经营活动有关的支出，比如用于产品生产和销售或用于组织和管理生产经营活动，以及为筹集生产经营活动所需资金而发生的各种支出等，可计入当期的生产经营费用（被称为收益性支出）；还有用于购建固定资产和无形资产的支出（被称为资本性支出），则随着企业生产经营活动的不断进行和资产的投入使用，分期地转化为生产经营费用。非生产经营性支出是指与企业生产经营活动无直接关系的各项支出，包括营业外支出、偿债性支出和对外投资支出等，它们无论在当期还是以后都不能作为费用处理。

企业既不能多计生产经营费用，如将不属于生产经营的费用计入生产经营费用，也不应少计生产经营费用。多计和少计生产经营费用都会使成本费用信息失实。多计生产经营费用会减少企业利润和国家税收，少计生产经营费用则会虚增企业利润，使企业的生产经营耗费得不到应有的补偿，影响企业再生产的顺利进行。每一个企业都应正确划分生产经营性支出和非生产经营性支出的界限，遵守国家关于成本、费用开支范围的规定，杜绝多计和少计生产经营费用的错误做法。

（2）划清生产费用与期间费用的界限。企业日常生产经营活动发生的耗费，其具体用途不同，计入损益的时间和方式也不同。用于产品生产的耗费形成产品成本，在产品销售后作为产品销售成本计入损益。由于当月投产的产品不一定当月完工，当月完工的产品也不一定当月销售，因而当月的生产费用往往不等于计入当月损益的销售成本。但是，计入管理费用、销售费用和财务费用的各项期间费用，直接抵减当月损益。因此，为了正确计算产品成本和期间费用，正确确定企业各月的损益，必须正确划分产品生产费用和期间费用的界限。

（3）划清各期的生产经营费用界限。为了正确计算各期成本和损益，还要划清本期成本费用和其他期间成本费用的界限。这项要求体现在两个方面：一是本期发生的费用，本期全部登记入账；二是贯彻权责发生制原则，虽在本期发生或支付但应由以后各期耗用或受益的支出，分期摊销计入以后各期的成本费用；凡是在本期受益或耗用但在以后支付的费用，应预提计入本期的成本费用。但是，数额较小的本应分期摊销或预提的费用，按照重要性原则，可不做摊销或预提费用处理，而在支付时直接计入当期的成本费用。为了保证成本计算的正确性，每个企业都应该划清各期的生产经营费用界限，杜绝利用摊销和预提的方法来人为调节各期成本费用和损益。

（4）划清各种产品的费用界限。成本计算的直接目的是计算出各种产品的总成本和单位成本，这样才能正确计算营业利润并确定各种不同产品对企业的贡献大小。因此，生产两种或两种以上产品时，就要划清不同产品的费用界限。在各种产品成本应该按照规定的成本项目归集和核算时，凡是能直接计入各成本计算对象的费用，应直接计入有关成本项目，如构成产品实体的原料及主要材料一般都属于直接费用，可以直接计入“直接材料”成本项目；凡是由几种产品共同负担的费用，如企业的生产管理部门为组织和管理生产活动而发生的间接费用，必须根据合理的分配标准，在各种产品之间进行分配。

（5）划清完工产品与在产品的费用界限。在制造业企业中，产品生产周期与会计核算期间通常会不一致，在期末（通常为每月月末）会有尚未完工的在产品存在，因此，计入某种产品成本的费用，还要在完工产品和在产品之间进行分配，才能正确计算完工产品和在产品的成本。当然，如果期末某种产品全部完工而没有在产品，那么该种产品的全部生产费用就是其完工产品的成本；如果某种产品在期末全部未完工，那么该种产品的全部生产费用就是其期末在产品成本。

3. 正确确定财产物资的计价和价值结转方法

企业在生产经营过程中要消耗各种财产物资，它们的价值随着生产经营过程的进行而转化为成本费用，因而财产物资的计价和价值结转方法也是影响产品成本正确性的重要因素。对各种财产物资的计价和价值结转，应采用既合理又简便的方法。在制度规范中有统一规定的，应采用统一规定的方法。各种方法一经确定，应保持相对稳定，不能随意改变，以保证成本信息的可比性。

4. 做好各项成本核算的基础工作

为了正确计算成本并加强成本控制，企业必须做好以下各项基础工作。

①建立和健全原始记录制度。

②建立和健全材料物资的计量、收发、领退和盘点制度。

③做好定额的制定和修订工作。

④建立健全费用审批制度。

⑤做好企业内部计划价格的制定和修订工作。

5. 按照生产特点和管理要求，采用适当的成本计算方法

如前所述，成本是对象化的费用。按照成本计算对象为标志划分，成本计算的基本方法包括品种法、分批法和分步法等。不同企业产品的生产工艺过程和生产组织不同，所采用的产品成本计算方法也就不同，同时企业还应根据管理要求的不同，选用适当的产品成

本计算方法。

6.1.4 成本计算的一般程序

成本计算的一般程序，也就是企业根据成本计算的基本要求计算成本的主要工作内容和先后顺序。制造业企业产品生产成本计算的一般程序包括确定成本计算对象、确定成本项目、确定成本计算期、归集和分配各项生产费用、计算总成本和单位成本。

1. 确定成本计算对象

成本是对象化的费用，成本计算过程就是将各项生产费用按受益对象进行归集的过程。所以，确定成本计算对象是设置成本计算单并进行成本计算的前提。在实际工作中，企业必须根据自身的生产特点和管理要求选择确定合适的成本计算对象。关于这一点的具体内容在6.4详细介绍。

2. 确定成本项目

计入成本的各项资金耗费按经济用途所做的分类项目就是成本项目。成本计算的主要工作内容就是将生产过程中发生的生产费用按经济用途归类计入各种产品成本，所以确定成本项目是进行成本计算的一个重要环节。如前所述，制造业企业常用的主要成本项目包括直接材料、燃料或动力、直接人工和制造费用，其他成本项目如其他直接支出、自制半成品等，企业可以根据实际需要增设。

3. 确定成本计算期

所谓成本计算期，是指对生产费用计入产品成本所规定的起讫日期，也就是每次计算产品成本的期间。不同企业的生产类型不同，产品的成本计算期也不同。大量大批生产的企业，生产像流水一样连续不断地进行，不易分出批别，成本计算往往定期在每月月末进行，与会计报告期相一致。小批或单件生产的企业，批量小而且生产一般不重复进行，因此，只能等某一批产品完工后才能计算该批产品的成本，这样，成本计算就是不定期地进行，即成本计算期就与生产周期相一致，与会计报告期不一致。

4. 归集和分配各项生产费用，计算总成本和单位成本

归集和分配各项生产费用是成本计算工作的主要内容，具体包括以下环节。

①对企业的各项支出进行严格的审核和控制，并按照国家有关规定确定其应否计入产品成本与期间费用，以及应计入产品成本还是期间费用。

②对应计入产品成本和期间费用的支出，要确定是否可以计入本期的产品成本和期间费用，正确处理费用的跨期摊提工作。

③将应计入本月产品成本的各项生产费用，在各种产品之间按照成本项目进行分配和归集，计算出按成本项目反映的各种产品的成本。

④对于月末既有完工产品又有在产品的产品，将该种产品的生产费用在完工产品与月末在产品之间进行分配，计算出该种产品的完工产品成本和月末在产品成本，并按照完工产品的数量计算其单位成本。

在实际工作中，还会涉及辅助生产费用的归集和分配，以及废品损失和停工损失的处理等，成本计算过程将更为复杂。

6.2 生产费用的归集和分配

制造业企业产品的生产过程同时也是资源的消耗过程，所消耗的各项资源被分为各项

要素费用。成本计算就是在确定成本对象和成本项目的基础上，将应计入产品成本的各项要素费用，采用适当的方法进行归集和分配，最终计算出各种产品的总成本和单位成本。在此过程中，要设置“生产成本”“制造费用”等账户进行反映。

6.2.1　各项要素费用的分配

6.2.1.1　要素费用分配概述

概括地说，各项费用要素按用途和发生地点进行归集和分配，基本情况如下。

(1) 基本生产车间直接用于产品生产并专设成本项目的各项费用，应记入“生产成本”总账，并直接记入或分配记入有关产品成本明细账的相关成本项目，即：能够直接认定是某种产品消耗的费用，直接记入该种产品明细账的相关成本项目；几种产品共同耗用、不能确认各产品消耗数额的费用，采用适当方法分配记入各种产品明细账的相关成本项目。

(2) 基本生产车间直接用于产品生产但没有专设成本项目的各项费用，以及间接用于产品生产的费用，先记入“制造费用”科目及所属明细账的相关费用项目，然后通过一定的分配程序，转入或分配转入“生产成本”总账及所属明细账的“制造费用”项目。

对于这些间接计入产品成本的制造费用，企业应当根据生产经营特点，以正常生产能力水平为基础，按照资源耗费方式确定合理的分配标准进行分配。分配标准应与分配对象有比较密切的联系，且分配标准的资料比较容易获得。常见的分配标准有产品的重量、体积、产量、生产工时、原材料定额消耗量、定额费用等。

分配间接费用的一般公式：

$$费用分配率=\frac{待分配费用总额}{分配标准总额}$$

$$某产品应分配费用=该产品的分配标准额\times费用分配率$$

计入产品成本的要素费用，包括材料费用、职工薪酬、燃料和动力及固定资产折旧费用等，其中最主要的是材料费用、职工薪酬和固定资产折旧费用，下文以这几项要素费用为例说明生产费用的归集和分配。

6.2.1.2　材料费用的归集和分配

在企业的生产经营活动中，要大量消耗各种材料，如各种原料及主要材料、辅助材料等。它们有的用于产品生产，有的用于维护生产设备和管理、组织生产，此外，还有的用于非工业生产等。其中，应计入产品成本的材料费用，根据具体用料情况进行归集和分配。

(1) 直接用于产品生产、构成产品实体的原材料费用，分为以下两种情况。

①按照产品品种（或成本计算对象）分别领用的，直接计入各种产品成本明细账的“直接材料”成本项目。

②不能分别领用，而是几种产品共同耗用的，采用适当的分配方法分配计入各种产品成本明细账的“直接材料”成本项目。根据材料本身的特点，可以采用产品重量、体积、原材料定额消耗量或定额费用比例进行分配。在消耗定额比较准确的情况下，通常采用材料定额消耗量比例进行分配，计算公式如下：

$$某产品原材料定额消耗量=该产品实际产量\times单位产品原材料定额消耗量$$

$$原材料消耗量分配率=\frac{原材料实际总消耗量}{各种产品原材料定额消耗量之和}$$

$$某种产品应分配的实际消耗量=该产品原材料定额消耗量\times分配率$$

$$某种产品应分配的实际原材料费用=原材料实际消耗量\times单价$$

以上计算公式也可以简化为：

$$某产品原材料定额消耗量=该产品实际产量\times单位产品原材料定额消耗量$$

$$原材料费用分配率=\frac{原材料实际费用总额}{各种产品原材料定额消耗量之和}$$

$$某种产品应分配的实际原材料费用=该产品原材料定额消耗量\times分配率$$

【例6-1】某公司本月领用某种原材料共计84 240元，生产甲产品800件，乙产品600件。甲产品材料消耗定额1.2千克，乙产品材料消耗定额1.1千克。

该种原材料费用分配过程如下：

甲产品原材料定额消耗量为：$800\times1.2=960$

乙产品原材料定额消耗量为：$600\times1.1=660$

$$原材料费用分配率=\frac{84\ 240}{960+660}=52$$

甲产品应分配的材料费用：$960\times52=49\ 920$（元）

乙产品应分配的材料费用：$660\times52=34\ 320$（元）

（2）直接用于产品生产、有助于产品形成的辅助材料，直接或分配计入各种产品成本明细账的“直接材料”成本项目，分配方法与前例类似。

6.2.1.3 工资费用的归集和分配

职工薪酬是指企业为获得职工提供的服务或解除劳动关系而给予的各种形式的报酬或补偿。职工薪酬包括短期薪酬、离职后福利、辞退福利和其他长期职工福利等。其中，短期薪酬中支付给职工本人的工资、奖金、津贴和补贴（构成应付工资总额）、按应付工资总额一定比例计提的工会经费和职工教育经费、列支的职工福利费以及为职工缴纳的各项社会保险金、住房公积金等（在此统称为其他职工薪酬），是企业每月都要发生的人工费用，本节所称工资费用主要是指这些短期薪酬。

1. 工资费用的归集和分配

工资费用的分配，也要划清计入产品成本与期间费用和不计入产品成本与期间费用的界限，其中应计入产品成本的工资费用还应该按成本项目归集：凡属生产车间直接从事产品生产人员的工资费用，计入产品成本的“直接人工”项目；企业各生产部门（如车间）为组织和管理生产所发生的管理人员的工资费用，先在“制造费用”账户中归集，期末再分配计入产品成本的“制造费用”项目。企业行政管理人员的工资费用，作为期间费用计入“管理费用”科目中的“职工薪酬”项目。

对于直接从事产品制造的生产工人，企业可能采用的工资制包括计件工资制和计时工资制。由于工资制度的不同，生产工人工资计入产品成本的方法也不同。在计件工资制下，生产工人工资通常是根据产量凭证计算并直接计入产品成本；在计时工资制下，如果只生产一种产品，生产人员工资属于直接费用，可直接计入该种产品成本；如果生产多种产品，就要采用一定的分配方法在各种产品之间进行分配。工资费用的分配，通常采用按产品生产工时比例分配的方法，其计算公式如下：

$$工资费用分配率=\frac{某车间生产工人计时工资总额}{该车间各种产品生产工时总额}$$

$$某产品应分配计时工资=该产品生产工时\times工资费用分配率$$

【例 6-2】某公司生产甲、乙两种产品，本月发生的生产工人计时工资共计 320 000 元。甲、乙产品生产工时分别为 25 000 小时和 15 000 小时。

按生产工时比例分配计算如下：

$$\text{生产工人工资费用分配率}=\frac{320\ 000}{25\ 000+15\ 000}=8\text{（元/小时）}$$

$$\text{甲产品分配的生产工人工资费用}=25\ 000\times 8=200\ 000\text{（元）}$$

$$\text{乙产品分配的生产工人工资费用}=15\ 000\times 8=120\ 000\text{（元）}$$

按生产工时比例分配工资费用时，需要注意从工时上划清应计入与不应计入产品成本的工资费用界限。如生产工人为安装固定资产提供劳务，那么这部分生产工时应该划分出来，所分配的工资费用应计入固定资产的成本，不应计入产品成本。

2. 工资分配表的编制

工资费用的分配较为复杂，往往通过编制工资费用分配表进行。假设某公司 20××年 6 月生产工人的工资包括直接计入的计件工资和分配计入的计时工资两部分，其他人员的应付工资包括基本工资、奖金、津贴、补贴等。根据各个部门的工资结算单等凭证编制“工资费用分配表”，如表 6-1 所示。

表 6-1　　工资费用分配表

应借科目		成本或费用项目	直接计入（元）	分配计入			工资费用合计（元）
				生产工时（小时）	分配率（元/小时）	分配金额（元）	
基本生产成本	甲产品	直接人工	30 000	25 000	8	200 000	230 000
	乙产品	直接人工	20 000	15 000	8	120 000	140 000
	小计		50 000	40 000		320 000	370 000
制造费用	第一车间	职工薪酬	20 000				20 000
	第二车间	职工薪酬	20 000				20 000
	小计		40 000				40 000
管理费用		职工薪酬	60 000				60 000
销售费用		职工薪酬	30 000				30 000
合计			180 000			320 000	500 000

3. 其他职工薪酬的归集和分配

其他职工薪酬中的各种保险费、住房公积金、工会经费和职工教育经费等，应按照应付工资总额的一定比例提取，并根据受益对象计入相应成本费用账户；而职工福利费可以不预先计提，在实际支付时根据受益对象和规定的开支标准直接计入相应成本费用账户。

【例 6-3】假定某公司 20××年 6 月应付职工的工资数额如表 6-1 所示。根据企业所在地政府的规定，企业按工资总额的 40%这一总计比例提取各项社会保险、住房公积金、工会经费和职工教育经费。

根据表 6-1，各受益对象应分配的其他职工薪酬计算如表 6-2 所示。

表 6-2　　其他职工薪酬分配表

应借科目		成本或费用项目	计提依据（元）	计提比例（%）	计提金额（元）
基本生产成本	甲产品	直接人工	230 000	40	92 000
	乙产品	直接人工	140 000	40	56 000
	小计		370 000		148 000
制造费用	第一车间	职工薪酬	20 000	40	8 000
	第二车间	职工薪酬	20 000	40	8 000
	小计		40 000		16 000
管理费用		职工薪酬	60 000	40	24 000
销售费用		职工薪酬	30 000	40	12 000
合计			500 000		200 000

6.2.1.4　固定资产折旧费用的归集和分配

1. 固定资产折旧费用的计算

固定资产在长期使用过程中保持实物形态不变，但其价值随着固定资产的损耗而逐渐减少。固定资产因损耗而减少的价值称为固定资产折旧，它以折旧费用形式计入成本费用。

固定资产折旧费用的多少取决于企业的折旧政策，即企业对折旧方法和折旧年限所做的选择。常用的折旧方法分为直线法和加速折旧法两大类。

（1）直线法。这种方法假设固定资产的损耗随时间推移而发生，因此，固定资产的成本应均衡地摊配于其使用寿命周期内的各个会计期间，故亦称平均年限法，其计算公式：

$$年折旧费用 = \frac{原价 - 预计残值}{预计使用年限}$$

$$月折旧费用 = \frac{年折旧费用}{12}$$

式中，原价指购建固定资产时发生的应计入固定资产成本的一切必要支出；预计残值指预计在固定资产清理报废时所收回的残余价值扣减清理费用后的净额；预计使用年限一般指固定资产的经济使用年限。

【例 6-4】有一台设备原价 430 000 元，预计净残值 10 000 元，预计使用年限 5 年。该设备的折旧计算如下：

$$年折旧费用 = \frac{430\ 000 - 10\ 000}{5} = 84\ 000(元)$$

$$月折旧费用 = \frac{84\ 000}{12} = 7\ 000(元)$$

值得注意的是，某些固定资产（如汽车等）的损耗，不是随时间推移而发生，而主要受使用强度影响，这类固定资产的折旧费用则按工作量（如汽车的行驶里程）来计算，这种折旧计算方法被称为工作量法。

（2）加速折旧法。这种方法又称递减费用法，是指固定资产每期计提的折旧额，在使用初期计提的多，在后期计提的少，即折旧费用逐期递减。我国采用的具体计算方法有双倍余额递减法和年限总和法，这些方法较为复杂，在后续课程中介绍。

2. 固定资产折旧费的归集和分配

企业生产部门使用的固定资产的折旧费，是产品生产成本的重要组成部分；而企业行政管理部门、专设销售机构等使用的固定资产的折旧费，应计入期间费用。生产部门的机器设备，虽直接用于加工产品，但企业生产一种产品往往需要使用多种机器设备，而一种机器设备可能用于生产多种产品，使得机器设备的折旧费难以按产品直接归集。因此，为了简化会计核算，没有专门设置机器设备折旧费用的成本项目，而是与生产部门的其他固定资产折旧费一样，作为间接费用处理，在“制造费用”账户归集，期末与其他间接费用一起分配。

6.2.2 制造费用的归集和分配

1. 制造费用的归集

制造费用是制造业企业为生产产品（或提供劳务）而发生的、应计入产品成本但没有专设成本项目的各项生产费用。制造费用的大部分是间接用于产品生产的费用，如机物料消耗、厂房折旧费、照明费、水费、取暖费及车间管理人员薪酬、差旅费和办公费等；也有一部分直接用于生产但不单独设立成本项目，如机器设备折旧费等。不单独设立成本项目核算的动力费用，也计入制造费用。

制造费用设立若干项目进行计划和核算。企业发生的各项制造费用，按其用途和发生的地点，通过“制造费用”账户归集。“制造费用”账户可以按生产单位开设明细账，账户内按照费用项目开设专栏进行明细核算。

【例 6-5】某公司 20××年 6 月根据各种费用分配表及付款凭证登记的第一车间制造费用明细账（简易格式）见表 6-3。

表 6-3　　制造费用明细账

生产单位：第一车间　　20××年 6 月　　单位：元

摘要	机物料消耗	动力费用	职工薪酬	折旧费	办公费	水电费	保险费	其他	合计
付款凭证					5 500			8 160	13 660
材料费分配表	7 000								7 000
动力费分配表		8 500							8 500
工资费分配表			20 000						20 000
其他职工薪酬			8 000						8 000
保险费分配表							9 000		9 000
折旧费分配表				20 000					20 000
水电费分配表						9 840			9 840
合计	7 000	8 500	28 000	20 000	5 500	9 840	9 000	8 160	96 000
分配转出	-7 000	-8 500	-28 000	-20 000	-5 500	-9 840	-9 000	-8 160	-96 000

2. 制造费用的分配

登记了制造费用明细账，结算出其合计数，也就是归集好了本期的制造费用。为了计算出各种产品的生产成本，还要进行制造费用的分配。在生产一种产品的车间中，制造费用可直接结转计入其产品成本。在生产多种产品的车间中，就要采用既合理又简便的分配方法，将制造费用分配计入各种产品成本。制造费用按车间进行分配，不得将各车间制造费用统一在整个企业范围内分配。常见的制造费用分配方法有生产工时比例法、生产工人工资比例法、机器工时比例法和按年度计划分配率分配法等，各种分配方法的计算大同小异，本节以生产工时比例法为例说明。

生产工时比例法是按照各种产品所用生产工人工时的比例分配制造费用的一种方法。其中的生产工时既可用实际工时，也可用定额工时。计算公式如下：

$$\text{某车间制造费用分配率}=\frac{\text{某车间制造费用总额}}{\text{该车间产品生产工时(定额工时)总额}}$$

$$\text{某产品应分配的制造费用}=\text{该产品生产工时(定额工时)}\times\text{制造费用分配率}$$

【例6-6】某公司20××年6月第一车间发生的制造费用总额为96 000元，第一车间甲产品生产工时为25 000小时，乙产品生产工时为15 000小时。

按生产工时比例分配制造费用计算如下：

$$\text{制造费用分配率}=\frac{96\ 000}{25\ 000+15\ 000}=2.4\text{(元/小时)}$$

$$\text{甲产品应分配制造费用}=25\ 000\times 2.4=60\ 000\text{(元)}$$

$$\text{乙产品应分配制造费用}=15\ 000\times 2.4=36\ 000\text{(元)}$$

6.2.3 生产费用在完工产品与在产品之间的分配

生产成本在完工产品与在产品之间的分配，在成本计算工作中是一个重要而又比较复杂的问题。根据企业长期的实践总结，具体的分配方法包括不计算在产品成本、在产品成本按年初数固定计算、在产品成本按其所耗用的原材料费用计算、约当产量法、在产品成本按定额成本计算、定额比例法等。企业应当根据在产品数量的多少、各月在产品数量变化的大小、各项费用比重的大小以及定额管理基础的好坏等具体条件，选择既合理又简便的分配方法。

1. 不计算在产品成本

在月末在产品数量很小的情况下，算不算在产品成本对完工产品成本影响不大。为了简化核算工作，可以不计算在产品成本，即在产品成本为零，本月发生的生产费用全部作为完工产品的生产成本。

2. 在产品成本按年初数固定计算

在月末在产品数量很小，或者在产品数量虽大但各月之间在产品数量变动不大，月初、月末在产品成本的差额对完工产品成本影响不大的情况下，为简化核算工作，各月在产品成本可以按年初数固定计算。采用这种方法，某种产品本月发生的生产费用就是本月完工产品的总成本。

3. 在产品成本按其所耗用的原材料费用计算

在原材料费用在产品成本中所占比重较大，而且原材料是在生产开始时一次就全部投入的情况下，为了简化核算工作，月末在产品可以只计算原材料费用，其他费用全部由完工产品负担，这种方法亦称原材料扣除法。

4. 约当产量法

约当产量是指在产品按其完工程度折合成完工产品的产量。比如，若在产品数量为 10 件，平均完工 60%，则折合为相当于完工产品数量 6 件。按约当产量比例分配的方法，就是将月末结存的在产品，按其完工程度折合成约当产量，然后再将产品应负担的全部生产费用，按完工产品产量和在产品约当产量的比例进行分配的一种方法。

这种方法的计算公式如下：

$$在产品约当产量 = 在产品数量 \times 完工程度$$

$$单位成本 = \frac{月初在产品 + 本月生产费用}{完工产品产量 + 月末在产品约当产量}$$

$$完工产品成本 = 单位成本 \times 完工产品产量$$

$$月末在产品成本 = 单位成本 \times 月末在产品约当产量$$

【例 6-7】某公司某产品本月完工 16 件，在产品 10 件，平均完工程度为 40%，月初在产品成本和本月生产费用共计 40 000 元。

分配过程如下：

$$单位成本 = \frac{40\ 000}{16 + 10 \times 40\%} = 2\ 000(元/件)$$

$$完工产品成本 = 16 \times 2\ 000 = 32\ 000(元)$$

$$在产品成本 = 10 \times 40\% \times 2\ 000 = 8\ 000(元)$$

在很多产品的生产过程中，原材料是在生产开始时一次投入的。这时，在产品无论完工程度如何，都应和完工产品同样负担材料费用。如果原材料是随着生产过程陆续投入的，在分配原材料费用时则应按照各工序投入的材料费用在全部材料费用中所占的比例计算在产品的约当产量。

5. 在产品成本按定额成本计算

这种方法是指期末在产品的各项费用按各该费用定额计算，其中，原材料费用按原材料定额耗用量计算，其他成本项目均可按工时定额耗用量计算。然后，将期初在产品成本与本期生产费用的合计数，减去期末在产品的定额成本，就可算出完工产品的总成本。这种方法的计算公式如下：

$$期末在产品成本=期末在产品原材料定额成本+期末在产品工资和其他费用定额成本$$

$$完工产品成本=期初在产品定额成本+本期生产费用-期末在产品定额成本$$

其中：

$$期末在产品原材料定额成本=在产品数量\times单位产品原材料消耗定额\times原材料单价$$

（注：若原材料不是在产品投产时一次性投入，还要考虑在产品的投料率）

$$期末在产品工资和其他费用定额成本=期末在产品消耗工时\times单位小时工资和其他费用定额$$

采用这种方法，期末在产品定额成本与实际成本之间的差异全部由完工产品成本负担。因此，这种方法适用于定额管理基础好、各项消耗定额比较准确且各期在产品数量比较稳定的产品。

6. 定额比例法

如果期末在产品数量变动较大，但制定了比较准确的消耗定额，生产费用可以在完工产品和月末在产品之间用定额消耗量或定额费用作比例分配，通常材料费用按定额消耗量比例分配，而其他费用按定额工时比例分配。这种方法的计算较为烦琐，在后续课程中介绍。

6.3 成本对象与成本计算方法

6.3.1 成本对象

6.3.1.1 成本对象含义

成本对象也即成本计算对象，是分配成本的客体，即成本的承担者。在前面分配要素费用的过程中，我们都是将各项费用分配给各种产品，即以产品为成本对象。

产品是我们最熟悉也最为常见的成本对象，但是成本对象绝不仅仅局限于产品。成本对象可以是你所关心的、希望知道其成本数据的任何事物。它可以是部门，也可以是某个顾客，也可以是某项作业。可以说，你想知道谁的成本，谁就成为成本对象。

在目前的财务会计核算体系中，制造业企业主要以产品为成本对象，但具体来说，可以根据具体情况分别按照产品品种、批次订单或生产步骤等确定产品成本计算对象。

6.3.1.2 企业生产特点和成本管理要求对成本对象的影响

产品成本是在生产过程中形成的，因此，生产的特点在很大程度上影响着成本计算；同时，成本计算是为成本管理提供资料的，因此，如何进行计算、提供哪些资料，必须考虑成本管理的要求。概括地说，生产类型不同以及对成本管理的要求不同，都将对产品成本计算产生影响，而且其影响主要表现在成本计算对象的确定上。

1. 企业生产类型

不同行业、不同企业的生产特点千差万别，在此按照制造业企业生产的一般特点进行分类。

(1) 按产品生产工艺过程特点分类。制造业企业的生产，按生产工艺过程特点，可分为单步骤生产和多步骤生产两种类型。

单步骤生产，亦称简单生产，是指生产工艺过程不能间断的生产（如供水、发电企业水、电的生产），或者由于工作地点限制不便分散在几个不同地点进行的生产（如采掘企业的生产）。

多步骤生产，亦称复杂生产，是指生产工艺过程可以间断，可以分散在不同时间、地点，由几个生产步骤组成的生产。生产活动可以由一个企业的几个车间分生产步骤分别进行，也可以由几个企业分生产步骤协作进行。

知识拓展

多步骤生产还可以按加工方式分为连续式多步骤生产和装配式多步骤生产。

连续式多步骤生产，是指要经过若干个连续性的生产步骤才能最终制成产品的生产，比如纺织企业从棉花到棉纱再到棉布的生产，钢铁企业从铁矿石到铁锭再到钢产品的生产。

装配式多步骤生产，是指先把各种原材料平行加工，制成各种零部件，再把各种零部件装配成产品的生产，比如自行车、汽车、家电等企业的生产。

(2) 按产品生产组织特点分类。制造业企业的生产，按产品生产组织特点，可分为大量生产、成批生产和单件生产三种类型。

大量生产是指连续不断地重复生产一种或几种特定产品的生产。这种生产类型的企业一般生产的品种较少，但每一品种的产量较大，规格较单一。如供水、发电、采掘、纺织、钢铁、造纸等企业的生产就属于这种类型。

成批生产是指按事先规定的批别和数量进行的生产。这种生产类型的企业一般生产的品种较多，规格也较多，但每一品种的产量可能有大有小。如机械、服装等企业的生产就属于这种类型。成批生产按照批量大小又可分为大批生产和小批生产。大批生产和大量生产相接近，小批生产和单件生产相接近。

单件生产是指生产制造品种规格或质量要求比较特殊的产品，或根据客户订单个别设计、单独进行的生产。这种生产类型的企业一般生产的品种较多，但每一品种的产量较少，规格较特殊，而且很少再重复生产该种规格的产品。如重型机械、精密仪器、大型船舶等企业的生产就属于这种类型。

2. 不同生产类型对成本计算对象的影响

（1）产品生产工艺过程不同，成本计算对象不同。在单步骤生产时，企业往往连续不断、大量重复地生产一种或几种产品，因此成本计算对象就是产品的品种，管理上也只要求按产品的品种来计算成本。在多步骤生产时，生产工艺过程是由几个可以间断的、分散在不同地点进行的生产步骤所组成的。为了加强各个生产步骤的成本管理，往往不仅要求按照产品品种或批别来计算成本，而且要求按照产品的各个生产步骤来计算成本。但是，如果企业的规模小，管理上不要求按照生产步骤来考核生产费用，计算产品成本，也可以不按照生产步骤计算成本，而只按照产品的品种或批别来计算成本。

（2）产品生产组织特点不同，成本计算对象也不同。在大量生产时，企业连续不断地重复生产一种或几种产品，因此管理上只要求而且只能按照产品的品种来计算成本。在大批生产时，与大量生产相类似，也往往连续不断地重复生产一种或几种产品，而且投料一般较为集中，也只能按照产品的品种来计算成本。至于单件和小批生产，因为投产的批量较小，同一批产品往往可以同时完工，因此可以按照产品的批别（单件是最小的批别）来计算成本。管理上为了分析和考核各批产品成本，也要求按照产品的批别来计算成本。

综上所述，成本计算对象主要是根据产品的生产特点和管理要求来加以确定的。一般说来，主要有三种成本计算对象：产品的品种、产品的批别和产品的生产步骤。

6.3.2 成本计算方法

成本计算对象的确定，是设置产品成本明细账、归集生产费用、计算产品成本的前提，是区别各种成本计算基本方法的主要标志。按照成本计算对象为标志划分，成本计算的基本方法包括品种法、分批法和分步法。

6.3.2.1　品种法

1. 品种法含义

产品成本计算的品种法，是指以产品品种为成本计算对象，计算成本的一种方法。它适用于大量大批的单步骤生产的企业，如发电厂、供水厂、采掘企业等。在这种类型的生产中，产品的生产技术过程不能从技术上划分为步骤（如企业或车间的规模较小，或者车间是封闭式的，也就是从原材料投入产品产出的全部生产过程都是在一个车间内进行的）。管理上不要求分步骤计算产品成本的大量大批多步骤生产，如小型的造纸厂、水泥厂、织布厂等，或者生产是按流水线组织的，管理上就不要求按照生产步骤计算产品成本，也可以按品种法计算产品成本。

2. 品种法主要特点

①成本计算对象是产品品种。如果企业只生产一种产品，全部生产费用都是直接费用，可直接记入该产品成本明细账的有关成本项目中，不存在在各成本计算对象之间分配费用的问题。如果是生产多种产品，间接费用则要采用适当的方法，在各成本计算对象之间进行分配。

②品种法下一般定期（每月月末）计算产品成本，成本计算期与会计报告期一致，与企业生产周期不一致。

③如果企业月末有在产品，要将生产费用在完工产品和在产品之间进行分配。

3. 品种法的计算程序

按照产品的品种计算成本，是成本管理对于成本计算的最一般的要求，成本计算的一般程序也就是品种法的成本计算程序，一般包括如下步骤。

①按产品品种设置有关成本明细账。

②按发生地点和用途归集和分配本月发生的各项费用。

③按用途分配辅助生产成本。

④按产品品种分配基本生产车间的制造费用。

⑤计算各种完工产品实际总成本和单位成本。

⑥结转完工产品成本。

6.3.2.2 分批法

1. 分批法含义

分批法是以产品的批别为成本计算对象来归集生产费用、计算产品成本的方法。一般适用于单件小批单步骤生产，也可用于管理上不要求分步骤计算产品成本的单件小批多步骤生产，如特殊或精密铸件的熔制，重型机械、船舶、精密仪器、专用工具器具和专用设备的制造等。

2. 分批法特点

与其他成本计算方法相比，分批法具有如下特点。

①以产品批别作为成本核算对象。

②成本计算期与生产周期一致。

③一般不需要在完工产品和在产品之间分配生产费用。

3. 分批法的成本计算程序

①按产品批别设置生产成本明细账。

②按发生地点和用途归集和分配本月发生的各种费用。

③按用途分配辅助生产费用。

④按产品批别分配基本生产车间制造费用。

⑤按批别计算各种完工产品成本和单位成本。

⑥结转完工产品成本。

可见，除了生产成本明细账的设置和完工产品成本的计算与品种法有所区别外，其余程序与品种法一致。

6.3.2.3 分步法

1. 分步法含义

分步法是以产品的生产步骤为成本计算对象来归集生产费用、计算产品成本的方法。

一般适用于管理上要求分步骤计算产品成本的大量大批多步骤生产，如纺织、冶金、造纸、机械制造等。分步法按生产特点和管理要求不同又分为逐步结转分步法和平行结转分步法。

（1）逐步结转分步法。逐步结转分步法是按照生产步骤逐步计算并结转半成品成本，直到最后步骤计算出完工产品成本的方法。计算各生产步骤所产半成品成本，是逐步结转分步法的显著特征。因此，逐步结转分步法也称作计算半成品成本的分步法。该种方法主要适用于半成品可以加工为不同产品，或者有半成品需要对外销售和需要考核半成品成本的企业，特别是大量大批连续式多步骤生产的企业。

（2）平行结转分步法。平行结转分步法是将各生产步骤所发生的生产费用，应分配给最终完工产品的份额平行汇总，以求得完工产品成本的方法。该方法按照生产步骤归集生产费用，但只计算完工产品在各生产步骤的成本“份额”，不计算和结转各生产步骤的半成品成本。因此，平行结转分步法也称作不计算半成品成本的分步法。该种方法主要适用于在成本管理上要求分步归集费用，但不要求计算半成品成本的企业，特别是没有半产品对外销售的大量大批装配式多步骤生产企业。

2. 分步法的特点

与其他成本计算方法相比，分步法具有如下特点。

①以产品的品种及其所经生产步骤作为成本核算对象。

②成本计算定期按月进行，与产品生产周期不一致。

③通常需要在完工产品与在产品之间分配生产费用。

3. 分步法的计算程序

逐步结转分步法和平行结转分步法的计算程序有所不同。

（1）逐步结转分步法的程序。先计算第一步骤所产半成品成本，并将其转入第二步骤；然后将第二步骤本步骤发生的生产费用，加上第一步骤转入的半成品成本，计算出第二步骤所产半产品成本，并将其转入第三步骤；在最后步骤计算完工产品成本。在设有半成品仓库的企业，还应当在半成品仓库和有关生产步骤之间，随着半成品实物的收发，进行半成品成本的结转。

（2）平行结转分步法的程序。先由各生产步骤计算出某产品在本步骤所发生的各种费用；然后将各生产步骤该产品所发生的费用在最终产品与月末在产品（广义在产品）之间进行分配，确定各生产步骤应计入完工产品成本的“份额”；最后，将各生产步骤应计入相同完工产品成本的份额直接相加，计算出最终产成品的实际总成本。

产品成本计算除了以上基本方法以外，还可以采用分类法、定额法等成本计算的辅助方法。分类法是为了简化产品成本计算工作，在产品的品种规格繁多的制造业企业，如针织厂、灯泡厂、制帽厂等企业采用的一种简便的成本计算方法。而定额法则是在某些定额管理有一定基础的制造业企业中，为了更有效地控制生产费用，加强成本管理而采用的一种将符合定额的费用和脱离定额的差异分别计算的产品成本计算方法。

20 世纪 70 年代以来，高新技术广泛应用于生产领域，企业生产过程高度自动化，生产效率大大提高，市场竞争日益激烈。在这种形势下，许多企业不得不放弃大批量的生产方式，采用以顾客为导向、小批量、差异化的生产方式，生产组织的复杂程度大大增加，成本结构也发生了明显变化，直接材料、直接人工成本在总成本中所占比例日益下降，制造费用所占比重日益增加。新制造环境的产生、产品成本结构的变化，使得企业以生产工时或机器台时为标准的制造费用分配方法已经不能提供准确的产品成本资料，无法为决策提供相关的成本信息。因此，能弥补传统成本计算方法不足的作业成本法应运而生。作业成本法即以作业为基础进行产品成本计算的方法，其实质是在计算产品成本时，将制造费用按作业进行归集和分配，再将每一项作业成本分摊到产品成本中，从而使得产品成本中的制造费用分配更为准确，产品成本也就更为准确。

习近平总书记在党的二十大报告中指出："高质量发展是全面建设社会主义现代化国家的首要任务。"推广应用作业成本法等创新的成本计算方法，并充分利用现代信息技术完善成本核算、加强成本管理，有利于促进企业形成创新驱动、节约集约、绿色低碳的高质量发展方式。

6.4 制造业企业产品成本计算实例

品种法是产品成本计算方法中最基本的方法，品种法的计算程序实际上就是制造业企业产品成本计算的一般程序。因此，本节以品种法为例说明制造业企业成本计算的基本原理。为了简化成本计算过程，便于初学者理解，在实例中假设：只设有一个基本生产车间，不设辅助生产车间；不出现在产品盘亏、废品损失等复杂情况。为避免与前面有关章节重复，会计分录从略。

【例 6-8】某公司是利用专利技术生产取暖宝的制造业企业，只设一个基本生产车间，主要生产电热型和水暖型两种产品，下文简称甲产品和乙产品。目前，生产技术和市场销路已稳定，经济效益较好，两种产品均大量生产，根据生产特点和管理要求，采用品种法计算产品成本。

6.4.1 成本计算资料

1. 月初在产品成本资料

月初在产品成本资料如表 6-4 所示。

表 6-4　　月初在产品成本资料表

20××年 11 月　　单位：元

项目	直接材料	直接人工	制造费用	合计
甲产品月初在产品成本	20 000	12 000	8 000	40 000
乙产品月初在产品成本	0	0	0	0

2. 本月生产数量和生产工时

甲产品本月实际生产工时 8 800 小时，本月完工 8 000 件，月末在产品 4 000 件，在产品原材料已全部投入，加工程度为 50%。乙产品本月实际生产工时为 3 200 小时，本月完工 5 000 件，月末无在产品。

3. 本月发生的各项要素费用

①根据领料单，按用途和部门汇总的材料耗用情况如表 6-5 所示。

表 6-5　　**发出材料汇总表**

20××年 6 月　　单位：元

领料用途	直接领用	共同耗用	耗料合计
产品生产直接消耗	240 000	132 000	372 000
甲产品	170 000		
乙产品	70 000		
基本生产车间一般消耗	4 000		4 000
厂部管理部门消耗	6 000		6 000
合计	250 000	132 000	382 000

②本月发生的应付工资、为职工缴纳的“五险一金”及计提的工会经费等（统称其他职工薪酬，假设为应付工资总额的 40%）汇总如表 6-6 所示。

表 6-6　　**职工薪酬汇总表**

20××年 6 月　　单位：元

人员类别	应付工资总额	其他职工薪酬（40%）	合计
产品生产工人	270 000	108 000	378 000
生产车间管理人员	18 000	7 200	25 200
厂部管理人员	42 000	16 800	58 800
合计	330 000	132 000	462 000

③本月计提折旧费 28 000 元，其中基本生产车间 20 000 元，厂部管理部门 8 000 元。

④本月无形资产摊销 25 800 元，全部为制造产品直接使用的专利技术的摊销。

⑤根据 11 月份银行存款付款凭证编制的各项货币支出汇总表如表 6-7 所示。

表 6-7　　**银行存款付款凭证汇总表**

20××年 11 月　　单位：元

部门	用途	金额
基本生产车间	支付水电费	28 700
	购买办公用品	12 000
	购买劳动保护用品	7 500
	其他	3 280
	小计	51 480
行政管理部门	购买办公用品	18 740
	报销差旅费	43 480
	支付业务招待费	9 320
	其他	14 320
	小计	85 860
合计		137 340

6.4.2 产品成本计算过程

1. 分配材料和工资费用

①根据甲、乙两种产品直接耗用原材料比例分配共同用料，如表6-8所示。

表6-8 **材料费用分配表**

20××年11月 单位：元

产品	直接材料	原材料费用分配率	分配共同材料	耗料合计
甲产品	170 000		93 500	263 500
乙产品	70 000		38 500	108 500
合计	240 000	0.55①	132 000	372 000

注：①直接材料费用分配率=132 000÷240 000=0.55

②根据甲、乙两种产品的实际生产工时分配直接人工费用（含产品生产工人的工资和其他职工薪酬），如表6-9所示。

表6-9 **直接人工费用分配表**

20××年11月

产品	生产工时（小时）	工资及其他职工薪酬分配	
		分配率（元/小时）	分配金额（元）
甲产品	8 800		277 200
乙产品	3 200		100 800
合计	12 000	31.5①	378 000

注：①直接人工费用分配率=378 000÷12 000=31.5

2. 登记和分配制造费用

开设并登记生产车间制造费用明细账，如表6-10所示，月末将制造费用金额按生产工时比例进行分配，如表6-11所示。

表6-10 **制造费用明细账**

生产单位：基本生产车间 20××年11月 单位：元

摘要	费用明细项目							合计
	机物料消耗	职工薪酬	折旧费	劳动保护费	办公费	水电费	其他	
车间耗用材料	4 000							
管理人员薪酬		25 200						
计提折旧			20 000					

续表

摘要	费用明细项目							合计
	机物料消耗	职工薪酬	折旧费	劳动保护费	办公费	水电费	其他	
无形资产摊销							25 800	
购劳保用品				7 500				
购办公用品					12 000			
付水电费						28 700		
其他零星费用							3 280	
本期发生额	4 000	25 200	20 000	7 500	12 000	28 700	29 080	126 480
分配结转	−4 000	−25 200	−20 000	−7 500	−12 000	−28 700	−29 080	−126 480

表 6-11　　**制造费用分配表**

车间：基本生产车间　　20××年 11 月

产品	生产工时（小时）	制造费用分配率（元/小时）	分配金额（元）
甲产品	8 800		92 752
乙产品	3 200		33 728
合计	12 000	10. 54	126 480

3. 登记成本计算单

开设并登记甲产品、乙产品成本计算单如表 6-12、表 6-13 所示，采用约当产量法分配甲产品生产费用，计算完工产品总成本和单位成本。

表 6-12　　**产品成本计算单**

产品：甲产品　　完工产量：8 000 件　　单位：元

摘要	直接材料	直接人工	制造费用	合计
月初在产品成本	20 000	12 000	8 000	40 000
本月生产费用	263 500	277 200	92 752	633 452
生产费用合计	283 500	289 200	100 752	673 452
完工产品产量	8 000	8 000	8 000	8 000
在产品约当产量①	4 000	2 000	2 000	
生产总量②	12 000	10 000	10 000	
单位成本③	23. 625	28. 92	10. 0 752	62. 6 202

续表

摘要	直接材料	直接人工	制造费用	合计
完工产品总成本④	189 000	231 360	80 601.6	500 961.6
月末在产品成本⑤	94 500	57 840	20 150.4	172 490.4

注：①因一次性投料，直接材料项目的在产品约当产量为在产品数量 4 000 件；
直接人工和制造费用项目的在产品约当产量 = 4 000×50% = 2 000（件）
②生产总量 = 完工产品数量 + 在产品约当产量
③直接材料单位成本 = 283 500÷12 000 = 23.625（元）
直接人工单位成本 = 289 200÷10 000 = 28.92（元）
制造费用单位成本 = 100 752÷10 000 = 10.0 752（元）
④完工产品直接材料总成本 = 8 000×23.625 = 189 000（元）
完工产品直接人工总成本 = 8 000×28.92 = 231 360（元）
完工产品制造费用总成本 = 8 000×10.0 752 = 80 601.6（元）
⑤月末在产品直接材料成本 = 283 500－189 000 = 94 500（元）
月末在产品直接人工成本 = 289 200－231 360 = 57 840（元）
月末在产品制造费用成本 = 100 752－80 601.6 = 20 150.4（元）

表 6-13　　产品成本计算单

产品：乙产品　　完工产量：5 000 件　　单位：元

摘要	直接材料	直接人工	制造费用	合计
月初在产品成本	0	0	0	0
本月生产费用	108 500	100 800	33 728	243 028
生产费用合计	108 500	100 800	33 728	243 028
单位成本	21.7	20.16	6.7 456	48.6 056
完工产品总成本	108 500	100 800	33 728	243 028

本章小结

产品成本是指企业在生产产品过程中所发生的材料费用、职工薪酬等，以及不能直接计入而按一定标准分配计入的各种间接费用。产品生产成本又称制造成本，按其经济用途分类一般包括直接材料、直接工资和制造费用三个成本项目。费用是指企业在获取当期收入的过程中，对企业所拥有或控制的资产的耗费。费用是成本的基础，成本是对象化的费用。

计算产品成本要做好各项基础工作，严格执行成本开支范围和费用开支标准，应划清经营性支出与非经营性支出的界限、划清计入产品成本的生产费用和期间费用的界限、划清本期成本费用和其他各期成本费用的界限、划清各种产品成本的界限以及在产品和完工产品成本的界限，还要遵循产品生产成本计算的一般程序包括确定成本计算对象、确定成本项目、确定成本计算期、归集和分配各项耗费、计算总成本和单位成本。

对于应计入产品成本的生产费用，要通过多次的归集和分配，最终计算出各种产品的成本。各项费用要素按用途和发生地点进行归集和分配：基本生产车间直接用于产品生产并专设成本项目的各项费用，应记入“生产成本”总账，并直接记入或分配记入有关产品成本明细账的相关成本项目；基本生产车间直接用于产品生产但没有专设成本项目的各项费用，以及间接用于产品生产的费用，先记入“制造费用”科目及所属明细账的相关费用项目，然后分配转入“生产成本”明细账的“制造费用”成本项目。

生产费用在完工产品与在产品之间的分配，常用的方法包括不计算在产品成本、在产品成本按年初数固定计算、在产品成本按其所耗用的原材料费用计算、约当产量法、在产品成本按定额成本计算、定额比例法等。

制造业企业的生产按工艺过程的特点，可以分为单步骤生产和多步骤生产；按生产组织方式，可分为大量生产、成批生产和单件生产。生产特点和管理要求对成本计算方法的影响主要表现在成本计算对象的确定上。各企业应根据本企业的具体情况确定成本计算对象，选择采用合适的成本计算方法。以产品品种为成本计算对象的产品成本计算方法，称为品种法，适用于大量大批的单步骤生产以及管理上不要求按照生产步骤计算成本的多步骤生产；以产品批别为成本计算对象的产品成本计算方法，称为分批法，适用于单件小批类型的生产；以产品的生产步骤为成本计算对象的产品成本计算方法，称为分步法，适用于要求按照生产步骤计算成本的多步骤生产。

通常将品种法、分批法和分步法称为产品成本计算的基本方法，此外还有分类法、定额法等成本计算的辅助方法。品种法是产品成本计算方法中最基本的方法，品种法的计算程序也就是工业企业产品成本计算的一般程序。本章以品种法为例说明制造业企业成本计算的基本原理。

课后练习

一、知识巩固和应用

（一）单项选择题

1. 下列各项中属于生产费用要素的是（　　）。

A. 废品损失　　B. 制造费用　　C. 期间费用　　D. 外购材料

2. 正确计算成本需要划分的费用界限，不包括（　　）。

A. 各种产品之间的费用界限　　B. 盈利产品和亏损产品的费用界限

C. 各期之间的费用界限　　D. 完工产品和在产品的费用界限

3. 下列各项中，不计入产品成本的费用是（　　）。

A. 直接用于产品生产、构成产品实体的原材料

B. 生产过程中发生的废品损失

C. 生产车间固定资产的折旧费和修理费

D. 专设销售机构人员的职工薪酬

4. 各项期间费用期末应直接（　　）。

A. 计入生产成本　　B. 转入当期损益

C. 计入制造费用　　D. 转入利润分配

5. 产品成本计算对象一般不包括（　　）。

A. 产品品种　　B. 产品类型　　C. 产品批别　　D. 产品生产步骤

6. 企业为生产产品发生的原料及主要材料的耗费，一般通过（　　）账户核算。

A. “基本生产成本”　　B. “辅助生产成本”

C. “管理费用”　　D. “制造费用”

7. 用来核算企业为生产产品和提供劳务而发生的各项间接费用的账户是（　　）。

A. “基本生产成本”　　B. “制造费用”

C. “管理费用”　　D. “财务费用”

8. 月末在产品数量较大且各月末在产品数量变化较大，产品中各成本项目费用的比重相差不多的产品，其在产品成本计算应采用（　　）。

A. 定额成本法　　B. 定额比例法

C. 约当产量法　　D. 固定成本法

9. 采用约当产量法，原材料费用按完工产品和月末在产品数量分配时应具备的条件是（　　）。

A. 原材料是陆续投入的　　B. 原材料是生产开始时一次投入的

C. 原材料在产品成本中所占比重大　　D. 原材料按定额投入

10. 产品成本计算最基本的方法是（　　）。

A. 分批法　　B. 分类法　　C. 品种法　　D. 分步法

11. 各种产品成本计算方法的命名主要取决于（　　）。

A. 企业生产类型　　B. 企业管理要求

C. 成本计算对象　　D. 成本计算程序

12. 品种法适用的生产组织是（　　）。

A. 大量大批生产　　B. 大量成批生产

C. 大量小批生产　　D. 单件小批生产

（二）多项选择题

1. 应计入产品成本的各种材料费用，按其用途进行分配，可能记入的账户有（　　）。

A. “管理费用”　　B. “基本生产成本”

C. “制造费用”　　D. “财务费用”

2. 要素费用中的税金包括（　　）。

A. 房产税　　B. 增值税

C. 印花税　　D. 所得税

3. 下列支出在发生时直接确认为当期费用的是（　　）。

A. 行政管理人员工资　　B. 支付的本期广告费

C. 预借差旅费　　D. 固定资产折旧费

4. 计提固定资产折旧，应借记的账户可能是（　　）。

A. “管理费用”　　B. “累计折旧”

C. “制造费用”　　D. “固定资产”

5. 用于几种产品生产的共同耗用材料费用的分配，常用的分配标准有（　　）。

A. 工时定额　　B. 生产工人工资

C. 材料定额费用　　D. 材料定额消耗量

6. 工业企业的生产按照工艺过程划分为（　　）。

A. 大量生产　　B. 单步骤生产　　C. 单件生产　　D. 多步骤生产

7. 成本计算的基本方法有（　　）。

A. 品种法　　B. 分批法　　C. 分步法　　D. 分类法

8. 品种法适用于（　　）。

A. 大量大批单步骤生产企业

B. 大量大批多步骤生产但管理上不要求分步计算成本的企业

C. 大量大批多步骤生产而且在管理上要求分步计算成本的企业

D. 小批单件生产企业

9. 分批法适用于（　　）。

A. 单件生产　　B. 小批生产

C. 单步骤生产　　D. 管理上不要求分步计算成本的多步骤生产

10. 分批法和品种法主要区别是（　　）不同。

A. 成本计算对象　　B. 成本计算期

C. 生产周期　　D. 会计核算期

（三）判断题

1. 一个要素费用按经济用途可能记入几个成本项目，一个成本项目可以归集同一经济用途的几个要素费用。（　　）

2. 基本生产车间发生的各种费用均应直接记入“基本生产成本”账户。（　　）

3. 企业固定资产折旧费应全部计入产品成本。（　　）

4. 不计算在产品成本法适用于月末没有或很少在产品的产品成本计算。（　　）

5. 采用约当产量法计算月末在产品成本，原材料费用分配时必须考虑原材料的投料方式。（　　）

6. 采用定额法计算月末在产品成本必须具备较好的定额管理基础。（　　）

7. 品种法是各种产品成本计算方法的基础。（　　）

8. 在大量大批多步骤的生产企业，无论其管理要求如何，均不能采用品种法。（　　）

9. 生产组织不同对产品成本计算方法的影响是：品种法适用于小批单件生产；分批法适用于大批大量生产。（　　）

10. 为了正确计算成本，应该正确划分各个会计期间的费用界限。（　　）

二、能力训练和提升

1. 练习材料费用的分配

【资料】某企业本月生产的甲、乙两种产品共同耗用 A、B 两种原材料，耗用量无法按产品直接划分。具体资料如下：

（1）甲产品投产 400 件，原材料消耗定额为 A 材料 8 千克，B 材料 3 千克。

（2）乙产品投产 200 件，原材料消耗定额为 A 材料 5 千克，B 材料 4 千克。

（3）甲、乙两种产品实际消耗总量为：A 材料 4 116 千克，B 材料 2 060 千克。

（4）材料实际单价为：A 材料 8 元/千克，B 材料 6 元/千克。

【要求】根据定额消耗量的比例，分配甲、乙两种产品原材料费用。

2. 练习制造费用的归集和分配

【资料】某企业基本生产车间生产甲、乙、丙三种产品，生产工时分别为 10 000 小时、150 000 小时和 8 000 小时，共计 33 000 小时。本月发生制造费用如下。

（1）以银行存款支付劳动保护费 28 000 元。

（2）应付车间管理人员工资总额 50 000 元，其他职工薪酬为工资总额的 40%。

（3）车间消耗材料 8 000 元。

（4）车间计提固定资产折旧 22 000 元。

（5）车间购买办公用品 8 000 元，以银行存款支付。

（6）车间分配辅助生产成本 6 000 元。

（7）以银行存款支付车间的水电费 12 800 元、邮电费 1 320 元。

（8）以现金支付零星办公费用 480 元。

【要求】

（1）编制车间发生制造费用的会计分录。

（2）登记制造费用明细账（格式如下）。

（3）按生产工时比例分配制造费用，并编制结转制造费用的会计分录。

制造费用明细账

20××年 8 月　　单位：元

车间：基本生产车间

摘要	费用明细项目							合计
	机物料消耗	职工薪酬	折旧费	……				
车间耗用材料								
管理人员薪酬								
计提折旧								
⋮								
本期发生额								
分配结转								

3. 练习生产费用在完工产品和在产品之间的分配

【资料】某企业基本生产车间生产的甲产品本月完工 500 件，月末在产品 200 件，完工程度 50%。甲产品所用的原材料在生产开始时一次性投入，月初在产品费用和本月生产费用如下表所示。

单位：元

成本项目	直接材料	直接人工	制造费用	合计
月初在产品费用	7 200	2 400	1 360	10 960
本月生产费用	17 400	6 000	4 000	27 400

【要求】登记甲产品成本明细账（格式如下），按约当产量法计算出甲产品的完工产品成本和月末在产品成本。

产品成本明细账

车间：基本生产车间　　　　完工产量：500 件

产品名称：甲产品　　　　单位：元

20××年××月

摘要	直接材料	直接人工	制造费用	合计
月初在产品成本				
本月生产费用				
生产费用合计				
完工产品产量				
在产品约当产量				
生产总量				
单位成本				
完工产品总成本				
月末在产品成本				

三、素质养成和价值引领

请思考回答以下问题：

1. 如何理解成本概念？
2. 为什么要区分成本、费用与支出？
3. 为了正确计算成本，要遵循哪些基本要求？
4. 各种不同的成本计算方法应如何与企业产品的生产特点和管理要求相结合？
5. 导例中的企业，你认为用哪种成本计算方法合适？
6. 导例中的企业，若不改变目前的错误做法，得不到真实的成本信息，可能有什么不良后果？

第 7 章　会计凭证

学习目标

知识目标：了解会计凭证的作用，掌握会计凭证的概念和种类；理解原始凭证和记账凭证的含义和内容；了解会计凭证的传递和保管。

能力目标：具备获取、审核或填制原始凭证的能力；具备根据原始凭证填制和审核记账凭证的能力。

素质目标：通过凭证填制和审核的规范操作，培养学生认真细致的工作作风和严谨的做事态度，以及以事实为依据、用证据说话的思维方式。

关键词

会计凭证	accounting document
原始凭证	source document
记账凭证	accounting voucher
专用记账凭证	special-purpose voucher
收款凭证	certificate of receipts
付款凭证	payment voucher
转账凭证	transfer voucher
自制原始凭证	internal source document
外来原始凭证	source document from outside
汇总原始凭证	cumulative source document
一次凭证	single-record document

知识导图

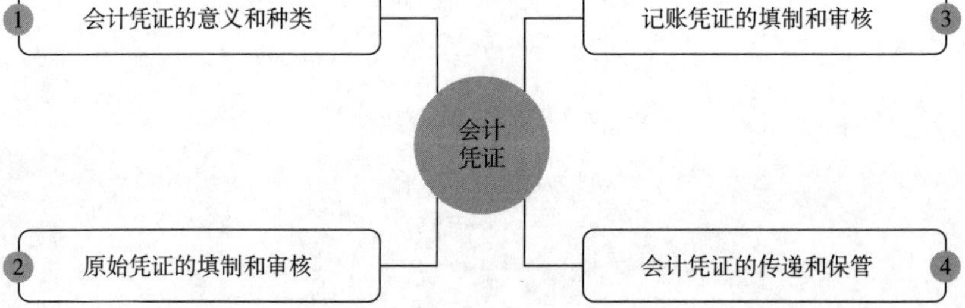

导例

这张印有“河南省行政事业性收费基金专用票据”字样的收据（资料来源：央广网）显示，2014 年 3 月 18 日，习近平总书记在焦裕禄干部学院缴纳了伙食费 160 元。那时，全国正在开展第二批党的群众路线教育实践活动。习近平总书记来到他的联系点兰考调研指导。当时，他就在焦裕禄干部学院的餐厅就餐，并严格执行中央八项规定，按照当时的收费标准和用餐次数缴纳了餐费。请思考会计凭证与经济信息之间的关系。

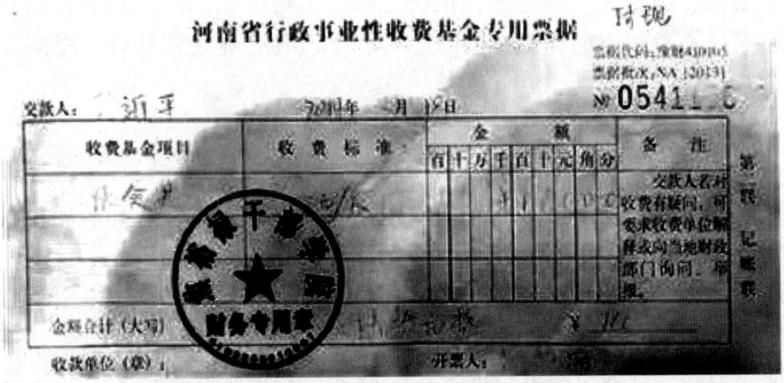

7.1　会计凭证的意义和种类

7.1.1　会计凭证的含义

会计凭证是指记录经济业务发生或者完成情况的书面证明，是登记账簿的依据。会计主体进行任何一项经济业务，都必须办理凭证手续。由执行或完成该项经济业务的有关人员填制或取得会计凭证，详细说明该项经济业务的内容，并在会计凭证上签名或盖章，明确经济责任。填制或取得会计凭证后，要由有关人员进行审核，经审核无误，并由审核人员签章后，才可作为记账的依据。填制和审核凭证是会计核算的一种专门方法，是会计核算工作的起点和基础。

7.1.2　编制会计凭证的作用

会计凭证的填制和审核，对于如实反映经济业务的内容，有效监督经济业务的合理性和合法性，保证会计核算资料的真实性、可靠性、合理性，发挥会计在经济管理中的作用，具有重要意义。

1. 记录经济业务，提供记账依据

任何一项经济业务发生后，有关部门和人员必须按照规定及时填制或取得会计凭证，如实地反映经济业务发生或完成情况，并且要经过严格审核，才能作为登记账簿的依据。通过会计凭证的填制和审核，可以正确、及时地反映各项经济业务的执行、完成情况。这可以保证会计记录的客观、真实和正确，防止主观臆断和弄虚作假行为的发生。

2. 明确经济责任，强化内部控制

由于每一项经济业务都要填制或取得适当的会计凭证，有关经办人员都要在凭证上签字，以示负责，这样就促使有关人员在自己的职责范围内严格按照规章办事，增强责任感。一旦出现问题，也便于检查和分清责任，可以借助会计凭证进行正确的裁决和处理。通过会计凭证的填制和审核，可以加强经济管理的岗位责任制。

3. 监督经济活动，控制经济运行

经济业务是否真实、正确、合理，在记账前都要根据会计凭证进行逐笔审核，通过凭证审核，可以检查该项业务是否正常，是否符合有关政策、法令、制度、计划和预算的规定，有无铺张浪费、违法乱纪等行为，从而达到严肃财经纪律，发挥会计监督和保护财产安全完整，维护投资者利益的作用，同时也有利于改善企业经营管理，提高经济效益。

7.1.3 会计凭证的分类

会计凭证的种类很多，为了正确认识和使用会计凭证，充分发挥会计凭证的作用，必须对会计凭证按照一定的标志进行分类。会计凭证按照编制的程序和用途不同，分为原始凭证和记账凭证两类。

原始凭证又称单据，是在经济业务发生时直接取得或填制的，用以记录经济业务的主要内容和完成情况，明确经济责任，具有法律效力的书面证明，是进行会计核算的原始资料和重要依据。例如，购入材料取得的发票、收入材料填制的入库单、付出现金取得的收款收据等都是原始凭证。凡不能证明经济业务发生或完成的各种单证不能作为原始凭证据以记账，如购料申请单、购销合同、银行对账单等。

记账凭证是会计人员根据审核无误的原始凭证，按照经济业务的内容加以归类，并据以确定会计分录后所填制的会计凭证，它是登记账簿的直接依据。记账凭证又称为记账凭单，它根据复式记账法的基本原理，确定了应借、应贷的会计科目及其金额，将原始凭证中的一般数据转化为会计语言，是介于原始凭证与账簿之间的中间环节，是登记明细分类账户和总分类账户的依据。

7.2 原始凭证的填制和审核

7.2.1 原始凭证的种类

实际工作中使用的原始凭证很多，可谓五花八门、多种多样，因此有必要对原始凭证进行分类。原始凭证的分类标准很多，通过原始凭证不同标准的分类，可以对原始凭证作进一步的了解。

1. 原始凭证按照取得的来源不同分类

原始凭证按照取得的来源可分为自制原始凭证和外来原始凭证。

（1）自制原始凭证。自制原始凭证指由本单位内部经办业务的部门和人员，在执行或完成某项经济业务时填制的、仅供本单位内部使用的原始凭证。例如商品销售时开出的增值税专用发票，对于销售方来说就属于自制原始凭证。增值税专用发票的基本联次分为四联：第一联为存根联，开票方留存备查；第二联为抵扣联，收执方作为抵扣税款的凭证；第三联为发票联，购货方作为付款的原始凭证；第四联为记账联，销售方作为记账原始凭证。增值税专用发票的一般格式如图 7-1 所示。

电子发票（增值税专用发票）

国家税务总局
福建省税务局

发票号码：23351467800273219633
开票日期：2023年03月18日

下载次数：1

购买方信息	名称：　旗山创意漆器有限公司 统一社会信用代码/纳税人识别号：　91110108462712366Q	销售方信息	名称：　福建宏远建设有限公司 统一社会信用代码/纳税人识别号：　913441285A01K69M21

项目名称	规格型号	单位	数量	单价	金额	税率/征收率	税额
*通用设备*压胎机		台	1	50000.00	50000.00	13%	6500.00
*通用设备*砂带机		台	1	50000.00	50000.00	13%	6500.00
合　　计					¥100,000.00		¥13,000.00
价税合计（大写）	⊗　壹拾壹万叁仟元整				（小写）　¥113,000.00		
备注							

开票人：　欧雯

图 7-1　增值税专用发票的一般格式

（2）外来原始凭证。外来原始凭证指在经济业务发生或完成时，从其他单位或个人取得的原始凭证。例如银行进账单，是持票人或收款人将票据款项存入其开户银行账户的凭证，也是开户银行将票据款项记入持票人或收款人账户的凭证。银行进账单的一般格式如图 7-2、图 7-3 所示。

中国农业银行
AGRICULTURAL BANK OF CHINA

进　账　单（收账通知）　3

2019年 08 月 10 日

出票人	全　称	济南西城机械有限公司	收款人	全　称	烟台兴茂机械制造有限公司
	账　号	117141400000004653		账　号	1537620104000182
	开户银行	齐鲁银行济南段店支行		开户银行	中国农业银行烟台莱山区支行
金额	人民币（大写）	叁拾叁万陆仟柒佰元整		亿千百十万千百十元角分	¥ 3 3 6 7 0 0 0 0
票据种类	转账支票	票据张数	1		
票据号码	06224431				
	复核　　记账			中国农业银行 烟台莱山区支行 2019.08.10 转讫 收款人开户银行签章	

此联是收款人开户银行交给收款人的收账通知

图 7-2　银行进账单（手工填制）

业务回单（收款）

ICBC 中国工商银行

日期：2023年03月01日
回单编号：58915845
付款人户名：　　　　　　　　　　付款人开户行：
付款人账号（卡号）：
收款人户名：旗山创意漆器有限公司　　　　　　收款人开户行：中国工商银行福州分行
收款人账号（卡号）：1101134028489321566
金额：贰佰万元整　　　　　　小写：2,000,000.00元
业务（产品）种类：同行收报　凭证种类：000000000　　凭证号码：0000000000000000
摘要：借入长期借款　用途：借入长期借款　　币种：人民币
交易机构：0410000298　记账柜员：00023　交易代码：52110　　渠道：其他

附言：
支付交易序号：23076093　报文种类：普通贷记业务　委托日期：2023-03-01
业务类型（种类）：普通汇兑

（印章：中国工商银行福州分行 自助回单机专用章 （003））

本回单为第1次打印，注意重复　打印日期：2023年03月01日　打印柜员：9　验证码：536FE9A71006

图 7-3　银行进账单（机打回单）

2. 原始凭证按照格式不同分类

原始凭证按照格式的不同可分为通用凭证和专用凭证。

（1）通用凭证。通用凭证指由有关部门统一印制、在一定范围内使用的具有统一格式和使用方法的原始凭证。例如图 7-1 所示的增值税专用发票。

（2）专用凭证。专用凭证指由单位自行印制、仅在本单位内部使用的原始凭证。例如入库单、出库单等。入库单的一般格式如图 7-4 所示。

入　库　单　　№ 07060001

交货单位：福建新丰有限公司　　　　2023 年 07 月 31 日

品名	单位	规格	数量	单价	金额 千	百	十	万	千	百	十	元	角	分
甲材料	公斤		3000											
合计大写	仟 佰 拾 万 仟 佰 拾 元 角 分 ¥													

第二联 会计联

记账 郑文秀　　保管 王东均　　制票 王东均

图 7-4　入库单的一般格式

3. 依据原始凭证按照填制手续及内容不同分类

原始凭证按照填制的手续和内容不同可分为一次凭证、累计凭证和汇总凭证。

（1）一次凭证。一次凭证指一次填制完成、只记录一笔经济业务的原始凭证。现实生活中大部分凭证都属于一次凭证，一次凭证是一次性有效的凭证，如航空运输电子客票行程单等就属于一次凭证。航空运输电子客票行程单的一般格式如图 7–5 所示。

航空运输电子客票行程单
ITINERARY/RECEIPT OF E-TICKER FOR AIR TRANSPORT
印刷序号：SERIAL NUMER:

旅客姓名NAME OF PASSENGER			有效身份证件号码ID. NO.			签注ENDORSEMENTS/RFSTRI(TIONSICARBON)			
	承运人 CARRIER	航班号 FLIGHT	座位等级 CLASS	日期 DATE	时间 TIME	客票级别/客票类别 FARE DASIS	客票生效日期 NOTVALID BEFORE	有效截止日期 MOT VALID AFIER	免费行李 ALLOW
自FROM 至TO 至TO 至TO 至TO									
	票价 FARE		机场建设费 AIRPORT TAX		燃油附加费 FUEL SLRCHARGE		其他税费 OTHER ATXES	合计 TOTAL	
电子客票号码 E-TICKEINO			验证码 CK		提示信息 INFORMATION			保险费 INSURANCE	
销售单位代号 AGENT CODE			填开单位 ISSUED BY				填开日期 DATE OF ISSUE		

北京中钞安全印务公司 电话：010-63543596
付款凭证 RECEIPT
手写无效 INVALID IN HANDWRITING
验真网址：WWW.TRAVELSKY.COM 服务热线：400-815-8888 短信验真：发送JP至10669018
请旅客乘机前认真阅读《旅客须知》及承运人的运输总条件内容
The Important Notice and the general conditions of carriage must be read before travelling.

图 7–5　航空运输电子客票行程单的一般格式

（2）累计凭证。累计凭证指在一定时期内多次记录发生的同类型经济业务的原始凭证，其特点是在一张凭证内可以连续登记相同性质的经济业务，随时结出累计数及结余数，并按照费用限额进行费用控制，期末按实际发生额记账。累计凭证是多次有效的原始凭证，如限额领料单就属于累计凭证。使用累计凭证，一方面减少了凭证的填制手续，另一方面还起到了事前控制的作用。限额领料单的一般格式如图 7–6 所示。

领料部门：　　　　　　　　　　限 额 领 料 单　　　　　　　　　　编号：

用途：　　　　　　　　　　　　×年×月×日　　　　　　　　　　仓库：

材料编号	材料名称	材料规格	计量单位	领用限额	实发		
					数量	单价	金额

领用				退料			限额结余数量
日期	数量	领料人	发料人	数量	退料人	收料人	

生产部门：　　　　　　　　　　供销部门：　　　　　　　　　　仓库：

图 7–6　限额领料单的一般格式

（3）汇总凭证。汇总凭证指对一定时期内反映经济业务内容相同的若干张原始凭证，按照一定标准综合填制的原始凭证，如原材料发出汇总表、工资汇总表就属于汇总凭证。原材料发出汇总表的一般格式如图 7-7 所示。

发出材料汇总表

单位：旗山创意漆器有限公司　　　　日期：2023年7月14日

项目	甲材料		乙材料		丙材料		合计
	数量（千克）	金额（元）	数量（千克）	金额（元）	数量（千克）	金额（元）	金额（元）
a产品耗用	5 000	26 250.00	2 000	20 800.00	9 000	66 600.00	113 650.00
b产品耗用	8 000	42 000.00	1 000	10 400.00	8 000	59 200.00	111 600.00
小计	13 000	68 250.00	3 000	31 200.00	17 000	125 800.00	225 250.00
车间一般耗用	100	5 250.00			2 000	14 800.00	20 050.00
管理部门耗用			500	5 200.00			5 200.00
合　计	14 000	73 500.00	3 500	36 400.00	19 000	140 600.00	250 500.00

审核：赖锦华　　　　制表：郑文秀

图 7-7　原材料发出汇总表的一般格式

7.2.2　原始凭证的基本内容

原始凭证的格式和内容因经济业务和经营管理的不同而有所差异，但应当具备一些基本内容（也称为原始凭证要素）才能作为原始凭证，具体包括凭证名称、填制日期、填制凭证单位名称或者填制人姓名、经办人员的签名或者盖章、接受凭证单位名称、经济业务内容以及数量、单价和金额等。

1. 原始凭证的名称

原始凭证名称表明原始凭证所记录经济业务的内容，反映原始凭证的用途，如“增值税专用发票”“出库单”“转账支票”等。

2. 填制原始凭证的日期

填制原始凭证的日期一般是业务发生或完成的日期，如果业务发生或完成时，因各种原因未能及时填制原始凭证的，应该以实际填制的日期为准。

3. 接受原始凭证的单位名称或者姓名

证明经济业务是否确实是在本单位发生的，以便于日后记账和查账。值得注意的是，单位的名称或者姓名一定要是全称，而且不得省略。

4. 经济业务内容

经济业务内容是指企业与其他企业或个人发生交易行为而产生的经济事项，如向投资者筹集资金、向供货方购货、向银行归还借款、向购货方销货等。

5. 数量、单价和金额

数量、单价和金额是原始凭证中核心的内容，要按照规范填写。

6. 填制凭证单位名称或者填制人姓名

填制单位一般需要填制单位的公章，以便更好地明确该项经济业务的经济责任。

7. 有关经办人员的签名或者盖章

有关经办人员的签名或者盖章也是为了明确该项经济业务的经济责任。

7.2.3　原始凭证的填制

1. 原始凭证填制的基本要求

原始凭证是具有法律效力的证明文件，是进行会计核算的重要依据，原始凭证的质量直接关系到会计核算工作的质量。原始凭证是由经办业务人员根据经济业务的实际完成情况填制，原始凭证的种类不同，其具体填制方法和填制要求也不相同。具体来说，原始凭证的填制要求一般包括以下几项。

（1）记录真实。原始凭证所填列的经济业务内容和数字，必须真实可靠，符合实际情况。

（2）内容完整。原始凭证所要求填列的项目必须逐项填列齐全，不得遗漏和省略。

（3）手续完备。单位自制的原始凭证必须有经办单位领导人或者其他指定的人员签名盖章；对外开出的原始凭证必须加盖本单位公章；从外部取得的原始凭证，必须盖有填制单位的公章；从个人取得的原始凭证，必须有填制人员的签名盖章。出纳人员在办理收款或付款业务后，应在凭证上加盖“收讫”或“付讫”的戳记，以避免重收重付。

（4）书写清楚规范。原始凭证要按规定填写，文字要简要，字迹要清楚，易于辨认，不得使用未经国务院公布的简化汉字。原始凭证一般要用蓝黑水笔书写。两联或两联以上套写的凭证，必须全部写透。大小写金额必须相符且填写规范，小写金额用阿拉伯数字逐个书写，不得写连笔字。在金额前要填写人民币符号“￥”，人民币符号“￥”与阿拉伯数字之间不得留有空白。金额数字一律填写到角、分，无角和分的，写“00”或符号“—”；有角无分的，分位写“0”，不得用符号“—”。大写金额用汉字壹、贰、叁、肆、伍、陆、柒、捌、玖、拾、佰、仟、万、亿、元、角、分、零、整等，一律用正楷或行书字书写。大写金额前未印有“人民币”字样的，应加写“人民币”三个字，“人民币”字样和大写金额之间不得留有空白。大写金额到元或角为止的，后面要写“整”或“正”字；有分的，不写“整”或“正”字。如小写金额为￥1 008.00，大写金额应写成“壹仟零捌元整”。

原始凭证有错误的，不得涂改、刮擦、挖补，应当由出具单位重开或更正，在更正处还应当加盖出具单位的印章。原始凭证金额有错误的，应当由出具单位重开，不得在原始凭证上更正。

（5）编号连续。各种原始凭证必须连续编号以备查考，不过有些原始凭证已预先印定编号。如果原始凭证在写坏作废时，应加盖“作废”戳记，妥善保管，不得撕毁。

（6）填制及时。各种原始凭证一定要及时填写，并按规定的程序及时送交会计机构或会计人员进行审核。

2. 自制原始凭证的填制要求

不同的自制原始凭证，填制要求也有所不同。

（1）一次凭证应在经济业务发生或完成时，由相关业务人员一次填制完成。该凭证往往只能反映一项经济业务，或者同时反映若干项同一性质的经济业务。

（2）累计凭证应在每次经济业务完成后，由相关人员在同一张凭证上重复填制完成。该凭证能在一定时期内不断重复地反映同类经济业务的完成情况。

（3）汇总凭证应由相关人员在汇总一定时期内反映同类经济业务的原始凭证后填制完成。该凭证只能将类型相同的经济业务进行汇总，不能汇总两类或两类以上的经济业务。

3. 外来原始凭证的填制要求

外来原始凭证应在企业同外单位发生经济业务时，由外单位的相关人员填制完成。外来原始凭证一般由税务局等部门统一印制，或经税务部门批准由经营单位印制，在填制时加盖出具凭证单位公章方为有效。对于一式多联的原始凭证必须用复写纸套写或打印机套打。

7.2.4 原始凭证的审核

原始凭证的审核是正确组织会计核算工作和进行会计核算检查的一个重要方面，也是实行会计监督的一个重要手段。为了如实反映经济业务的发生和完成情况，充分发挥会计的监督职能，保证会计信息的真实、合法、完整和准确，会计人员必须对原始凭证进行严格审核。原始凭证的审核主要包括以下六个方面的内容。

1. 原始凭证真实性的审核

原始凭证真实性的审核是保证会计信息质量的重要环节之一。原始凭证真实性审核主要包括凭证日期的真实性、经济业务内容的真实性、金额的真实性、来源的真实性等内容。

2. 原始凭证合法性的审核

原始凭证合法性的审核是以国家的有关方针、政策、法令、制度等为依据，审核原始凭证所反映的经济业务是否合法，有无违反财经制度规定的行为。

3. 原始凭证合理性的审核

原始凭证合理性的审核是以单位的计划、合同等为依据，审核原始凭证所反映的经济业务是否合理，是否按计划预算办事，是否按开支范围支出，有无贪污盗窃、虚报冒领、伪造凭证等行为。

4. 原始凭证完整性的审核

根据原始凭证的基本内容，逐项审核原始凭证的内容是否完整，原始凭证的各项目是否按规定填写齐全，是否按规定手续办理。

5. 原始凭证正确性的审核

即根据原始凭证的填写要求，审核原始凭证的摘要和数字及其他项目是否填写正确，数量、单价、金额及合计数是否填写正确，大小写金额是否相符等。

6. 原始凭证及时性的审核

原始凭证及时性的审核体现了会计信息的及时性原则。原始凭证不仅填制要及时，而且传递也要及时，经审核的原始凭证应根据不同情况处理。

（1）对于完全符合要求的原始凭证，应及时据以编制记账凭证入账。

（2）对于真实、合法、合理但内容不够完整、填写有错误的原始凭证，应退回给有关经办人员，由其负责将有关凭证补充完整、更正错误或重开后，再办理正式会计手续。

（3）对于不真实、不合法的原始凭证，会计机构和会计人员有权不予接受，并向单位负责人报告。

7.3　记账凭证的填制和审核

7.3.1　记账凭证的种类

记账凭证作为登记账簿的依据，因其反映经济业务的内容、填列方式的不同，记账凭证可按不同的标准进行分类，具体分类如下。

7.3.1.1　记账凭证按照用途的不同分类

记账凭证按照用途可分为专用记账凭证和通用记账凭证。

1. 专用记账凭证

专用记账凭证是用来专门记录某一类经济业务的记账凭证。专用记账凭证按其所记录的经济业务是否与现金和银行存款的收付有关，可以分为收款凭证、付款凭证和转账凭证。

（1）收款凭证。收款凭证是指用于记录现金和银行存款收款业务的会计凭证。收款凭证根据现金和银行存款收款业务的原始凭证填制。收款凭证的一般格式如图 7-8 所示。

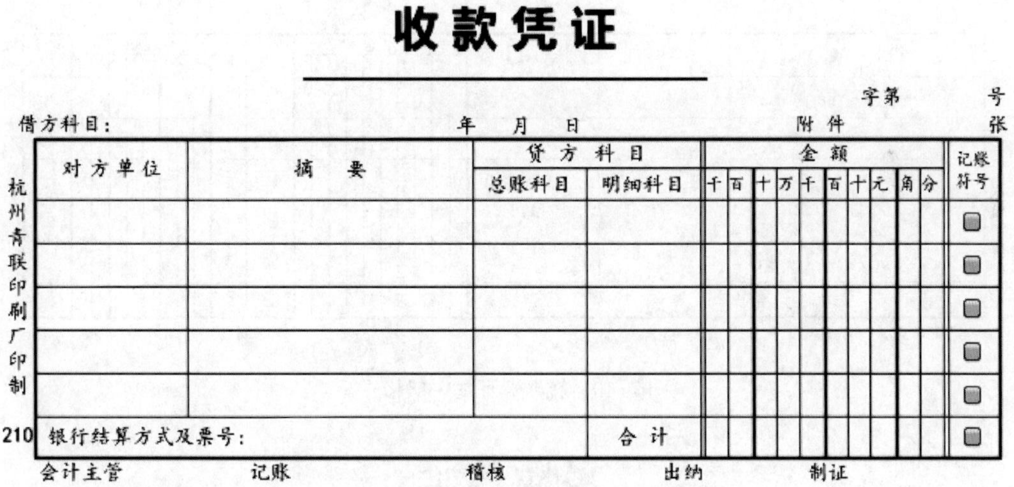

收款凭证

字第　　号

借方科目：　　年　月　日　　附件　　张

对方单位	摘要	贷方科目		金额										记账符号
		总账科目	明细科目	千	百	十	万	千	百	十	元	角	分	
银行结算方式及票号：			合计											

杭州青联印刷厂印制　210

会计主管　记账　稽核　出纳　制证

图 7-8　收款凭证的一般格式

（2）付款凭证。付款凭证是指用于记录现金和银行存款付款业务的会计凭证。付款凭证根据现金和银行存款付款业务的原始凭证填制。付款凭证的一般格式如图 7-9 所示。

（3）转账凭证。转账凭证是指用于记录不涉及现金和银行存款业务的会计凭证。转账凭证根据有关与现金、银行存款等货币资金收付款业务无关的转账业务的原始凭证填制。转账凭证的一般格式如图 7-10 所示。

2. 通用记账凭证

通用记账凭证是指以一种格式记录全部经济业务的凭证。通用记账凭证不再分收款凭证、付款凭证和转账凭证。通用记账凭证的一般格式如图 7-11 所示。

付款凭证

字第 号

贷方科目： 年 月 日 附件 张

对方单位	摘要	借方科目		金额										记账符号
		总账科目	明细科目	千	百	十	万	千	百	十	元	角	分	
银行结算方式及票号：			合计											

杭州青联印刷有限公司出品 211

会计主管 记账 稽核 出纳 制证

图 7-9 付款凭证的一般格式

转账凭证

转字第 号

年 月 日 附件 张

摘要	总账科目	明细科目	借方金额										记账符号	贷方金额										记账符号
			千	百	十	万	千	百	十	元	角	分		千	百	十	万	千	百	十	元	角	分	
合计																								

杭州青联印刷厂印制 207

会计主管 记账 复核 制证

图 7-10 转账凭证的一般格式

记账凭证

字第 号

年 月 日 附件 张

摘要	总账科目	明细科目	借方金额											记账符号	贷方金额											记账符号
			亿	千	百	十	万	千	百	十	元	角	分		亿	千	百	十	万	千	百	十	元	角	分	
结算方式及票号：		合计																								

科兴财会

会计主管 记账 复核 制证

图 7-11 通用记账凭证的一般格式

7.3.1.2　记账凭证按照填列方式不同分类

记账凭证按照填列方式不同可分为单式记账凭证和复式记账凭证。这种分类方式的记账凭证在实际工作中已经较少采用。

（1）单式记账凭证。单式记账凭证是指每一张记账凭证只填列经济业务事项所涉及的一个会计科目及其金额的记账凭证。填列借方科目的称为借项记账凭证，借项记账凭证的格式如图 7-12 所示。填列贷方科目的称为贷项记账凭证，贷项记账凭证的格式如图 7-13 所示。单式记账凭证的优点是：内容单一，便于记账工作的分工，也便于科目汇总，并可加速凭证的传递。单式记账凭证的缺点是：凭证张数多，内容分散，在一张凭证上不能完整地反映一笔经济业务的全貌，必须加强凭证的复核、装订和保管工作。

借项记账凭证

对应科目：　　　　　　　　年　月　日　　　　　　　　编号：

摘　要	一级科目	二级或明细科目	金　　额	记账

附凭证　　张

图 7-12　借项记账凭证的格式

贷项记账凭证

对应科目：　　　　　　　　年　月　日　　　　　　　　编号：

摘　要	一级科目	二级或明细科目	金　　额	记账

附凭证　　张

图 7-13　贷项记账凭证的格式

（2）复式记账凭证。复式记账凭证是指将每一笔经济业务事项所涉及的全部会计科目及其发生额均在同一张记账凭证中反映的一种凭证。复式记账凭证为大多数企业采用，图 7-8、图 7-9、图 7-10 和图 7-11 所示的记账凭证格式均为复式凭证。复式记账凭证的优点是：能完整地反映一笔经济业务的全貌，即经济业务所涉及的全部账户及其对应关系，且填写方便，附件集中，便于凭证的分析和审核。复式记账凭证的缺点是：不便于分工记账，也不便于科目汇总。

7.3.1.3 记账凭证按照是否经过汇总分类

记账凭证按照是否经过汇总可分为汇总记账凭证和非汇总记账凭证。

1. 汇总记账凭证

汇总记账凭证是根据同类单一记账凭证按一定的方法汇总填制的记账凭证。按汇总方法的不同，汇总记账凭证可以分为分类汇总凭证和全部汇总凭证。

（1）分类汇总凭证。分类汇总凭证是根据一定期间的记账凭证按其种类分别汇总填制，主要包括库存现金汇总收款凭证（其一般格式参见表7-1）、银行存款汇总收款凭证（其一般格式参见表7-2）、库存现金汇总付款凭证（其一般格式参见表7-3）、银行存款汇总付款凭证（其一般格式参见表7-4）、汇总转账凭证（其一般格式参见表7-5）。

表7-1 **汇总收款凭证**

借方科目：库存现金 20××年××月份 汇收第 号

贷方科目	金额				总账页数	
	1日至10日 现收第 号至第 号	11日至20日 现收第 号至第 号	21日至30日 现收第 号至第 号	合计	借方	贷方
合计						

表7-2 **汇总收款凭证**

借方科目：银行存款 20××年××月份 汇收第 号

贷方科目	金额				总账页数	
	1日至10日 银收第 号至第 号	11日至20日 银收第 号至第 号	21日至30日 银收第 号至第 号	合计	借方	贷方
合计						

表7-3 **汇总付款凭证**

贷方科目：库存现金 20××年××月份 汇付第 号

借方科目	金额				总账页数	
	1日至10日 现付第 号至第 号	11日至20日 现付第 号至第 号	21日至30日 现付第 号至第 号	合计	借方	贷方

续表

借方科目	金额				总账页数	
	1 日至 10 日 现付第　号至第　号	11 日至 20 日 现付第　号至第　号	21 日至 30 日 现付第　号至第　号	合计	借方	贷方
合计						

表 7-4　　**汇总付款凭证**

贷方科目：银行存款　　20××年 ××月份　　汇付第　号

借方科目	金额				总账页数	
	1 日至 10 日 银付第　号至第　号	11 日至 20 日 银付第　号至第　号	21 日至 30 日 银付第　号至第　号	合计	借方	贷方
合计						

表 7-5　　**汇总转账凭证**

贷方科目：×××　　20××年 ××月份　　汇转第　号

借方科目	金额				总账页数	
	1 日至 10 日 转字第　号至第　号	11 日至 20 日 转字第　号至第　号	21 日至 30 日 转字第　号至第　号	合计	借方	贷方
合计						

（2）全部汇总凭证。全部汇总凭证是根据一定期间的记账凭证全部汇总填制的，如科目汇总表等。科目汇总表的格式如图 7-14 所示。

2. 非汇总记账凭证

非汇总记账凭证是指没有经过汇总的记账凭证。如图 7-8、图 7-9、图 7-10 和图 7-11 所示的记账凭证格式均为非汇总记账凭证。

7.3.2　记账凭证的基本内容

记账凭证是登记账簿的依据，因其所反映经济业务的内容不同、各单位规模大小及其对会计核算繁简程度的要求不同，其内容有所差异，但应当具备以下基本内容。

编号			附件共	张
凭证号数	现金	第　　号至	号共	张
	银行	第　　号至	号共	张
	记账	第　　号至	号共	张

科目汇总表

年　月　日至　月　日

会计科目	总页	借方 增加										贷方 减少									
		千	百	十	万	千	百	十	元	角	分	千	百	十	万	千	百	十	元	角	分

财务主管　　　　记账　　　　复核　　　　制表

图 7-14　科目汇总表的格式

1. 记账凭证的名称

记账凭证的名称一般已经事先印制，会计人员可不必填制。如果是通用记账凭证其名称有“记账凭证”字样；如果是专用记账凭证其名称分别有“收款凭证”“付款凭证”和“转账凭证”字样。

2. 记账凭证的日期

记账凭证的日期一般是填制记账凭证日期，将填制记账凭证的日期与所附原始凭证的日期对照，可以发现有关凭证的传递是否及时。

3. 记账凭证的编号

会计人员应对记账凭证进行编号，便于分清记账凭证处理的先后顺序，以便为日后查找原始凭证提供依据。

4. 经济业务的内容摘要

经济业务的内容摘要应该尽量言简意赅，比如购买材料，销售产品等。

5. 会计科目和记账方向

会计科目和记账方向是指经济业务应记在什么账户，是登记在借方还是贷方。

6. 经济业务的金额

记账凭证上经济业务的金额主要是小写金额，有的记账凭证还包括大写金额。大小写金额都必须按照规范书写。

7. 记账符号

记账凭证是登记账簿的依据，通过记账符号，可以防止漏记和重记的情况发生。

8. 所附原始凭证张数

会计人员应填写所附原始凭证张数，一方面是为了防止原始凭证的遗失，另一方面便于核对账目。

9. 有关人员的签名或盖章

填制记账凭证（简称制单）人员、稽核人员、记账人员、会计机构负责人、会计主管人员签名或者盖章。收款和付款记账凭证还应当由出纳人员签名或者盖章。通过有关人员的签名或盖章，以便明确经济责任。

某些企业如果以自制的原始凭证或者原始凭证汇总表代替记账凭证的，也必须具备记账凭证应有的项目。

7.3.3　记账凭证的填制

1. 记账凭证填制的基本要求

记账凭证根据审核无误的原始凭证或原始凭证汇总表填制。记账凭证填制正确与否，直接影响整个会计系统最终提供信息的质量。记账凭证的填制，除了与原始凭证的填制一样应做到记录真实、手续齐全、填制及时外，还应注意以下几方面基本要求。

（1）记账凭证各项内容必须完整。前面所述记账凭证各项内容如记账凭证的名称、日期、编号、经济业务的内容摘要、会计科目和记账方向、经济业务的金额、所附原始凭证张数、有关人员的签名或盖章等有关内容必须完整，不能够遗漏不填。

（2）记账凭证业务记录要清楚。一张记账凭证只能反映一项经济业务或若干项同类经济业务。因此，记账凭证可以根据每一张原始凭证填制，或根据若干张同类原始凭证汇总编制，也可以根据原始凭证汇总表填制，但不得将不同内容和类别的原始凭证汇总填制在一张记账凭证上。

（3）记账凭证的科目要运用准确。填制记账凭证时，必须按照会计制度统一规定的会计科目，根据经济业务的具体内容来编制会计分录，保证会计信息的质量。

（4）记账凭证的日期要准确。记账凭证中的日期一般是填写财会人员填制记账凭证的当天日期，也可以根据管理需要，填写经济业务发生的日期或月末日期。一般而言，收付款凭证按货币资金收付的实际日期填写，转账凭证按收到原始凭证的日期填写。如报销差旅费的记账凭证填写报销当日的日期；现金收、付款记账凭证填写办理收、付现金的日期；银行收款业务的记账凭证一般按财会部门收到银行进账单或银行回执的戳记日期填写；当实际收到的进账单日期与银行戳记日期相隔较远，或次月初收到上月的银行收、付款凭证，按财会部门实际办理转账业务的日期填写；银行付款业务的记账凭证，一般以财会部门开出银行存款付出单据的日期或承付的日期填写；属于计提和分配费用等转账业务的记账凭证，应以当月最后的日期填写。

（5）记账凭证要连续顺序编号。记账凭证应由主管该项业务的会计人员，按业务发生的顺序并按不同种类的记账凭证在一个月内连续编号。

记账凭证一般采用“字号编号法”编号。字号编号法的具体做法是：如果企业记账凭证数量比较少，采用通用记账凭证格式的，将财会部门内的全部记账凭证作为一类统一编号，编为记字第××号；如果企业采用专用记账凭证格式的，则分别按现金和银行存款收入、现金和银行存款付出以及转账业务三类进行编号，分别编为收字第××号、付字第××号、转字第××号；还有一种是按现金收入、现金付出、银行存款收入、银行存款付出和转账五类进行编号，分别编为现收字第××号、现付字第××号、银收字第××号、银付字第××号、转字第××号。

当月记账凭证的编号，可以在填写记账凭证的当日填写，也可以在月末或装订凭证时填写。记账凭证无论是统一编号还是分类编号，均应分月份按自然数字顺序连续编号。通常，一张记账凭证编一个号，不得跳号、重号。

对于复杂的会计事项，如果一笔经济业务需要填制两张以上（含两张）记账凭证时，应采用“分数编号法”编号。分数编号法即在原编记账凭证号码后面用分数的形式表示，如第8号记账凭证需要填制二张记账凭证，则第一张编号为8（1/2），第二张编号为8（2/2）。

（6）记账凭证的附件要完整。记账凭证必须以审核无误的原始凭证为依据，除结账和更正错误的记账凭证可以不附原始凭证外，其他记账凭证必须附有原始凭证。记账凭证所附的原始凭证必须完整，同时应注明所附的原始凭证张数。如有重要资料或原始凭证数量过多需要单独保管的，要在记账凭证摘要栏中加以说明，并注明保管地点及编号。

（7）记账凭证的书写应当清楚、规范。记账凭证书写的相关要求同原始凭证。记账凭证填制完经济业务事项后，如有空行，应当从金额栏最后一笔金额数字下的空行处至合计数上的空行处划线注销。

填制记账凭证时若发生错误，应当重新填制。已登记入账的记账凭证在当年内发现填写错误时，可以用红字填写一张与原内容相同的记账凭证，在摘要栏注明“注销某月某日某号凭证”字样，同时再用蓝字重新填制一张正确的记账凭证，注明“订正某月某日某号凭证”字样。如果会计科目没有错误，只是金额错误，也可将正确数字与错误数字之间的差额另编一张调整的记账凭证，调增金额用蓝字，调减金额用红字。发现以前年度记账凭证有错误的，应当用蓝字填制一张更正的记账凭证。

（8）记账凭证的摘要内容应简明。记账凭证摘要的填写必须简明扼要，既能概括经济业务的要点，又便于登记账簿和账证核对。

2. 收款凭证的填制要求

收款凭证左上角的“借方科目”按收款的性质填写“库存现金”或“银行存款”；日期填写的是填制本凭证的日期；右上角填写填制收款凭证的顺序号；“摘要”填写对所记录的经济业务的简要说明；“贷方科目”填写与收入“库存现金”或“银行存款”相对应的会计科目；“记账”是指该凭证已登记账簿的标记，防止经济业务重记或漏记；“金额”是指该项经济业务的发生额；该凭证右边“附件×张”是指本记账凭证所附原始凭证的张数；最下边分别由有关人员签章，以明确经济责任。

3. 付款凭证的填制要求

付款凭证是根据审核无误的有关库存现金和银行存款的付款业务的原始凭证填制的。付款凭证的填制方法与收款凭证基本相同，不同的是在付款凭证的左上角应填列贷方科目，即“库存现金”或“银行存款”科目，“借方科目”栏应填写与“库存现金”或“银行存款”相对应的一级科目和明细科目。

对于涉及“库存现金”和“银行存款”之间的相互划转业务，为了避免重复记账，一般只填制付款凭证，不再填制收款凭证。

4. 转账凭证的填制要求

转账凭证通常是根据有关转账业务的原始凭证填制的。转账凭证中“总账科目”和“明细科目”栏应填写应借、应贷的总账科目和明细科目，借方科目应记金额应在同一行的“借方金额”栏填列，贷方科目应记金额应在同一行的“贷方金额”栏填列，“借方金额”栏合计数与“贷方金额”栏合计数应相等。

此外，某些既涉及收款业务，又涉及转账业务的综合性业务，可分开填制不同类型的记账凭证。

7.3.4　记账凭证的审核

记账凭证是登记账簿的直接依据，为了确保账簿记录的准确，记账凭证必须严格按照上述要求进行填制，同时要由专人对已填制的记账凭证进行审核。记账凭证的审核，除了对原始凭证进行复审外，记账凭证的审核内容主要包括以下几个方面。

（1）内容是否真实。审核记账凭证是否附有原始凭证，所记录的经济业务与所附原始凭证反映的经济业务是否相符、内容是否合法等。

（2）项目是否齐全。审核记账凭证基本内容中的项目填写是否齐全，如记账凭证是否填写了日期、编号、摘要、会计科目、金额、所附原始凭证张数，有关人员是否签名或盖章等。

（3）科目是否正确。审核记账凭证的应借、应贷科目是否正确，是否有明确的对应关系，所使用的会计科目是否符合会计准则的规定等。

（4）金额是否正确。审核记账凭证中会计科目所涉及的金额计算是否准确、是否借贷相等。

（5）书写是否规范。审核记账凭证中的记录是否文字工整、数字清楚，是否按规定进行更正等。

（6）手续是否完备。这是指记账凭证后所附原始凭证按企业内部规章制度和审批流程规定应该办理的签章、审核、批准手续均已完备。通常情况下，经济事项原始凭证须经下列人员顺序签字确认：经济事项的原始经办人（采购经办人、领料经办人、领款人等）；商品、财产或物品的验收人；经济事项经办部门的负责人（科长、主任、分部经理等）；单位分管领导（总会计师、副厂长、副经理等）；单位主要领导（厂长、经理等）。凭证载体及经济事项合规、凭证填写准确完整，但没有办妥、办全内部签署手续的，原则上要退回补办后方可入账；特殊情况下，经领导同意后也可允许先入账后补办或补全手续，但必须及时办理，不能遗漏。

记账凭证的具体审核要点通过图 7-15 表示。

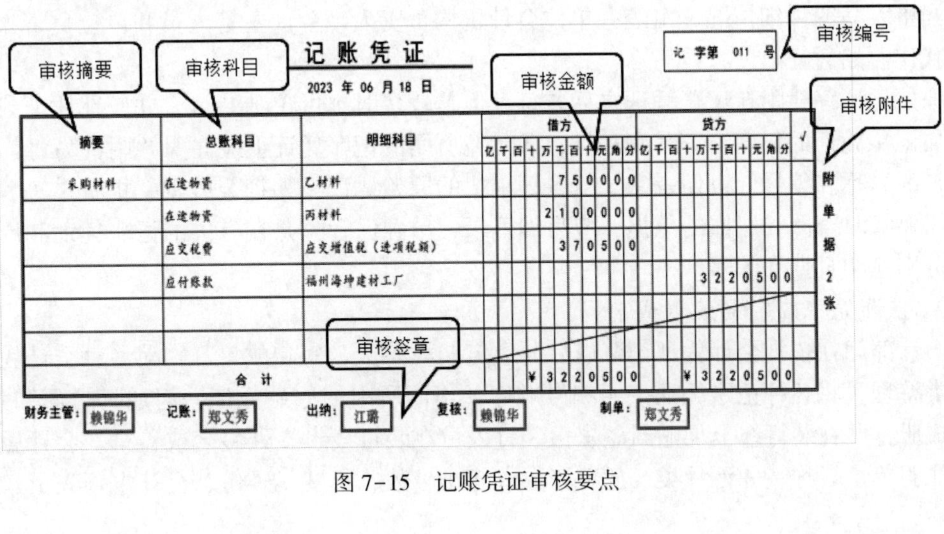

图 7-15　记账凭证审核要点

7.4 会计凭证的传递和保管

7.4.1 会计凭证的传递

会计凭证的传递是指从会计凭证的取得或填制时起至归档保管过程中，在单位内部有关部门和人员之间的传送程序和传递时间。正确地组织会计凭证的传递，对于及时处理和登记经济业务，明确经济责任，实行会计监督，具有重要作用。

会计凭证的传递具体包括传递程序和传递时间。组织科学的会计凭证传递程序和传递时间时，应当满足内部控制制度的要求，注意考虑以下问题：

（1）传递程序合理有效。企业应根据经济业务的特点、内部机构的设置和人员分工的情况以及经营管理上的要求，具体规定各种凭证的传递程序和方法，减少传递的工作量。例如，恰当地规定各种会计凭证的联数和所流经的环节和顺序。

（2）尽量节约传递时间。会计凭证的传递应根据有关部门和人员对经济业务办理手续的需要，确定凭证的传递时间，尽量节约传递时间，减少会计凭证在各个环节的停留时间。

（3）建立有关凭证交接的签收制度。为了确保会计凭证的安全和完整，在各个环节中都应指定专人办理交接手续，做到责任明确，手续完备、严密、简便易行。

7.4.2 会计凭证的保管

会计凭证的保管是指会计凭证记账后的整理、装订、归档和存查工作。会计凭证作为记账的依据，是重要的会计档案和经济资料。本单位以及其他有关单位，可能因为各种需要查阅会计凭证，特别是发生贪污、盗窃、违法乱纪行为时，会计凭证还是依法处理的有效证据。因此，任何单位在完成经济业务手续和记账后，必须将会计凭证按规定的立卷归档制度形成会计档案资料，妥善保管，防止丢失，不得任意销毁，以便日后随时查阅。

1. 原始凭证的遗失和装订

原始凭证应防止散失。从外单位取得的原始凭证遗失时，应取得原签发单位盖有公章的证明，并注明原始凭证的号码、金额、内容等，由经办单位会计机构负责人、会计主管人员和单位负责人批准后，才能代作原始凭证。若确实无法取得证明的，如车票丢失，则应由当事人写明详细情况，由经办单位会计机构负责人、会计主管人员和单位负责人批准后，代作原始凭证。

原始凭证一般附在记账凭证之后装订，但是较多时也可单独装订，并应在凭证封面注明所属记账凭证的日期、编号和种类，同时在所属的记账凭证上应注明“附件另订”及原始凭证的名称和编号，以便查阅。对各种重要的原始凭证，如押金收据、提货单等，以及各种需要随时查阅和退回的单据，应另编目录，单独保管，并在有关的记账凭证和原始凭证上分别注明日期和编号。

2. 会计凭证应定期装订成册

会计部门在依据会计凭证记账以后，应定期（每天、每旬或每月）对各种会计凭证进行分类整理，将各种记账凭证按照编号顺序，连同所附的原始凭证一起加具封面和封底，装订成册，并在装订线上加贴封签，由装订人员在装订线封签处签名或盖章。会计凭证封面应注明单位名称、凭证种类、凭证张数、起止号数、年度、月份、会计主管人员、装订人员等有关事项，会计主管人员和保管人员应在封面上签章。会计凭证应加贴封条，防止抽换凭证。

3. 会计凭证的借阅

原始凭证一般不得外借，其他单位如有特殊原因确实需要使用时，经本单位会计机构负责人、会计主管人员批准，可以复制。向外单位提供的原始凭证复制件，应在专设的登记簿上登记，并由提供人员和收取人员共同签名、盖章。

4. 会计凭证的保管期限与销毁

会计凭证是会计档案的重要组成部分，应严格遵守会计凭证的保管期限要求，一般为 30 年。会计凭证期满前不得任意销毁，期满后必须严格按照有关规定，执行会计凭证的销毁手续。

5. 会计凭证的保管地点

每年装订成册的会计凭证，在年度终了时可暂由单位会计机构保管一年，期满后应当移交本单位档案机构统一保管；未设立档案机构的，应当在会计机构内部指定专人保管。出纳人员不得兼管会计档案。

本章小结

会计凭证是记录经济业务、明确经济责任，据以登记账簿的一种具有法律效力的书面证明文件。会计凭证按填制方法、用途可以分为原始凭证和记账凭证。

原始凭证是在经济业务发生时直接取得或填制的，用以记录经济业务的主要内容和完成情况，明确经济责任，具有法律效力的书面证明，是进行会计核算的原始资料和重要依据。原始凭证按照来源不同分为外来原始凭证和自制原始凭证；按照填制手续及内容不同分为一次凭证、累计凭证和汇总凭证；按照格式不同可分为通用凭证和专用凭证。原始凭证的填制要求包括记录真实、内容完整、手续完备、书写规范、编号连续、填制及时。原始凭证的审核主要包括真实性审核、合法性审核、合理性审核、完整性审核、正确性审核、及时性审核等内容。

记账凭证又称记账凭单，是会计人员根据审核无误的原始凭证按照经济业务事项的内容加以归类，并据以确定会计分录后所填制的会计凭证，是登记账簿的依据。记账凭证按照适用的经济业务内容不同分为专用记账凭证和通用记账凭证，专用记账凭证还可以分为收款凭证、付款凭证和转账凭证；按照填列方式不同分为复式凭证和单式凭证；按照是否经过汇总分类为汇总记账凭证和非汇总记账凭证。记账凭证的填制要求为凭证内容完整、业务记录清楚、科目运用准确、凭证日期准确、凭证顺序编号、凭证附件完整、凭证书写规范、摘要内容简明。记账凭证的审核除了对原始凭证进行复审外，应注意项目是否齐全、内容是否真实、科目是否正确、金额是否正确、书写是否规范、手续是否完备。

会计凭证的传递是指从会计凭证的取得或填制时起至归档保管过程中，在单位内部有关部门和人员之间的传递程序和传递时间。单位应根据具体情况制定每一种凭证的传递程序和传递时间。会计凭证的保管是指会计凭证记账后的整理、装订、归档和存查工作。

课后练习

一、知识巩固和应用

（一）单项选择题

1. 下列会计凭证，属于外来原始凭证的是（　　）。
A. 限额领料单　　B. 工资计算单
C. 差旅费报销单　　D. 职工出差的火车票

2. 下列凭证，只用于记录不涉及现金和银行存款业务的是（　　）。
A. 收款凭证　　B. 付款凭证
C. 转账凭证　　D. 通用记账凭证

3. 编制记账凭证时应当对记账凭证连续编号，其目的之一是（　　）。
A. 便于会计人员分工记账　　B. 明确会计人员记账责任
C. 说明会计事项发生时间　　D. 分清会计事项处理顺序

4. 下列各项中，不属于原始凭证要素的是（　　）。
A. 经济业务发生日期　　B. 经济业务内容
C. 会计人员记账标记　　D. 原始凭证附件

5. 下列各项中，不属于原始凭证基本内容的是（　　）。
A. 填制的日期　　B. 经济业务的内容
C. 接受单位的名称　　D. 经济业务的记账方向

6. “￥8 050.06”的规范大写金额是（　　）。
A. 人民币捌仟零伍拾元零陆分　　B. 人民币捌仟伍拾元零陆分
C. 人民币捌仟零伍拾元陆分整　　D. 人民币捌仟伍拾元零陆分整

7. 下列会计凭证中，属于原始凭证的是（　　）。
A. 收款凭证　　B. 科目汇总表
C. 收料单　　D. 银行存款余额调节表

8. 下列哪项不是记账凭证的基本要素（　　）。
A. 记账凭证的名称、日期、编号及经济业务摘要
B. 交易或事项涉及的会计科目、记账方向及金额
C. 记账标记及原始凭证附件
D. 单位负责人签章

9. 现金收款凭证上的日期一般应当是（　　）。
A. 编制该收款凭证的日期　　B. 收取现金的日期
C. 所附原始凭证上注明的日期　　D. 登记现金总账的日期

10. 下列账簿中，可以采用卡片式账簿的是（　　）。
A. 日记总账　　B. 固定资产总账
C. 租入固定资产登记簿　　D. 固定资产明细账

（二）多项选择题

1. 下列凭证中属于自制原始凭证的有（　　）。

A. 购进发货票　　B. 销售发货票
C. 限额领料单　　D. 发出材料汇总表

2. 填制和审核会计凭证具有下列作用（　　）。
A. 提供会计信息　　B. 监督经济活动
C. 提供记账依据　　D. 控制经济活动

3. 会计凭证按用途和填制程序分类，分为（　　）。
A. 原始凭证　B. 累计凭证　C. 记账凭证　D. 转账凭证

4. 记账凭证按与货币收付的业务是否有关，分为（　　）。
A. 汇总记账凭证　　B. 收款凭证
C. 付款凭证　　D. 转账凭证

5. 会计凭证的传递应结合企业（　　）特点。
A. 经济业务　B. 内部机构组织　C. 人员分工　D. 经营管理

6. 李云出差回来，报销差旅费 1 000 元，原预借 1 500 元，交回剩余现金 500 元。这笔业务应该（　　）。
A. 只编制 500 元现金收款凭证　　B. 根据 500 元编制现金收款凭证
C. 根据 1 000 元编制转账凭证　　D. 编制 1 500 元转账凭证

7. 下列关于审核记账凭证的内容是否真实的说法，正确的有（　　）。
A. 是否有原始凭证为依据
B. 文字是否工整、数字是否清晰
C. 所记录的经济业务与所附原始凭证反映的经济业务是否相符
D. 记账凭证与原始凭证的有关金额是否一致

8. 下列关于原始凭证审核的说法中，正确的有（　　）。
A. 合法性审核主要审查原始凭证所反映的经济业务内容是否符合企业生产经营活动的需要
B. 完整性审核主要审查原始凭证的内容是否完整，手续是否齐备
C. 正确性审核主要审核原始凭证的填制方法和数字的计算是否正确
D. 合理性审核主要审核原始凭证所记录经济业务是否符合企业生产经营活动的需要，是否符合有关的计划和预算等

（三）判断题

1. 企业从外单位取得的原始凭证遗失且无法取得证明的，应由当事人写明详细情况，由会计机构负责人、会计主管人员和单位负责人批准后，方可代作原始凭证。（　　）
2. 一笔交易事项需填制三张记账凭证，可以采用分数编号法进行编号。（　　）
3. 原始凭证一律由会计人员填制。（　　）
4. 中文大写金额数字到“元”为止的，在“元”之后，应写“整”字。（　　）
5. 会计凭证的传递只包括传递程序。（　　）
6. 为简化核算，可将相类似的经济业务汇总编制一张汇总原始凭证。（　　）
7. 企业从银行提取现金，可以只编制付款凭证，不编制收款凭证。（　　）
8. 凡是从外部取得的原始凭证都可作为编制记账凭证的依据。（　　）
9. 限额领料单属于一次凭证。（　　）
10. 所有的记账凭证都必须附有原始凭证作为记账的依据。（　　）

二、能力训练和提升

（一）华达公司20××年5月份发生的部分经济业务如下。

（1）4日，填制“现金支票”向银行提取现金1 030 700.50元，用于发放职工工资。

（2）7日，收到沈阳第一百货商店的“转账支票”1张，金额300 000元，财会根据“转账支票”填制“进账单”一并送存银行。

（3）8日，向某钢铁厂购买Φ10mm圆钢10 000千克，每千克15.00元，增值税税率为13%。款项采用“托收承付”结算，收到“增值税专用发票”，材料已验收入库。

（4）25日，向辽阳第一百货商店购买电脑80台，每台5 050.00元，计404 000元，增值税68 680元，价税合计472 680元。采用“信汇”结算方式汇款。

（5）26日，填制“领料单”从1号仓库领用Φ10mm圆钢500千克，单价1.50元，用于水泵生产。

【要求】

1. 说明每项经济业务依据的原始凭证是自制原始凭证还是外来原始凭证。

2. 假设该公司采用专用的记账凭证格式，说明该项经济业务应编制何种记账凭证。

（二）某公司20××年9月份发生的部分交易或者事项如下。

（1）9月1日，公司员工王林预借差旅费5 000元，付给现金。

（2）9月6日，从D银行取得一年期借款1 000 000元，存入银行。

（3）9月12日，以银行存款支付本月厂部办公费11 000元。

（4）9月18日，收回B公司前欠货款150 000元。

（5）9月22日，从银行提取现金9 000元备用。

（6）9月31日，计算本月应纳税所得额80 000元。

【要求】根据上述交易事项编制会计分录，并编制通用记账凭证。

三、素质养成和价值引领

请思考回答以下问题：

1. 原始凭证和记账凭证各有何作用？

2. 结合导例，请思考会计凭证对于加强内部控制、明确经济责任起到什么作用？

3. 在日常生活中常见的各种单据，有哪些可能作为原始凭证？

4. 对于导例中的习近平总书记缴纳伙食费的收据，请思考：为什么说会计凭证的填制与审核对于保证会计信息真实性具有重要意义？

第8章　会计账簿

学习目标

知识目标：熟悉会计账簿的概念与种类；熟悉会计账簿的内容、启用与记账规则；熟悉会计账簿的格式与登记；熟悉会计对账、错账更正方法和结账。

能力目标：能够正确设置、启用和保管会计账簿；能够规范登记日记账、明细账和总分类账；能够熟练进行对账、错账更正和结账。

素质目标：在明确会计账簿在会计核算体系中的重要性的基础上，理解会计账簿信息的经济意义及虚假和错误的账簿记录的经济后果，牢固树立“不做假账”理念，提高职业素养并培养责任意识和大局观。

关键词

会计账簿	account books
普通日记账	general journal
特种日记账	special journal
总分类账	general ledger
明细分类账	subsidiary ledger
对账	account checking
结账	closing the books

知识导图

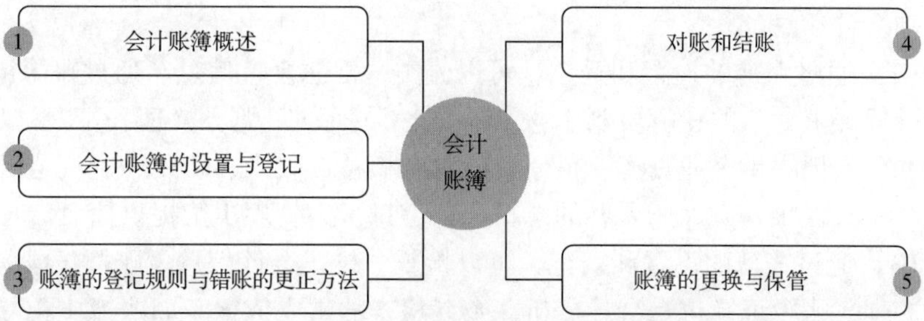

导例

2015 年 1 月，习近平总书记在云南考察工作时再次强调：“要把生态环境保护放在更加突出位置，像保护眼睛一样保护生态环境，像对待生命一样对待生态环境，在生态环境保护上一定要算大账、算长远账、算整体账、算综合账，不能因小失大、顾此失彼、寅吃卯粮、急功近利。”

企业强则国家强，习近平总书记算的是国家的大账，企业也一样要算长远账。请思考会计账簿在会计核算三大环节中的作用。

8.1 会计账簿概述

8.1.1 会计账簿的概念和意义

1. 会计账簿的概念

会计账簿是指由具有一定格式的账页组成的，以经过审核的会计凭证为依据，全面、系统、连续地记录各项经济业务的簿籍。设置账簿是会计工作的一个重要环节，登记账簿是会计核算的一种方法。

账簿与账户有着十分密切的关系。账户是根据会计科目开设的，账户存在于账簿之中，账簿中的每一账页就是账户的存在形式和载体，没有账簿，账户就无法存在；账簿序时、分类地记载经济业务，是在个别账户中完成的。因此，账簿只是一个外在形式，账户才是它的真实内容。因而，账簿与账户的关系，是形式和内容的关系。各单位通过记账凭证的填制和审核，可将每日发生的经济业务记录和反映在记账凭证上。但记账凭证数量多、资料分散，每张凭证只能记载个别的经济业务，所提供的资料是零星的。为了全面、系统、连续地反映企事业单位的经济活动和财务收支情况，需要把记账凭证所记载的大量分散的资料加以分类、整理，这就要设置和登记会计账簿。因此，设置和登记账簿，是编制会计报表的基础，是连接会计凭证与会计报表的中间环节，在会计核算中具有重要意义。

2. 会计账簿的作用和意义

（1）通过账簿的设置和登记，可以记载、储存会计信息。将会计凭证所记录的经济业务逐笔逐项计入有关账簿，可以全面反映一定时期发生的各项经济活动，及时储存所需要的各项会计信息。

（2）通过账簿的设置和登记，可以分类、汇总会计信息。通过账簿记录，可以将分散在会计凭证上大量的核算资料，按其不同性质加以归类、整理和汇总，以便全面、系统、连续和分类地提供企业资产、负债、所有者权益、收入、费用和利润会计要素的增减变化情况，及时提供各方面所需要的总括会计信息，为管理决策提供信息。

（3）通过账簿的设置和登记，可以检查、校正会计信息。账簿记录是对会计凭证的进一步整理，账簿记录也是会计分析、会计检查的重要依据。如账簿中记录的财产物资的账面数可以通过实地盘点的方法，与实存数进行核对，来检查财产物资是否妥善保管，账实是否相符。

（4）通过账簿的设置和登记，可以编报、输出会计信息。会计账簿是对会计凭证的系统化，提供的是全面、系统、分类的会计信息，因而账簿记录是编制会计报表的主要资料来源，账簿所提供的资料，是编制会计报表的主要依据。

8.1.2　会计账簿的分类

在会计核算中，账簿的种类是多种多样的，为了便于了解和使用，必须对账簿进行分类。各单位应当按照国家统一的会计制度的规定和会计业务的需要设置会计账簿。如图 8-1 所示，会计账簿一般可以按其用途、账页格式和外形特征进行分类。

下面对会计账簿的种类进行具体介绍。

1. 按用途分类

账簿按其用途不同，可分为序时账簿、分类账簿和备查账簿三种。

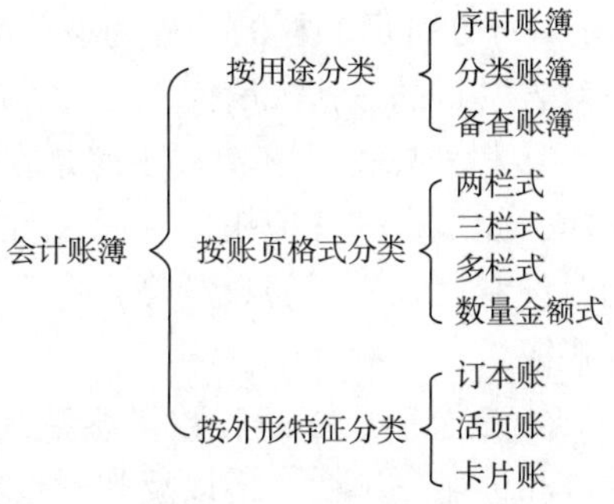

图 8-1　会计账簿的总体分类图

（1）序时账簿。序时账簿又称日记账，是按照经济业务发生或完成时间的先后顺序逐日逐笔进行登记的账簿。在实际工作中，这种账簿通常是按照记账凭证编号的先后顺序逐日进行登记的，因此又称为日记账。日记账的特点是序时登记和逐笔登记。序时账簿通常有两种：一种是用来登记全部经济业务的发生情况的账簿，称为普通日记账；另一种是用来登记某一类经济业务发生情况的账簿，称为特种日记账。在实际工作中，因经济业务的复杂性，一般很少采用普通日记账，应用较为广泛的是特种日记账。为了加强对货币资金的监督和管理，各单位应当设置专门记录和反映现金收付业务及其结存情况的现金日记账，以及专门记录和反映银行存款收付业务及其结存情况的银行存款日记账。在我国，大多数单位一般只设现金和银行存款两种特种日记账，而不设置普通日记账。

（2）分类账簿。分类账簿是对全部经济业务事项，按照会计要素的具体类别而设置的分类账户进行登记的账簿。分类账簿按照分类的概括程度不同，又分为总分类账和明细分类账两种。按照总分类账户分类登记经济业务事项的是总分类账，简称总账。按照明细分类账户分类登记经济业务事项的是明细分类账，简称明细账。明细分类账是对总分类账的补充和具体化，并受总分类账的控制和统驭。分类账簿提供的核算信息是编制会计报表的主要依据。

分类账簿和序时账簿的作用不同。序时账簿能提供连续系统的信息；分类账簿则是按照经营与决策的需要，归集并汇总各类信息，反映资金运动的各种状态、形式及其构成。在账簿组织中，分类账簿占有特别重要的地位。因为只有通过分类账簿，才能把数据按账户形成不同信息，满足编制会计报表的需要。

（3）备查账簿。备查账簿又称备查簿，是对某些在序时账簿和分类账簿中都不予登记或登记不够详细的经济业务事项，进行补充登记时使用的账簿。备查账簿可以为某项经济业务的内容提供必要的参考资料，加强企业对使用和保管的属于他人的财产物资的监督。例如，经营性租入固定资产登记簿、受托加工材料登记簿、代销商品登记簿等。备查账簿可以由各单位根据需要进行设置。

备查账簿与序时账簿和分类账簿相比，存在两点不同之处：一是登记依据可能不需要记账凭证，甚至不需要一般意义上的原始凭证；二是账簿的格式和登记方法不同，备查账簿的主要栏目不记录金额，它更注重用文字来表述某项经济业务的发生情况。

2. 按账页格式分类

按账页格式的不同，账簿可以分为两栏式、三栏式、多栏式和数量金额式四种。

（1）两栏式账簿。两栏式账簿是指只有借方和贷方两个基本金额栏目的账簿。普通日记账一般采用两栏式。

（2）三栏式账簿。三栏式账簿是设有借方、贷方和余额三个基本栏目的账簿。各种日记账、总分类账以及资本、债权、债务明细账都可采用三栏式账簿。三栏式账簿又分为设对方科目和不设对方科目两种。区别是在摘要栏和借方科目栏之间是否有一栏“对方科目”。有“对方科目”栏的，称为设对方科目的三栏式账簿；没有“对方科目”栏的，称为不设对方科目的三栏式账簿。

（3）多栏式账簿。多栏式账簿是在账簿的两个基本栏目借方和贷方按需要分设若干专栏的账簿，如多栏式日记账、多栏式明细账。但是，其专栏设置在借方还是在贷方，或是两方同时设专栏，专栏的数量等，均应根据需要确定。收入、费用明细账一般均采用这种格式的账簿。

（4）数量金额式账簿。数量金额式账簿的借方、贷方和余额三个栏目内，都分设数量、单价和金额三小栏，借以反映财产物资的实物数量和价值量，如原材料、库存商品等明细账一般都采用数量金额式账簿。

3. 按外表形式分类

账簿按其外形特征不同可分为订本账、活页账和卡片账三种（图 8-2）。

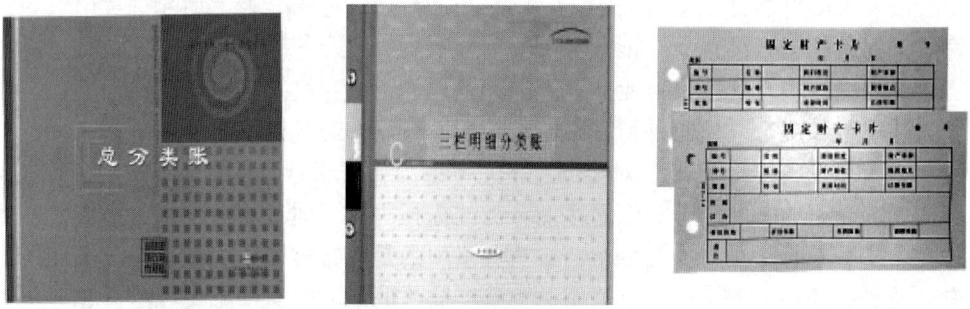

（a）订本账　　（b）活页账　　（c）卡片账

图 8-2　会计账簿外形

（1）订本账。订本账是启用之前就已将账页装订在一起，并对账页进行了连续编号的账簿。订本账的优点是能避免账页散失和防止抽换账页；其缺点是不能准确为各账户预留账页。这种账簿一般适用于总分类账、现金日记账、银行存款日记账。

（2）活页账。活页账是在账簿登记完毕之前并不固定装订在一起，而是装在活页账夹中。当账簿登记完毕之后（通常是一个会计年度结束之后），才将账页予以装订，加具封面，并给各账页连续编号。各种明细分类账一般采用活页账形式。这类账簿的优点是记账时可以根据实际需要，随时将空白账页装入账簿，或抽去不需用的账页，便于分工记账；其缺点是如果管理不善，可能会造成账页散失或故意抽换账页。通常各种明细分类账一般采用活页账形式。

（3）卡片账。卡片账是将账户所需格式印刷在硬卡上。严格说，卡片账也是一种活页账，只不过它不是装在活页账夹中，而是装在卡片箱内。在我国，单位一般只对固定资产的核算采用卡片账形式，也有少数企业在材料核算中使用材料卡片。

8.2　会计账簿的设置与登记

8.2.1　设置账簿的基本要求

各单位必须按照国家统一会计法律制度的规定，结合本单位会计业务的需要设置必要的账簿，并认真做好记账工作。设置账簿一般应做到以下基本要求。

（1）确保全面、连续、系统地核算和监督各项经济业务，为经营管理和编制会计报表提供完整、系统的会计核算资料。

（2）在保证满足核算和监督经济业务的前提下，尽量考虑人力、物力的节约，注意防止重复记账。

（3）在格式设计上，要从所要核算的经济业务的内容和需要提供的核算指标出发，力求简明实用，避免烦琐复杂，以提高会计工作效率。

8.2.2　账簿的组成内容

在实际工作中，由于各种会计账簿所记录的经济业务不同，账簿的格式也多种多样。但是，不管格式如何，各种账簿都应具备以下基本内容。

1. 封面

封面应标明账簿的名称［图 8-3（a）］，如总分类账、现金日记账、材料明细账等。

2. 扉页

扉页应附账簿启用和经营人员一览表以及账户目录［图 8-3（b）、图 8-3（c）］。

3. 账页

账页是账簿的主要组成部分，用来具体记录经济业务［图 8-3（d）］，其格式因记录的经济业务内容不同而有所不同，但一般应包括以下内容。

（1）账户的名称。

（2）登账日期栏。

（3）凭证种类和号数栏。

（4）摘要栏。

（5）金额栏。

（6）总页次和分户页次。

8.2.3　日记账的设置和登记

序时账簿（日记账）是按照经济业务发生或完成的时间先后顺序逐笔进行登记的账簿。设置序时账簿的目的就是使经济业务的时间顺序清晰地反映在账簿记录中。序时账簿按其所核算和监督经济业务的范围，可分为特种日记账和普通日记账。

普通日记账是两栏式日记账，是序时地逐笔登记各项经济业务的账簿，它核算和监督全部经济业务的发生和完成情况，其格式如图 8-4 所示。

（a）封面

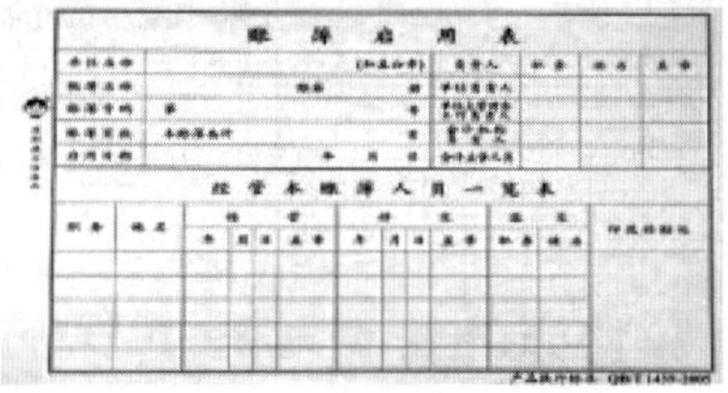

（b）扉页正面

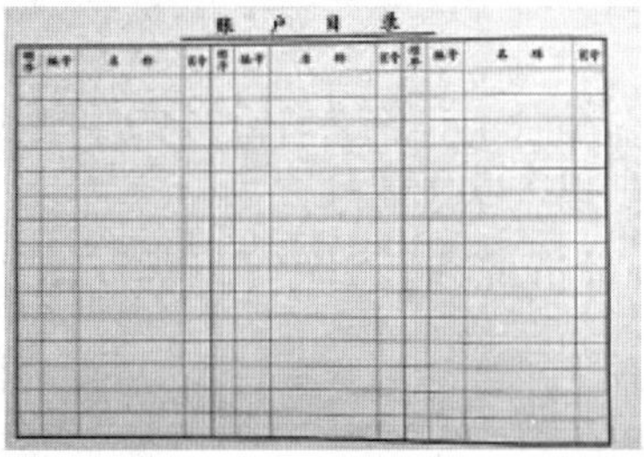

（c）扉页反面

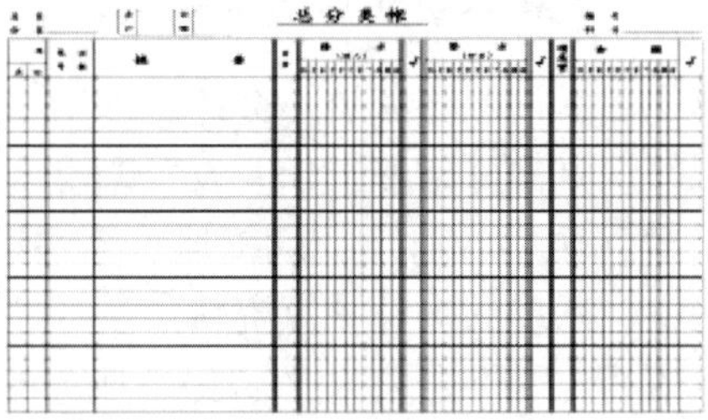

（d）账页

图 8-3　账簿的组成内容（封面、扉页和账页）

普通日记账（两栏式）

总第　　页 分第　　页

财会主管

2022年		凭证号数	会计科目	摘要	借方金额									贷方金额									过账
月	日				百	十	万	千	百	十	元	角	分	百	十	万	千	百	十	元	角	分	
12	1	转字001	原材料—A材料	购入材料				2	0	0	0	0	0										
			应付账款—甲公司	应付材料款													2	0	0	0	0	0	

复核

图 8-4　普通日记账（两栏式）

特种日记账是用来核算和监督某一类型经济业务的发生和完成情况的账簿。各单位一般应设置特种日记账，常见的特种日记账有现金日记账和银行存款日记账。

8.2.3.1　现金日记账的格式和登记方法

1. 现金日记账的格式

现金日记账是用来核算和监督库存现金每天的收入、支出和结存情况的账簿，其格式有三栏式和多栏式两种。无论采用三栏式还是多栏式现金日记账，都必须使用订本账。三栏式现金日记账设借方、贷方和余额三个基本的金额栏目，一般将其分别称为收入、支出和结余三个基本栏目。在金额栏与摘要栏之间常常插入“对方科目”，以便记账时标明现金收入的来源科目和现金支出的用途科目。三栏式现金日记账的格式如图 8-5 所示。

库存现金日记账

第 1 页

2023年		凭证		摘要	借方	贷方	借或贷	余额	核对
月	日	种类	号数						
01	01			上年结转			借	6 520.00	
09	02	记	017	预支差旅费		3 000.00	借	3 520.00	
09	02			本日合计		3 000.00	借	3 520.00	
09	04	记	018	报销差旅费	200.00		借	3 720.00	
09	04			本日合计	200.00		借	3 720.00	
09	30			本月合计	200.00	3 000.00	借	3 720.00	
12	31			本年累计	200.00	3 000.00	借	3 720.00	
12	31			结转下年			借	3 720.00	

图 8-5　现金日记账（三栏式）

多栏式现金日记账是在三栏式现金日记账基础上发展起来的，日记账的借方（收入）和贷方（支出）金额栏都按对方科目设专栏，也就是按收入的来源和支出的用途设专栏。多栏式现金日记账的格式如表 8-1 所示。

表 8-1　　**现金日记账（多栏式）**

202×年		凭证字号	摘要	收入				支出				结余
				应贷科目			合计	应借科目			合计	
月	日			银行存款	其他应收款	…		其他应付款	管理费用	…		
8	1		期初									3 000

续表

202×年		凭证字号	摘要	收入				支出				结余
				应贷科目			合计	应借科目			合计	
月	日			银行存款	其他应收款	…		其他应付款	管理费用	…		
	2	收1	提取备用金	2 000			2 000					5 000
	2	收2	差旅费报销		500		500					5 500

2. 现金日记账的登记方法

现金日记账由出纳员根据与现金收付有关的记账凭证，按时间顺序逐日逐笔进行登记，并根据“上日余额+本日收入-本日支出=本日余额”的公式，逐日结出现金余额，与库存现金实存数核对，以检查每日现金收付是否有误。

三栏式现金日记账的具体登记方法如下。

（1）日期栏：登记记账凭证的日期，应与现金实际收付日期一致。

（2）凭证栏：登记入账的收付款凭证的种类和编号，如：“现金收（付）款凭证”，简写为“现收（付）”“银行存款收（付）款凭证”，简写为“银收（付）”。凭证栏还应登记凭证的编号数，以便于查账和核对。

（3）摘要栏：简要说明登记入账的经济业务的内容。文字要简练，但要能说明问题。

（4）对方科目栏：登记现金收入的来源科目或支出的用途科目。如从银行提取现金，其来源科目（即对方科目）为“银行存款”，其作用在于了解经济业务的来龙去脉。

（5）收入、支出栏：登记现金实际收付的金额。每日终了，应分别计算现金收入和付出的合计数，结出余额，同时将余额与出纳员的库存现金核对，即通常说的“日清”。如账款不符应查明原因，并记录备案。月终同样要计算现金收、付和结存的合计数，通常称为“月结”。

在实际工作中，如果要设多栏式现金日记账，一般常把现金收入业务和支出业务分设“现金收入日记账”和“现金支出日记账”两本账。其中，现金收入日记账按对应的贷方科目设置专栏，另设“支出合计”栏和“余额”栏；现金支出日记账则只按支出的对方科目设专栏，不设“收入合计”栏和“余额”栏；“现金收入日记账”和“现金支出日记账”的格式分别见表 8-2、表 8-3。

表 8-2　　　　库存现金收入日记账

202×年		收款凭证		摘要	贷方科目			收入合计	支出合计	余额
月	日	字	号		银行存款	其他应收款	营业外收入			
8	1			期初余额						3 000
	2	收	1	提取备用金	2 000			2 000		5 000

续表

202×年		收款凭证		摘要	贷方科目			收入合计	支出合计	余额
月	日	字	号		银行存款	其他应收款	营业外收入			
	2	收	2	差旅费报销		500		500		5 500

表 8-3　　库存现金支出日记账

202×年		付款凭证		摘要	结算凭证		借方科目		
月	日	字	号		种类	号数	其他应付款	管理费用	支出合计

借贷方分设的多栏式现金日记账的登记方法如下。

（1）根据有关现金收入业务的记账凭证登记现金收入日记账，根据有关现金支出业务的记账凭证登记现金支出日记账。

（2）每日营业终了，根据现金支出日记账结计的支出合计数，记入现金收入日记账的“支出合计”栏中，并结出当日余额。

8.2.3.2　银行存款日记账的格式和登记方法

银行存款日记账是用来核算和监督银行存款每日的收入、支出和结余情况的账簿。银行存款日记账应按企业在银行开立的账户和币种分别设置，每个银行账户设置一本日记账。由出纳员根据与银行存款收付业务有关的记账凭证，按时间先后顺序逐日逐笔进行登记。根据银行存款收款凭证和有关的现金付款凭证（库存现金存入银行的业务）登记银行存款收入栏，根据银行存款付款凭证登记其支出栏，每日结出存款余额。

1. 银行存款日记账的格式

银行存款日记账的格式与现金日记账相同，既可以采用三栏式，也可以采用多栏式。多栏式可以将收入和支出的核算在一本账上进行，也可以分设“银行存款收入日记账”和“银行存款支出日记账”，其格式与表 8-2、表 8-3 相似。银行存款日记账的具体格式如图 8-6 所示。

2. 银行存款日记账的登记方法

银行存款日记账的登记方法与现金日记账的登记方法基本相同，其登记方法如下。

（1）日期栏。登记记账凭证的日期。

（2）凭证栏。登记入账的收付款凭证的种类和编号（与现金日记账的登记方法一致）。

（3）对方科目栏。登记银行存款收入的来源科目或支出的用途科目。如开出支票一张支付购料款，其支出的用途科目（即对方科目）为“在途物资”科目，其作用在于了解经济业务的来龙去脉。

（4）摘要栏。简要说明登记入账的经济业务的内容。文字要简练，但能概括说明问题。

银行存款日记账

第 1 页

开户银行：中国工商银行福州分行　　　　账号：1101134028489321566

2023年		凭证		摘要	借方	贷方	借或贷	余额	核对
月	日	种类	号数						
01	01			上年结转			借	5 038.00	
03	01	记	017	借入长期借款	2 000 000.00		借	2 005 038.00	
03	01			本日合计	2 000 000.00		借	2 005 038.00	
03	18	记	018	购买固定资产		113 000.00	借	1 892 038.00	
03	18			本日合计		113 000.00	借	1 892 038.00	
03	31			本月合计	2 000 000.00	113 000.00	借	1 892 038.00	
04	11	记	003	购买需要安装设备		226 000.00	借	1 666 038.00	
04	11			本日合计		226 000.00	借	1 666 038.00	
04	16	记	004	支付安装费		5 000.00	借	1 661 038.00	
04	16			本日合计		5 000.00	借	1 661 038.00	
04	30			本月合计		231 000.00	借	1 661 038.00	
05	17	记	007	支付运输费		817.50	借	1 660 220.50	
05	17			本日合计		817.50	借	1 660 220.50	
05	31			本月合计		817.50	借	1 660 220.50	
06	01	记	008	收到天使投资款	3 000 000.00		借	4 660 220.50	
06	01	记	009	预付厂房租金		24 000.00	借	4 636 220.50	
06	01			本日合计	3 000 000.00	24 000.00	借	4 636 220.50	
06	24	记	012	支付装卸费		1 500.00	借	4 634 720.50	
06	24			转次页	3 000 000.00	25 500.00	借	4 634 720.50	

图 8-6　银行存款日记账（三栏式）

（5）收入、支出栏。登记现金实际收付的金额。每日终了，应分别计算银行存款的收入和支出的合计数，结算出余额，做到日清；月终应计算出银行存款全月收入、支出的合计数，做到月结。

8.2.4　总分类账的设置和登记

总分类账简称总账，它是按照总分类账户分类登记以提供总括会计信息的账簿。总账中的账页是按总账科目（一级科目）开设的总分类账户。应用总分类账，可以全面、系统、综合地反映企业所有的经济活动情况和财务收支情况，可以为编制会计报表提供所需的资料。因此，每一企业都应设置总分类账。

1. 总分类账的格式

总分类账最常用的格式为三栏式，设置借方、贷方和余额三个基本金额栏目，如图 8-7 所示。

总分类账

会计科目：应收账款　　　　　　第 1 页共 1 页

2023年 月	日	凭证 种类	号数	摘要	借方	贷方	借或贷	余额
01	01			上年结转			平	0.00
10	31			本期发生额	474 600.00	474 600.00	平	0.00
10	31			本年累计	474 600.00	474 600.00	平	0.00
12	31			结转下年			平	0.00

图 8-7　总分类账（应收账款）

2. 总分类账的登记方法

总分类账可以根据记账凭证逐笔登记，也可以根据经过汇总的科目汇总表或汇总记账凭证等登记。

8.2.5　明细分类账的设置和登记

明细分类账是根据二级账户或明细账户开设账页，分类、连续地登记经济业务以提供明细核算资料的账簿。明细分类账是总分类账的明细记录，它是按照总分类账的核算内容，按照更加详细的分类，反映某一具体类别经济活动的财务收支情况。它对总分类账起补充说明的作用，它所提供的资料也是编制会计报表的重要依据。

1. 明细分类账的格式

明细分类账的格式有三栏式、多栏式、数量金额式和横线登记式（或称平行式）等多种。

（1）三栏式明细分类账。三栏式明细分类账是设有借方、贷方和余额三个栏目，用以分类核算各项经济业务，提供详细核算资料的账簿，其格式与三栏式总账格式相同。三栏式明细账适用于只进行金额核算的账户，如应收账款、应付账款等往来结算账户。三栏式明细分类账的格式如图 8-8 所示。

应收账款

明细科目：山阙贸易有限公司　　　　　　第 1 页共 1 页

2023年 月	日	凭证 种类	号数	摘要	借方	贷方	借或贷	余额
01	01			上年结转			平	0.00
10	10	记	022	销售商品	474 600.00		借	474 600.00
10	20	记	023	收到货款		474 600.00	平	0.00
10	31			本月合计	474 600.00	474 600.00	平	0.00
10	31			本年累计	474 600.00	474 600.00	平	0.00
12	31			结转下年			平	0.00

图 8-8　应收账款明细分类账（三栏式）

（2）多栏式明细分类账。多栏式明细分类账是将属于同一个总账科目的各个明细科目合并在一张账页上进行登记，即在这种格式账页的借方或贷方金额栏内按照明细项目设若干专栏。多栏式明细分类账适用于成本费用类科目的明细核算。

在实际工作中，成本费用类科目的明细账，可以只按借方发生额设置专栏，贷方发生额由于每月发生的笔数很少，可以在借方直接用红字冲销。这类明细账也可以在借方设专栏的情况下，贷方设一总的金额栏，再设一余额栏。这两种多栏式明细账的格式（以财务费用明细账为例）如图 8-9 所示。

财务费用 明细账

总第____页 分第____页

____级科目编号及名称

____级科目编号及名称

2022年 月	日	凭证号数	摘要	（借）方金额分析：利息支出	现金折扣	金融机构手续费	汇兑净损失	其他	其他		合计
12	3	银付3	支付企业网银费用					121000			121000
12	11	银付6	支付长期借款利息	307500							307500
12	11	银付7	支付短期借款利息	225000							225000
12	12	银收3	销售现金折扣		666666						666666
12	21	银收9	收到存款利息收入	173635							173635
12	25	银收10	票据贴现	62500							62500
12	31	转61	结转本期损益	358865	666666			121000			1209031
			本月合计	0	0			0			0

财会主管　　复核

图 8-9　财务费用明细分类账（多栏式明细账）

（3）数量金额式明细分类账。数量金额式明细分类账其借方（收入）、贷方（发出）和余额（结存）都分别设有数量、单价和金额三个专栏。该明细账适用于既要进行金额核算又要进行数量核算的账户，其格式（以原材料明细账为例）如图 8-10 所示。

原材料 明细账

最高储存量____　最低储存量____　编号____ 规格____

本账页数 3　本户页数 1

明细科目 甲材料　名称 甲材料

2023年 月	日	凭证 种类	号数	摘要	借方 数量	单价	金额	贷方 数量	单价	金额	结余 数量	单价	金额
01	01			上年结转							20 000	5.25	105 000.00
07	14	记	014	领用原材料				14 000	5.25	73 500.00	6 000	5.25	31 500.00
07	31	记	015	原材料入库	3 000	5.25	15 750.00				9 000	5.25	47 250.00
07	31			本月合计	3 000	5.25	15 750.00	14 000	5.25	73 500.00	9 000	5.25	47 250.00
11	30	记	032	结转销售材料成本				600	5.25	3 150.00	8 400	5.25	44 100.00
11	30			本月合计				600	5.25	3 150.00	8 400	5.25	44 100.00
12	31			本年累计	3 000	5.25	15 750.00	14 600	5.25	76 650.00	8 400	5.25	44 100.00
12	31			结转下年							8 400	5.25	44 100.00

图 8-10　原材料明细分类账（数量金额式）

（4）横线登记式明细分类账。横线登记式明细分类账是采用横线登记，即将每一相关的业务登记在一行，从而可依据每一行各个栏目的登记是否齐全来判断该项业务的进展情况。这种明细账实际上也是一种多栏式明细账，适用于登记材料采购业务、应收票据和一次性备用金业务，其格式（以其他应收款为例）如图 8-11 所示。

其他应收款

明细科目：备用金

2023年		凭证		摘要	借方			凭证		摘要	贷方		
月	日	种类	号数		原借	补付	合计	种类	号数		报销	退还	合计

图 8-11　其他应收款——备用金明细账

2. 明细分类账的登记方法

明细分类账的登记通常有几种方法：一是根据原始凭证直接登记明细分类账；二是根据汇总原始凭证登记明细分类账；三是根据记账凭证登记明细分类账。

不同类型经济业务的明细分类账，可根据管理需要，依据记账凭证、原始凭证或汇总原始凭证逐日逐笔或定期汇总登记。库存现金、银行存款、债权、债务等明细账应逐日逐笔登记；库存商品、原材料明细账以及收入、费用明细账可以逐笔登记，也可定期汇总登记。

8.3　账簿的登记规则与错账的更正方法

8.3.1　会计账簿的登记规则

（1）为了保证账簿记录的准确、整洁，应当根据审核无误的会计凭证登记会计账簿。登记会计账簿时，应当将会计凭证日期、编号、业务内容摘要、金额和其他有关资料逐项记入账内，做到数字准确、摘要清楚、登记及时、字迹工整。每一项会计事项，一方面要记入有关的总账，另一方面要记入该总账所属的明细账。账簿记录中的日期，应该填写记账凭证上的日期，以自制原始凭证，如收料单、领料单等作为记账依据的，账簿记录中的日期应按有关自制凭证上的日期填列。

（2）账簿登记完毕后，要在记账凭证上签名或者盖章，并在记账凭证的“记账”栏内注明账簿页数或画“√”，注明已经登账的符号，表示已经记账完毕，避免重记、漏记。

（3）账簿中书写的文字和数字上面要留有适当的空格，不要写满格，一般应占格距的二分之一。这样，在一旦发生登记错误时，能比较容易地进行更正，同时也方便查账工作。

（4）为了保持账簿记录的持久性，防止涂改，登记账簿必须使用蓝黑墨水或碳素墨水并用钢笔书写，不得使用圆珠笔（银行的复写账簿除外）或者铅笔书写。

（5）在下列情况下，可以用红色墨水记账。

①按照红字冲账的记账凭证，冲销错误记录。

②在不设借贷等栏的多栏式账页中，登记减少数。

③在三栏式账户的余额栏前如未印明余额方向的，在余额栏内登记负数余额。

④根据规定可以用红字登记的其他会计记录。

由于会计中的红字表示负数，因而除上述情况外，不得用红色墨水登记账簿。

（6）在登记各种账簿时，应按页次顺序连续登记，不得隔页、跳行。如果发生隔页、跳行，应在空页、空行处用红色墨水划对角线注销，或者注明“此页空白”或“此行空白”字样，并由记账人员签名或者签章。

（7）凡需要结出余额的账户，结出余额后，应当在“借”或“贷”栏目内注明“借”或“贷”字样，以示余额的方向；对于没有余额的账户，应在“借或贷”栏内写“平”字，并在“余额”栏用“Q”表示。现金日记账和银行存款日记账必须逐日结出余额。

（8）每一账页登记完毕结转下页时，应当结出本页合计数及余额，写在本页最后一行和下页第一行有关栏内，并在摘要栏内注明“过次页”和“承前页”字样；也可以将本页合计数及金额只写在下页第一行有关栏内，并在摘要栏内注明“承前页”字样，以保持账簿记录的连续性，便于对账和结账。对需要结计本月发生额的账户，结计“过次页”的本页合计数应当为自本月初起至本页末止的发生额合计数；对需要结计本年累计发生额的账户，结计“过次页”的本页合计数应当为自年初起至本页末止的累计数；对既不需要结计本月发生额也不需要结计本年累计发生额的账户，可以只将每页末的金额结转次页。

8.3.2 错账查找与更正方法

8.3.2.1 错账查找的方法

在记账过程中，可能发生各种各样的差错，产生错账，如重记、漏记、数字颠倒、数字错位、数字记错、科目记错、借贷方向记反等，从而影响会计信息的准确性，应及时找出差错，并予以更正。错账查找的方法主要有以下几种。

（1）差数法。它是指按照错账的差数查找错账的方法。例如，在记账过程中只登记了会计分录的借方或贷方，漏记了另一方，从而形成试算平衡中借方合计与贷方合计不等。借方金额遗漏，会使该金额在贷方超出；贷方金额遗漏，会使该金额在借方超出。对于这样的差错，可由会计人员通过回忆和与相关金额的记账核对来查找。

（2）尾数法。对于发生的角、分的差错可以只查找小数部分，以提高查错的效率。

（3）除2法。它是指以差数除以2来查找错数的方法。在记账过程中如果某账户的金额记错了方向，如应记入借方的金额记入了贷方；或者应记入贷方的金额记入了借方，则必然会出现一方合计数增多，而一方合计数减少的情况，其差额应是记错方向金额的两倍，且差错数必为偶数，那么，以该差错数除以 2，结果即为记错的数字。然后在账簿中查找与之相同的数字，而不必逐笔查找，这样，很容易找出错账所在。例如某账户明细科目的期末余额之和小于其总分类科目期末余额 8 000 元，被 2 除的商 4 000 元即为借贷方向反向的金额。同理，如果借方总额大于贷方 600 元，即应查找有无 300 元的贷方金额误记入借方。如非此类错误，则应另寻差错的原因。

（4）除 9 法。它是指以差数除以 9 来查找错数的方法。适用以下三种情况。

一是将数字写小。如将 400 写为 40，错误数字小于正确数字 9 倍。查找的方法是：以差数除以 9 后得出的商即为写错的数字，商乘以 10 即为正确的数字。上例差数 360（即 400-40）除以 9、商 40 即为错数，扩大 10 倍后即可得出正确的数字 400。

二是将数字写大。如将 50 写为 500，错误数字大于正确数字 9 倍。查找的方法是：以差数除以 9 后得出的商为正确的数字，商乘以 10 后所得的积为错误的数字。上例差数 450（即 500-50）除以 9 后，所得的商 50 为正确数字，50 乘以 10（即 500）为错误数字。

三是邻数颠倒。如将 78 写为 87，将 96 写为 69，将 36 写为 63 等。颠倒的两个数字之差最小为 1，最大为 8（即 9-1）。查找的方法是：将差数除以 9，得出的商连续加 11，直到找出颠倒数字为止。如 78 与 87 的差数为 9，除 9 得 1，连加 11 为 12、23、34、45、56、67、78、89，如有 78 数字的业务，即有可能是颠倒的数字。

8.3.2.2　错账更正的方法

账簿记录应保持整齐清洁，因此记账时应力求正确和清楚，避免差错。如果账簿记录发生错误，必须按照规定的方法予以更正，不准涂改、挖补、刮擦或者用药水消除字迹，不准重新抄写。错账更正方法通常有划线更正法、红字更正法和补充登记法等几种。

1. 划线更正法

划线更正法又称红线更正法。在结账前发现账簿记录有文字或数字错误，而记账凭证没有错误，可以采用划线更正法。更正时可在错误的文字或数字上划一条红线，在红线的上方填写正确的文字或数字，并由记账及相关人员在更正处盖章。对于错误的数字应全部划红线更正，不得只更正其中的错误数字。对于文字错误，可只划去错误的部分。

【例 8-1】旗山创意漆器有限公司某账簿记录中，将 148.50 元误记为 145.80 元。更正方法为：不能只划去其中的“5.80”，改为“8.50”；而是应当把“145.80”全部用红线划去，并在其上方写上“148.50”。

2. 红字更正法

红字更正法是指用红字冲销原有错误的账户记录或凭证记录，以更正或调整账簿记录的一种方法，通常有两种情况。

（1）记账后在当年内发现记账凭证所记的会计科目错误，可以采用红字更正法。更正方法是：记账凭证会计科目错误时，用红字填写一张与原记账凭证完全相同的记账凭证，以示注销原记账凭证，然后用蓝字填写一张正确的记账凭证，并据以记账。

【例 8-2】旗山创意漆器有限公司以银行存款购买 A 材料 3 000 元，材料已验收入库。在填制记账凭证时，误作贷记“库存现金”科目，并已据以登记入账。会计分录如下：

借：原材料　　3 000
　　贷：库存现金　　3 000

更正时，用红字填制一张与原错误记账凭证内容完全相同的记录，然后用蓝字填制一张正确的记账凭证。会计分录如下：

借：原材料 3 000（红字）

贷：库存现金 3 000（红字）

借：原材料 3 000

贷：银行存款 3 000

（2）会计科目无误而所记金额大于应记金额，从而引起记账错误，可以采用红字更正法。更正方法是：记账凭证会计科目无误而所记金额大于应记金额时，按多记的金额用红字编制一张与原记账凭证应借、应贷科目完全相同的记账凭证，以冲销多记的金额，并据以记账。

【例 8-3】旗山创意漆器有限公司从银行提取现金 500 000 元，备发工资。误作下列记账凭证，并已登记入账。

借：库存现金 800 000

贷：银行存款 800 000

发生错误后，应将多记的金额用红字作与上述科目相同会计分录，见如下记账凭证：

借：库存现金 300 000（红字）

贷：银行存款 300 000（红字）

3. 补充登记法

补充登记法是在记账后发现记账凭证填写的会计科目无误，只是所记金额小于应记金额时，所采用的一种更正方法。具体更正方法是：按少记的金额用蓝字编制一张与原记账凭证应借、应贷科目完全相同的记账凭证，以补充少记的金额，并据以记账。

【例 8-4】旗山创意漆器有限公司接受投资人投入资金 180 000 元，已存入银行。在填制记账凭证时，误将其金额写为 150 000 元，并已登记入账。

借：银行存款 150 000

贷：实收资本 150 000

发现错误后，应将少记的金额用蓝字编制一张与原记账凭证应借、应贷科目完全相同的记账凭证，登记入账：

借：银行存款 30 000

贷：实收资本 30 000

8.4 对账和结账

8.4.1 对账

对账就是核对账目，是指对账簿记录所进行的核对工作。通过对账，应当做到账证相符、账账相符、账实相符。

在日常会计工作中，填制凭证、记账、过账、算账、结账、计算难免会发生差错，出现账款、账物不符的情况。因而，在结账前后，要通过对账，将有关账簿记录进行核对，确保会计核算资料的正确性和完整性，为编制会计报表提供真实可靠的数据资料。对账的内容一般包括账证核对、账账核对和账实核对三个方面。

1. 账证核对

账证核对是指核对会计账簿记录与原始凭证、记账凭证的时间、凭证字号、内容、金额是否一致，记账方向是否相符。为了保证账证相符，必须将账簿记录同有关会计凭证相核对。一般来说，日记账应与收、付款凭证相核对，总账应与记账凭证相核对，明细账应与记账凭证或原始凭证相核对。通常这些核对工作是在日常制证和记账工作中进行的。

2. 账账核对

账账核对是指核对不同会计账簿之间的账簿记录是否相符。为了保证账账相符，必须将各种账簿之间的有关数据相核对。具体核对的内容包括以下几个方面。

（1）总分类账簿有关账户的余额核对。资产类账户的余额应等于权益类账户的余额，或总账账户的借方期末余额合计数应与贷方期末余额合计数核对相符。

（2）总分类账簿与所属明细分类账簿核对。总账账户的期末余额应与所属明细分类账户期末余额之和核对相符。

（3）总分类账簿与序时账簿核对。如前所述，序时账簿包括特种日记账和普通日记账。而我国企事业单位必须设置的特种日记账是现金日记账和银行存款日记账。这两类业务同时还必须设置总分类账。现金日记账和银行存款日记账期末余额应分别同有关总分类账户的期末余额核对相符。

（4）明细分类账簿之间的核对。会计部门各种财产物资明细分类账的期末余额应与财产物资保管或使用部门有关明细账的期末余额核对相符。

3. 账实核对

账实核对是指各项财产物资、债权债务等账面余额与实有数额之间的核对。为了保证账实相符，应将各种账簿记录与有关财产物资的实有数相核对。具体核对内容包括以下几个方面。

（1）现金日记账账面余额与库存现金数额是否相符。

现金日记账账面余额应与现金实际库存数额逐日核对相符。

（2）银行存款日记账账面余额与银行对账单的余额是否相符。

银行存款日记账的账面余额与银行送来的对账单定期核对相符。

（3）各项财产物资明细账账面余额与财产物资的实有数额是否相符。

各项财产物资明细账账面余额与财产物资的实有数额定期核对相符。

（4）有关债权债务明细账账面余额与对方单位的账面记录是否相符。

各种应收、应付、应交款明细账的期末余额应与债务、债权单位的账目核对相符；与上下级单位、财政和税务部门的拨缴款项也应定期核对无误。

账实核对是一项复杂的工作，具体处理方法在第 8 章财产清查中介绍。

8.4.2　结账

结账是一项将账簿记录定期结算清楚的账务工作。在一定时期结束时（如月末、季末或年末），为了编制会计报表，需要进行结账。结账的内容通常包括两个方面：一是结清各种损益类账户，并据以计算确定本期利润；二是结清各资产、负债和所有者权益账户，分别结出本期发生额合计和余额。

1. 结账的程序

（1）将本期发生的经济业务事项全部登记入账，并保证其正确性。

（2）根据权责发生制的要求，调整有关账项，合理确定本期应计的收入和应计的费用。

（3）将损益类科目转入“本年利润”科目，结平所有损益类科目。

（4）结算出资产、负债和所有者权益科目的本期发生额和余额，并结转下期。

2. 结账的方法

（1）对不需按月结计本期发生额的账户，每次记账以后，都要随时结出余额，每月最后一笔余额为月末余额。月末结账时，只需要在最后一笔经济业务事项记录之下通栏划单红线，不需要再结计一次余额。

（2）现金、银行存款日记账和需要按月结计发生额的收入、费用等明细账，每月结账时，要结出本月发生额和余额，在摘要栏内注明“本月合计”字样，并在下面通栏划单红线。

（3）需要结计本年累计发生额的某些明细账户，每月结账时，应在“本月合计”行下结出自年初起至本月末止的累计发生额，登记在月份发生额下面，在摘要栏内注明“本年累计”字样，并在下面通栏划单红线。12 月末的“本年累计”就是全年累计发生额，全年累计发生额下通栏划双红线。

（4）总账账户平时只需结出月末余额。年终结账时，将所有总账账户结出全年发生额和年末余额，在摘要栏内注明“本年合计”字样，并在合计数下通栏划双红线。

（5）年度终了结账时，有余额的账户，要将其余额结转下年，并在摘要栏注明“结转下年”字样；在下一会计年度新建有关会计账户的第一行余额栏内填写上年结转的余额，并在摘要栏注明“上年结转”字样，格式如图 8-12 所示。

总分类账

会计科目：原材料　　　　第 1 页共 1 页

2023年		凭证		摘要	借方	贷方	借或贷	余额
月	日	种类	号数					
01	01			上年结转			借	305 000.00
07	31			本期发生额	45 750.00	250 500.00	借	100 250.00
07	31			本年累计	45 750.00	250 500.00	借	100 250.00
11	30			本期发生额		3 150.00	借	97 100.00
11	30			本年累计	45 750.00	253 650.00	借	97 100.00
12	31			结转下年			借	97 100.00

图 8-12　原材料总账（年度结账）

8.5　账簿的更换与保管

1. 会计账簿的更换

会计账簿的更换通常在新会计年度建账时进行。一般来说，总账、日记账和多数明细账应每年更换一次。但有些财产物资明细账和债务明细账由于材料品种、规格和往来单位较多，更换新账，重抄一遍的工作量较大，因此可以不必每年度更换一次。各种备查账簿也可以连续使用。

2. 会计账簿的保管

年度终了，各种账户在结转下年，建立新账后，一般都要把旧账送交总账会计集中统一管理。被更换下来的旧账是会计档案的重要组成部分，必须科学、妥善地加以保管。会计账簿暂由本单位财务会计部门保管一年，期满之后，由财务会计部门编造清册移交本单位的档案部门保管。未设档案机构的，应当在会计机构内部指定专人保管。

本章小结

账簿是用来全面、连续、系统地记录各项经济业务的簿籍，也是保存会计数据资料的重要工具。账簿按其用途分类，可分为序时账簿、分类账簿和备查账簿三类。

序时账簿是按经济业务发生时间的先后顺序，逐日逐笔进行登记的账簿。各个单位都必须设置现金日记账和银行存款日记账。分类账簿是对各项经济业务按照账户进行分类登记的账簿，又分为总分类账和明细分类账。任何单位都应设置总分类账，并在总分类账的基础上，根据经营管理的需要，设置必要的明细分类账。

不同种类的账簿具有不同的格式。现金日记账和银行存款日记账的格式主要有三栏式和多栏式两种。多栏式日记账各科目发生额可以作为登记总账的依据。总分类账的账页格式有三栏式和多栏式两种。总分类账登记的依据和方法取决于所采用的会计核算组织程序。明细分类账一般有三栏式、数量金额式、多栏式和横线登记式四种格式。各种账簿都应按照规定的方法进行登记。

会计人员还要做好对账工作，对账包括账证核对、账账核对、账实核对三个方面的内容，保证做到账证相符、账账相符、账实相符。在会计期末，会计人员应按规定结账。登记账簿是会计核算的一种专门方法，必须遵循账簿启用规则、登记规则和错账更正规则。

课后练习

一、知识巩固和应用

（一）单项选择题

1. 登记日记账的方式是按照经济业务发生的时间先后顺序进行（　　）。

A. 逐日逐笔登记　　　　B. 逐日汇总登记

C. 逐笔定期登记　　　　D. 定期汇总登记

2. 明细账从账簿的外表形式上看一般采用（　　）账簿。

A. 订本式　　B. 活页式　　C. 卡片式　　D. 多栏式

3. 在结账以前，如发现账簿记录有文字或数字错误，而记账凭证没错，应采用（　　）进行错账更正。

A. 划线更正法　　B. 红字更正法　　C. 补充登记法　　D. B 或 C 都行

4. 记账以后，如发现记账错误是由于记账凭证所列会计科目或记账方向有误引起的，应采用（　　）进行错账更正。

A. 划线更正法　　B. 红字更正法

C. 补充登记法　　D. B 或 C 都行

5. 记账以后，如发现记账凭证和账簿记录的金额有错误（所记金额大于应记的正确金额），而应借、应贷的会计科目没有错误，应采用（　　）进行错账更正。

A. 划线更正法　　B. 红字更正法

C. 补充登记法　　D. B 或 C 都行

6. 记账以后，如发现记账凭证和账簿记录的金额有错误（所记金额小于应记的正确金额），而应借、应贷的会计科目没有错误，应采用（　　）进行错账更正。

A. 划线更正法　　B. 红字更正法

C. 补充登记法　　D. B 或 C 都行

（二）多项选择题

1. 总分类账和明细分类账平行登记的要点有（　　）。

A. 登记的依据相同　　B. 登账的次数相同

C. 登记的方向一致　　D. 登账的人员和时间相同

E. 登记的金额相同

2. 会计账簿按其用途不同可以分为（　　）。

A. 序时账簿　　B. 分类账簿

C. 备查账簿　　D. 活页账簿

E. 卡片账簿

3. 会计账簿按其外表形式不同可分为（　　）。

A. 总账账簿　　B. 明细账簿

C. 订本式账簿　　D. 活页式账簿

E. 卡片式账簿

4. 登账时遇到下列情况应用红色墨水书写（　　）。

A. 直接更改错误的文字和数字记录

B. 在不设减少金额栏的多栏式账页中，登记减少数

C. 在三栏式账户的余额栏前，如未印明余额方向的，在余额栏内登记负数金额

D. 月末结账计算合计数

E. 补充登记漏记的金额

5. 对账包括（　　）。

A. 各种账簿的记录与有关会计凭证进行核对

B. 会计人员与出纳人员进行核对

C. 各种账簿之间的有关数字进行核对

D. 企业与税务部门进行核对

E. 各种财产物资的账面余额与实存数额相核对

（三）判断题

1. 年度终了，日记账、总账和所有明细账必须更换新账，不能延续使用旧账。（　　）

2. 年度终了，会计部门要将旧账编造清册移交本单位档案部门保管。（　　）

3. 现金日记账和银行存款日记账的外表形式必须采用订本式账簿。（　　）

4. 记账以后，发现记账凭证中应借应贷科目错误，应采用红字更正法进行更正。（　　）

5. 采用普通日记账时，可根据经济业务直接登记，然后再将普通日记账过入分类账。因此，设置普通日记账时一般可不再填制记账凭证。（　　）

二、能力训练和提升

1. 练习特种日记账的登记

【资料】东方公司 2023 年 6 月“库存现金”借方余额 3 200 元，“银行存款”借方余额 45 000 元。6 月份发生以下经济业务：

（1）6 月 2 日，向银行借入为期 6 个月的借款 100 000 元，存入银行。

（2）6 月 3 日，向本市红光公司购进甲材料 60 吨，单价 400 元，货款 24 000 元，货款已用支票支付，材料已验收入库。

（3）6 月 4 日，以银行存款 14 600 元偿还前欠红星公司货款。

（4）6 月 5 日，用现金支付 3 日所购材料的运杂费 400 元。

（5）6 月 6 日，职工李放出差借差旅费 2 000 元经审核开出现金支票。

（6）6 月 8 日，从银行提取现金 15 000 元，以备发放职工工资。

（7）6 月 10 日，以现金 15 000 元发放职工工资。

（8）6 月 12 日，以现金 500 元支付职工困难补助。

（9）6 月 15 日，销售商品 40 吨，单价 800 元，货款已收到。

（10）6 月 18 日，用银行存款支付销售商品所发生的费用 600 元。

（11）6 月 25 日，收到华夏公司前欠货款 18 000 元，存入银行。

（12）6 月 26 日，职工李放出差回来报销差旅费 1 900 元，余额退回。

（13）6 月 30 日，用银行存款 28 000 元缴纳税金。

【要求】

1. 根据资料编制会计分录，并按经济业务的顺序编号（为简化核算，不考虑增值税）。

2. 分别设置“库存现金日记账”和“银行存款日记账”，登记并结出本期发生额和期末余额。

2. 练习错账更正法

【资料】东方公司 2023 年 8 月发生以下错账：

（1）8 日，管理人员张一出差，预借差旅费 1 000 元，用现金支付，原编记账凭证的会计分录为：

借：管理费用　　1 000

　贷：库存现金　　1 000

并已登记入账。

（2）18 日，用银行存款支付前欠 A 公司货款 11 700 元，原编记账凭证会计分录为：

借：应付账款——A 公司　　　　11 700

　贷：银行存款　　　　11 700

会计人员在登记“应付账款——A 公司”明细账簿时，将“11 700”元误写为“1 170”

（3）30 日，企业计算本月应交所得税 34 000 元，原编记账凭证会计分录为：

借：所得税费用　　　　3 400

　贷：应交税费　　　　3 400

并已登记入账。

【要求】指出以上错账应采用的更正方法并对错账进行更正。

三、素质养成和价值引领

潘杰与张三、李四共同出资成立了一家杰华照明电器有限公司，注册资金 100 万元。根据《中华人民共和国税收征收管理法实施细则》第 22 条的规定从事生产、经营的纳税人应当自领取营业执照或者发生纳税义务起 15 日内，按照国家有关规定设置账簿。公司于是聘请了具有会计师资格的汪武担任公司会计部门负责人，在公司成立初始，做好会计工作的分工和建账工作。

请思考回答以下问题：

1. 企业设置会计账簿有何意义？

2. 企业设置会计账簿应遵循哪些基本原则？

3. 本例中汪武应该设置什么账簿？启用何种格式账页？由谁来登记？怎样登账？如何对账和结账？

第9章　财产清查

学习目标

知识目标：了解财产清查的含义、意义和种类；理解存货的盘存制度；了解财产清查的流程及各项财产物资清查的具体方法，理解未达账项及其调整方法；理解财产清查结果的处理程序及“待处理财产损溢”账户特点及其应用。

能力目标：具备参与财产清查工作并对其结果进行账务处理的能力。

素质目标：养成严谨细致的工作态度，提高会计专业素养和会计职业道德水平；培养反腐倡廉，开源节流的意识，树立正确的价值观。

关键词

财产清查	physical inventory
未达账项	account in transit
全面清查	complete check
局部清查	partial check
永续盘存制	perpetual inventory system
实地盘存制	periodic inventory system

知识导图

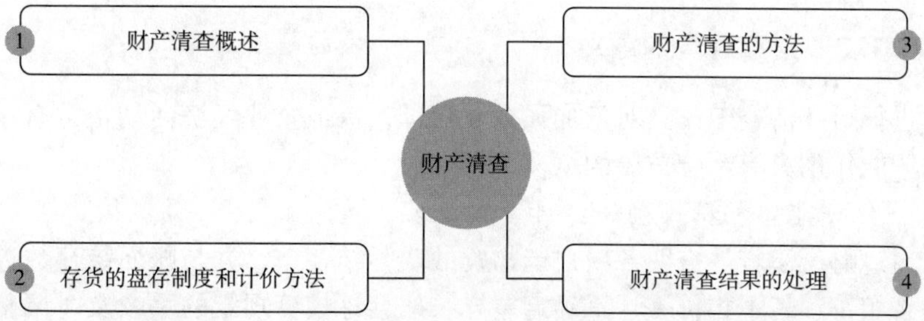

导例

2020年2月12日，上市公司天津港公告称，近日，该公司下属子公司一名财务人员涉嫌贪污公款1.539亿元人民币。目前该财务人员因涉嫌职务犯罪已被属地监察机关立案，并被采取留置措施。目前案件正在调查之中，公司全力配合监察机关开展案件调查和涉案款物追缴工作。

历年来各类曝光的贪污或挪用公款的案件层出不穷，甚至有一个医院的会计，一共贪污医院的公款接近3 000万元，时间竟然达到11年之久没被发现。纵观各类贪污或挪用的案件，金额大小不一，时间长短不同，手段方法等也不同，这些问题值得引起各个单位深思，究竟是什么原因造成的呢？企业应该如何杜绝这类现象的发生呢？

9.1 财产清查概述

9.1.1 财产清查的含义

财产清查是指通过对货币资金、实物资产和往来款项等财产物资进行盘点或核对，确定其实存数，查明账存数与实存数是否相符的一种专门方法。财产清查既是会计核算的一种专门方法，又是财产物资管理的一项重要制度。

保证会计信息资料的真实性，是对会计信息质量的一项基本要求。只有真实可靠的会计信息，才能发挥会计核算应有的作用。因此，在整个会计核算过程中，一定要严格按照规范的程序和方法进行。但是，由于各种主客观因素，实际工作中往往会出现各项财产的账面结存数与实存数不符的现象，即账实不符，如计量检验器具不准确，造成收发物资数量上的计量错误；保管人员工作疏忽，发生计算或登记错误；会计人员记账时发生漏记、重记、多记、少记等错账现象；发生自然灾害、意外损失；因管理不善造成物资损坏、变质和短缺等。为了确保会计核算资料的客观、真实、准确，保证财产物资的安全完整，一方面要建立健全企业的岗位责任制，另一方面要建立财产清查制度，对企业各项财产、债权进行细致清查、核对。《中华人民共和国会计法》第十七条明确规定："各单位应当定期将会计账簿记录与实物、款项及有关资料相互核对，保证会计账簿记录与实物及款项的实有数额相符、会计账簿记录与会计凭证的有关内容相符、会计账簿之间相对应的记录相符、会计账簿记录与会计报表的有关内容相符。"

9.1.2 财产清查的意义

进行财产清查工作，对于加强企业管理，保证企业经济活动正常有序进行，发挥会计监督职能作用具有十分重要的意义。

1. 保证账实相符，确保会计资料真实可靠

通过财产清查，查明各项财产物资的实际结存数，并与账面结存数进行核对，确定账实是否相符。若不相符，计算确定差异，按会计核算规定的手续及时调整账面记录，以做到账实相符。在此基础上，编制会计报表，才可以保证会计报表的各项数据真实准确。

2. 保护财产物资的安全完整

通过财产清查，及时查明各项财产物资是否完整无缺，有无毁损、短缺、变质等情

况，以便及时加强管理，消除隐患，保证财产物资完好无损。

3. 挖掘财产物资的潜力，提高财产物资的使用效率

通过财产清查，在掌握各项财产物资实有数的同时，查明其储备和利用情况，对储备不足的物资应及时进货，以保证供给；对超储积压物资和闲置物资及时处理，减少损失浪费，同时采取有效措施，充分挖掘现有财产物资的潜力，发挥其最佳使用效能，提高利用率。

4. 建立健全财产物资管理的规章制度

通过财产清查，可以及时发现各种财产物资在收入、发出、领退等环节存在的问题和薄弱环节，有针对性地改进管理办法，建立健全管理制度和内部控制制度，明确经济责任，防患于未然，提高财产物资管理水平。

5. 维护财经纪律，执行结算制度

通过财产清查，可以查清债权债务的结算情况，有无长期拖欠或不合理情况，查明应缴国家的各种税费是否及时、足额上缴，发现是否有化公为私、营私舞弊的行为。通过清查，促使企业严格遵守财经纪律、法规，认真执行结算制度，做到资金及时偿还和收回。

9.1.3　财产清查的分类

财产清查可以按照清查对象的范围、清查的时间以及清查执行的单位进行分类。

9.1.3.1　按清查对象的范围分类

财产清查按清查对象的范围分类，分为全面清查和局部清查。

1. 全面清查

全面清查是对本单位所有的财产物资进行全面彻底的盘点与核对。就企业而言，全面清查内容包括以下几个方面。

（1）实物资产，如固定资产、原材料、库存商品、工程物资等。

（2）现金、银行存款及各种有价证券。

（3）在途材料、在途商品、委托加工物资等。

（4）应收、应付、预收、预付的各种往来结算款项等。

全面清查内容全面，范围广泛，能彻底清查企业所有财产物资，但清查工作需投入人力多，发生费用较高，占用时间较长，通常在以下情况下采用。

（1）年终决算之前，为确保年终决算会计信息的真实和准确，需要进行一次全面清查。

（2）单位关、停、并、转、改变隶属关系及进行股份制改造时，需要进行全面清查。

（3）中外合资、国内联营时，需要进行全面清查。

（4）按国家要求开展清产核资时，需要进行全面清查。

（5）单位主要负责人调离工作岗位时，需要进行全面清查。

2. 局部清查

局部清查是根据管理需要或依据有关规定对企业的部分财产物资、债权债务进行的盘点与核对。相对而言，局部清查需要的人力少，费用低。一般情况下，对于流动性较强的材料物资，除年度清查外，年内还要轮流盘点或重点抽查；对各种贵重物资，至少每月盘点一次；对于银行存款，每月至少同银行核对一次；对于现金，每日终了应由出纳人员自行盘点；对于各种往来款项，每年至少与对方单位核对 1~2 次。

9.1.3.2　按清查的时间分类

财产清查按清查的时间分类，可分为定期清查和不定期清查。

1. 定期清查

定期清查是按照预先计划安排的时间进行的清查。定期清查的目的着重于核实企业财产物资的实存数与账存数是否一致，以保证会计信息的真实性、可靠性。定期清查一般是在月末、季末、年末结账之前进行。定期清查根据需要可以是局部清查，也可以是全面清查。

2. 不定期清查

不定期清查是事先并未规定具体清查时间，而是根据实际需要所进行的临时性清查，其目的在于查明情况，分清责任。不定期清查一般在以下情况需要进行。

（1）财产物资、库存现金保管人员更换时，要对有关人员保管的财产物资、库存现金进行清查，以分清经济责任，便于办理交接手续。

（2）发生自然灾害和意外损失时，要对受损失的财产物资进行清查，以查明损失情况。

（3）上级主管、财政、审计和银行等部门，对本单位进行会计检查，应按检查的要求和范围对财产物资进行清查，以验证会计资料的可靠性。

（4）进行临时性清产核资时，要对本单位的财产物资进行清查，以便摸清家底。

不定期清查有时是全面清查如清产核资，有时也可能只需局部清查。

9.1.3.3　按清查执行单位分类

财产清查按清查执行单位分类，可分为内部清查和外部清查。内部清查是指由本单位内部自行组织清查工作小组所进行的财产清查工作。在实际工作中，大多数财产清查都属于内部清查。外部清查是由上级主管部门、审计机关、司法部门或注册会计师根据国家的有关规定或实际需要对企业所进行的财产清查。如注册会计师对企业的会计报表进行审计；审计、司法机关在对企业进行检查、监督时进行的清查工作。一般情况下，进行外部清查的时候应有本单位相关人员参加。

9.1.4　财产清查的准备工作

财产清查是一项时间紧、涉及面广、工作量大、细致而又复杂的工作。为了保证财产清查工作的顺利进行，在进行清查前，必须做好充分的准备。

1. 建立财产清查组织，指定财产清查人员

清查单位应成立由总会计师或主管领导为组长的财产清查领导小组，成员应包括财务、生产、技术、设备、行政等各有关部门人员。确定好财产清查人员的分工，组织清查人员学习有关政策规定，掌握有关法律、法规和相关业务知识，以提高财产清查工作的质量；使清查工作有计划、有组织、有步骤地进行。

2. 确定财产清查对象的范围，明确财产清查的任务

财产清查组织必须确定清查对象的范围，是全面清查还是局部清查，明确财产清查的具体任务。

3. 拟定财产清查的具体方案

财产清查之前，拟定清查方案包括确定清查对象的范围，规定清查时间和进度，明确清查步骤和具体方法。清查的技术方法，应视清查对象不同而选择采用实地盘点法、测量

计算法、估计法等。

4. 提供真实可靠的账簿资料

财产清查之前，会计人员应将当期发生的经济业务全部登记完毕，并结出账面余额，通过核对账目，做到账证相符、账账相符，为财产清查提供真实可靠的账面资料。

5. 做好其他必要的准备工作

（1）准备好被清查财产物资实物，将各种物资摆放整齐，编号标签。

（2）准备好必要的度量衡器具。

（3）准备好各种表册、记录用具，以便登记清查结果。

9.2　存货的盘存制度和计价方法

财产清查的对象主要是企业的各项财产物资，而存货是企业财产的重要组成部分。为了使企业对存货的清查顺利进行，企业应建立合理的存货盘存制度。财产的盘存制度是指确定企业期末财产实际结存数量的方法。实际工作中，存货的盘存制度有永续盘存制和实地盘存制两种。

9.2.1　存货的盘存制度

9.2.1.1　永续盘存制

1. 永续盘存制的含义

永续盘存制也称账面盘存制，指对单位各项存货分别设置明细账，根据会计凭证连续记载（逐笔或逐日）其增减变化并随时结出余额的一种管理制度。这种盘存制，能从账簿资料中及时反映出企业各项存货的结存数额，为及时掌握企业存货增减变动情况和余额提供可靠依据，以便加强单位存货的管理。在这种盘存制度下，本期结存数可以用公式表示如下：

本期结存数=期初结存数+本期增加数-本期减少数

2. 永续盘存制下的账簿组织

在永续盘存制下，各企业各项存货的账簿组织不尽相同。以库存商品为例，通常除品种外还要按大类核算，其一般的账簿组织如下：

会计部门设“库存商品”总分类账，其下按商品大类设置二级账户进行金额核算；然后再按商品具体品种设置三级明细分类账，进行金额、数量双重计量。

仓储部门按每种商品分户设置保管账和保管卡，保管账由记账员根据收、发货单登记收、发数量，进行数量控制。保管卡挂在每种商品的堆垛存放处，由保管员根据收、发货单逐笔登记数量，以控制实际的库存商品。

各类财产核算的这种总账、二级账、明细账的设置，可以进行逐级控制，相互核对，起到随时反映存货的库存情况和保护存货安全完整的作用。在这种账簿组织下，一旦存货发生差错，也很容易及时发现，从而便于加强对存货的日常管理。

3. 永续盘存制的优缺点

在永续盘存制下，由于账面上可以直接提供存货的发出数和结存数，因此其优点是有利于存货的管理，通过账簿记录，可以随时了解存货的收入、发出及结存情况，并从数量和金额两个方面进行控制和监督。缺点是需要随时确定发出物存货的数量和及时登记账簿，核算工作量较大。由于账面结存数是根据账簿资料直接计量的，这样就需要定期进行盘点，以确定账存数与实存数是否相符。永续盘存制下对存货实地盘点至少每年进行一次，以验证账实是否相符。永续盘存制在控制和保护存货安全方面具有明显的优越性，所以在实际工作中，为多数企业采用。

9.2.1.2 实地盘存制

1. 实地盘存制的含义

实地盘存制又称定期盘存制、以存计销制或以存计耗制，平时只在账簿记录中登记各项存货等实物财产的增加数，不登记减少数，期末通过实物盘点来确定其实有数并据以倒算出本期实物财产减少数的一种盘存方法。实地盘存制下，各类财产数量其计算公式一般如下：

本期减少数=期初结存数+本期增加数-期末实有数

2. 期末数量的确定

在实地盘存制下，期末存货数量的确定，一般分为以下两个步骤。

（1）进行实地盘点，确定期末结存数。

（2）调整库存盘存数，确定其实际结存数。例如对于存货，在已经确定库存存货的基础上，考虑在途存货（增加）、已提未销存货（增加）和已销未提存货（减少）等情况，借以完整地确定期末结存存货数量。计算公式如下：

存货期末结存数量=存货盘点数量+在途尚未入库存货数量+已提货未销售存货数量-已销售未提货存货数量

3. 实地盘存制的优缺点

实地盘存制核算工作量小、方法简单，但由于该方法平时不能提供存货的发出数和结存数，又由于该方法下的发出数是采用倒挤法计算出来的，发出数可能是实际消耗数，也可能包含着非正常减少。因此，实地盘存制不利于存货的管理，除对耗用量大、价值低而又不便计量的存货采用外，对一般的存货应采用永续盘存制。

9.2.2 存货的计价方法

在确定各类财产期末结存数量的基础上，还应采用一定的方法计算各类财产的结存（期末）成本和本期发出（减少）成本。企业的各类财产众多，以存货为例，期末存货结存、发出存货成本的确定应根据各批存货单价的具体情况确定。

9.2.2.1 各批存货进货单价一致

如果各批次存货购进时单价一致，则计算期末存货结存成本和发出存货成本就非常简单，其计算公式如下：

期末存货结存成本=存货单价×期末存货数量

本期发出存货成本=存货单价×本期发出存货数量

【例9-1】华美公司A材料月初结存150件，单价60元，本月购入300件，单价60元，本月销售270件，单价60元，则本月结存180件，单价60元。

在本例中，本月发出存货成本=60×270=16 200（元）；月末结存存货成本=60×180=10 800（元）。

9.2.2.2 各批存货进货单价不一致

在实际工作中，同一商品的购进价格在会计期内往往不同，期末存货势必存在一个按什么价格来进行计算的问题。在一定会计期间内，企业总是不断地发出存货，如果能确定发出存货的计价方法，则：

期末存货成本＝期初存货结存成本＋本期存货增加成本－本期存货发出成本

本期发出存货成本＝发出存货计价方法确定的单价×本期存货发出数量

可见，期末存货成本取决于发出存货采用的计价方法。企业应当根据各类存货的实物流转方式、企业管理的要求、存货的性质等实际情况，合理地确定发出存货成本的计算方法，以及当期发出存货的成本。对于性质和用途相同的存货，应当采用相同的成本计算方法确定发出存货的成本。实务中，企业发出的存货可以按实际成本核算，也可以按计划成本核算。在实际成本核算方式下，企业可以采用的发出存货成本的计价方法包括先进先出法、月末一次加权平均法、移动加权平均法和个别计价法等。

1. 先进先出法

先进先出法假定“先入库的存货先发出去”，根据这一假设，计入销售或耗用存货的成本应顺着收入存货批次的单位成本次序计算。当然，这仅是为了计价，与物品实际入库或发出的次序并无多大关系。

【例 9-2】华达公司 20××年 6 月 A 商品的期初结存和本期购销情况如表 9-1 所示。

表 9-1　　**A 商品购销明细账**　　单位：件，元

日期		摘要	收入			发出			结存		
月	日		数量	单价	金额	数量	单价	金额	数量	单价	金额
6	1	期初结存							150	60	9 000
6	8	销售				70					
6	15	购进	100	62	6 200						
6	20	销售				50					
6	24	销售				90					
6	28	购进	200	68	13 600						
6	30	销售				60					

根据上述资料，采用先进先出法计算本期发出存货成本和期末结存存货成本：

本期发出存货成本＝70×60+50×60+30×60+60×62+40×62+20×68＝16 560（元）

期末结存存货成本＝180×68＝12 240（元）

或期末结存存货成本＝9 000+6 200+13 600−16 560＝12 240（元）

采用先进先出法计价的存货明细分类账的登记结果如表 9-2 所示。

表 9-2　　**A 商品购销明细账**　　单位：件，元

日期		摘要	收入			发出			结存		
月	日		数量	单价	金额	数量	单价	金额	数量	单价	金额
6	1	期初结存							150	60	9 000
	8	销售				70	60	4 200	80	60	4 800

续表

日期		摘要	收入			发出			结存		
月	日		数量	单价	金额	数量	单价	金额	数量	单价	金额
	15	购进	100	62	6 200				80 100	60 62	4 800 6 200
	20	销售				50	60	3 000	30 100	60 62	1 800 6 200
	24	销售				30 60	60 62	1 800 3 720	40	62	2 480
	28	购进	200	68	13 600				40 200	62 68	2 480 13 600
	30	销售				40 20	62 68	2 480 1 360	180	68	12 240
	31	本期合计	300		19 800	270		16 560	180	68	12 240

采用先进先出法对存货进行计价，可以将发出存货的计价工作分散在平时进行，减轻了月末的核算工作；期末存货的计价标准为后入库存货的价格，从而使反映在资产负债表上的存货价值比较接近当前市价。但在物价上涨时，本期发出存货成本要比当前市价低，从而使本期利润偏高。

2. *月末一次加权平均法*

月末一次加权平均法是指以期初结存存货数量加上本期入库存货数量作为权数，去除期初存货成本加上本期入库存货成本，计算出存货的加权平均单位成本，以此为基础计算本月发出存货的成本和期末结存存货的成本的一种方法。采用月末一次加权平均法，本月销售或耗用的存货，平时只登记数量，不登记单价和金额。存货的平均单位成本的计算公式为：

$$存货单位成本=\frac{期初存货成本+本期入库存货成本}{期初结存存货数量+本期入库存货数量}$$

本月发出存货成本＝本月发出存货的数量×存货单位成本

本月月末结存存货成本＝月末结存存货的数量×存货单位成本

或：

本月月末结存存货成本＝月初结存存货成本+本月收入存货成本−本月发出存货成本

【例 9-3】承【例 9-2】，按一次加权平均法计算其本期发出存货成本和期末结存存货成本如下：

加权平均单价＝(9 000+6 200+13 600)÷(150+100+200)＝64(元)

本期发出存货成本＝(70+50+90+60)×64＝17 280(元)

本月月末结存存货成本＝180×64＝11 520(元)

或

本月月末结存存货成本＝9 000+6 200+13 600−17 280＝11 520（元）

采用月末一次加权平均法计价的存货明细分类账的登记结果如表 9-3 所示。

表 9-3　　**商品购销明细账**　　单位：件，元

日期		摘要	收入			发出			结存		
月	日		数量	单价	金额	数量	单价	金额	数量	单价	金额
6	1	期初结存							150	60	9 000
	8	销售				70			80		
	15	购进	100	62	6 200				180		15 200
	20	销售				50			130		
	24	销售				90			40		
	28	购进	200	68	13 600				240		28 800
	30	销售				60			180		
	31	本期合计	300		19 800	270	64	17 280	180	64	11 520

一次加权平均法计算比较简单，计算出的期末存货成本和本期发出存货成本比较平稳，但由于计价工作集中在月末进行，平时不能从账簿中看到存货发出和存货结存的金额，不利于存货成本的日常管理与控制。

3. 移动加权平均法

移动加权平均法是指以每次进货的成本加上原有结存存货成本的合计额，除以每次进货数量加上原有结存存货数量的合计数，据以计算加权平均单位成本，作为在下次进货前计算各次发出存货成本依据的一种方法。采用移动加权平均法，当每次购进单价与结存单价不同时，就需要重新计算加权平均价，并据此计算下次购货前的存货成本和销售成本。采用这种方法，可以随时结转销售成本，其存货单位成本的计算公式为：

$$存货单位成本=\frac{原有结存存货成本+本次进货存货成本}{原有结存存货数量+本次进货数量}$$

$$本次发出存货成本=本次发出存货数量\times本次发货前存货单位成本$$

$$本月月末结存存货成本=月末结存存货的数量\times本月月末存货单位成本$$

或：

$$本月月末结存存货成本=月初结存存货成本+本月收入存货成本-本月发出存货成本$$

【例 9-4】承【例 9-2】，假设华达公司采用移动加权平均法核算存货，则第一批购入后的平均单价为：

$$移动加权平均单价=（4\ 800+6\ 200）\div（80+100）=61.11（元）$$

第二批购入后的平均单价为：

$$移动加权平均单价=（2\ 444+13\ 600）\div（40+200）=66.85（元）$$

$$本期发出存货成本=70\times60+50\times61.11+90\times61.11+60\times66.85=16\ 767（元）$$

$$期末结存存货成本=180\times66.85=12\ 033（元）$$

或　　$$=9\ 000+6\ 200+13\ 600-16\ 767=12\ 033（元）$$

按移动加权平均法登记存货明细账如表 9-4 所示。

表 9-4　　A 商品购销明细账　　单位：件，元

日期		摘要	收入			发出			结存		
月	日		数量	单价	金额	数量	单价	金额	数量	单价	金额
6	1	期初结存							150	60	9 000
	8	销售				70	60	4 200	80	60	4 800
	15	购进	100	62	6 200				180	61. 11	11 000
	20	销售				50	61. 11	3 056	130	61. 11	7 944
	24	销售				90	61. 11	5 500	40	61. 11	2 444
	28	购进	200	68	13 600				240	66. 85	16 044
	30	销售				60	66. 85	4 011	180	66. 85	12 033
	31	本期合计	300	—	19 800	270	—	16 767	180	66. 85	12 033

从表 9-4 中可以看出，采用移动加权平均法，A 商品的平均单位成本从期初的 60 元变为期中的 61. 11 元、66. 85 元，期末仍为 66. 85 元；采用移动加权平均法得出的本期发出存货成本和期末结存存货成本分别为 16 767 元和 12 033 元。

采用移动加权平均法，可以随时结转存货发出成本，随时提供存货明细账上的结存数量和金额，有利于对存货进行数量、金额的日常控制。但这种方法由于每次进货后都要计算一次平均价，势必会增加会计核算工作量。

4. 个别计价法

个别计价法，亦称个别认定法、具体辨认法、分批实际法，采用这一方法是假设存货具体项目的实物流转与成本流转相一致，按照各种存货逐一辨认各批发出存货和期末存货所属的购进批别或生产批别，分别按其购入或生产时所确定的单位成本计算各批发出存货和期末存货成本的方法。在这种方法下，把每一种存货的实际成本作为计算发出存货成本和期末存货成本的基础。

个别计价法的计算公式：

发出存货的实际成本 = 各批（次）存货发出数量×该批次存货实际进货单价

期末存货的实际成本 = 各批（次）存货结存数量×该批次存货实际进货单价

【例 9-5】承【例 9-2】，若通过辨别确定各批发出存货的购进批别分别为：6 月 8 日发出的 70 件系期初结存的存货；6 月 20 日发出的 50 件系 6 月 15 日购进的存货；6 月 24 日发出的 90 件存货中有 60 件系期初结存的存货，有 30 件系 6 月 15 日的进货；6 月 30 日发出的 60 件存货中有 5 件系期初结存的存货，有 10 件系 6 月 15 日的进货，有 45 件系 6 月 28 日的进货。

按个别计价法计算本期发出存货成本和期末结存存货成本如下：

本期发出存货成本 = 70×60+50×62+60×60+30×62+5×60+10×62+45×68 = 16 740（元）

期末结存存货成本 = 15×60+10×62+155×68 = 12 060（元）

或　　= 9 000+6 200+13 600−16 740 = 12 060（元）

采用个别计价法计价，存货明细账的登记结果如表 9-5 所示。

表 9-5　　**A 商品购销明细账**　　单位：件，元

日期		摘要	收入			发出			结存		
月	日		数量	单价	金额	数量	单价	金额	数量	单价	金额
6	1	期初结存							150	60	9 000
	8	销售				70	60	4 200	80	60	4 800
	15	购进	100	62	6 200				80 100	60 62	4 800 6 200
	20	销售				50	62	3 100	80 50	60 62	4 800 3 100
	24	销售				60 30	60 62	3 600 1 860	20 20	60 62	1 200 1 240
	28	购进	200	68	13 600				20 20 200	60 62 68	1 200 1 240 13 600
	30	销售				5 10 45	60 62 68	300 620 3 060	15 10 155	60 62 68	900 620 10 540
	31	本期合计	300	—	19 800	270	—	16 740	15 10 155	60 62 68	900 620 10 540

个别计价法的优点在于其计算发出存货的成本和期末存货的成本比较合理、准确。缺点在于实务操作的工作量繁重。个别计价法适用于容易识别、存货品种数量不多、单位成本较高的存货计价。

9.3　财产清查的方法

财产清查是一项涉及面广、业务量大的会计工作，为了保证财产清查的工作质量，提高工作效率，达到财产清查的目的，在财产清查时应针对不同的财产清查内容而采用不同的方法。

9.3.1　货币资金的清查方法

货币资金的清查包括对库存现金、银行存款和其他货币资金的清查。

1. 库存现金的清查

库存现金清查的基本方法是采用实地盘点法。它是通过确定库存现金的实存数后，与库存现金日记账的账面余额核对，确定是否账实相符。库存现金的盘点，应由清查人员会同现金出纳人员共同负责。

库存现金清查按照以下步骤进行。

（1）在盘点前，出纳人员先将现金收、付凭证全部登记入账，并结出余额。

（2）对库存现金进行实地盘点。盘点时出纳人员必须在场，现金应逐张清点，清点结果可以填写在库存现金盘点表中。库存现金盘点表的一般格式如图 9-1 所示。

库存现金盘点表

单位：　　　　　　　　　　　　　　　　　　　　盘点日期：　　年　　月　　日

现金清点情况			账目核对	
面额	张数	金额	项目	金额
100元			盘点日账户余额	
50元			加：收入未入账	
20元				
10元			加：未填凭证收款据	
5元				
2元				
1元			减：付出凭证未入账	
5角			减：未填凭证付款据	
2角				
1角				
5分			调整后现金余额	
2分			实点现金	
1分			长款	
	合计		短款	
调整事项处理意见：				
出纳员： 盘点人：				

图 9-1　库存现金盘点表

（3）将盘点的结果与现金日记账核对。库存现金盘点后，应根据盘点的结果与现金日记账核对的情况，填制库存现金盘点报告表，作为现金实存数和处理盘盈盘亏的依据。库存现金盘点报告表应由盘点人和出纳员签名或盖章。库存现金盘点报告表的一般格式如表 9-6 所示。

表 9-6　　　　　　　库存现金盘点报告表

单位名称：　　　　　　　　年　　月　　日

实存金额	账存金额	实存与账存对比		备注
		盘盈	盘亏	

盘点人：　　　　　　　　　　　　　　　　　　　　　　出纳员：

库存现金盘点报告表具有双重性质，它既是盘存单，又是账存实存对比表；既是反映现金实存数用以调整账簿记录的重要原始凭证，也是分析差异发生的原因，明确经济责任的依据。

2. 银行存款的清查

银行存款的清查，采用对账单核对法进行，即将企业银行存款日记账和银行对账单进行核对的办法进行清查。首先，应详细检查本单位银行存款日记账的记录，保证记录正确无误；其次，将开户银行定期转来的对账单与本单位的银行存款日记账逐笔进行核对，并核对双方的余额。通过核对，往往会发现双方账目不一致。发生这种情况的原因主要有两种：一是本单位或银行在登记账簿时出现错漏；二是存在着“未达账项”。

所谓未达账项，是指企业或银行由于双方记账时间不一致，一方已取得结算凭证并已登记入账，而另一方尚未取得结算凭证未登记入账的款项。未达账项有以下四种。

（1）企业已收款入账，银行未收款入账的未达账项。如企业将销售商品收到的支票送存银行后即可反映收入，登记入账；若银行款项尚未收妥则不能登记入账。

（2）企业已付款入账，银行未付款入账的未达账项。如企业外购材料开出支票后，即可根据支票存根、发货票、收料单等凭证登记入账，但银行尚未收到收款人的有关凭证而未作付款入账。

（3）银行已收款入账，企业未收款入账的未达账项。如外地某单位汇给企业一笔款项，银行收到汇款单后，已作收款入账，而企业未去领取收账凭证而未作收款入账。

（4）银行已付款入账，企业未付款入账的未达账项。如企业委托银行代企业支付电话费，银行已收到支付凭证付款入账，而企业因未取回付款凭证而作未付款入账。

存在未达账项时，企业应编制银行存款余额调节表，以确定企业银行存款的实存数。银行存款余额调节表的编制，是以银行对账单的余额和企业银行存款日记账余额为基础，各自分别加上对方收款入账而自方尚未入账的数额，减去对方已付款入账而自方尚未入账的数额，而后核对双方余额是否一致。

下面举例说明银行存款余额调节表的编制方法。

【例 9-6】华美公司 2023 年 12 月 31 日银行对账单的存款余额为 55 912 元，该公司的银行存款日记账账面余额为 59 212 元。经查 12 月底公司与银行未达账项如下：

（1）本公司签发的转账支票 VII285 61 411 ~ VII285 61 413 三张，共计 13 200 元尚未送达开户银行。

（2）30 日的营业款 35 000 元已经送存银行，但银行尚未入账。

（3）银行代收本公司货款 20 000 元，公司财务人员尚未领取入账回单。

（4）银行已扣除手续费 1 500 元，但公司还没接到扣款通知而尚未入账。

根据上述资料编制银行存款余额调节表，编制结果如表 9-7 所示。

表 9-7　　**银行存款余额调节表**

2023 年 12 月 31 日

项目	金额	项目	金额
企业银行存款日记账余额	59 212	银行对账单余额	55 912
加：银行已收企业未收	20 000	加：企业已收银行未收	35 000
减：银行已付企也未付	1 500	减：企业已付银行未付	13 200
调节后存款余额	77 712	调节后存款余额	77 712

银行存款余额调节表中的调节后的余额表示企业银行存款的实有金额。需要指出的是，银行存款余额调节表只起到对账的作用，不能作为调整企业银行存款账面余额的凭据。各项未达账项的登记，只有待收到有关原始凭证后才能进行。

9.3.2 实物财产的清查方法

实物清查是指具有实物形态的各种财产物资的清查，主要包括固定资产、材料、在产品、库存商品、半成品等。盘点实物，工作量较大，盘点时要求分清层次，先重点，后一般，将固定资产、材料、库存商品等逐项查清。

9.3.2.1 实物清查的基本要求

（1）为保证账簿记录的准确无误，截至清查日，所有有关实物的收发凭证都要全部登记入账，结出总账和各明细账的结存数额并核对相符。

（2）在实物存放地点准备好各种必要的度量衡器具，并进行详细的检查，以保证计量的准确性。

（3）实际清查过程中，既不能重盘又不能漏盘，既要注重数量又要注重质量。

（4）为明确经济责任，在清查时，实物保管人员必须在场，并参加盘点工作。

9.3.2.2 不同类别实物清查的具体要求

（1）盘点固定资产时，对于生产用房、非生产用房、其他建筑物等要逐一清查，简易用房要按固定资产标准检查是否符合固定资产条件；对于机器设备、运输设备、传导设备、电力设备等要逐一清查，并注意有无内部转移实物而会计账簿未反映，有无设备不完好，有无生产报废遗弃未办手续，有无不符合固定资产标准等问题。

（2）盘点材料时，应分材料类别逐一盘点，对包装完整的材料可根据有关凭证和包装上所注明的数量进行核对；对于零散的材料，可采用过数、计量、过磅、度量等方式确定其数量。清查时要注意材料的数量和质量，检查有无名不副实、有无霉烂变质、有无品种串号等问题。

（3）清查库存商品、半成品、在产品时，除注意其数量外还要注意其配套性、完工程度、质量等问题。

9.3.2.3 确定实物财产实存数的主要方法

不同品种的实物财产，由于其实物形态、体积重量、堆放方式等方面不同，因而它们所采用的清查方法也有所不同。常用的实物财产的清查方法包括以下几种：

（1）实地盘点法。实地盘点法是在财产物资堆放现场逐一清点数量或用计量仪器确定实存数的一种方法。

实地盘点法是最常用的确认财产物资实存数的一种方法。除数量多、价值低而又不便于逐一清点或过磅的财产物资，均应采用该方法确认实存数。

（2）技术推算法。技术推算法是通过技术推算确定财产物资实存数的一种方法。如对原煤、砂石等材料采用量方的方法确定实存数。

由于采用技术推算法确定的财产物资的实存数具有一定的误差，因此，该方法只用于大量堆放、难以逐一清点的财产物资。

（3）抽样盘存法。抽样盘存法是指对于数量多、重量均匀的实物财产，可以采用抽样盘点的方法，确定财产的实有数额。

（4）函证核对法。函证核对法是指对于委托外单位加工或保管的物资，可以采用向对方单位发函调查，并与本单位的账存数相核对的方法。

9.3.2.4 实物财产账存数与实存数的核对

在盘点出实物财产的实存数后，要填制盘存单和实存账存对比表，以便核对实存数和账存数。

1. 填写盘存单

实物盘点的结果，应及时记在盘存单上。盘存单是记录实物财产盘点结果的书面文件，也是反映财产实存数的原始凭证。盘存单的一般格式如表 9-8 所示。

表 9-8　　盘存单

单位名称：　　盘点时间：　　编号：

财产类别：　　存放地点：

编号	名称	计量单位	数量	单价	金额	备注

盘点人：　　保管人：

盘存单一式三份，一份由清点人员留存备查；一份交实物保管人员保存；一份交财会部门以便对账。盘点后，参加清查工作的人员和实物保管人员均应在盘存单上签名，以明确经济责任。

2. 编制实存账存对比表

实物盘点后，应根据有关账簿和盘存单的记录填制实存账存对比表，据以检查账实是否相符。实存账存对比表是账实不符时调整账簿记录的依据，也是分析差异原因、查明责任的依据。该表的一般格式如图 9-2 所示。

实存账存对比表

单位名称：　　年　月　日

编号	类别及名称	计量单位	单价	实存		账存		对比结果				备注
								盘盈		盘亏		
				数量	金额	数量	金额	数量	金额	数量	金额	

单位负责人签章：　　填表人签章：

图 9-2　实存账存对比表

9.3.3 往来款项的清查方法

往来款项主要包括各种应收账款、应付账款、预收账款、预付账款、其他应收款和其他应付款等。往来款项的清查采用与对方单位或个人核对账目的方法。

1. 清查要求

企业的往来款项情况往往比较复杂，为使往来款项清查准确，应注意以下要求。

（1）企业的往来款项必须逐笔登记清楚，以便提供可靠的账簿记录资料。

（2）要根据不同款项的特点，采用不同的清查方法。

（3）清查往来款项时不仅要查明应收应付的余额，还要查明发生的原因，以便加强管理。

（4）在清查中发生的坏账损失要求按规定处理，财会部门不可擅自销账。

2. 往来款项的清查

企业的往来款项一般采取询证核对法（亦称函证法）进行清查，即通过发函询证与对方经济往来单位核对账目的方法。具体做法是：清查单位按每一个经济往来单位编制往来款项对账单，寄发或派人送往各经济往来单位。该单一式两联，一联为对方单位留存联，一联为回联单。对方经过核对相符后，在回联单上加盖公章退回。如果经核对数字不相符，对方应在回联单上注明情况，或另抄对账单退回本单位。往来款项对账单的格式和内容如表 9-9 所示。

表 9-9　　往来款项对账单

______________单位：

你单位 2023 年 8 月 12 日购入我单位 A 产品 600 件，已付款 9 000 元，尚有 32 000 元货款未付，请核对后将回联单寄回。

清查单位：（盖章）

2023 年 12 月 20 日

沿此虚线裁开，将以下回联单寄回！

往来款项对账单（回联）

______________清查单位：

你单位寄来的“往来款项对账单”已经收到，经核对相符无误。

××单位（盖章）

2023 年 12 月 25 日

在收到对方回联单后，企业应填制往来款项清查报告单，其格式如表 9-10 所示。

表 9-10　　往来款项清查报告单

年　　月　　日

明细分类账		清查结果		核对不符原因分析			备注
名称	账面余额	核对相符金额	核对不符金额	未达账项金额	有争议款金额	其他原因	

对于经核对不符的往来项款，应认真查明原因，及时处理。

9.4　财产清查结果的处理

财产清查后，应根据清查结果，认真总结财产管理和核算中的经验教训，对于需要调整账目的，还应按规定做好账目的调整工作。本节具体说明财产清查后，应进行的主要工作。

9.4.1　财产清查结果的处理程序

企业的财产清查工作结束后，对于财产物资的盘盈与盘亏，都必须根据国家的有关政策法规和财务管理制度，按规定的程序进行处理。财产清查结果的处理程序如下。

1. 查明差异，分析原因

对于财产清查中所确定的各项财产的账实之间出现的数量与金额上的不同和质量上的问题，要认真进行调查与分析，查明其性质和具体原因，明确经济责任，并且要提出具体的处理意见，呈报有关领导审批处理。

2. 建立健全财产管理责任制度

企业应在每次进行财产清查之后，及时总结在财产管理方面存在的问题，并据以制定改进工作的具体措施，建立健全岗位责任制度，保护企业财产的安全完整。

（1）积极处理清查过程中发现的多余积压物资和长期不清的债权债务。长期积压或闲置不用的物资会妨碍企业资金的正常周转，因此，对于在财产清查中发现的此类物资，应及时报请有关部门审批后，采取切实可行的办法进行处理；对于清查中发现的长期不清或有争议的债权债务，应当指定专门人员负责限期清理。

（2）进行账务调整，做到账实相符。对于财产清查中发现的各种账实差异以及对这些差异的处理，要及时进行账务调整，保证账实相符。

9.4.2　财产清查结果的账务处理

财产清查结果的账务处理须分两步进行：审批前，应根据已查明属实的财产盘盈、盘亏和毁损数，及时编制会计凭证，据以登记入账，使财产物资的实存与账存相符；经审查批准后，应根据批准的处理意见，编制会计凭证，记入有关账户。

为了对财产清查结果进行相应的账务处理，应设置和运用“待处理财产损溢”账户，该账户专门核算已经发生须待批准转销的财产物资的损溢。该账户借方登记待处理的盘亏或毁损的财产物资金额，贷方登记待处理盘盈的财产物资金额。根据管理机构批准意见结转时，盘亏或毁损金额从该账户贷方转销，盘盈金额从该账户借方转销。转销完毕，该账户应无余额。

借方　　　　　　　　待处理财产损溢　　　　　　　　贷方

期初余额：尚未处理的各项财产净损失	期初余额：尚未处理的各项财产净溢余
①各项财产发生的盘亏、毁损数 ②各项财产发生盘盈的转销数	①各项财产发生的盘盈数 ②各项财产发生盘亏、毁损的转销数
月末余额：尚未处理的财产清查净损失	月末余额：尚未处理的财产清查净溢余

为了具体反映盘盈、盘亏财产物资的性质，在该账户下设置“待处理流动资产损溢”和“待处理固定资产损溢”两个明细账户。现分述各种财产物资清查结果的账务处理。

1. 现金长短款的处理

库存现金清查中发现库存现金长款或短款时，除了设法查明原因外，还应及时根据库存现金盘点报告表进行会计处理。批准前，应根据已查明属实的盘盈、盘亏数，及时编制会计凭证，据以入账，使财产物资的实存与账存相符。如为现金短缺，借记“待处理财产损溢——待处理流动资产损溢”科目，贷记“库存现金”科目；如为现金溢余，借记“库存现金”科目，贷记“待处理财产损溢——待处理流动资产损溢”科目。

经审查批准后，应根据批准的处理意见，编制会计凭证，记入有关账户。如为现金短缺，属于应由责任人赔偿的部分，借记“其他应收款”科目，贷记“待处理财产损溢——待处理流动资产损溢”科目；属于无法查明的其他原因，借记“管理费用”科目，贷记“待处理财产损溢——待处理流动资产损溢”科目。如为现金溢余，属于应支付给有关人员或单位的，应借记“待处理财产损溢——待处理流动资产损溢”科目，贷记“其他应付款”科目；属于无法查明原因的现金溢余，借记“待处理财产损溢——待处理流动资产损溢”科目，贷记“营业外收入”科目。

【例 9-7】华美公司在财产清查中发现库存现金短缺 30 元。

现金短缺应先调整账面余额，使账实相符。其编制会计分录如下：

借：待处理财产损溢——待处理流动资产损溢　　30
　贷：库存现金　　30

【例 9-8】经查，上述现金短缺属于出纳员李武责任，应由其赔偿。

发生现金短缺应查明原因，进行转销。属责任人的赔款，在未收到赔款前，应先计入“其他应收款”，并转销“待处理财产损溢——待处理流动资产损溢”。其编制会计分录如下：

借：其他应收款——李武　　30
　贷：待处理财产损溢——待处理流动资产损溢　　30

【例 9-9】收到出纳员的赔款 30 元。

收到赔款增加现金的账面余额，同时减少其他应收款。其编制会计分录如下：

借：库存现金　　30
　贷：其他应收款——李武　　30

【例 9-10】现金清查中，发现库存现金比账面余额多出 50 元。

现金长款应先调整账面余额，使账实相符；再查明原因，进行转销。其编制会计分录如下：

借：库存现金　　50
　贷：待处理财产损溢——待处理流动资产损溢　　50

【例 9-11】经反复核查，上述现金长款原因不明，经批准转作营业外收入处理。

借：待处理财产损溢——待处理流动资产损溢　　50
　贷：营业外收入　　50

2. 存货盘盈、盘亏的处理

发生存货盘盈、盘亏，首先调整存货账簿记录，使其账实相符，同时将盘盈（或盘亏）的存货成本暂计入“待处理财产损溢——待处理流动资产损溢”账户贷（或借）方。若属于收发计量或核算上的误差造成的盘盈，经批准冲减管理费用。对于盘亏存货，应视其原因不同进行不同的处理：

（1）属于定额内的正常损耗，经批准转作管理费用。

（2）属于超定额损耗及毁损，能确定过失人责任的，由过失人赔偿；属于保险责任范围的，应向保险公司赔偿；扣除赔偿及残值后的净损失，计入管理费用。

（3）属于自然灾害造成的存货损毁，扣除保险赔偿和残值后，计入营业外支出。

【例 9-12】华美公司财产清查，发现盘盈甲材料 2 000 元，经查明是由于收发计量上的误差所致。

（1）批准前，调整账面余额，编制会计分录为：

借：原材料——甲材料　2 000

　贷：待处理财产损溢——待处理流动资产损溢　2 000

（2）批准后，冲减管理费用，编制会计分录为：

借：待处理财产损溢——待处理流动资产损溢　2 000

　贷：管理费用　2 000

【例 9-13】华美公司盘亏乙材料 3 000 元。毁损材料估价入库，价值 200 元，经查由于过失人原因造成材料毁损 2 000 元，应由其赔偿，其余损失为定额内损耗，经批准计入管理费用。

（1）根据盘亏数，调整账面余额，编制会计分录为：

借：待处理财产损溢——待处理流动资产损溢　3 000

　贷：原材料——乙材料　3 000

（2）残料验收入库编制会计分录为：

借：原材料　200

　贷：待处理财产损溢——待处理流动资产损溢　200

（3）批准后，确认应由过失人赔偿部分，编制会计分录为：

借：其他应收款　2 000

　贷：待处理财产损溢——待处理流动资产损溢　2 000

（4）定额内损失经批准计入管理费用，编制会计分录为：

借：管理费用　800

　贷：待处理财产损溢——待处理流动资产损溢　800

【例 9-14】华美公司由于非常灾害毁损材料 30 000 元。经核实，保险公司同意赔偿 21 000 元。

（1）调整账面余额，编制会计分录为：

借：待处理财产损溢——待处理流动资产损溢　30 000

　贷：原材料　30 000

（2）确认应收保险赔偿额，编制会计分录为：

借：其他应收款——保险公司　21 000

　贷：待处理财产损溢——待处理流动资产损溢　21 000

（3）经批准将净损失转作营业外支出

借：营业外支出——非常损失　9 000

　贷：待处理财产损溢——待处理流动资产损溢　9 000

3. 固定资产清查的会计处理

在固定资产财产清查过程中，如果发现固定资产盘亏，首先调整“固定资产”及“累计折旧”账户，使账实相符，并将盘亏的固定资产净值暂记“待处理财产损溢——待处理固定资产损溢”账户，待批准后再进行转销。

新会计准则规定，固定资产盘盈不通过“待处理财产损溢”账户处理，而是通过“以前年度损益调整”处理，关于固定资产盘盈的具体会计处理留待后续有关课程介绍。

【例 9-15】华美公司在财产清查中，发现盘亏机床一台，账面原值 30 000 元，已提折旧 18 000 元。

（1）批准前，调整账面余额，编制会计分录为：

借：待处理财产损溢——待处理固定资产损溢　　12 000
　　累计折旧　　18 000
　贷：固定资产　　30 000

（2）经批准后，做营业外支出处理，编制会计分录为：

借：营业外支出　　12 000
　贷：待处理财产损溢——待处理固定资产损溢　　12 000

4. 应收款项清查的处理

在财产清查中查明确实无法收回的应收款项，即坏账损失，经批准应予以转销。按照现行会计准则规定，坏账损失不通过“待处理财产损溢”账户进行核算，坏账准备的转销方法通常采用备抵法。

备抵法是指按期估计坏账损失，形成坏账准备，当某一应收款项全部或部分被确认为坏账时，应根据其金额冲减坏账准备，同时转销相应的应收账款金额的一种核算方法。估计坏账损失的方法有应收款项余额百分比法、账龄分析法和销售百分比法等，这里主要介绍常用的应收款项余额百分比法。

采用备抵法，企业需设置“坏账准备”账户。企业计提坏账准备时，借记“信用减值损失”账户，贷记“坏账准备”账户。对于财产清查中不能收回的应收款项应当查明原因，追究责任。对于确实无法收回的，按照企业管理权限，经股东大会或董事会，或经理会议等类似机构批准作为坏账损失，冲销提取的坏账准备。经批准作为坏账的应收账款，借记“坏账准备”账户，贷记“应收账款”。已确认并转销的坏账损失，如果以后又收回，按实际收回的金额，借记“应收账款”，贷记“坏账准备”账户，以恢复企业债权、冲回已转销的坏账准备金额；同时，借记“银行存款”账户，贷记“应收账款”，以反映款项收回情况。“坏账准备”账户平时（1～11 月）期末余额可能在借方，也可能在贷方，但其年末余额一定在贷方。

【例 9-16】华美公司按照应收账款余额的 3‰提取坏账准备。自 20×7 年年末开始计提坏账准备，该年末应收账款余额为 1 000 000 元；20×8 年发生坏账 6 000 元，其中甲单位 1 000 元，乙单位 5 000 元，年末应收账款余额为 1 200 000 元；20×9 年公司已冲销的上年乙单位的应收账款 5 000 元又收回，期末应收账款余额为 1 300 000 元。

（1）20×7 年年末提取的坏账准备是 3 000 元（1 000 000×3‰），编制会计分录为：

借：信用减值损失　　3 000
　贷：坏账准备　　3 000

（2）20×8 年发生坏账，编制会计分录为：

借：坏账准备　　6 000
　贷：应收账款——甲单位　　1 000
　　　应收账款——乙单位　　5 000

（3）20×8 年年末应收账款余额为 1 200 000 元时，计提坏账准备为：1 200 000×

3‰=3 600（元），但由于第一年计提数 3 000 元不够抵销损失 6 000 元，因此，在第二年年末时应补提多损失的 3 000 元，即，第二年年末共计提 6 600 元（3 600+3 000）。编制会计分录为：

借：信用减值损失　　6 600

　贷：坏账准备　　6 600

（4）20×9 年已冲销的上年应收账款又收回，编制会计分录为：

借：应收账款——乙单位　　5 000

　贷：坏账准备　　5 000

同时，收回应收账款，编制会计分录为：

借：银行存款　　5 000

　贷：应收账款　　5 000

（5）20×9 年年末，应收账款余额为 1 300 000 元时，坏账准备应计提数为：1 300 000×3‰-（3 600+5 000）= -4 700（元）。

由于第 3 年收回以前冲销的坏账 5 000 元，因此，年末坏账准备的贷方余额已经为 8 600 元了，而当年按应收账款余额计算，只能将坏账准备贷方余额保持为 3 900 元，因此，应将多计提的 4 700 元冲回。编制会计分录为：

借：坏账准备　　4 700

　贷：信用减值损失　　4 700

本章小结

财产清查是会计核算的专门方法之一，它是根据账簿记录，对企业的财产物资进行盘点或核对，查明各项财产的实存数与账面结存数是否相符，以确保为定期编制会计报表提供准确、完整、系统的核算信息。财产清查也是财产管理的一项重要制度。财产清查按清查的范围分类，可以分为全面清查和局部清查；按清查的时间分类，可以分为定期清查和不定期清查。

不同类型的财产物资应采用不同的清查方法，如库存现金、实物的清查主要是通过实地盘点进行；银行存款的清查主要是通过核对银行对账单进行；往来款项的清查主要是通过与对方单位核对账目进行。对财产清查中发现的问题要及时进行处理，设置“待处理财产损溢”账户进行记录，然后按会计准则的相关规定进行账务处理。

课后练习

一、知识巩固和应用

（一）单项选择题

1. 财产物资的盘存制度是（　　）。

A. 权责发生制　　B. 收付实现制

C. 永续盘存制、实地盘存制　　D. 应计制、现金制

2. 财产物资的盘盈是指（　　）。

A. 账存数大于实存数　　B. 实存数大于账存数

C. 由于记账差错多记的金额　　D. 由于记账差错少记的金额

3. 企业银行存款日记账与银行对账单的核对，属于（　　）。

A. 账实核对　　B. 账证核对

C. 账账核对　　D. 账表核对

4. 在记账无误的情况下，银行对账单金额与企业银行存款日记账余额不一致是因（　　）。

A. 应付账款造成的　　B. 未达账项造成的

C. 坏账损失造成的　　D. 应收账款造成的

5. 财产清查属于（　　）。

A. 会计核算方法　　B. 会计检查方法

C. 会计分析方法　　D. 会计控制方法

6. 银行存款的清查应采用（　　）。

A. 实地盘点法　　B. 估计法

C. 对账单法　　D. 查询法

7. 对于往来款项的清查应采用（　　）。

A. 估计法　　B. 查询法

C. 推算法　　D. 实地盘点法

8. 财产盘亏或盘盈后（　　）。

A. 一般不需作账务处理　　B. 可直接作为损失或收益处理

C. 须按规定在批准前和批准后分别作相关处理

D. 可由会计人员随意处理

9. “待处理财产损溢”科目期末（　　）。

A. 应无余额　　B. 可以有余额

C. 有无余额应视批准情况而定　　D. 有时有余额，有时无余额

10. 对未达账项编制银行存款余额调节表进行调整，（　　）。

A. 需同时编制会计分录调整银行存款余额

B. 无须同时编制会计分录调整银行存款余额

C. 对企业方银行存款的调整应编制会计分录

D. 对银行方面余额的调整应编制会计分录

（二）多项选择题

1. 与外单位核对账目的方法适用于（　　）。

A. 现金的清查　　B. 银行存款的清查

C. 往来款项清查　　D. 材料清查

2. 全面清查，一般是在（　　）时进行的。

A. 年终　　B. 月终

C. 单位撤销、合并或改变隶属关系　　D. 一次性清产核资

3. 不定期清查，一般在（　　）时进行。

A. 财产保管员变动　　B. 自然灾害造成部分财产损失

C. 部分财产霉变　　D. 企业财产被盗

4. 月末企业银行存款日记账与银行对账单不一致，造成企业账面存款余额大于银行对账单存款余额的原因有（　　）。

A. 企业已收款入账，而银行尚未入账　　B. 企业已付款入账，而银行尚未入账
C. 银行已收款入账，而企业尚未入账　　D. 银行已付款入账，而企业尚未入账

5. 财产的盘存制度有（　　）。
A. 永续盘存制　　B. 收付实现制
C. 权责发生制　　D. 实地盘存制

6. 以下需进行全面财产清查的有（　　）。
A. 在年终决算前　　B. 单位合并，改变隶属关系
C. 单位清产核资　　D. 中外合资、国内企业联营

7. 财产清查的方法包括（　　）。
A. 实地盘点法　　B. 对账单法　　C. 查询法　　D. 技术推算法

8. 银行存款未达账项包括（　　）。
A. 企业已收款入账而银行尚未收款入账
B. 企业已付款入账而银行尚未付款入账
C. 银行已收款入账而企业尚未收款入账
D. 银行已付款入账而企业尚未付款入账

9. “待处理财产损溢”科目其借方应登记（　　）。
A. 盘亏材料的价值　　B. 盘盈固定资产的净值
C. 盘亏固定资产的净值　　D. 盘盈材料经批准结转的金额

10. 财产清查发现的盘盈盘亏，经批准作为营业外收支的有（　　）。
A. 无法查明原因的现金长款　　B. 未查明原因的现金短款
C. 因非常灾害造成的库存材料净损失　　D. 盘亏固定资产净值

（三）判断题

1. 对现金进行清查时，由于出纳人员是当事人，所以不需在场。（　　）

2. 企业对固定资产盘亏的数额，经批准后应由“待处理财产损溢”科目转入“营业外支出”科目。（　　）

3. 未达账项是造成企业银行存款日记账与银行对账单余额不等的唯一原因。（　　）

4. 月末企业银行存款的实有余额为银行对账单余额加上企业已收、银行未收款项，减去企业已付、银行未付的款项。（　　）

5. 从财产清查的对象和范围看，年终决算前对企业财产物资所进行的清查一般属于全面清查。（　　）

二、能力训练和提升

（一）练习库存现金的清查

【资料】华达公司 20××年 10 月份库存现金盘点情况如下。

1. 5 日，盘点库存现金，发现短缺 125 元。

2. 经查，上述现金短缺系出纳员责任，应由其赔偿。

3. 7 日，收到出纳员赔款 125 元。

4. 17 日，盘点库存现金，发现实际比账面多出 50 元。

5. 经反复核查，上述现金长款原因不明，经批准转作营业外收入处理。

【要求】为上述经济业务编制会计分录。

（二）练习银行存款的清查

【资料】华达公司20××年10月25日，收到开户银行对账单，对账单余额599 042元，而企业银行存款日记账余额为624 831元，经逐笔核对，发现未达账项如下。

1. 10月24日，企业销售产品，收到转账支票20 000元，送存银行，银行尚未收到该笔款项。

2. 10月24日，企业开出转账支票支付水电费9 300元，银行尚未划转该笔款项。

3. 10月24日，银行收到企业委托代收的某公司购货款5 000元，已存入企业账户，企业尚未收到收款通知。

4. 10月25日，银行已扣掉企业应付的借款利息20 089元，企业尚未收到付息通知。

【要求】编制银行存款余额调节表。

（三）练习存货的清查

【资料】华达公司20××年10月31日，盘点库存商品，发现以下情况。

1. 发现盘盈A材料3 000元；盘亏B材料5 000元；盘亏C材料20 000元。

2. 经查明A材料盘盈是由于收发计量上的误差所致，经批准冲减管理费用。

3. 经查，B材料盘亏是由于保管员管理不善造成的材料毁损，应由过失人赔偿1 000元，毁损残料价值200元已入库，经批准，净损失计入管理费用。

4. C材料盘亏是由于非常灾害造成的材料毁损。经协商保险公司同意赔偿15 000元，其余转作营业外支出。

5. 收到保险公司赔款15 000元。

【要求】编制会计分录。

（四）练习固定资产盘亏的处理

【资料】华达公司20××年10月31日，盘点固定资产，发生如下事项。

1. 发现盘亏磨床一台，账面原值56 000元，已提折旧30 000元。

2. 上述设备盘亏，经批准转作营业外支出。

【要求】编制会计分录。

（五）练习在备抵法下对坏账准备的计提、转销，以及转销后收回的账务处理。

【资料】华达公司自20×7年年末开始计提坏账准备，假设各年的坏账准备提取比率为5%。20×7年年末应收账款余额为100万元；20×8年年末确认坏账损失10万元，年末应收账款余额为800万元；20×9年收回已转销的坏账6万元，年末应收账款余额为900万元。

【要求】编制该企业各年的坏账准备补提或冲销相关的会计分录。

三、素质养成和价值引领

请思考回答以下问题：

1. 如何理解财产清查的意义？

2. 企业应该如何选择财产清查的方法？

3. 引起财产物资账实不符的原因主要有哪些？

4. 固定资产盘盈盘亏的账务处理与流动资产有何异同？

5. 如何通过财产清查来预防和及时发现会计人员的监守自盗？

第 10 章　账务处理程序

学习目标

知识目标：了解账务处理程序的概念、意义、设计原则等基本理论；理解不同账务处理程序的特点、程序和适用范围。

能力目标：能应用记账凭证账务处理程序、科目汇总表账务处理程序、汇总记账凭证账务处理程序等方式完成完整的会计循环过程。

素质目标：在理解不同账务处理程序特点的基础上，具备根据企业具体情况设计和修订账务处理程序以提高会计工作质量和效率的专业素质。

关键词

账务处理程序	accounting procedure
会计核算组织程序	accounting organization procedure
科目汇总表	categorized accounts summary
汇总记账凭证	summary of accounting voucher
多栏式日记账	multi-column journal

知识导图

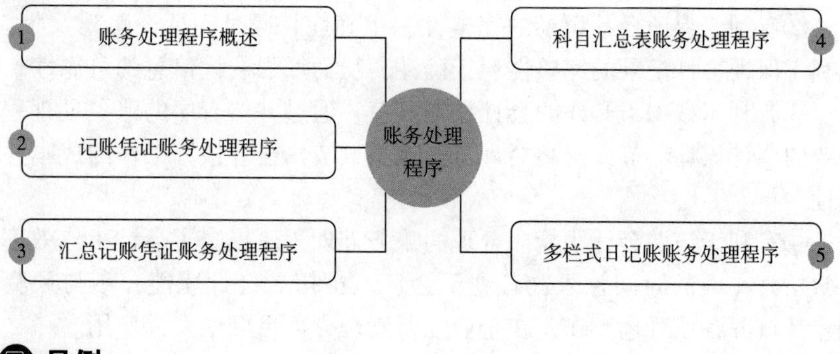

导例

2019 年，财政部会同国家医保局对 77 家医药企业实施会计信息质量检查，发现了礼来（上海）管理有限公司存在账簿设置不规范等会计核算问题。该公司使用电脑进行会计核算，未按照国家统一会计制度的规定设置总账、明细账等会计账簿。财政部依法对礼来（上海）管理有限公司处以 3 万元的罚款。

10.1 账务处理程序概述

10.1.1 账务处理程序的意义和要求

1. 账务处理程序的概念

账务处理过程是对一个主体的经济业务进行确认、计量、记录和报告的过程，在这个过程中包含三个核心的环节，即会计凭证的编制和审核、会计账簿的设置和登记及会计报表的编报。会计凭证、会计账簿和会计报表都是记录、储存和报告会计信息的主要载体，会计凭证记录零散的会计信息、会计账簿记录分类的会计信息，而会计报表呈现的是综合的会计信息，这三者各有作用但彼此关联，前一个环节是后一个环节的基础和依据。因此，在实际工作中必须将它们合理组织起来，形成一个能够连续、系统、全面、综合地对会计主体的经济活动进行核算和监督的系统，才能够顺利开展会计核算工作，并提高会计工作质量和效率。可见，任何一个会计主体在开展会计工作之前，必须首先设计好账务处理程序。

账务处理程序也称会计核算组织程序或会计核算形式，是指在会计循环中将凭证、账簿等信息载体与记账程序和记账方法有机结合起来的方式。它包括由原始凭证到编制记账凭证、登记明细分类账和总分类账、编制会计报表的工作顺序和方法，也包括配套的会计凭证和账簿的种类、格式及会计凭证与账簿之间的联结方式等。

2. 账务处理程序的意义

会计凭证、会计账簿、财务报表之间的联结方式不同，就形成了不同的账务处理程序，不同的账务处理程序有不同的特点和适用范围。科学、合理地设计适用于本单位的账务处理程序，对于有效地组织会计核算具有重要意义。

①有利于会计工作程序的规范化。确定合理的凭证、账簿与报表之间的联结方式，有利于会计工作程序的规范化，保证会计信息加工过程的严密性，可以提高会计信息的质量。

②有利于保证会计记录的完整性、正确性。通过凭证、账簿及报表之间的牵制作用，有利于保证会计记录的完整性、正确性，从而增强会计信息的可靠性。

③有利于减少不必要的会计核算环节。通过井然有序的账务处理程序，有利于减少不必要的会计核算环节，提高会计工作效率，节约会计核算工作的成本并保证会计信息的及时性。

④有利于拓展会计职能。合理的账务处理程序提高了会计工作效率，减少会计人员在日常核算方面的时间投入，有利于会计人员拓展会计职能，参与预测、决策、规划、控制、考核等各项管理工作，在企业经营管理方面更好地发挥作用。

3. 设计账务处理程序的要求

一个科学合理的账务处理程序，一般应当符合以下三个要求。

①要适应本单位经济活动特点、规模大小和业务繁简情况，有利于会计核算分工和建立岗位责任制，提高工作效率。

②要满足投资者、债权人和其他利害关系人的会计信息需求，正确、及时和完整地提供会计核算资料。

③要在保证核算资料正确、及时和完整的前提条件下，尽可能地简化会计核算手续，节省核算成本，并为逐步采用现代化的核算工具创造条件。

10.1.2　账务处理程序的种类

根据我国会计核算工作长期实践总结，主要账务处理程序包括以下几个方面。

①记账凭证账务处理程序。

②科目汇总表账务处理程序。

③汇总记账凭证账务处理程序。

④多栏式日记账账务处理程序。

上述各种账务处理程序都是在经济业务发生或完成后，先根据原始凭证（或原始凭证汇总表）填制记账凭证，再根据原始凭证和记账凭证登记日记账和明细账，然后根据账簿记录提供会计信息和编制财务报表。它们的根本区别在于登记总分类账的依据和程序不同。实际工作中，可以根据实际需要选用其中一种账务处理程序，也可以同时选用多种账务处理程序结合起来使用，充分发挥它们各自的优点。

10.2　记账凭证账务处理程序

10.2.1　记账凭证账务处理程序的含义

记账凭证账务处理程序是指对发生的经济业务，根据原始凭证或汇总原始凭证填制记账凭证，然后再根据记账凭证直接逐笔登记总分类账的一种核算组织程序。这是最基本的一种账务处理程序，也是其他账务处理程序的基础。记账凭证账务处理程序区别于其他账务处理程序的特点在于：直接根据记账凭证逐笔登记总分类账。

10.2.2　记账凭证账务处理程序下会计凭证和账簿组织

在记账凭证账务处理程序下，记账凭证可以采用通用记账凭证格式，也可以分别采用收款凭证、付款凭证和转账凭证等专用记账凭证格式。在账簿组织上，通常设置现金日记账、银行存款日记账、总分类账和各种明细分类账。现金日记账和银行存款日记账一般采用包含借方、贷方、余额的三栏式，分别按时间顺序记录现金和银行存款的收付业务。总分类账根据统一规定的一级科目设置，通常也采用三栏式，对全部经济业务进行总分类核算。明细分类账可以根据经营管理的实际需要来设置，常用的格式有三栏式、数量金额式和多栏式等，用于对各项经济业务进行明细分类核算。企业还可以根据实际需要设置明细账的种类和格式。

10.2.3　记账凭证账务处理程序的实际操作步骤

在记账凭证账务处理程序下，进行会计核算的实际操作步骤一般可归纳如下：

①在经济业务发生后收集整理或填制原始凭证及原始凭证汇总表。

②根据原始凭证或原始凭证汇总表填制记账凭证。

③根据记账凭证（或收、付款凭证）登记现金日记账和银行存款日记账。

④根据记账凭证及其所附的原始凭证或原始凭证汇总表登记各种明细分类账。

⑤根据记账凭证登记总分类账。

⑥月末，将现金日记账、银行存款日记账和各明细账的余额与总分类账的余额核对相符。

⑦月末，根据总分类账和有关明细分类账编制会计报表。

记账凭证账务处理程序的流程如图 10-1 所示。

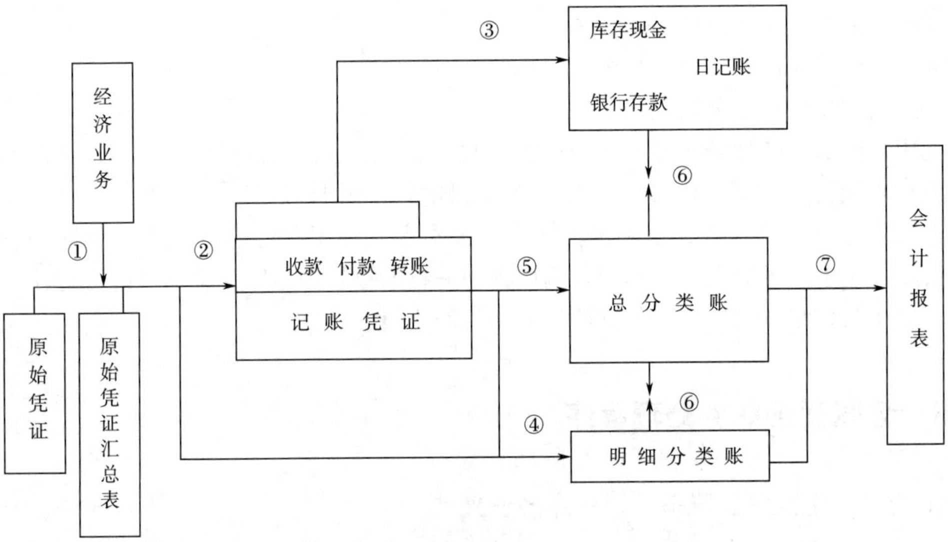

图 10-1　记账凭证账务处理程序示意图

10.2.4　记账凭证账务处理程序的优缺点和适用范围

1. 记账凭证账务处理程序的优缺点

记账凭证账务处理程序简单明了，操作步骤层次清晰，技术方法易于理解和掌握；同时总分类账能够具体详细地反映每项经济业务的发生情况和来龙去脉，便于分析和检查。但是，在这种账务处理程序中，总分类账要逐笔登记，记账的工作量大且各个账户耗用账页多，预留账页多少难以把握。

2. 记账凭证账务处理程序的适用范围

记账凭证账务处理程序一般适用于规模小、经济业务少、会计凭证不多因而总账登记工作量不大的单位。

10.2.5　记账凭证账务处理程序应用实例

【例 10-1】溪源食品公司是一家专门生产花式饼干的制造业企业，为迎合当下健康和减肥潮流，目前公司集中力量生产水果饼干和坚果饼干。该公司制作的饼干不仅味道好，而且样式精巧，很受青少年的欢迎，目前生产经营已经步入正轨，并获得一般纳税人资格。公司目前采用记账凭证账务处理程序。有关资料如下：

1. 期初余额

20××年 5 月 31 日，公司各总分类账户及其所属明细分类账户的期末余额如表 10-1 所示。

表 10-1　**各账户期初余额**　单位：元

资产类账户	借方余额	负债及所有者权益类账户	贷方余额
库存现金	9 600. 00	应交税费	56 088. 00
银行存款	495 000. 00	应付票据	50 000. 00
应收账款	217 956. 00	应付账款	223 600. 00
其他应收款	40 000. 00	应付职工薪酬	173 152. 00
原材料	135 000. 00	实收资本	1 000 000. 00
周转材料	21 200. 00	盈余公积	108 200. 00
在途物资	15 000. 00	本年利润	123 800. 00
库存商品	389 000. 00	利润分配	149 900. 00
固定资产	598 000. 00		
累计折旧	−36 016. 00		
合计	188 4740. 00	合计	1 884740. 00

2. 本月经济业务

根据从相关经办人员取得或由会计人员自行填制的原始凭证和原始凭证汇总表，表明该公司 20××年 6 月发生如下经济业务：

(1) 1 日，分别给销售部黄立、供应部张杨、生产部李清、总经办萧潇支付宝转账 5 000 元以增加各部门的备用金①。

(2) 1 日，向本地果农收购水果 3 000 千克已验收入库，价款 7 500 元由供应部张杨刷支付宝支付。现已收到购货发票（普通发票），予以报销，转账补齐其备用金。

(3) 3 日，支付黄山面粉厂购货款 100 000 元和电汇手续费 15. 5 元。

(4) 3 日，业务员陈东预借差旅费 6 000 元，以现金支票支付。

(5) 5 日，上月从江山市纸箱厂购入的价值 15 000 元的包装纸箱已到，验收入库。

(6) 6 日，从本市时代文具店购入文具等办公用品 880 元，增值税税率 13%，合计款项 994. 4 元，以银行存款支付。办公用品领用情况：管理部门领用 660 元，生产车间领用 220 元。

(7) 6 日，从台山面粉厂购入面粉 1 000 千克，价款 5 000 元，增值税税率 9%，合计款项 5 450 元以存款支付，面粉已入库。

(8) 10 日，以银行存款支付上月增值税 50 000 元、城建税 3 500 元、教育费附加 1 500 元、个人所得税 1 088 元。

(9) 10 日，向三山食品公司销售水果饼干 2 000 箱，单价 40 元，坚果饼干 2 600 箱，单价 60 元，增值税税率 13%，并以银行存款为购货方代垫运费 1 500 元，合计款项

① 公司设有备用金制度，给销售部、供应部等部门设定了备用金额度，允许他们在需要零星支付时刷个人支付宝支付，取得有关凭证报销后再补足备用金。目前，根据需要增加备用金额度。

268 180 元已办妥托收手续。

（10）11 日，向银行申请借入生产周转借款 150 000 元（年利率 8%），已存入指定账户。

（11）12 日，购入货运汽车一辆，价款 150 000 元，增值税税率 13%，合计款项 169 500 元，开出一张期限为 3 个月的商业承兑汇票抵付。

（12）13 日，开支票向希望工程捐款 20 000 元。

（13）14 日，以现金支付火灾受灾职工（厂部人员）生活困难补助费 2 000 元。

（14）15 日，10 日托收的三山公司购货款已收回。

（15）15 日，从本市食品批发公司购入坚果、白砂糖、巧克力等原材料一批，价款 70 000 元，增值税税率 13%，合计价款 79 100 元开支票支付。原材料已验收入库。

（16）15 日，以银行存款发放职工工资 105 128 元，并缴纳“五险一金”等 68 024 元（企业承担部分 49 472 元，个人承担部分 18 552 元）。

（17）18 日，业务员陈东出差回来报销差旅费 5 780 元（其中含可抵进项税额 477.25 元），余款退回现金。

（18）19 日，以银行存款支付广告费 5 000 元、增值税额 300 元。

（19）20 日，开支票支付各办公室电话费 1 600 元，增值税额 96 元。

（20）21 日，将旧款多余包装袋出售，价款 800 元、增值税额 104 元，合计款项 904 元已收存银行。

（21）23 日，销售产品一批给本市连华超市，其中，水果饼干 2 500 箱，单价 40 元，坚果饼干 2 000 箱，单价 60 元，增值税税率 13%，合计款项 248 600 元暂未收到。

（22）26 日，购入包装纸箱 4 000 个，单价 3.0 元，增值税税率 13%，合计款项 13 560 元暂未付，包装箱已验收入库。

（23）30 日，根据领料单汇总编制的发料凭证汇总表如表 10-2 所示，结转本月发出材料成本。

表 10-2　　发料凭证汇总表　　单位：元

用途		原料					辅助材料	周转材料	合计
		面粉	水果	坚果	食糖	巧克力			
生产成本	水果饼干	15 952.00	7 200.00		568.00	1 640.00		5 200.00	30 560.00
	坚果饼干	12 348.00		16 780.00	782.00	1 866.00		4 300.00	36 076.00
制造费用							3 200.00		3 200.00
管理费用			300.00	874.00		562.00	180.00	224.00	2 140.00
合计		28 300.00	7 500.00	17 654.00	1 350.00	4 068.00	3 380.00	9 724.00	71 976.00

（24）30 日，计提固定资产折旧 4 502 元，其中，生产用固定资产折旧 2 558 元，管理部门用固定资产折旧 1 196 元，专设销售机构使用固定资产折旧 748 元。

（25）30 日，本月应付水费 3 248 元、电费 4 660 元、燃气费 2 862 元，增值税

1 155. 7 元，合计款项 11 925. 7 元以银行存款支付。其中，车间生产用 8 216 元，管理部门用 2 554 元。

（26）30 日，结算应付工资，共计 123 680 元，其中，水果饼干生产工人工资 32 620 元，坚果饼干工人工资 39 450 元，车间管理人员工资 14 860 元，厂部管理人员工资 36 750 元。按应付工资 40%的比例计提“四险一金”等其他职工薪酬 49 472 元。

（27）30 日，支付本月短期借款利息 666. 67 元。

（28）30 日，分配结转本月制造费用 34 998 元，其中计入水果饼干成本 15 273 元，计入坚果饼干成本 19 725 元。

（29）30 日，本月产品全部完工，计算结转本月完工产品成本，水果饼干完工 3 660 箱，总成本 91 501 元，坚果饼干完工 2 776 箱，总成本 111 031 元。

（30）30 日，结转本月产品销售成本。本月共销售：水果饼干 4 500 箱，总成本 112 400 元；坚果饼干 4 600 箱，总成本 184 000 元；包装袋 40 个，总成本 1 200 元。

（31）30 日，根据以上业务算出本月应交增值税 26 630. 65 元，结转到“应交税金——未交增值税”明细账，并计提城建税 1 864. 14 元、教育费附加 1 065. 23 元。

（32）30 日，结转本月损益类账户。本月损益类账户发生额汇总如表 10-3 所示。

表 10-3　　**损益类账户发生额汇总表**　　单位：元

科目	本月发生额	
	借方	贷方
主营业务成本	296 400. 00	
其他业务成本	1 200. 00	
管理费用	66 902. 75	
销售费用	5 748. 00	
财务费用	682. 17	
税金及附加	2 929. 37	
营业外支出	20 000. 00	
主营业务收入		456 000. 00
其他业务收入		800. 00
合计	393 862. 29	456 800. 00

3. 账务处理过程

根据上述资料，记账凭证账务处理程序的应用如下：

（1）收集整理原始凭证和原始凭证汇总表（限于篇幅，该步骤从略）。

（2）根据发生的经济业务填制记账凭证，见表 10-4 至表 10-41。

表 10-4

记 账 凭 证

20××年 06 月 01 日　　　　制单编号：第 01 号

附凭证：　　张

摘要	总账科目	明细科目	借方金额	贷方金额	记账符号
增加备用金	其他应收款	黄立	5 000.00		
		张杨	5 000.00		
		李清	5 000.00		
		萧潇	5 000.00		
	银行存款			20 000.00	
合计			¥20 000.00	¥20 000.00	

会计主管　　记账　　出纳　　审核　　制单

表 10-5

记 账 凭 证

20××年 06 月 01 日　　　　制单编号：第 02/1 号

附凭证：　　张

摘要	总账科目	明细科目	借方金额	贷方金额	记账符号
购入水果	原材料	水果	7 500.00		
	其他应收款	张杨		7 500.00	
合计			¥7 500.00	¥7 500.00	

会计主管　　记账　　出纳　　审核　　制单

表 10-6

记 账 凭 证

20××年 06 月 01 日　　　　制单编号：第 02/2 号

附凭证：　　张

摘要	总账科目	明细科目	借方金额	贷方金额	记账符号
报销水果款	其他应收款	张杨	7 500.00		
	银行存款			7 500.00	
合计			¥7 500.00	¥7 500.00	

会计主管　　记账　　出纳　　审核　　制单

表 10-7

记 账 凭 证

20××年 06 月 03 日　　　　制单编号：第 03 号

附凭证：　　张

摘要	总账科目	明细科目	借方金额	贷方金额	记账符号
偿还货款	应付账款	黄山面粉厂	100 000.00		
	财务费用	手续费	15.50		
	银行存款			100 015.50	
合计			¥100 015.50	¥100 015.50	

会计主管　　记账　　出纳　　审核　　制单

表 10-8

记 账 凭 证

20××年 06 月 03 日　　　　制单编号：第 04 号

附凭证：　　张

摘要	总账科目	明细科目	借方金额	贷方金额	记账符号
预支差旅费	其他应收款	陈东	6 000.00		
	银行存款			6 000.00	
合计			¥6 000.00	¥6 000.00	

会计主管　　记账　　出纳　　审核　　制单

表 10-9

记 账 凭 证

20××年 06 月 05 日　　　　制单编号：第 05 号

附凭证：　　张

摘要	总账科目	明细科目	借方金额	贷方金额	记账符号
纸箱入库	周转材料	纸箱	15 000.00		
	在途物资			15 000.00	
合计			¥15 000.00	¥15 000.00	

会计主管　　记账　　出纳　　审核　　制单

表 10-10

记账凭证

20××年 06 月 06 日　　制单编号：第 06 号

附凭证：　　张

摘要	总账科目	明细科目	借方金额	贷方金额	记账符号
购办公用品	管理费用		660.00		
	制造费用		220.00		
	应交税费	应交增值税（进项税额）	114.40		
	银行存款			994.40	
合计			¥994.40	¥994.40	

会计主管　　记账　　出纳　　审核　　制单

表 10-11

记账凭证

20××年 06 月 06 日　　制单编号：第 07 号

附凭证：　　张

摘要	总账科目	明细科目	借方金额	贷方金额	记账符号
购入面粉	原材料	面粉	5 000.00		
	应交税费	应交增值税（进项税额）	450.00		
	银行存款			5 450.00	
合计			¥5 450.00	¥5 450.00	

会计主管　　记账　　出纳　　审核　　制单

表 10-12

记账凭证

20××年 06 月 10 日　　制单编号：第 08 号

附凭证：　　张

摘要	总账科目	明细科目	借方金额	贷方金额	记账符号
缴纳税金	应交税费	未交增值税	50 000.00		
		城建税	3 500.00		
		教育费附加	1 500.00		
		个人所得税	1 088.00		
	银行存款			56 088.00	
合计			¥56 088.00	¥56 088.00	

会计主管　　记账　　出纳　　审核　　制单

表 10-13　　　　**记 账 凭 证**

20××年 06 月 10 日　　　　制单编号：第 09 号

附凭证：　　张

摘要	总账科目	明细科目	借方金额	贷方金额	记账符号
销售，垫运费	应收账款	三山食品	268 180.00		
	主营业务收入			236 000.00	
	应交税费	应交增值税（销项税）		30 680.00	
	银行存款			1 500.00	
合计			¥268 180.00	¥268 180.00	

会计主管　　记账　　出纳　　审核　　制单

表 10-14　　　　**记 账 凭 证**

20××年 06 月 11 日　　　　制单编号：第 10 号

附凭证：　　张

摘要	总账科目	明细科目	借方金额	贷方金额	记账符号
借入款项	银行存款		150 000.00		
	短期借款			150 000.00	
合计			¥150 000.00	¥150 000.00	

会计主管　　记账　　出纳　　审核　　制单

表 10-15　　　　**记 账 凭 证**

20××年 06 月 12 日　　　　制单编号：第 11 号

附凭证：　　张

摘要	总账科目	明细科目	借方金额	贷方金额	记账符号
购货车一辆	固定资产	货车	150 000.00		
	应交税费	应交增值税（进项税）	19 500.00		
	应付票据			169 500.00	
合计			¥169 500.00	¥169 500.00	

会计主管　　记账　　出纳　　审核　　制单

表 10-16

记 账 凭 证

20××年 06 月 13 日

制单编号：第 12 号

附凭证：　　张

摘要	总账科目	明细科目	借方金额	贷方金额	记账符号
捐款	营业外支出		20 000.00		
	银行存款			20 000.00	
合计			¥20 000.00	¥20 000.00	

会计主管　　记账　　出纳　　审核　　制单

表 10-17

记 账 凭 证

20××年 06 月 14 日

制单编号：第 13/1 号

附凭证：　　张

摘要	总账科目	明细科目	借方金额	贷方金额	记账符号
付困难补助	应付职工薪酬	福利费	2 000.00		
	库存现金			2 000.00	
合计			¥2 000.00	¥2 000.00	

会计主管　　记账　　出纳　　审核　　制单

表 10-18

记 账 凭 证

20××年 06 月 14 日

制单编号：第 13/2 号

附凭证：　　张

摘要	总账科目	明细科目	借方金额	贷方金额	记账符号
转销福利费	管理费用		2 000.00		
	应付职工薪酬			2 000.00	
合计			¥2 000.00	¥2 000.00	

会计主管　　记账　　出纳　　审核　　制单

表 10-19

记 账 凭 证

20××年 06 月 15 日　　制单编号：第 14 号

附凭证：　　张

摘要	总账科目	明细科目	借方金额	贷方金额	记账符号
收回货款	银行存款		268 180.00		
	应收账款	三山食品		268 180.00	
合计			￥268 180.00	￥268 180.00	

会计主管　　记账　　出纳　　审核　　制单

表 10-20

记 账 凭 证

20××年 06 月 15 日　　制单编号：第 15 号

附凭证：　　张

摘要	总账科目	明细科目	借方金额	贷方金额	记账符号
购原材料	原材料		70 000.00		
	应交税费	应交增值税（进项税）	9 100.00		
	银行存款			79 100.00	
合计			￥79 100.00	￥79 100.00	

会计主管　　记账　　出纳　　审核　　制单

表 10-21

记 账 凭 证

20××年 06 月 15 日　　制单编号：第 16/1 号

附凭证：　　张

摘要	总账科目	明细科目	借方金额	贷方金额	记账符号
支付工资	应付职工薪酬	工资	123 680.00		
	其他应付款			18 552.00	
	银行存款			105 128.00	
合计			￥123 680.00	￥123 680.00	

会计主管　　记账　　出纳　　审核　　制单

表 10-22

记账凭证

20××年 06 月 15 日　　制单编号：第 16/2 号

附凭证：　张

摘要	总账科目	明细科目	借方金额	贷方金额	记账符号
缴纳“五险一金”等	应付职工薪酬	其他薪酬	49 472.00		
	其他应付款		18 552.00		
	银行存款			68 024.00	
合计			¥68 024.00	¥68 024.00	

会计主管　记账　出纳　审核　制单

表 10-23

记账凭证

20××年 06 月 18 日　　制单编号：第 17 号

附凭证：　张

摘要	总账科目	明细科目	借方金额	贷方金额	记账符号
报销差旅费	管理费用	差旅费	5 302.75		
	应交税费	应交增值税（进项税）	477.25		
	库存现金		220.00		
	其他应收款			6 000.00	
合计			¥6 000.00	¥6 000.00	

会计主管　记账　出纳　审核　制单

表 10-24

记账凭证

20××年 06 月 19 日　　制单编号：第 18 号

附凭证：　张

摘要	总账科目	明细科目	借方金额	贷方金额	记账符号
付广告费	销售费用	广告费	5 000.00		
	应交税费	应交增值税（进项税）	300.00		
	银行存款			5 300.00	
合计			¥5 300.00	¥5 300.00	

会计主管　记账　出纳　审核　制单

表 10-25　　记账凭证

20××年 06 月 20 日　　制单编号：第 19 号

附凭证：　张

摘要	总账科目	明细科目	借方金额	贷方金额	记账符号
付电话费	管理费用	电话费	1 600.00		
	应交税费	应交增值税（进项税）	96.00		
	银行存款			1 696.00	
合计			¥1 696.00	¥1 696.00	

会计主管　　记账　　出纳　　审核　　制单

表 10-26　　记账凭证

20××年 06 月 21 日　　制单编号：第 20 号

附凭证：　张

摘要	总账科目	明细科目	借方金额	贷方金额	记账符号
出售包装袋	银行存款		904.00		
	其他业务收入			800.00	
	应交税费	应交增值税（销项税）		104.00	
合计			¥904.00	¥904.00	

会计主管　　记账　　出纳　　审核　　制单

表 10-27　　记账凭证

20××年 06 月 23 日　　制单编号：第 21 号

附凭证：　张

摘要	总账科目	明细科目	借方金额	贷方金额	记账符号
销售产品	应收账款	连华超市	248 600.00		
	主营业务收入			220 000.00	
	应交税费	应交增值税（销项税）		28 600.00	
			¥248 600.00	¥248 600.00	
合计					

会计主管　　记账　　出纳　　审核　　制单

表 10-28

记 账 凭 证

20××年 06 月 26 日

制单编号：第 22 号

附凭证： 张

摘要	总账科目	明细科目	借方金额	贷方金额	记账符号
购纸箱	周转材料		12 000.00		
	应交税费	应交增值税（进项税）	1 560.00		
	应付账款	青联包装		13 560.00	
合计			¥13 560.00	¥13 560.00	

会计主管　　记账　　出纳　　审核　　制单

表 10-29

记 账 凭 证

20××年 06 月 30 日

制单编号：第 23 号

附凭证： 张

摘要	总账科目	明细科目	借方金额	贷方金额	记账符号
结转发出材料成本	生产成本	水果饼干	30 560.00		
		坚果饼干	36 076.00		
	制造费用		3 200.00		
	管理费用		2 140.00		
	原材料			62 252.00	
	周转材料			9 724.00	
合计			¥71 976.00	¥71 976.00	

会计主管　　记账　　出纳　　审核　　制单

表 10-30

记 账 凭 证

20××年 06 月 30 日

制单编号：第 24 号

附凭证： 张

摘要	总账科目	明细科目	借方金额	贷方金额	记账符号
计提折旧	制造费用		2 558.00		
	管理费用		1 196.00		
	销售费用		748.00		
	累计折旧			4 502.00	
合计			¥4 502.00	¥4 502.00	

会计主管　　记账　　出纳　　审核　　制单

表 10-31

记 账 凭 证

20××年 06 月 30 日　　　　制单编号：第 25 号

附凭证：　　张

摘要	总账科目	明细科目	借方金额	贷方金额	记账符号
付水、电、燃气费	制造费用		8 216.00		
	管理费用		2 554.00		
	应交税费	应交增值税（进项税）	1 155.70		
	银行存款			11 925.70	
合计			¥11 925.70	¥11 925.70	

会计主管　　记账　　出纳　　审核　　制单

表 10-32

记 账 凭 证

20××年 06 月 30 日　　　　制单编号：第 26/1 号

附凭证：　　张

摘要	总账科目	明细科目	借方金额	贷方金额	记账符号
结算工资	生产成本	水果饼干	32 620.00		
		坚果饼干	39 450.00		
	制造费用	职工薪酬	14 860.00		
	管理费用	职工薪酬	36 750.00		
	应付职工薪酬	工资		123 680.00	
合计			¥123 680.00	¥123 680.00	

会计主管　　记账　　出纳　　审核　　制单

表 10-33

记 账 凭 证

20××年 06 月 30 日　　　　制单编号：第 26/2 号

附凭证：　　张

摘要	总账科目	明细科目	借方金额	贷方金额	记账符号
计提“五险一金”等其他职工薪酬	生产成本	水果饼干	13 048.00		
		坚果饼干	15 780.00		
	制造费用	职工薪酬	5 944.00		
	管理费用	职工薪酬	14 700.00		
	应付职工薪酬	其他薪酬		49 472.00	
合计			¥49 472.00	¥49 472.00	

会计主管　　记账　　出纳　　审核　　制单

表 10-34

记账凭证

20××年 06 月 30 日

制单编号：第 27 号

附凭证：　　张

摘要	总账科目	明细科目	借方金额	贷方金额	记账符号
付本月利息	财务费用	利息支出	666.67		
	银行存款			666.67	
合计			¥666.67	¥666.67	

会计主管　　记账　　出纳　　审核　　制单

表 10-35

记账凭证

20××年 06 月 30 日

制单编号：第 28 号

附凭证：　　张

摘要	总账科目	明细科目	借方金额	贷方金额	记账符号
分配结转制造费用	生产成本	水果饼干	15 273.00		
		坚果饼干	19 725.00		
	制造费用			34 998.00	
合计			¥34 998.00	¥34 998.00	

会计主管　　记账　　出纳　　审核　　制单

表 10-36

记账凭证

20××年 06 月 30 日

制单编号：第 29 号

附凭证：　　张

摘要	总账科目	明细科目	借方金额	贷方金额	记账符号
结转完工产品成本	库存商品	水果饼干	91 501.00		
		坚果饼干	111 031.00		
	生产成本			202 532.00	
合计			¥202 532.00	¥202 532.00	

会计主管　　记账　　出纳　　审核　　制单

表 10-37

记账凭证

20××年 06 月 30 日　　制单编号：第 30 号

附凭证：　张

摘要	总账科目	明细科目	借方金额	贷方金额	记账符号
结转销售成本	主营业务成本		296 400.00		
	其他业务成本		1 200.00		
	库存商品			296 400.00	
	周转材料			1 200.00	
合计			¥2 977 600.00	¥2 977 600.00	

会计主管　记账　出纳　审核　制单

表 10-38

记账凭证

20××年 06 月 30 日　　制单编号：第 31/1 号

附凭证：　张

摘要	总账科目	明细科目	借方金额	贷方金额	记账符号
结转未交增值税	应交税费	应交增值税	26 630.65		
	应交税费	未交增值税		26 630.65	
合计			¥26 630.65	¥26 630.65	

会计主管　记账　出纳　审核　制单

表 10-39

记账凭证

20××年 06 月 30 日　　制单编号：第 31/2 号

附凭证：　张

摘要	总账科目	明细科目	借方金额	贷方金额	记账符号
结算附加税费	税金及附加		2 929.37		
	应交税费	城建税		1 864.14	
		教育费附加		1 065.23	
合计			¥2 929.37	¥2 929.37	

会计主管　记账　出纳　审核　制单

表 10-40

记账凭证

20××年 06 月 30 日

制单编号：第 32/1 号

附凭证：　　张

摘要	总账科目	明细科目	借方金额	贷方金额	记账符号
结转收入类账户	主营业务收入		456 000.00		
	其他业务收入		800.00		
	本年利润			456 800.00	
合计			¥456 800.00	¥456 800.00	

会计主管　　记账　　出纳　　审核　　制单

表 10-41

记账凭证

20××年 06 月 30 日

制单编号：第 32/2 号

附凭证：　　张

摘要	总账科目	明细科目	借方金额	贷方金额	记账符号
结转费用类账户	本年利润		393 862.29		
	主营业务成本			296 400.00	
	其他业务成本			1 200.00	
	税金及附加			2 929.37	
	销售费用			5 748.00	
	管理费用			66 902.75	
	财务费用			682.17	
	营业外支出			20 000.00	
合计			¥393 862.29	¥393 862.29	

会计主管　　记账　　出纳　　审核　　制单

（3）根据收款凭证和付款凭证登记库存现金日记账和银行存款日记账。

库存现金日记账和银行存款日记账如表 10-42，表 10-43 所示。

表 10-42

库存现金日记账

20××年		凭证字号	摘要	借方（收入）	贷方（支出）	余额
月	日					
6	1		期初余额			9 600.00
6	14	记 13/1	付困难补助		2 000.00	7 600.00
6	18	记 17	收预支余款	220.00		7 820.00
6	30		本月合计	220.00	2 000.00	7 820.00

表 10-43　　　　银行存款日记账

20××年		凭证字号	摘要	借方（收入）	贷方（支出）	余额
月	日					
6	1		期初余额			495 000.00
6	1	记 01	付备用金		20 000.00	467 500.00
6	1	记 02/2	购水果		7 500.00	
6	3	记 03	付面粉款		100 000.00	
6	3	记 03	付手续费		15.50	
6	3	记 04	预支差旅费		6 000.00	361 484.50
6	6	记 06	付办公用品		994.40	
6	6	记 07	购面粉		5 450.00	355 040.10
6	10	记 08	交上月税费		56 088.00	
6	10	记 09	代垫运费		1 500.00	297 452.10
6	11	记 10	存入借款	150 000.00		447 452.10
6	13	记 12	捐款		20 000.00	427 452.10
6	15	记 14	收货款	268 180.00		
6	15	记 15	购原材料		79 100.00	
6	15	记 16/1	发工资		105 128.00	
6	15	记 16/2	交社保等		68 024.00	443 380.10
6	19	记 18	付广告费		5 300.00	438 080.10
6	20	记 19	付电话费		1 696.00	436 384.10
6	21	记 20	售包装袋	904		437 288.10
6	30	记 25	付水电费等		11 925.70	425 362.40
6	30	记 27	付利息		666.67	424 695.73
6	30		本月合计	419 084.00	489 388.27	424 695.73

（4）根据记账凭证及其所附的原始凭证或原始凭证汇总表登记各种明细分类账（限于篇幅，该步骤从略）。

（5）根据记账凭证登记总分类账，并结算发生额和余额，如表 10-44 至表 10-70 所示。

表 10-44　　　　总账

科目名称：库存现金

20××年		凭证字号	摘要	借方	贷方	借或贷	余额
月	日						
6	1		期初余额			借	9 600.00

续表

20××年		凭证字号	摘要	借方	贷方	借或贷	余额
月	日						
	14	记 13/1	付困难补助		2 000.00		
	18	记 17	收预支余款	220.00			
	30		本月合计	220.00	2 000.00	借	7 820.00

表 10-45 **总账**

科目名称：银行存款

20××年		凭证字号	摘要	借方	贷方	借或贷	余额
月	日						
6	1		期初余额			借	495 000.00
6	1	记 01	付备用金		20 000.00		
6	1	记 02/2	购水果		7 500.00		
6	3	记 03	付面粉款		100 000.00		
6	3	记 03	付手续费		15.50		
6	3	记 04	预支差旅费		6 000.00		
6	6	记 06	付办公用品		994.40		
6	6	记 07	购面粉		5 450.00		
6	10	记 08	交上月税费		56 088.00		
6	10	记 09	代垫运费		1 500.00		
6	11	记 10	存入借款	150 000.00			
6	13	记 12	捐款		20 000.00		
6	15	记 14	收货款	268 180.00			
6	15	记 15	购原材料		79 100.00		
6	15	记 16/1	发工资		105 128.00		
6	15	记 16/2	交社保等		68 024.00		
6	19	记 18	付广告费		5 300.00		
6	20	记 19	付电话费		1 696.00		
6	21	记 20	售包装袋	904.00			
6	30	记 25	付水电费等		11 925.70		
6	30	记 27	付利息		666.67		
6	30		本月合计	419 084.00	489 388.27	借	424 695.73

表 10-46 总账

科目名称：应收账款

20××年		凭证字号	摘要	借方	贷方	借或贷	余额
月	日						
6	1		期初余额			借	217 956.00
	10	记 09	托收销货款	268 180.00			
	15	记 14	托收款入账		268 180.00		
	23	记 21	未收销货款	248 600.00			
	30		本月合计	516 780.00	268 180.00	借	466 556.00

表 10-47 总账

科目名称：其他应收款

20××年		凭证字号	摘要	借方	贷方	借或贷	余额
月	日						
6	1		期初余额			借	40 000.00
	1	记 01	增加备用金	20 000.00			
	1	记 02/1	付购水果款		7 500.00		
	1	记 02/2	报销水果款	7 500.00			
	3	记 04	预支差旅费	6 000.00			
	18	记 17	报销差旅费		6 000.00		
	30		本月合计	33 500.00	13 500.00	借	60 000.00

表 10-48 总账

科目名称：库存商品

20××年		凭证字号	摘要	借方	贷方	借或贷	余额
月	日						
6	1		期初余额			借	389 000.00
	30	记 29	完工入库	202 532.00			
	30	记 30	销售		296 400.00		
	30		本月合计	202 532.00	296 400.00	借	295 132.00

表 10-49 总账

科目名称：原材料

20××年		凭证字号	摘要	借方	贷方	借或贷	余额
月	日						
6	1		期初余额			借	135 000.00

续表

20××年		凭证字号	摘要	借方	贷方	借或贷	余额
月	日						
	1	记 02/1	购入水果	7 500.00			
	6	记 07	购入面粉	5 000.00			
	15	记 15	购入坚果等	70 000.00			
	30	记 23	领料		62 252.00		
	30		本月合计	82 500.00	62 252.00	借	155 248.00

表 10-50 **总账**

科目名称：周转材料

20××年		凭证字号	摘要	借方	贷方	借或贷	余额
月	日						
6	1		期初余额			借	21 200.00
	5	记 05	上月购纸箱入库	15 000.00			
	26	记 22	购入纸箱	12 000.00			
	30	记 23	生产领用		9 724.00		
	30	记 30	销售发出		1 200.00		
	30		本月合计	27 000.00	10 924.00	借	37 276.00

表 10-51 **总账**

科目名称：在途物资

20××年		凭证字号	摘要	借方	贷方	借或贷	余额
月	日						
6	1		期初余额			借	15 000.00
	5	记 05	上月购纸箱入库		15 000.00		
	30		本月合计	0.00	15 000.00	平	0.00

表 10-52 **总账**

科目名称：固定资产

20××年		凭证字号	摘要	借方	贷方	借或贷	余额
月	日						
6	1		期初余额			借	598 000.00
	12	记 11	购货车一辆	150 000.00			
	30		本月合计	150 000.00	0.00	借	748 000.00

表 10-53　　　　**总账**

科目名称：累计折旧

20××年		凭证字号	摘要	借方	贷方	借或贷	余额
月	日						
6	1		期初余额			贷	36 016.00
	30	记 24	计提折旧		4 502.00		
	30		本月合计	0.00	4 502.00	贷	40 518.00

表 10-54　　　　**总账**

科目名称：应付账款

20××年		凭证字号	摘要	借方	贷方	借或贷	余额
月	日						
6	1		期初余额			贷	223 600.00
	3	记 03	偿还货款	100 000.00			
	26	记 22	购纸箱未付		13 560.00		
	30		本月合计	10 000.00	13 560.00	贷	137 160.00

表 10-55　　　　**总账**

科目名称：短期借款

20××年		凭证字号	摘要	借方	贷方	借或贷	余额
月	日						
6	11	记 10	银行借款		150 000.00		
	30		本月合计	0.00	150 000.00	贷	150 000.00

表 10-56　　　　**总账**

科目名称：应付票据

20××年		凭证字号	摘要	借方	贷方	借或贷	余额
月	日						
6	1		期初余额			贷	50 000.00
	12	记 11	购货车		169 500.00		
	30		本月合计	0.00	169 500.00	贷	219 500.00

表 10-57　　　　**总账**

科目名称：应交税费

20××年		凭证字号	摘要	借方	贷方	借或贷	余额
月	日						
6	1		期初余额			贷	56 088.00

续表

20××年		凭证字号	摘要	借方	贷方	借或贷	余额
月	日						
	6	记 06	购办公用品	114.40			
	7	记 07	购面粉	450.00			
	9	记 08	缴税	56 088.00			
	10	记 09	销售产品		30 680.00		
	12	记 11	购货车	19 500.00			
	15	记 15	购原料	9 100.00			
	18	记 17	报销差旅费	477.25			
	19	记 18	付广告费	300.00			
	20	记 19	付电话费	96.00			
	21	记 20	销售包装袋		104.00		
	23	记 21	销售产品		28 600.00		
	26	记 22	购纸箱	1 560.00			
	30	记 25	付水电费等	1 155.70			
	30	记 31/1	结转未交增值税	26 630.65	26 630.65		
	30	记 31/2	结算附加税费		2 929.37		
	30		本月合计	88 841.35	62 313.37	贷	29 560.02

表 10-58 **总账**

科目名称：其他应付款

20××年		凭证字号	摘要	借方	贷方	借或贷	余额
月	日						
6	15	记 16/1	代扣社保费等		18 552.00		
		记 16/2	缴纳社保费等	18 552.00			
	30		本月合计	18 552.00	18 552.00	平	0.00

表 10-59 **总账**

科目名称：应付职工薪酬

20××年		凭证字号	摘要	借方	贷方	借或贷	余额
月	日						
6	1		期初余额			贷	173 152.00
	15	记 16/1	发放工资	123 680.00			

续表

20××年		凭证字号	摘要	借方	贷方	借或贷	余额
月	日						
	15	记 16/2	缴纳社保费等	49 472.00			
	30	记 26/1	结算工资		123 680.00		
	30	记 26/2	计提社保费等		49 472.00		
	30		本月合计	173 152.00	173 152.00	贷	173 152.00

表 10-60　　　　**总账**

科目名称：生产成本

20××年		凭证字号	摘要	借方	贷方	借或贷	余额
月	日						
6	30	记 23	耗用原材料	66 636.00			
	30	记 26/1	结算工资	72 070.00			
	30	记 26/2	计提社保费等	28 828.00			
	30	记 28	分配制造费用	34 998.00			
	30	记 29	结转完工成本		202 532.00		
	30		本月合计	202 532.00	202 532.00	平	0.00

表 10-61　　　　**总账**

科目名称：制造费用

20××年		凭证字号	摘要	借方	贷方	借或贷	余额
月	日						
6	6	记 06	领办公用品	220.00			
	30	记 23	车间一般耗料	3 200.00			
	30	记 24	计提折旧	2 558.00			
	30	记 25	耗水电燃气等	8 216.00			
	30	记 26/1	结算工资	14 860.00			
	30	记 26/2	计提社保费等	5 944.00			
	30	记 28	分配制造费用		34 998.00		
	30		本月合计	34 998.00	34 998.00	平	0.00

表 10-62　　　　**总账**

科目名称：主营业务收入

20××年		凭证字号	摘要	借方	贷方	借或贷	余额
月	日						
6	10	记 09	销售产品		236 000.00		

续表

20××年		凭证字号	摘要	借方	贷方	借或贷	余额
月	日						
	23	记 21	销售产品		220 000.00		
	30	记 32/1	期末结转	456 000.00			
	30		本月合计	456 000.00	456 000.00	平	0.00

表 10-63　　总账

科目名称：其他业务收入

20××年		凭证字号	摘要	借方	贷方	借或贷	余额
月	日						
6	21	记 20	销售包装袋		800.00		
	30	记 32/1	期末结转	800.00			
	30		本月合计	800.00	800.00	平	0.00

表 10-64　　总账

科目名称：主营业务成本

20××年		凭证字号	摘要	借方	贷方	借或贷	余额
月	日						
6	30	记 30	结转销售成本	296 400.00			
	30	记 32/2	期末结转		296 400.00		
	30		本月合计	296 400.00	296 400.00	平	0.00

表 10-65　　总账

科目名称：其他业务成本

20××年		凭证字号	摘要	借方	贷方	借或贷	余额
月	日						
6	30	记 30	结转销售成本	1 200.00			
	30	记 32/2	期末结转		1 200.00		
	30		本月合计	1 200.00	1 200.00	平	0.00

表 10-66　　总账

科目名称：税金及附加

20××年		凭证字号	摘要	借方	贷方	借或贷	余额
月	日						
6	30	记 31/2	结算税金	2 929.37			

续表

20××年		凭证字号	摘要	借方	贷方	借或贷	余额
月	日						
	30	记 32/2	期末结转		2 929. 37		
	30		本月合计	2 929. 37	2 929. 37	平	0. 00

表 10-67　　　　**总账**

科目名称：管理费用

20××年		凭证字号	摘要	借方	贷方	借或贷	余额
月	日						
6	6	记 06	领办公用品	660. 00			
	14	记 13/2	困难补助费	2 000. 00			
	18	记 17	报销差旅费	5 302. 75			
	20	记 19	付电话费	1 600. 00			
	30	记 23	耗原材料	2 140. 00			
	30	记 24	计提折旧	1 196. 00			
	30	记 25	耗水电燃气等	2 554. 00			
	30	记 26/1	结算工资	36 750. 00			
	30	记 26/2	计提社保费等	14 700. 00			
	30	记 32/2	期末结转		66 902. 75		
	30		本月合计	66 902. 75	66 902. 75	平	0. 00

表 10-68　　　　**总账**

科目名称：销售费用

20××年		凭证字号	摘要	借方	贷方	借或贷	余额
月	日						
6	19	记 18	付广告费	5 000. 00			
	30	记 24	计提折旧	748. 00			
	30	记 32/2	期末结转		5 748. 00		
	30		本月合计	5 748. 00	5 748. 00	平	0. 00

表 10-69　　　　**总账**

科目名称：财务费用

20××年		凭证字号	摘要	借方	贷方	借或贷	余额
月	日						
6	3	记 03	付手续费	15. 50			

续表

20××年		凭证字号	摘要	借方	贷方	借或贷	余额
月	日						
	30	记 27	付利息	666.67			
	30	记 32/2	期末结转		682.17		
	30		本月合计	682.17	682.17	平	0.00

表 10-70 **总账**

科目名称：营业外支出

20××年		凭证字号	摘要	借方	贷方	借或贷	余额
月	日						
6	13	记 12	捐款	20 000.00			
	30	记 32/2	期末结转		20 000.00		
	30		本月合计	20 000.00	20 000.00	平	0.00

（6）根据账户结算结果，编制试算平衡表，如表 10-71 所示。

表 10-71 **试算平衡表**

20××年 6 月 30 日

会计科目	期初余额		本期发生额		期末余额	
	借方	贷方	借方	贷方	借方	贷方
库存现金	9 600.00		220.00	2 000.00	7 820.00	
银行存款	495 000.00		419 084.00	489 388.27	424 695.73	
应收账款	217 956.00		516 780.00	268 180.00	466 556.00	
其他应收款	40 000.00		33 500.00	13 500.00	60 000.00	
在途物资	15 000.00			15 000.00	0.00	
原材料	135 000.00		82 500.00	62 252.00	155 248.00	
周转材料	21 200.00		27 000.00	10 924.00	37 276.00	
库存商品	389 000.00		202 532.00	296 400.00	295 132.00	
固定资产	598 000.00		150 000.00		748 000.00	
累计折旧		36 016.00		4 502.00		40 518.00
生产成本			202 532.00	202 532.00		
制造费用			34 998.00	34 998.00		
短期借款		0.00		150 000.00		150 000.00
应付票据		50 000.00		169 500.00		219 500.00

续表

会计科目	期初余额		本期发生额		期末余额	
	借方	贷方	借方	贷方	借方	贷方
应付账款		223 600.00	100 000.00	13 560.00		137 160.00
其他应付款			18 552.00	18 552.00		
应付职工薪酬		173 152.00	173 152.00	173 152.00		173 152.00
应交税费		56 088.00	88 841.35	62 313.37		29 560.02
实收资本		1 000 000.00				1 000 000.00
盈余公积		108 200.00				108 200.00
本年利润		123 800.00	393 862.29	456 800.00		186 737.71
利润分配		149 900.00				149 900.00
主营业务收入			456 000.00	456 000.00		
主营业务成本			296 400.00	296 400.00		
税金及附加			2 929.37	2 929.37		
销售费用			5 748.00	5 748.00		
管理费用			66 902.75	66 902.75		
财务费用			682.17	682.17		
其他业务收入			800.00	800.00		
其他业务成本			1 200.00	1 200.00		
营业外支出			20 000.00	20 000.00		
合计	1 920 756.00	1 920 756.00	3 294 215.93	3 294 215.93	2 194 727.73	2 194 727.73

（7）根据总分类账和有关明细分类账编制资产负债表和利润表（简式），如表 10-72，表 10-73 所示。

表 10-72　　**资产负债表**

编制单位：旗山食品公司　　20××年 6 月 30 日　　单位：元

资产	年初数（略）	期末数	负债和所有者权益	年初数（略）	期末数
流动资产：			流动负债：		
货币资金		432 515.73	短期借款		150 000.00
应收账款		466 556.00	应付票据		219 500.00
其他应收款		60 000.00	应付账款		137 160.00
存货		487 656.00	应付职工薪酬		173 152.00
			应交税费		29 560.02

续表

资产	年初数（略）	期末数	负债和所有者权益	年初数（略）	期末数
流动资产合计		1 446 727. 73	流动负债合计		709 372. 02
长期投资：			长期负债：		
长期股权投资			长期借款		
固定资产：			所有者权益：		
固定资产原价		748 000. 00	实收资本		1 000 000. 00
减：累计折旧		40 518. 00	盈余公积		108 200. 00
固定资产净值		707 482. 00	未分配利润		336 637. 71
			所有者权益合计		1 444 837. 71
资产总计		2 154 209. 73	负债和所有者权益总计		2 154 209. 73

表 10-73 **利润表**

编制单位：旗山食品公司 20××年 6 月 单位：元

项目	行次	本期金额	上期金额
一、营业收入	1	456 800. 00	
减：营业成本	2	297 600. 00	
税金及附加	3	2 929. 37	
销售费用	4	5 748. 00	
管理费用	5	66 902. 75	
财务费用	6	682. 17	
资产减值损失	7		
加：公允价值变动收益（损失以“-”号填列）	8		
投资收益（损失以“-”号填列）	9		
其中：对联营企业和合营企业的投资收益	10		
二、营业利润（亏损以“-”号填列）	14	82 937. 71	
加：营业外收入	15		
减：营业外支出	16	20 000. 00	
其中：非流动资产处置损失	17		
三、利润总额（亏损总额以“-”号填列）	19	62 937. 71	
减：所得税费用（25%）	20	15 734. 43	
四、净利润（净亏损以“-”号填列）	21	47 203. 28	

财务主管： 制表：

10.3 汇总记账凭证账务处理程序

10.3.1 汇总记账凭证账务处理程序的含义

汇总记账凭证账务处理程序是指对发生的经济业务，先根据原始凭证或原始凭证汇总表填制记账凭证，再根据记账凭证填制汇总记账凭证，然后根据汇总记账凭证登记总分类账的一种账务处理程序。这种账务处理程序的特点是：先根据记账凭证定期汇总填制汇总记账凭证，再根据汇总记账凭证登记总分类账。

10.3.2 汇总记账凭证账务处理程序下会计凭证和账簿组织

在汇总记账凭证账务处理程序下，会计凭证和账簿组织与记账凭证账务处理程序基本相同。但记账凭证通常采用“收款凭证”“付款凭证”“转账凭证”三种专用凭证格式，并要填制相应的“汇总收款凭证”“汇总付款凭证”和“汇总转账凭证”。账簿通常也设置有现金日记账、银行存款日记账、总分类账和各种明细分类账。总分类账根据规定的一级科目设置。为了使总分类账中的内容与各汇总记账凭证的内容相一致，总分类账应采用设有对应科目栏的格式。

10.3.3 汇总记账凭证的填制

总体来说，汇总记账凭证是根据一定时期的记账凭证，按月汇总而成的，但汇总收款凭证、汇总付款凭证、汇总转账凭证的具体格式和填制方法略有不同。

1. 汇总收款凭证

汇总收款凭证应分别按“库存现金”“银行存款”的借方设置，并按对应的贷方账户加以归类、定期汇总、按月填制。月末时，结算出汇总收款凭证中各贷方科目的合计数，并据以登记“库存现金”“银行存款”总分类账户的借方和各对应总分类账户的贷方。收款凭证的借方科目只有库存现金和银行存款，按月汇总填制的也就只有一张现金汇总收款凭证和一张银行存款汇总收款凭证，其格式如表 10-74、表 10-75 所示。

表 10-74　　汇总收款凭证

借方科目：库存现金　　20××年 ××月份　　汇收第　号

贷方科目	金额				总账页数	
	1 日至 10 日 现收第　号至第　号	11 日至 20 日 现收第　号至第　号	21 日至 30 日 现收第　号至第　号	合计	借方	贷方

续表

贷方科目	金额				总账页数	
	1 日至 10 日 现收第　号至第　号	11 日至 20 日 现收第　号至第　号	21 日至 30 日 现收第　号至第　号	合计	借方	贷方
合计						

表 10-75　　汇总收款凭证

借方科目：银行存款　　20××年 ××月份　　汇收第　号

贷方科目	金额				总账页数	
	1 日至 10 日 银收第　号至第　号	11 日至 20 日 银收第　号至第　号	21 日至 30 日 银收第　号至第　号	合计	借方	贷方
合计						

2. 汇总付款凭证

汇总付款凭证应分别按“库存现金”“银行存款”的贷方设置，并按对应的借方账户加以归类、定期汇总、按月填制。月末时，结算出汇总付款凭证中各借方科目的合计数，并据以登记“库存现金”“银行存款”总分类账户的贷方和各对应总分类账户的借方。付款凭证的贷方科目只有库存现金和银行存款，按月汇总填制的也就只有一张现金汇总付款凭证和一张银行存款汇总付款凭证，其格式如表 10-76、表 10-77 所示。

表 10-76　　汇总付款凭证

贷方科目：库存现金　　20××年 ××月份　　汇付第　号

借方科目	金额				总账页数	
	1 日至 10 日 现付第　号至第　号	11 日至 20 日 现付第　号至第　号	21 日至 30 日 现付第　号至第　号	合计	借方	贷方

续表

借方科目	金额				总账页数	
	1 日至 10 日 现付第　号至第　号	11 日至 20 日 现付第　号至第　号	21 日至 30 日 现付第　号至第　号	合计	借方	贷方
合计						

表 10-77　　**汇总付款凭证**

贷方科目：银行存款　　20××年 ××月份　　汇付第　号

借方科目	金额				总账页数	
	1 日至 10 日 银付第　号至第　号	11 日至 20 日 银付第　号至第　号	21 日至 30 日 银付第　号至第　号	合计	借方	贷方
合计						

3. 汇总转账凭证

汇总转账凭证，从理论上说，既可以按借方账户设置，也可以按贷方账户设置。但在实际工作中，习惯上都是按每一贷方账户分别设置并按对应的借方账户加以归类、定期汇总、按月填制。月末时，结算出汇总转账凭证中各借方科目的合计数，分别登记该总分类账户的贷方和各对应账户的借方。为了便于汇总转账凭证的编制，平时转账凭证应按一个贷方科目与一个或多个借方科目来填制，而不能编制多个贷方科目与一个或多个借方科目对应的转账凭证。如果某月份内对应关系相同的转账凭证较少，也可以不编制汇总转账凭证，而直接根据各转账凭证逐笔登记各总分类账户。汇总转账凭证的格式如表 10-78 所示。

表 10-78　汇总转账凭证

借方科目：×××　20××年××月份　汇转第　号

借方科目	金额				总账页数	
	1 日至 10 日 转字第　号至第　号	11 日至 20 日 转字第　号至第　号	21 日至 30 日 转字第　号至第　号	合计	借方	贷方
合计						

10.3.4　汇总记账凭证账务处理程序的实际操作步骤

在汇总记账凭证账务处理程序下，进行会计核算的实际操作步骤一般可归纳如下。

(1) 在经济业务发生后收集整理或填制原始凭证及原始凭证汇总表。

(2) 根据原始凭证或原始凭证汇总表填制记账凭证。

(3) 根据收款凭证、付款凭证登记库存现金日记账和银行存款日记账。

(4) 根据记账凭证及所附原始凭证、原始凭证汇总表登记各种明细分类账。

(5) 根据记账凭证定期填制汇总记账凭证。

(6) 根据汇总记账凭证登记总分类账。

(7) 将总分类账与库存现金日记账、银行存款日记账及各种明细分类账相核对。

(8) 月末，根据总分类账和有关明细分类账编制会计报表。

汇总记账凭证账务处理程序的基本内容如图 10-2 所示。

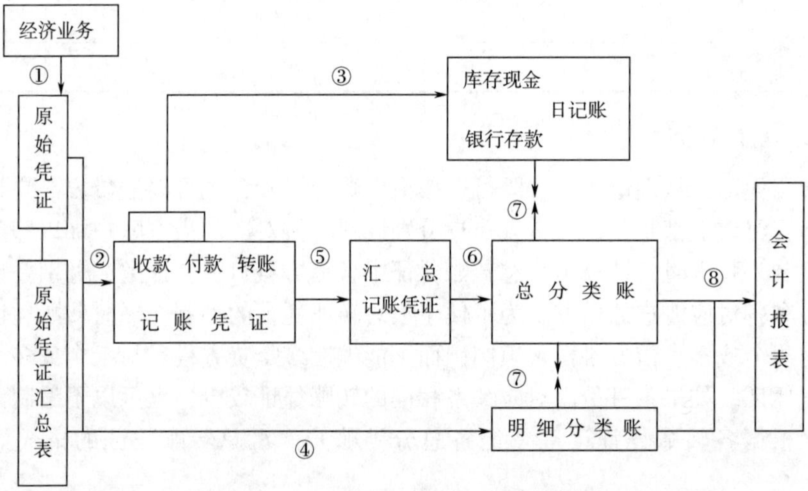

图 10-2　汇总记账凭证账务处理程序示意图

10.3.5　汇总记账凭证账务处理程序的优缺点及适用范围

1. 汇总记账凭证账务处理程序的优点

(1) 能反映出各账户之间的对应关系。由于汇总记账凭证是根据各类记账凭证定期按照科目对应关系进行归类汇总编制，作为登记总分类账的直接依据，因而汇总记账凭证和总分类账中能够清晰地反映各账户之间的对应关系，有利于经济活动的分析和检查。

(2) 可以明显减少登记总分类账的工作量。在汇总记账凭证账务处理程序下，可以根据汇总记账凭证上有关账户的汇总发生额，在月份当中定期或月末一次性登记总分类账户，可以使登记总分类账户的工作量大量减少。

2. 汇总记账凭证账务处理程序的缺点

(1) 填制汇总记账凭证的工作量大。对发生的经济业务，在填制专用记账凭证，即收款凭证、付款凭证和转账凭证之后，还需要定期分别对这些专用记账凭证进行汇总，增加了填制汇总记账凭证的工作量。当贷方科目多时，填制汇总记账凭证的工作量大量增加。

(2) 对记账凭证及汇总过程中可能发生的错误难以发现。编制汇总记账凭证是一项比较复杂的工作，容易产生汇总错误。而汇总记账凭证本身不能体现出有关数字之间的平衡关系，难以发现记账凭证及汇总过程中发生的错误。

3. 汇总记账凭证账务处理程序的适用范围

汇总记账凭证账务处理程序具有能够清晰反映账户之间的对应关系和减轻总分类账户的登记工作量等优点，但汇总记账凭证填制工作量本身也较大，因而适用于经营规模较大、经济业务较多、记账凭证也比较多的单位。

10.4　科目汇总表账务处理程序

10.4.1　科目汇总表账务处理程序的含义

科目汇总表账务处理程序，是指对发生的经济业务，根据原始凭证或汇总原始凭证填制记账凭证，根据记账凭证定期编制科目汇总表，并根据科目汇总表登记总分类账的一种核算组织程序。这种账务处理程序也是从记账凭证账务处理程序中发展、演变而来的，其特点是：先根据记账凭证定期编制科目汇总表，再根据科目汇总表登记总分类账。

10.4.2　科目汇总表的编制

采用科目汇总表账务处理程序，除了增设“科目汇总表”之外，记账凭证的格式、账簿的设置及格式与记账凭证账务处理程序基本相同。

科目汇总表是指根据一定时期全部记账凭证，按会计科目进行归类，用来汇总各个科目这一时期借方、贷方发生额而编制的一种汇总记账凭证。科目汇总表的编制方法是：首先应将汇总期内的各项经济业务所用到的会计科目填列在科目汇总表的“会计科目”栏内。为了方便总分类账的登记，科目汇总表中的“会计科目”的排列顺序最好采用总分类账各会计科目的先后顺序。其次，根据汇总期内的全部记账凭证，按照相同的会计科目进行归类，分别汇总出每一会计科目的借方发生额和贷方发生额，并将各科目的借方发生额合计、贷方发生额合计填入“科目汇总表”的相应栏目内。最后，加总汇总期内的所有会计科目的借方发生额和贷方发生额，进行发生额的试算平衡。

科目汇总表的汇总编制时间，应根据各单位的经济业务量的大小而定。经济业务量较大的企业，可以每日，或每5日、10日、15日汇总一次，月末再汇总出合计数，其格式如表10-79所示；经济业务量小的企业，可以一个月汇总一次，其格式如表10-80所示。科目汇总表中，应注明汇总编制科目汇总表所依据的各种记账凭证的起讫号数，以便备查。

表10-79　　科目汇总表

20××年×月　　第×号

会计科目	1~15日发生额（凭证第×号-第×号）		16~30日发生额（凭证第×号-第×号）		合计	
	借方	贷方	借方	贷方	借方	贷方
库存现金	……	……	……	……	……	……
银行存款	……	……	……	……	……	……
……						
……						
……						
……						
……						
……						
……						
合计	……	……	……	……	……	……

表10-80　　科目汇总表

20××年×月　　第×号

会计科目	总账页码	本期发生额（1~30日）		凭证起讫号数
		借方	贷方	
库存现金		……	……	
银行存款		……	……	
……				
……				
……				
……				
……				
……				
合　计		……	……	

10.4.3　科目汇总表账务处理程序的实际操作步骤

在科目汇总表账务处理程序下，进行会计核算的实际操作步骤一般可归纳如下。

(1) 在经济业务发生后收集整理或填制原始凭证及原始凭证汇总表。

(2) 根据原始凭证或原始凭证汇总表填制记账凭证。

(3) 根据记账凭证（或收、付款凭证）登记库存现金日记账和银行存款日记账。

(4) 根据记账凭证及所附原始凭证、原始凭证汇总表登记各种明细分类账。

(5) 根据记账凭证定期汇总编制科目汇总表。

(6) 根据科目汇总表登记总分类账。

(7) 将总分类账与各种明细分类账核对相符。

(8) 月末，根据总分类账和有关明细分类账编制会计报表。

上述操作步骤如图 10-3 所示。

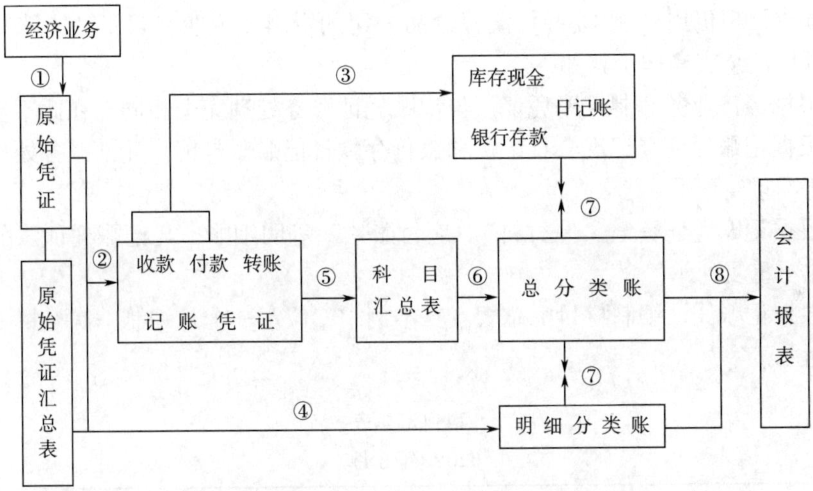

图 10-3　科目汇总表账务处理程序示意图

10.4.4　科目汇总表账务处理程序的优缺点及适用范围

1. 科目汇总表账务处理程序的优点

(1) 减少登记总分类账的工作量和失误。在科目汇总表账务处理程序下，总分类账户根据科目汇总表的汇总发生额登记，根据实际需要，可以按每次汇总的发生额登记，也可以把每个月中各次的汇总发生额再进行汇总后一次性登记，大大减少总分类账的登记和结算工作量。登记工作量的减少，有利于降低登记过程中的失误。

(2) 可以利用科目汇总表进行本期发生额的试算平衡。科目汇总表中，各科目的借方本期发生额合计和贷方本期发生额合计是应该完全相等的，若不相等，说明记账凭证中或各科目汇总计算过程中有金额错误，应该查找出错误进行更正，直到所有科目的本期发生额借方合计与贷方合计相等。可见，科目汇总表的编制过程，也是本期发生额的试算平衡过程，科目汇总表可以取代本期发生额的试算平衡表。而在试算平衡的基础上登记总分类账，更有利于保证总账记录的正确性。

2. 科目汇总表账务处理程序的缺点

（1）在科目汇总表和总分类账中，不能明确反映各账户间的对应关系，不能清晰地反映经济业务的发生情况和来龙去脉，因而不便于对经济活动情况进行分析和检查。

（2）在科目汇总表账务处理程序下，对发生的经济业务也要先填制记账凭证，然后定期地对记账凭证进行汇总，编制出科目汇总表，作为登记总分类的依据，因而增加了编制科目汇总表的工作量。

3. 科目汇总表账务处理程序的适用范围

与记账凭证账务处理程序和汇总记账凭证账务处理程序相比，科目汇总表账务处理程序具有能够进行账户发生额的试算平衡及减轻总分类账登记的工作量等优点，不论规模大小的会计主体均可采用。又由于科目汇总表的编制简单易学，该账务处理程序被广泛采用。

10.4.5 科目汇总表账务处理程序应用实例

【例 10-2】现仍用【例 10-1】溪源食品公司的资料，说明科目汇总表账务处理程序的运用。科目汇总表操作步骤如下：

（1）根据经济业务编制记账凭证，与记账凭证账务处理完全相同，在此不重复列示。

（2）根据记账凭证登记现金日记账和银行存款日记账，与记账凭证账务处理程序完全相同，在此不重复列示。

（3）根据记账凭证登记“原材料”“应付账款”等明细账，与记账凭证账务处理程序相同，在此不重复列示。

（4）根据记账凭证编制科目汇总表。在本例中，假定一个月编制一次科目汇总表，如表 10-81 所示。

表 10-81　　科目汇总表

20××年 6 月

会计科目	本期发生额（1~30 日）		记账凭证起讫号数
	借方	贷方	
库存现金	220.00	2 000.00	（略）
银行存款	419 084.00	489 388.27	
应收账款	516 780.00	268 180.00	
其他应收款	33 500.00	13 500.00	
物资采购		15 000.00	
原材料	82 500.00	62 252.00	
周转材料	27 000.00	10 924.00	
库存商品	202 532.00	296 400.00	
固定资产	150 000.00		
累计折旧		4 502.00	
生产成本	202 532.00	202 532.00	

续表

会计科目	本期发生额（1~30 日）		记账凭证起讫号数
	借方	贷方	
制造费用	34 998.00	34 998.00	
短期借款		150 000.00	
应付票据		169 500.00	
应付账款	100 000.00	13 560.00	
应付职工薪酬	173 152.00	173 152.00	
应交税费	88 841.35	62 313.37	
本年利润	393 862.29	456 800.00	
主营业务收入	456 000.00	456 000.00	
主营业务成本	296 400.00	296 400.00	（略）
营业税金及附加	2 929.37	2 929.37	
销售费用	5 748.00	5 748.00	
管理费用	66 902.75	66 902.75	
财务费用	682.17	682.17	
其他业务收入	800.00	800.00	
其他业务成本	1 200.00	1 200.00	
营业外支出	20 000.00	20 000.00	
合计	3 275 663.93	3 275 663.93	

（5）根据科目汇总表登记总分类账。以“库存现金”“银行存款”“原材料”“应付账款”等账户为例，如表 10-82 至表 10-85 所示，其余账户从略。

表 10-82　　　　**总账**

科目名称：库存现金

20××年		凭证字号	摘要	借方	贷方	借或贷	余额
月	日						
6	1		期初余额			借	9 600.00
	30	汇 1	本月发生额	220.00	2 000.00		
	30		本月合计	220.00	2 000.00	借	7 820.00

表 10-83　　　　**总账**

科目名称：银行存款

20××年		凭证字号	摘要	借方	贷方	借或贷	余额
月	日						
6	1		期初余额			借	495 000.00

续表

20××年		凭证字号	摘要	借方	贷方	借或贷	余额
月	日						
	30	汇 1	本月发生额	419 084. 00	489 388. 27		
	30		本月合计	419 084. 00	489 388. 27	借	424 695. 73

表 10-84 **总账**

科目名称：原材料

20××年		凭证字号	摘要	借方	贷方	借或贷	余 额
月	日						
6	1					借	135 000. 00
	30	汇 1	本月发生额	82 500. 00	62 252. 00		
	30		本月合计	82 500. 00	62 252. 00	借	155 248. 00

表 10-85 **总账**

科目名称：应付账款

20××年		凭证字号	摘要	借方	贷方	借或贷	余 额
月	日						
6	1		期初余额			贷	223 600. 00
	30	汇 1	本月发生额	100 000. 00	13 560. 00		
	30		本月合计	100 000. 00	13 560. 00	贷	137 160. 00

10. 5 多栏式日记账账务处理程序

10. 5. 1 多栏式日记账账务处理程序的含义

多栏式日记账账务处理程序是指现金日记账和银行存款日记账都采用多栏式，期末根据多栏式日记账的合计数和转账凭证登记总分类账的一种账务处理程序。这种账务处理程序的特点是：以多栏式日记账代替汇总收、付款凭证，作为登记总分类账户的一种依据。

10. 5. 2 多栏式日记账账务处理程序下会计凭证和账簿组织

在多栏式日记账组织程序下，记账凭证通常采用“收款凭证”“付款凭证”“转账凭证”三种专用凭证格式，账簿的设置也包括现金日记账、银行存款日记账、各种明细分类账和总分类账。但现金日记账、银行存款日记账采用多栏式，即按各对应科目设置专栏。在对应科目比较多的情况下，为避免专栏太多而使账页太长，可以分设现金收入日记账、现金支出日记账、银行存款收入日记账和银行存款支出日记账。在多栏式日记账账务处理程序下，总分类账既可采用多栏式，也可以仍然采用三栏式。

收款和付款业务平时根据收款凭证和付款凭证逐日逐笔地登记日记账，期末计算出各专栏的合计数后，将合计数过入总分类账。这样，现金日记账和银行存款日记账就起到了对收、付款凭证进行汇总的作用。转账业务可以根据转账凭证登记总账，也可编制转账凭证科目汇总表再据以登记总分类账。多栏式现金日记账（银行存款日记账格式同）和三栏式总账的格式如表 10-86、表 10-87 所示。

表 10-86　　现金日记账

年		凭证		摘要	借方科目						贷方科目						结余
月	日	字	号							合计						合计	
				（略）													
				本月发生额合计													

表 10-87　　总账

科目名称：管理费用

20××年		凭证字号	借方	贷方	借或贷	余额
月	日					
6	30	现金日记账				
	30	银行存款日记账				
	30	转账凭证科目汇总表				
	30	本月发生额合计及余额				

10.5.3　多栏式日记账账务处理程序的实际操作步骤

在多栏式日记账账务处理程序下，进行会计核算的实际操作步骤一般可归纳如下。

（1）在经济业务发生后收集整理或填制原始凭证及原始凭证汇总表。

（2）根据原始凭证或原始凭证汇总表填制收款凭证、付款凭证和转账凭证。

（3）根据收款凭证、付款凭证登记多栏式库存现金日记账和多栏式银行存款日记账。

（4）根据各种记账凭证及所附原始凭证、原始凭证汇总表登记各种明细分类账。

（5）月终，根据多栏式现金日记账和多栏式银行存款日记账汇总数登记总分类账。

（6）月终，根据转账凭证逐笔或汇总登记总分类账。

（7）月终，将总分类账与各种明细分类账核对相符。

（8）月终，根据总分类账和有关明细分类账编制会计报表。

上述操作步骤如图 10-4 所示。

10.5.4　多栏式日记账账务处理程序的优缺点和适用范围

1. 多栏式日记账账务处理程序的优缺点

多栏式日记账账务处理程序的优点在于：一是能具体清晰地反映出库存现金和银行存款收支业务发生的情况，便于掌握企业货币资金的来龙去脉；二是简化总分类账的登记工

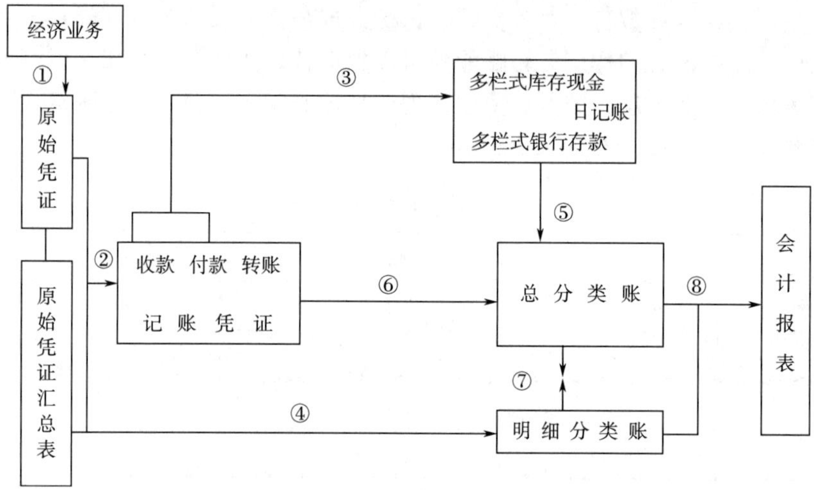

图 10-4　多栏式日记账账务处理程序图

作，特别是对于现金、银行存款收支业务较多的企业，这一优点更为明显。但是，多栏式日记账本身的设置和登记较为复杂，在现金和银行存款收付业务较多较复杂的企业，日记账的专栏栏次过多，账页过长，不便于登记。另外，不涉及现金和银行存款的转账业务若较多，根据转账凭证科目汇总表登记的总分类账则反映不出账户的对应关系。

2. 多栏式日记账账务处理程序的适用范围

从多栏式日记账账务处理程序的优缺点可以看出，它适用于规模不大、经济业务简单，运用会计科目少，但收付款业务较多的单位。

本章小结

账务处理程序也称会计核算组织程序或会计核算形式，是指在会计循环中将凭证、账簿等信息载体与记账程序和记账方法有机结合起来的方式。目前我国采用的账务处理程序主要有：记账凭证账务处理程序、科目汇总表账务处理程序、汇总记账凭证账务处理程序和多栏式日记账账务处理程序。

记账凭证账务处理程序的特点是直接根据记账凭证登记总分类账。它是最基本的一种核算组织程序，涵盖了各种账务处理程序的基本要素。这种账务处理程序简单明了，层次清楚，易于理解和掌握；在总分类账中能够具体地反映每项经济业务的来龙去脉，便于分析和检查，但总账逐笔登记的工作量较大。因而，该账务处理程序一般适用于经营规模不大、经济业务较简单并且业务量较少的单位。

汇总记账凭证账务处理程序是指对发生的经济业务，先根据原始凭证或原始凭证汇总表编制记账凭证，再根据记账凭证编制汇总记账凭证，然后根据汇总记账凭证登记总分类账的一种账务处理程序。这种账务处理程序的特点是根据汇总记账凭证登记总分类账，其优点在于可以大量减少总分类账的登记工作并能反映出各账户之间的对应关系，但汇总记账凭证的编制工作量也较大，因而适用于经营规模较大、经济业务较多、记账凭证也比较多的大中型企业。

科目汇总表账务处理程序的特点是先根据记账凭证定期编制科目汇总表，再根据科目汇总表登记总分类账，其主要优点：一是能大量减少总分类账的登记工作量；二是根据科目汇总表中各科目的借方发生额合计与贷方发生额合计之间的相等关系，能起到入账前的试算平衡作用。但是，在科目汇总表和总分类账中，不能明确反映各账户间的对应关系，不能反映出经济业务的来龙去脉。由于科目汇总表的编制简单易学，该账务处理程序被广泛采用。

多栏式日记账账务处理程序是现金日记账和银行存款日记账都采用多栏式，期末根据多栏式日记账各专栏的合计数和转账凭证登记总分类账的一种账务处理程序。这种账务处理程序的特点是以多栏式日记账代替汇总收、付款凭证登记总分类账。多栏式日记账能反映出库存现金和银行存款收支业务发生的情况，采用该账务处理程序也能在一定程度上简化总账的登记工作，但多栏式日记账本身的设置和登记较为复杂，它一般适用于生产经营规模较小，收款、付款业务较多的企业和单位。

课后练习

一、知识巩固和应用

（一）单项选择题

1.（　　）的主要特点是直接根据记账凭证逐笔登记总分类账。

A. 记账凭证账务处理程序　　B. 科目汇总表账务处理程序

C. 汇总记账凭证账务处理程序　　D. 多栏式日记账账务处理程序

2. 各种会计账务处理程序之间的主要区别在于（　　）。

A. 总账的格式不同　　B. 登记总账的依据不同

C. 会计凭证的种类不同　　D. 编制会计报表的依据不同

3. 在科目汇总表账务处理程序下一般应采用（　　）的记账凭证。

A. 一借多贷　　B. 多借多贷

C. 一借一贷　　D. 一贷多借

4. 科目汇总表的汇总范围是（　　）。

A. 全部科目的借方余额　　B. 全部科目的贷方余额

C. 全部科目的借、贷方发生额　　D. 部分科目的借、贷方发生额

5. 规模较小、业务量较少、记账凭证数量不多的企业适用（　　）。

A. 科目汇总表账务处理程序　　B. 汇总记账凭证账务处理程序

C. 日记总账账务处理程序　　D. 记账凭证账务处理程序

6. 汇总记账凭证账务处理程序适用于（　　）的企业。

A. 规模较大、经济业务较多　　B. 规模较小、经济业务不多

C. 规模较大、经济业务不多　　D. 规模较小、经济业务较多

7. 汇总收款凭证是根据（　　）汇总编制而成的。

A. 原始凭证　　B. 汇总原始凭证

C. 付款凭证　　D. 收款凭证

8. 在下列会计账务处理程序中，最基本的一种账务处理程序是（　　）

A. 记账凭证账务处理程序　　B. 科目汇总表账务处理程序

C. 汇总记账凭证账务处理程序　　D. 日记总账账务处理程序

9. 汇总转账凭证通常是按（　　）。

A. 每一借方账户分别设置　　B. 每一贷方账户分别设置

C. 库存现金账户为主汇总　　D. 银行存款账户为主汇总

10. 经营规模大、经济业务多并注重经济业务分析的大型企业适用（　　）。

A. 记账凭证账务处理程序　　B. 日记总账账务处理程序

C. 科目汇总表账务处理程序　　D. 汇总记账凭证账务处理程序

（二）多项选择题

1. 各种账务处理程序的相同之处是（　　）。

A. 根据原始凭证编制汇总原始凭证

B. 根据原始凭证及记账凭证登记明细分类账

C. 根据收、付款凭证登记现金日记账

D. 根据总账和明细账编制会计报表

E. 根据记账凭证编制汇总记账凭证

2. 以记账凭证为依据，按有关账户的贷方设置，按借方账户归类的有（　　）。

A. 汇总收款凭证　　B. 汇总转账凭证

C. 汇总付款凭证　　D. 科目汇总表

E. 汇总原始凭证

3. 记账凭证账务处理程序适用于（　　）的企业。

A. 经济业务量少　　B. 规模大　　C. 凭证不多　　D. 规模小

E. 凭证较多

4. 科目汇总表能够（　　）。

A. 起到试算平衡的作用　　B. 反映各科目的借、贷方本期发生额

C. 不反映各科目之间的对应关系　　D. 反映各科目的期末余额

E. 清晰地反映经济业务的发生情况

5. 在多栏式日记账账务处理程序下，总分类账是依据（　　）登记的。

A. 汇总收款凭证　　B. 汇总付款凭证

C. 转账凭证　　D. 转账凭证汇总表

E. 多栏式日记账

6. 汇总记账凭证账务处理程序下，记账凭证一般应采用（　　）形式。

A. 一借一贷　　B. 一借多贷

C. 一贷多借　　D. 多借多贷

E. 以上各种

7. 采用科目汇总表账务处理程序时，月末应将（　　）与总分类账进行核对。

A. 现金日记账　　B. 银行存款日记账

C. 明细分类账　　D. 科目汇总表

E. 汇总记账凭证

8. 各种账务处理程序下，明细分类账登记的依据可以是（　　）。

A. 各种记账凭证　　B. 汇总原始凭证

C. 汇总付款凭证　　D. 汇总收款凭证

E. 汇总转账凭证

9. 选用适当的账务处理程序，可以（　　）。

A. 保证会计记录正确、及时、完整

B. 正确及时地编制会计报表

C. 提供全面、连续、系统、清晰的会计核算资料

D. 减少不必要的会计核算环节和手续，节约人力和物力，提高会计工作的效率

E. 提高会计工作的质量

10. 科学合理的账务处理程序，一般应当符合以下哪些要求（　　）。

A. 要适应本单位经济活动特点、规模大小和业务繁简情况，有利于会计核算分工、建立岗位责任制，提高工作效率

B. 要适应投资者、债权人和其他利害关系人的需要，正确、及时和完整地提供会计核算资料

C. 要在保证核算资料正确、及时和完整的前提条件下，尽可能地简化会计核算手续，节省核算费用

D. 要为逐步采用现代化的核算工具创造条件

E. 要能清晰地反映经济业务的发生情况

（三）判断题

1. 记账凭证账务处理程序是其他账务处理程序的基础。（　　）

2. 任何账务处理程序的第一步必须将所有的原始凭证都汇总编制为汇总原始凭证。（　　）

3. 记账凭证账务处理程序适用于规模小、业务量多、凭证也较多的单位。（　　）

4. 多栏式日记账账务处理程序下，登记总分类账的唯一依据是多栏式日记账。（　　）

5. 科目汇总表账务处理程序下，总分类账必须逐日逐笔地登记。（　　）

6. 在汇总记账凭证账务处理程序下，现金日记账可以根据汇总收、付款凭证登记。（　　）

7. 无论何种账务处理程序，都需要将日记账、各种明细分类账与总分类账定期核对。（　　）

8. 会计账务处理程序不同，现金日记账和银行存款日记账的登记依据不同。（　　）

9. 采用记账凭证账务处理程序，不仅可以简化登记总账的工作，而且便于分析和检查。（　　）

10. 各种会计账务处理程序之间的区别在于登记总分类账的依据和程序的不同。（　　）

二、能力训练和提升

请以第 4 章【例 4-1】至【例 4-58】所有会计分录的数据为基础，编制科目汇总表（全月汇总 1 次）。

三、素质养成和价值引领

（一）思考题

1. 如何理解账务处理程序与会计信息质量的关系？

2. 为什么不同企业会采用不同的账务处理程序？

3. 如果你是一个业务简单的中介机构的会计，会选哪一种账务处理程序？

4. 如果你是一个中小型制造业企业的会计，会选哪一种账务处理程序？

5. 如果你是一个大型制造业企业的会计，会选哪一种账务处理程序？

（二）案例讨论题

春生和夏青是一对表兄妹，大学主修的都是会计专业，但春生毕业于一本院校，考进了一家大型国企当会计，而夏青毕业于职业院校，应聘成为一家小型装修公司的会计。过年回家团聚时，夏青就账务处理的一些具体问题与表哥探讨，发现他们所在公司的核算流程和账簿、凭证格式等都有所不同，这是为什么呢？

第 11 章　企业会计报表

学习目标

知识目标：了解会计报表定义、作用、种类和编制要求，理解会计报表附注的意义和内容。

能力目标：掌握资产负债表、利润表、现金流量表和所有者权益变动表的编制方法。

素质目标：培养学生诚信为本、操守为正的职业道德观，培养发挥会计报表信息的决策使用价值引导社会资源有效合理配置的专业素质。

关键词

财务报告	financial report
会计报表	accounting statements
会计报表附注	notes to financial statements
资产负债表	statement of assets and liabilities
利润表	profit statement
现金流量表	cash flow statement
现金	cash
现金流量	cash flows
所有者权益变动表	statement of changes in owners' equity
会计报表附注	notes to financial statement

知识导图

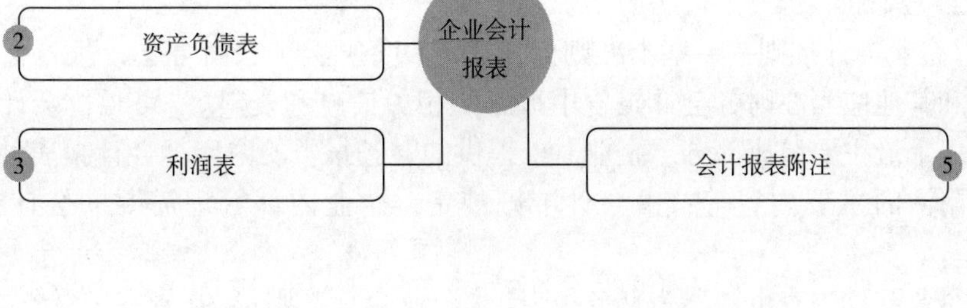

导例

浙江九好办公服务集团有限公司（简称九好集团）为了达到与鞍重股份重组上市的目的，从2013年到2015年，通过各种手段虚增服务收入近2.65亿元，虚增2015年贸易收入57万元，虚构银行存款3亿元、未披露3亿元借款及银行存款质押。鞍重股份于2016年披露了含有虚假内容的《浙江九好办公服务集团有限公司审计报告》，并公告了《重大资产重组报告书》，其中披露了重组对象九好集团最近三年的主要财务数据。因此，九好集团的财务造假导致九好集团、鞍重股份所披露的信息虚假记载和重大遗漏。被查实后，证监会决定：责令九好集团改正，给予警告，并处以60万元罚款；对九好集团董事长、总裁和财务总监给予警告，并分别处以30万元罚款。

11.1 企业会计报表概述

11.1.1 财务报告与会计报表

1. 财务报告

财务报告在我国也称财务会计报告，是指企业对外提供的反映企业某一特定日期财务状况和某一会计期间经营成果、现金流量等会计信息的文件。财务报告是企业财务会计确认与计量的最终结果体现，其主要作用是向财务报告使用者提供真实、公允的信息，是沟通投资者、债权人等财务报告使用者与企业管理层之间信息的桥梁和纽带。财务报告提供的信息应有助于包括所有者在内的财务报告使用者的经济决策，也可用于落实和考核企业管理者经济责任的履行情况。

《企业财务会计报告条例》规定：按照编报期间的不同，企业的财务报告分为年度、半年度、季度和月度财务报告。月度、季度财务报告是指月度和季度终了提供的财务报告；半年度财务报告是指在每个会计年度的前6个月结束后对外提供的财务报告；年度财务报告是指年度终了对外提供的财务报告，其中半年度、季度和月度财务报告统称为中期财务报告。

知识拓展

通常情况下，企业年度财务报告的会计期间是指公历每年的1月1日至12月31日；半年度财务报告的会计期间是指公历每年的1月1日至6月30日，或7月1日至12月31日；季度财务报告的会计期间是指公历每一季度；月度财务报告的会计期间则是指公历每月1日至最后一日。

2. 会计报表

《企业会计准则——基本准则》第四十四条规定：“财务会计报告包括会计报表及其附注和其他应当在财务会计报告中披露的相关信息和资料。”可见，会计报表是财务报告中的一个最主要组成部分。企业对外提供的财务报告的内容、会计报表种类和格式、会计报表附注的主要内容等，由会计准则规定；企业内部管理需要的会计报表由企业自行规定。

企业会计报表也被称为财务报表。《企业会计准则第30号——财务报表列报》规定，财务报表是对企业财务状况、经营成果和现金流量的结构性表述。企业对外提供的财务报表按经济内容分至少包括资产负债表、利润表、现金流量表和所有者权益（或股东权益）变动表。

3. 会计报表附注

会计报表附注是对在资产负债表、利润表、现金流量表和所有者权益变动表等报表中列示项目的文字描述或明细资料，以及对未能在这些报表中列示项目的具体说明等。《企业财务会计报告条例》规定年度、半年度财务会计报告必须包括会计报表附注，季度、月度财务会计报告通常仅指会计报表，可以不编制会计报表附注。

知识拓展

除了以上的会计报表和附注，财务报告还应包括其他信息内容，即其他财务报告，但其编制基础与方式可以不受会计准则的约束，提供的信息十分广泛，并且提供相关信息的形式灵活多样，包括定性信息和非会计信息。根据现行国际惯例，其他财务报告的内容主要包括：管理当局的分析与讨论预测报告；物价变动影响报告；社会责任报告等。

11.1.2　会计报表种类

会计报表可以按不同的分类方法进行分类。

1. 按报表的服务对象分类

会计报表按报表的服务对象不同可分为对内报表和对外报表。对内报表是指为适应企业内部管理部门需要编制的不对外公开的报表，如成本报表等。对内报表一般不需要用统一规定的格式，也没有统一的指标体系。对外报表是指企业向外提供的，供企业投资者、债权人、政府部门以及其他与企业有经济利益关系的单位和个人使用的报表。企业对外提供的报表特别是上市公司报表需经注册会计师审计鉴证后，才能对外报送。

2. 按所反映资金运动状态分类

会计报表按反映资金的运动状态可分为静态报表和动态报表。静态报表是反映资金运动处于相对静止状态时的财务报表，用来反映某一时点上企业资产、负债及所有者权益各项目的分布情况。由于期末账户余额提供的是各项目的增减变动结果指标，即静态指标，所以静态报表一般根据账户期末余额分析计算填列，如资产负债表。动态报表是反映资金运动处于显著变动状态时的财务报表，用来反映企业在一定时期内的收入、费用、利润形成情况。由于企业各账户借、贷方发生额提供的是动态指标，因此，动态报表一般根据账户的本期发生额填列，如利润表、现金流量表和所有者权益变动表。

3. 按所编制主体范围不同分类

会计报表按编制的主体可以分为个别报表和合并报表。个别报表一般根据本单位账簿记录进行加工后编制，反映个别企业财务状况、经营成果和现金流量。合并报表是由母公司编制的，在母公司和子公司个别会计报表的基础上，对企业集团内部交易进行相应抵销后编制的会计报表，以反映企业集团综合的财务状况、经营成果和现金流量等信息。

11.1.3　会计报表的编制要求

《企业财务会计报告条例》规定：企业编制财务会计报告，应当根据真实的交易、事项以及完整、准确的账簿记录等资料，并按照国家统一的会计制度规定的编制基础、编制依据、编制原则和方法。会计报表的编制必须遵循相关法律法规的规范要求，并切实做到数据真实、内容完整、说明清楚和报送及时。

1. 数据真实

会计报表中的各项数据必须真实可靠，如实地反映企业的财务状况、经营成果和现金流量，这是对会计信息质量的基本要求。会计报表所提供的会计信息是实际数据，不是预计数、估计数，更不能弄虚作假，隐瞒谎报，有意篡改、伪造，以保证财务报表的真实性。

2. 内容完整

会计报表应反映企业经济活动的全貌，全面反映企业的财务状况和经营成果，才能满足各方面对会计信息的需要。凡是国家要求提供的会计报表，各企业必须全部编制并报送；凡是国家统一要求披露的信息都必须披露，不得漏编和漏报，也不应漏填、漏列报表项目，以保证财务报表的完整性。

3. 说明清楚

会计报表中需要加以说明的项目应在报表附注中用文字简要说明，以便报表使用者理解和运用。对会计报表中主要指标的构成和计算方法、报告期发生的特殊情况，如经营范围变化、重要经营活动以及对报告期经济效益影响较大的各种因素，都必须加以说明。

4. 报送及时

及时性是会计信息的重要特征，会计报表信息只有及时地传递给信息使用者，才能为使用者的决策提供有效依据，否则，即使是真实可靠和内容完整的财务报告，由于编制和报送不及时，对报告使用者来说，都会大大降低会计信息的使用价值。为了保证会计报表的及时性，必须加强日常核算工作，认真做好记账、算账、对账和财产清查，同时会计人员必须充分协作配合，才能使会计报表编报及时。

11.2 资产负债表

11.2.1 资产负债表的作用

资产负债表是反映企业在某一特定日期（月末、季末、半年末、年末）财务状况的会计报表。它反映企业在某一特定日期所拥有或控制的经济资源、所承担的现时义务和所有者对净资产的要求权。它是根据资产、负债和所有者权益之间的相互关系，按照一定的分类标准和一定的顺序，把企业某一特定日期的资产、负债和所有者权益各项目予以适当排列，并对日常核算工作中形成的大量数据进行整理计算后编制而成的。资产负债表可以反映企业资产、负债和所有者权益的全貌。

资产负债表的作用主要表现在以下几个方面：

（1）资产负债表揭示了企业所拥有或控制的资产规模及其具体存在形态。通过对资产结构的分析，债权人、投资者等相关利益者可以评价分析企业资产的流动性（变现能力），从而判断其资产质量及其预期的盈利能力。

（2）资产负债表揭示了企业所承担的现有义务和所有者对净资产的要求权，债权人、投资者等相关利益者可以了解企业负债的构成情况，判断企业未来需要用多少资产或劳务偿清债务；了解企业的所有者在企业资产中享有多少经济利益。

（3）根据资产负债表的项目构成，债权人、投资者等相关利益者可以计算企业的资产负债率、流动比率、速动比率等财务指标，分析企业的偿债能力，判断企业的财务状况和财务风险以及其他方面能力。

（4）资产负债表可以帮助投资者考核企业管理人员是否有效地利用现有的经济资源，是否使资本得到了保值增值，利用报表信息，可以加强对企业管理人员的业绩进行考核评价。

11.2.2　资产负债表的格式与内容

资产负债表一般有表首、正表两部分。其中，表首概括地说明报表名称、编制单位、报表日期、报表编号、货币名称、计量单位等，正表则列示了用以说明企业财务状况构成的各个项目。资产负债表一般有两种格式：报告式和账户式。报告式资产负债表是上下结构，上半部分列示资产下半部分列示负债和所有者权益，具体排列形式可以是："资产=负债+所有者权益"的原理排列；也可以是按"资产-负债=所有者权益"的原理排列。账户式资产负债表是左右结构，左边列示资产项目，右边列示负债和所有者权益项目。不管采取什么结构形式，资产各项目的合计等于负债和所有者权益各项目的合计这一等式不变。在我国，资产负债表采用账户式，资产负债表左右双方平衡即资产总计等于负债和所有者权益总计。在资产负债表正表中，资产按照其流动性（指变现速度的快慢）分类分项列示，包括流动资产和非流动资产；负债按照其流动性（指偿债时间的长短）分类分项列示，包括流动负债和非流动负债；所有者权益按照经济内容分实收资本（股本）、资本公积、盈余公积、未分配利润等项目分项列示。本教材结合财务报告改革实际情况和未来发展趋势，采用了已执行新金融准则、新收入准则和新租赁准则的非金融企业的报表格式，新的资产负债表的具体格式如表 11-1 所示。

表 11-1　　**资产负债表**

年　月　日　　会企 01 表

编制单位：　　单位：元

资产	期末余额	上年年末余额	负债和所有者权益（或股东权益）	期末余额	上年年末余额
流动资产：			流动负债：		
货币资金			短期借款		
交易性金融资产			交易性金融负债		
衍生金融资产			衍生金融负债		
应收票据			应付票据		
应收账款			应付账款		
应收款项融资			预收款项		
预付款项			合同负债		
其他应收款			应付职工薪酬		
存货			应交税费		
合同资产			其他应付款		

续表

资产	期末余额	上年年末余额	负债和所有者权益（或股东权益）	期末余额	上年年末余额
持有待售资产			持有待售负债		
一年内到期的非流动资产			一年内到期的非流动负债		
其他流动资产			其他流动负债		
流动资产合计			流动负债合计		
非流动资产：		—	非流动负债：		
债权投资			长期借款		
其他债权投资			应付债券		
长期应收款			其中：优先股		
长期股权投资			永续债		
其他权益工具投资			租赁负债		
其他非流动金融资产			长期应付款		
投资性房地产			预计负债		
固定资产			递延收益		
在建工程			递延所得税负债		
生产性生物资产			其他非流动负债		
油气资产			非流动负债合计		
使用权资产			负债合计		
无形资产			所有者权益（或股东权益）：		
开发支出			实收资本（或股本）		
商誉			其他权益工具		
长期待摊费用			其中：优先股		
递延所得税资产			永续债		
其他非流动资产			资本公积		
非流动资产合计			减：库存股		
			其他综合收益		
			专项储备		
			盈余公积		
			未分配利润		
			所有者权益（或股东权益）合计		
资产总计			负债和所有者权益（或股东权益）合计		

11.2.3　资产负债表的编制方法

1. 资产负债表中的“上年年末余额”和“期末余额”

企业会计准则规定：会计报表至少应当反映相关两个期间的比较数据。也就是说，企业需要提供比较资产负债表，所以资产负债表各项目需要分为“上年年末余额”和“期末余额”两栏分别填列。

表中“上年年末余额”栏内各项目数字，应根据上年年末资产负债表“期末余额”栏内所列数字填列。如果本年度资产负债表规定的各个项目的名称和内容同上年度不相一致，应对上年年末资产负债表各项目的名称和数字按照本年度的规定进行调整，并按调整后的数字填入本表“上年年末余额”栏内。

“期末余额”是指某一会计期末的数字，即月末、季末、半年末或年末的数字。资产负债表各项目“期末余额”栏内的数字，可通过以下几种方式取得。

(1) 根据总账余额直接填列。如“短期借款”“应收股利”等项目。

(2) 根据总账余额计算填列。如“货币资金”项目，需要根据“库存现金”“银行存款”“其他货币资金”账户的期末余额合计数填列。

(3) 根据明细账余额计算填列。如“应付账款”项目，需要根据“应付账款”“预付账款”账户所属相关明细账的期末贷方余额计算填列。

(4) 根据总账和明细账余额分析计算填列。如“长期借款”项目，需要根据“长期借款”总账期末余额，扣除“长期借款”总账所属明细账中反映的、将于 1 年内到期且企业不能自主地将清偿义务展期的长期借款部分分析计算填列。

(5) 根据有关账户余额减去其备抵账户余额后的净额填列。如“无形资产”项目是用“无形资产”账户余额减去“累计摊销”和“无形资产减值准备”账户余额后的净额填列。

(6) 综合运用上述填列方法分析填列。如“应收账款”项目应根据“应收账款”和“预收账款”账户所属各明细账户的期末借方余额合计数，减去“坏账准备”账户中有关应收账款计提的坏账准备期末余额后的金额填列。

2. 资产负债表中各项目的具体填列方法

(1)“货币资金”项目，反映企业库存现金、银行存款、外埠存款、银行汇票存款、银行本票存款、信用证保证金存款等的合计数。本项目应根据“库存现金”“银行存款”“其他货币资金”账户的期末余额合计填列。

(2)“交易性金融资产”项目，反映资产负债表日企业分类为以公允价值计量且其变动计入当期损益的金融资产，以及企业持有的直接指定为以公允价值计量且其变动计入当期损益的金融资产的期末账面价值。该项目应根据“交易性金融资产”账户的相关明细账户期末余额分析填列。自资产负债表日起超过 1 年到期且预期持有超过 1 年的以公允价值计量且其变动计入当期损益的非流动金融资产的期末账面价值在“其他非流动金融资产”项目反映。

(3)“应收票据”项目，反映资产负债表日以摊余成本计量的、企业因销售商品、提供服务等收到的商业汇票，包括银行承兑汇票和商业承兑汇票。“应收票据”项目应根据“应收票据”账户的期末余额填列，已向银行贴现和已背书转让的应收票据不包括在本项目内。

（4）“应收账款”项目，反映资产负债表日以摊余成本计量的，企业因销售商品、提供服务等经营活动应收取的款项。“应收账款”项目应根据“应收账款”账户和“预收账款”账户所属各明细账的期末借方余额合计，减去“坏账准备”账户中有关应收账款计提的坏账准备期末余额后的金额填列。如“应收账款”账户所属明细账期末有贷方余额，应在本表“预收款项”项目内填列。

（5）“应收款项融资”项目，反映资产负债表日以公允价值计量且其变动计入其他综合收益的应收票据和应收账款。

（6）“预付款项”项目，反映企业预付给供应单位的款项。本项目应根据“预付账款”账户和“应付账款”账户所属各明细账的期末借方余额合计，减去“坏账准备”账户中有关预付账款计提的坏账准备期末余额后的金额填列。如“预付账款”账户所属有关明细账期末有贷方余额的，应在本表“应付账款”项目内填列。

（7）“其他应收款”项目，反映企业除应收票据、应收账款、预付账款以外的应收和暂付其他单位和个人的款项，应根据“应收利息”“应收股利”“其他应收款”账户的期末余额合计数，减去“坏账准备”账户中相关坏账准备期末余额后的金额填列。“应收股利”项目，反映企业因股权投资而应收取的现金股利，企业应收其他单位的利润，也包括在本项目内，本项目应根据“应收股利”账户的期末余额填列。“应收利息”项目仅反映相关金融工具已到期可收取但资产负债表日尚未收到的利息。基于实际利率法计提的金融工具的利息应包含在相应金融工具的账面余额中，不在本项目填列。

（8）“存货”项目，反映企业期末库存、在途和加工中的各项存货的价值，包括各种材料、商品、在产品、半成品、包装物、低值易耗品等。本项目应根据“在途物资”（或“材料采购”）“原材料”“库存商品”“周转材料”“委托加工物资”“生产成本”等账户的期末余额合计，减去“存货跌价准备”账户期末余额后的金额填列。原材料采用计划成本核算的企业还应按加或减材料成本差异后的金额填列。

（9）“持有待售资产”项目，反映资产负债表日划分为持有待售类别的非流动资产及划分为持有待售类别的处置组中流动资产和非流动资产的期末账面价值。本项目应根据“持有待售资产”账户的期末余额，减去“持有待售资产减值准备”账户的期末余额后的金额填列。

（10）“一年内到期的非流动资产”项目，通常反映预计自资产负债表日起 1 年内变现的非流动资产。对于按照相关会计准则采用折旧（或摊销、折耗）方法进行后续计量的固定资产、使用权资产、无形资产和长期待摊费用等非流动资产，折旧（或摊销、折耗）年限（或期限）只剩 1 年或不足 1 年的，或预计在 1 年内（含 1 年）进行折旧（或摊销、折耗）的部分，不得归类为流动资产，仍在各该非流动资产项目中填列，不转入“一年内到期的非流动资产”项目。

（11）“其他流动资产”项目，反映企业除以上流动资产项目外的其他流动资产，本项目应根据有关账户的期末余额填列。如其他流动资产价值较大，应在会计报表附注中披露其内容和金额。

（12）“债权投资”项目，反映资产负债表日企业以摊余成本计量的长期债权投资的期末账面价值。该项目应根据“债权投资”账户的相关明细账户期末余额，减去“债权投资减值准备”账户中相关减值准备的期末余额后的金额分析填列。自资产负债表日起 1 年内到期的长期债权投资的期末账面价值，在“一年内到期的非流动资产”行项目反映。企业购入的以摊余成本计量的 1 年内到期的债权投资的期末账面价值，在“其他流动资产”项目反映。

(13)“其他债权投资”项目，反映资产负债表日企业分类为以公允价值计量且其变动计入其他综合收益的长期债权投资的期末账面价值。该项目应根据“其他债权投资”账户的相关明细账户期末余额分析填列。自资产负债表日起一年内到期的长期债权投资的期末账面价值，在“一年内到期的非流动资产”行项目反映。企业购入的以公允价值计量且其变动计入其他综合收益的一年内到期的债权投资的期末账面价值，在“其他流动资产”项目反映。

(14)“长期应收款”项目，反映企业应收期限在 1 年以上的款项。本项目应根据“长期应收款”账户的期末余额减去相应的“未实现融资收益”账户期末余额和“坏账准备”账户期末余额，再减去所属相关明细账中将于 1 年内到期的部分后的金额进行填列。

(15)“长期股权投资”项目，反映企业不准备在 1 年内（含 1 年）变现的各种股权性质投资的可收回金额。本项目应根据“长期股权投资”账户的期末余额，减去“长期股权投资减值准备”账户余额后的金额填列。

(16)“其他权益工具投资”项目，反映资产负债表日企业指定为以公允价值计量且其变动计入其他综合收益的非交易性权益工具投资的期末账面价值。该项目应根据“其他权益工具投资”科目的期末余额填列。

(17)“投资性房地产”项目，反映企业拥有的用于出租的建筑物和土地使用权的金额。本项目应根据“投资性房地产”账户的期末余额填列。

(18)“固定资产”项目，反映资产负债表日企业固定资产的期末账面价值和企业尚未清理完毕的固定资产清理净损益。该项目应根据“固定资产”账户的期末余额，减去“累计折旧”和“固定资产减值准备”账户的期末余额后的金额，以及“固定资产清理”账户的期末余额填列。“固定资产清理”项目，反映企业因出售、毁损、报废等原因转入清理但尚未清理完毕的固定资产的账面价值，与固定资产清理过程中所发生的清理费用和变价收入等各项金额的差额。

(19)“在建工程”项目，反映资产负债表日企业尚未达到预定可使用状态的在建工程的期末账面价值和企业为在建工程准备的各种物资的期末账面价值。该项目应根据“在建工程”账户的期末余额，减去“在建工程减值准备”账户的期末余额后的金额，以及“工程物资”账户的期末余额，减去“工程物资减值准备”账户的期末余额后的金额填列。

(20)“使用权资产”项目，反映资产负债表日承租人企业持有的使用权资产的期末账面价值。该项目应根据“使用权资产”科目的期末余额，减去“使用权资产累计折旧”和“使用权资产减值准备”科目的期末余额后的金额填列。

(21)“无形资产”项目，反映企业各项无形资产的期末可收回金额。本项目应根据“无形资产”账户的期末余额，减去“累计摊销”和“无形资产减值准备”账户期末余额后的金额填列。

(22)“开发支出”项目，反映企业自行研究开发无形资产在期末尚未完成开发阶段的无形资产的价值。本项目应根据“开发支出”账户的期末余额填列。

(23)“长期待摊费用”项目，反映企业尚未摊销的摊销期限在 1 年以上（不含 1 年）的各种费用，如租入固定资产改良支出，摊销期限在 1 年以上（不含 1 年）的其他待摊费用。本项目应根据“长期待摊费用”账户的期末余额填列。

（24）“其他非流动资产”项目，反映企业除以上资产以外的其他长期资产。本项目应根据有关账户的期末余额填列。如其他非流动资产价值较大，应在会计报表附注中披露其内容和金额。

（25）“短期借款”项目，反映企业借入尚未归还的 1 年期以下（含 1 年）的借款。本项目应根据“短期借款”账户的期末余额填列。

（26）“交易性金融负债”项目，反映资产负债表日企业承担的交易性金融负债，以及企业持有的直接指定为以公允价值计量且其变动计入当期损益的金融负债的期末账面价值。该项目应根据“交易性金融负债”账户的相关明细科目期末余额填列。

（27）“应付票据”项目，反映资产负债表日以摊余成本计量的，企业因购买材料、商品和接受服务等开出、承兑的商业汇票，包括银行承兑汇票和商业承兑汇票。该项目应根据“应付票据”账户的期末余额填列。

（28）“应付账款”项目，反映资产负债表日以摊余成本计量的，企业因购买材料、商品和接受服务等经营活动应支付的款项。“应付账款”项目应根据“应付账款”账户和“预付账款”账户所属各有关明细账的期末贷方余额合计填列。如“应付账款”账户所属各明细账期末有借方余额，应在本表“预付款项”项目内填列。

（29）“预收款项”项目，反映企业预收购买单位的账款。本项目应根据“预收账款”和“应收账款”账户所属各有关明细账户的期末贷方余额合计填列。如“预收账款”账户所属有关明细账户有借方余额的，应在本表“应收账款”项目内填列。

（30）“应付职工薪酬”项目，反映企业应付未付的职工薪酬。应付职工薪酬包括应付职工的工资、奖金、津贴和补贴、职工福利费和医疗保险费、养老保险费等各种保险费以及住房公积金等。本项目应根据“应付职工薪酬”账户期末贷方余额填列。如“应付职工薪酬”账户期末有借方余额，以“—”号填列。

（31）“应交税费”项目，反映企业期末未交、多交或未抵扣的各种税金和其他费用。本项目应根据“应交税费”账户的期末贷方余额填列。如“应交税费”账户期末为借方余额，以“—”号填列。

（32）“其他应付款”项目，应根据“应付利息”“应付股利”“其他应付款”账户的期末余额合计数填列。“其他应付款”项目，反映企业除应付票据、应付账款、应付工资、应付利润等以外的应付和暂收其他单位和个人的款项。

（33）“持有待售负债”项目，反映资产负债表日处置组中与划分为持有待售类别的资产直接相关的负债的期末账面价值。本项目应根据“持有待售负债”账户的期末余额填列。

（34）“其他流动负债”项目，反映企业除以上流动负债以外的其他流动负债。本项目应根据有关账户的期末余额填列。如其他流动负债价值较大，应在会计报表附注中披露其内容及金额。

（35）“长期借款”项目，反映企业借入尚未归还的 1 年期以上（不含 1 年）的借款本息。本项目应根据“长期借款”账户的期末余额填列。

（36）“应付债券”项目，反映企业发行的尚未偿还的各种长期债券的本息。本项目应根据“应付债券”账户的期末余额填列。

（37）“租赁负债”项目，反映资产负债表日承租人企业尚未支付的租赁付款额的期末账面价值。该项目应根据“租赁负债”科目的期末余额填列。自资产负债表日起 1 年内到期应予以清偿的租赁负债的期末账面价值，在“一年内到期的非流动负债”项目反映。

（38）“长期应付款”项目，反映资产负债表日企业除长期借款和应付债券以外的其他各种长期应付款项的期末账面价值。该项目应根据“长期应付款”账户的期末余额，减去相关的“未确认融资费用”账户的期末余额，再减去所属相关明细账中将于 1 年内到期的部分后的金额，以及“专项应付款”账户的期末余额填列。其中“专项应付款”项目，反映企业取得的政府作为企业所有者投入的具有专项或特定用途的款项。

（39）“预计负债”项目，反映企业确认的对外提供担保、未决诉讼、产品质量保证等事项的预计负债的期末余额。本项目应根据“预计负债”账户的期末余额填列。

（40）“递延收益”项目中摊销期限只剩 1 年或不足 1 年的，或预计在 1 年内（含 1 年）进行摊销的部分，不得归类为流动负债，仍在该项目中填列，不转入“一年内到期的非流动负债”项目。

（41）“其他非流动负债”项目，反映企业除以上非流动负债项目以外的其他非流动负债。本项目应根据有关账户的期末余额填列。如其他非流动负债价值较大的，应在会计报表附注中披露其内容和金额。上述非流动负债各项目中将于 1 年内（含 1 年）到期的负债，应在“一年内到期的非流动负债”项目内单独反映。上述非流动负债各项目均应根据有关账户期末余额减去将于 1 年内（含 1 年）到期的非流动负债后的金额填列。

（42）“合同资产”和“合同负债”项目，企业应按照《企业会计准则第 14 号——收入》（2017 年修订）的相关规定根据本企业履行履约义务与客户付款之间的关系在资产负债表中列示合同资产或合同负债。“合同资产”项目、“合同负债”项目，应分别根据“合同资产”账户、“合同负债”账户的相关明细账户期末余额分析填列，同一合同下的合同资产和合同负债应当以净额列示，其中净额为借方余额的，应当根据其流动性在“合同资产”或“其他非流动资产”项目中填列，已计提减值准备的，还应减去“合同资产减值准备”账户中相关的期末余额后的金额填列；其中净额为贷方余额的，应当根据其流动性在“合同负债”或“其他非流动负债”项目中填列。

（43）“实收资本（或股本）”项目，反映企业各投资者实际投入的资本（或股本）总额。本项目应根据“实收资本（或股本）”账户的期末余额填列。

（44）“其他权益工具”项目，反映资产负债表日企业发行在外的除普通股以外分类为权益工具的金融工具的期末账面价值。对于资产负债表日企业发行的金融工具，分类为金融负债的，应在“应付债券”项目填列，对于优先股和永续债，还应在“应付债券”项目下的“优先股”项目和“永续债”项目分别填列；分类为权益工具的，应在“其他权益工具”项目填列，对于优先股和永续债，还应在“其他权益工具”项目下的“优先股”项目和“永续债”项目分别填列。

（45）“资本公积”项目，反映企业资本公积的期末余额。本项目应根据“资本公积”账户的期末余额填列。

（46）“专项储备”项目，反映高危行业企业按国家规定提取的安全生产费的期末账面价值。该项目应根据“专项储备”科目的期末余额填列。

（47）“盈余公积”项目，反映企业盈余公积的期末余额。本项目应根据“盈余公积”账户的期末余额填列。

（48）“未分配利润”项目，反映企业尚未分配的利润。本项目应根据“本年利润”

账户和“利润分配”账户的余额计算填列。未弥补的亏损，在本项目内以“—”号填列。

【例 11-1】某公司年末有关账户余额如表 11-2 所示。

表 11-2　　20××年 12 月 31 日有关总账账户余额表

账户名称	借方余额	贷方余额	账户名称	借方余额	贷方余额
库存现金	30 000.00		短期借款		23 000.00
银行存款	60 000.00		应付票据		22 000.00
其他货币资金	25 000.00		应付账款		50 000.00
交易性金融资产	50 000.00		预收账款		20 000.00
应收票据	35 000.00		应付职工薪酬		35 000.00
应收股利	30 000.00		应付股利		10 000.00
应收利息	5 000.00		应交税费		4 000.00
应收账款	15 000.00		其他应付款		5 000.00
预付账款	4 800.00		长期借款		50 000.00
其他应收款	6 000.00		实收资本		300 000.00
原材料	40 000.00		资本公积		8 900.00
库存商品	50 000.00		盈余公积		20 100.00
生产成本	25 000.00		利润分配		52 000.00
债权投资	25 000.00				
长期股权投资	65 000.00				
固定资产	120 000.00				
累计折旧		61 000.00			
在建工程	25 200.00				
无形资产	50 000.00				
合计	661 000.00	61 000.00			600 000.00

另外在“应收账款”账户中有明细账贷方余额 10 000 元；在“预收账款”账户中有明细账借方余额 3 000 元；在“应付账款”账户中有明细账借方余额 20 000 元；在“预付账款”账户中有明细账贷方余额 5 000 元。将上列资料经归纳分析后填入资产负债表如表 11-3 所示。

表 11-3　　资产负债表

20××年 12 月 31 日　　会企 01 表

编制单位：××有限责任公司　　单位：元

资产	期末余额	上年年末余额	负债和所有者权益（或股东权益）	期末余额	上年年末余额
流动资产：		略	流动负债：		略
货币资金	115 000.00		短期借款	23 000.00	
交易性金融资产	50 000.00		交易性金融负债		

续表

资产	期末余额	上年年末余额	负债和所有者权益（或股东权益）	期末余额	上年年末余额
衍生金融资产			衍生金融负债		
应收票据	35 000.00		应付票据	22 000.00	
应收账款	28 000.00		应付账款	75 000.00	
应收款项融资			预收款项	33 000.00	
预付款项	29 800.00		合同负债		
其他应收款	41 000.00		应付职工薪酬	35 000.00	
存货	115 000.00		应交税费	4 000.00	
合同资产			其他应付款	15 000.00	
持有待售资产			持有待售负债		
一年内到期的非流动资产			一年内到期的非流动负债		
其他流动资产			其他流动负债		
流动资产合计	413 800.00		流动负债合计	207 000.00	
非流动资产：	—	—	非流动负债：	—	—
债权投资	25 000.00		长期借款	50 000.00	
其他债权投资			应付债券		
长期应收款			其中：优先股		
长期股权投资	65 000.00		永续债		
其他权益工具投资			租赁负债		
其他非流动金融资产			长期应付款		
投资性房地产			预计负债		
固定资产	59 000.00		递延收益		
在建工程	25 200.00		递延所得税负债		
生产性生物资产			其他非流动负债		
油气资产			非流动负债合计	50 000.00	
使用权资产	—	—	负债合计	257 000.00	
无形资产	50 000.00		所有者权益（或股东权益）：	—	—
开发支出	—	—	实收资本（或股本）	300 000.00	
商誉			其他权益工具		
长期待摊费用			其中：优先股		
递延所得税资产			永续债		

续表

资产	期末余额	上年年末余额	负债和所有者权益（或股东权益）	期末余额	上年年末余额
其他非流动资产			资本公积	8 900.00	
非流动资产合计	224 200.00		减：库存股		
			其他综合收益		
			专项储备		
			盈余公积	20 100.00	
			未分配利润	52 000.00	
			所有者权益（或股东权益）合计	381 000.00	
资产总计	638 000.00		负债和所有者权益（或股东权益）合计	638 000.00	

表中有关主要项目填列说明如下：

（1）将“库存现金”“银行存款”“其他货币资金”科目余额合并列入货币资金项目（30 000+60 000+25 000=115 000），共计 115 000 元。

（2）将应收账款明细账中的贷方余额 10 000 元列入预收账款项目。计算结果，应收账款项目的账面价值为 28 000 元（25 000+3 000=28 000）；预收账款项目为 33 000 元（23 000+10 000=33 000）。

（3）将应付账款明细账中的借方余额 20 000 元列入预付账款项目；将“预付账款”账户明细账中的贷方余额 5 000 元列入应付账款项目。计算结果，预付账款项目的余额为 29 800 元（9 800+20 000=29 800），应付账款项目的余额为 75 000 元（70 000+5 000=75 000）。

（4）将“原材料”“库存商品”“生产成本”等存货类账户余额合并为存货项目（40 000+50 000+25 000=115 000），共计 115 000 元。

（5）将固定资产账户借方余额减去累计折旧账户的贷方余额后的差额填入固定资产账面价值项目的余额为 59 000 元（120 000−61 000=59 000）。

（6）“其他应收款”项目根据“应收股利”“应收利息”“其他应收款”账户余额合计填列。

（7）“其他应付款”项目根据“应付股利”“其他应付款”账户的贷方余额合计填列。

11.3 利润表

11.3.1 利润表的作用

利润表是反映企业在一定会计期间经营成果的报表。利润是一个综合性质量指标，它反映企业在一个会计期间的所有收入（广义）与所有费用（广义）相抵后的差额。它不仅能反映企业经济活动的结果，而且能在一定程度上体现出企业的经营管理水平，同时又是企业利润分配的主要依据，企业的盈利能力以及利润的发展趋势是企业生存和发展的关键，也是投资者和债权人关注的焦点，因此，利润表是企业主要财务报表之一，每个企业都必须按期编制。

1. 反映企业的获利能力

通过利润表可以从总体上了解企业的收入、费用及净利润（或亏损）的实现及构成情况，说明企业生产经营的收益和成本耗费情况，体现企业本期生产经营成果，通过企业前后时期利润数字的比较，可以分析企业的盈利能力以及利润的未来发展趋势。

2. 考核企业生产经营成果

通过利润表有助于评价并预测企业偿债能力的大小。企业的偿债能力受制于多种因素，而获利能力的强弱是决定偿债能力大小的一个重要因素。获利能力强，企业经营资产的流动性就好，偿债能力也就强。

3. 考核企业的管理水平

通过对不同时期的利润及构成项目进行分析，找出影响利润增减变动的原因，还可以据此评价企业管理者的工作业绩，督促管理者及时改进经营管理，不断提高经济效益。

11.3.2　利润表的格式与内容

利润表的编制基础是“收入-费用=利润”，按照权责发生制将一定期间的收入与同一会计期间相关的成本费用配比，计算出企业一定时期的净利润（或净亏损）。利润表的结构一般有两种：单步式利润表和多步式利润表。

1. 单步式利润表

单步式利润表是将当期所有的收入列在一起，所有的费用列在一起，然后将两者相减得出当期净损益。其优点是列式简单，计算方便，易于理解。其不足则在于没能反映出各类收入与费用之间的配比关系，无法揭示出各构成要素之间的内在联系，不便于会计报表使用者进行具体分析，也不利于同行业之间的报表比较。单步式利润表格式见表 11-4。

表 11-4　　利润表（单步式）

项目	本期金额	上期金额
一、收入		
主营业务收入		
其他业务收入		
投资收益		
二、费用		
主营业务成本		
其他业务成本		
税金及附加		

续表

项目	本期金额	上期金额
管理费用		
销售费用		
财务费用		
所得税费用		
三、净利润		

2. 多步式利润表

多步式利润表是通过对当期的收入以及费用、支出项目按性质加以归类，按利润形成的主要环节列示一些中间性利润指标，分步计算当期净损益，先计算营业利润，再计算利润总额，最后得出净利润。多步式利润表的优点是，能够向报表使用者提供具有结构性的信息，便于对企业生产经营情况进行具体分析，有利于不同企业之间进行比较。我国《企业会计准则》规定利润表采用多步式，而且为了使报表使用者通过比较不同期间利润的实现情况，判断企业经营成果的未来发展趋势，企业需要提供比较利润表，即每个项目金额再分为“本期金额”和“上期金额”两栏分别列示。多步式利润表格式见表 11-5。

表 11-5 **利润表**

年　　月　　会企 02 表

编制单位：　　单位：元

项　目	本期金额	上期金额
一、营业收入		
减：营业成本		
税金及附加		
销售费用		
管理费用		
研发费用		
财务费用		
其中：利息费用		
利息收入		
加：其他收益		
投资收益（损失以“—”号填列）		
其中：对联营企业和合营企业的投资收益		
以摊余成本计量的金融资产终止确认收益（损失以“—”号填列）		
净敞口套期收益（损失以“—”号填列）		
公允价值变动收益（损失以“—”号填列）		

续表

项　目	本期金额	上期金额
信用减值损失（损失以"—"号填列）		
资产减值损失（损失以"—"号填列）		
资产处置收益（损失以"—"号填列）		
二、营业利润（亏损以"—"号填列）		
加：营业外收入		
减：营业外支出		
三、利润总额（亏损总额以"—"号填列）		
减：所得税费用		
四、净利润（净亏损以"—"号填列）		
（一）持续经营净利润（净亏损以"—"号填列）		
（二）终止经营净利润（净亏损以"—"号填列）		
五、其他综合收益的税后净额		
（一）不能重分类进损益的其他综合收益		
1. 重新计量设定受益计划变动额		
2. 权益法下不能转损益的其他综合收益		
3. 其他权益工具投资公允价值变动		
4. 企业自身信用风险公允价值变动		
……		
（二）将重分类进损益的其他综合收益		
1. 权益法下可转损益的其他综合收益		
2. 其他债权投资公允价值变动		
3. 金融资产重分类计入其他综合收益的金额		
4. 其他债权投资信用减值准备		
5. 现金流量套期储备		
6. 外币财务报表折算差额		
……		
六、综合收益总额		
七、每股收益		
（一）基本每股收益		
（二）稀释每股收益		

在多步式利润表中，企业的净利润是根据如下步骤计算出来的。

（1）计算营业利润：营业利润=营业收入-营业成本-税金及附加-销售费用-管理费用-研发费用-财务费用-资产减值损失-信用减值损失+其他收益+投资收益+公允价值变动收益+资产处置收益。

（2）计算利润总额：利润总额=营业利润+营业外收入-营业外支出。

（3）计算净利润：净利润=利润总额-所得税费用。

11.3.3　利润表的编制方法

1. 上期金额栏的填列方法

利润表“上期金额”栏内各项目数字应根据上年该期利润表“本期金额”栏内所列数字填列。如果上年度利润表的项目名称和内容与本年度利润表不一致，应对上年度利润表项目的名称和数字按本年度的规定进行调整，填入报表的“上期金额”栏。

2. 本期金额栏的填列方法

利润表“本期金额”栏各项目主要根据各损益类科目的发生额分析填列，具体方法如下：

（1）“营业收入”项目，反映企业经营主要业务和其他业务所确认的收入总额。本项目应根据“主营业务收入”和“其他业务收入”科目的发生额分析填列。

（2）“营业成本”项目，反映企业经营主要业务和其他业务所发生的成本总额。本项目应根据“主营业务成本”和“其他业务成本”科目的发生额分析填列。

（3）“税金及附加”“销售费用”“管理费用”“财务费用”“资产减值损失”“投资收益”“公允价值变动收益”“所得税费用”等项目，应根据有关损益类科目的发生额分析填列。

（4）“研发费用”项目，反映企业进行研究与开发过程中发生的费用化支出，以及计入管理费用的自行开发无形资产的摊销。该项目应根据“管理费用”科目下的“研究费用”明细科目的发生额，以及“管理费用”科目下的“无形资产摊销”明细科目的发生额分析填列。

（5）“其他收益”项目，反映计入其他收益的政府补助，以及其他与日常活动相关且计入其他收益的项目。该项目应根据“其他收益”科目的发生额分析填列。企业作为个人所得税的扣缴义务人，根据《中华人民共和国个人所得税法》收到的扣缴税款手续费，应作为其他与日常活动相关的收益在该项目中填列。

（6）“对联营企业和合营企业的投资收益”项目，应根据“投资收益”科目所属的相关明细科目的发生额分析填列。

（7）“以摊余成本计量的金融资产终止确认收益”项目，反映企业因转让等情形导致终止确认以摊余成本计量的金融资产而产生的利得或损失。该项目应根据“投资收益”科目的相关明细科目的发生额分析填列；如为损失，以“—”号填列。

（8）“净敞口套期收益”项目，反映净敞口套期下被套期项目累计公允价值变动转入当期损益的金额或现金流量套期储备转入当期损益的金额。该项目应根据“净敞口套期损益”科目的发生额分析填列；如为套期损失，以“—”号填列。

（9）“信用减值损失”项目，反映企业按照《企业会计准则第22号——金融工具确认和计量》（财会〔2017〕7号）的要求计提的各项金融工具信用减值准备所确认的信用损失。该项目应根据“信用减值损失”科目的发生额分析填列。

（10）“资产处置收益”项目，反映企业出售划分为持有待售的非流动资产（金融工具、长期股权投资和投资性房地产除外）或处置时确认的处置利得或损失，以及处置未划分为持有待售的固定资产、在建工程、生产性生物资产及无形资产而产生的处置利得或损失。债务重组中因处置非流动资产产生的利得或损失和非货币性资产交换中产生的利得或损失也包括在本项目内。该项目应根据“资产处置损益”科目的发生额分析填列；如为处置损失，以“—”号填列。

（11）“营业外收入”项目，反映企业发生的除营业利润以外的收益，主要包括与企业日常活动无关的政府补助、盘盈利得、捐赠利得（企业接受股东或股东的子公司直接或间接的捐赠，经济实质属于股东对企业的资本性投入的除外）等。该项目应根据“营业外收入”科目的发生额分析填列。

（12）“营业外支出”项目，反映企业发生的影响正常营业利润以外的支出，主要包括公益性捐赠支出、非常损失、盘亏损失、非流动资产毁损报废损失等。该项目应根据“营业外支出”科目的发生额分析填列。“非流动资产毁损报废损失”通常包括因自然灾害发生毁损、已丧失使用功能等原因而报废清理产生的损失。企业在不同交易中形成的非流动资产毁损报废利得和损失不得相互抵销，应分别在“营业外收入”项目和“营业外支出”项目进行填列。

（13）“（一）持续经营净利润”和“（二）终止经营净利润”项目，分别反映净利润中与持续经营相关的净利润和与终止经营相关的净利润；如为净亏损，以“—”号填列。该两个项目应按照《企业会计准则第 42 号——持有待售的非流动资产、处置组和终止经营》的相关规定分别列报。

（14）“其他综合收益的税后净额”项目及其各组成部分，应根据“其他综合收益”科目及其所属明细科目的本期发生额分析填列。

（15）“其他权益工具投资公允价值变动”项目，反映企业指定为以公允价值计量且其变动计入其他综合收益的非交易性权益工具投资发生的公允价值变动。该项目应根据“其他综合收益”科目的相关明细科目的发生额分析填列。

（16）“企业自身信用风险公允价值变动”项目，反映企业指定为以公允价值计量且其变动计入当期损益的金融负债，由企业自身信用风险变动引起的公允价值变动而计入其他综合收益的金额。该项目应根据“其他综合收益”科目的相关明细科目的发生额分析填列。

（17）“其他债权投资公允价值变动”项目，反映企业分类为以公允价值计量且其变动计入其他综合收益的债权投资发生的公允价值变动。企业将一项以公允价值计量且其变动计入其他综合收益的金融资产重分类为以摊余成本计量的金融资产，或重分类为以公允价值计量且其变动计入当期损益的金融资产时，之前计入其他综合收益的累计利得或损失从其他综合收益中转出的金额作为该项目的减项。该项目应根据“其他综合收益”科目下的相关明细科目的发生额分析填列。

（18）“金融资产重分类计入其他综合收益的金额”项目，反映企业将一项以摊余成本计量的金融资产重分类为以公允价值计量且其变动计入其他综合收益的金融资产时，计入其他综合收益的原账面价值与公允价值之间的差额。该项目应根据“其他综合收益”科目下的相关明细科目的发生额分析填列。

（19）“其他债权投资信用减值准备”项目，反映企业按照《企业会计准则第 22

号——金融工具确认和计量》（财会〔2017〕7号）第十八条分类为以公允价值计量且其变动计入其他综合收益的金融资产的损失准备。该项目应根据“其他综合收益”科目下的“信用减值准备”明细科目的发生额分析填列。

（20）“现金流量套期储备”项目，反映企业套期工具产生的利得或损失中属于套期有效的部分。该项目应根据“其他综合收益”科目下的“套期储备”明细科目的发生额分析填列。

（21）“营业利润”“利润总额”“净利润”项目，应根据本表中相关项目计算填列。

（22）“综合收益总额”，反映企业净利润与其他综合收益的合计金额。

（23）“基本每股收益”项目，应根据本期净利润除以流通在外的普通股股数计算的金额填列；“稀释每股收益”项目应考虑潜在普通股的影响后计算填列，如可转换公司债券、认股权证、股份期权等。

【例11-2】某公司20××年度有关损益类科目的1~12月累计发生额，如表11-6所示。

表11-6　　利润表有关科目本年累计发生额　　单位：元

科目名称	借方发生额	贷方发生额
主营业务收入		450 000.00
其他业务收入		230 000.00
营业外收入		50 000.00
主营业务成本	360 000.00	
税金及附加	48 000.00	
其他业务成本	180 000.00	
销售费用	20 000.00	
管理费用	15 000.00	
财务费用	25 000.00	
营业外支出	20 000.00	
所得税费用	15 500.00	

根据以上账户记录，并假定该公司普通股股数为1 000 000股，试编制公司20××年度利润表，如表11-7所示。

表11-7　　利润表

20××年12月　　会企02表

编制单位：××有限责任公司　　单位：元

项目	本期金额	上期金额
一、营业收入	680 000.00	略（下同）
减：营业成本	540 000.00	
税金及附加	48 000.00	

续表

项目	本期金额	上期金额
销售费用	20 000. 00	
管理费用	15 000. 00	
研发费用		
财务费用	25 000. 00	
其中：利息费用	24 000. 00	
利息收入		
加：其他收益		
投资收益（损失以"—"号填列）		
其中：对联营企业和合营企业的投资收益		
以摊余成本计量的金融资产终止确认收益（损失以"—"号填列）		
净敞口套期收益（损失以"—"号填列）		
公允价值变动收益（损失以"—"号填列）		
信用减值损失（损失以"—"号填列）		
资产减值损失（损失以"—"号填列）		
资产处置收益（损失以"—"号填列）		
二、营业利润（亏损以"—"号填列）	32 000. 00	
加：营业外收入	50 000. 00	
减：营业外支出	20 000. 00	
三、利润总额（亏损总额以"—"号填列）	62 000. 00	
减：所得税费用	15 500. 00	
四、净利润（净亏损以"—"号填列）	46 500. 00	
（一）持续经营净利润（净亏损以"—"号填列）	46 500. 00	
（二）终止经营净利润（净亏损以"—"号填列）		
五、其他综合收益的税后净额		
（一）不能重分类进损益的其他综合收益		
1. 重新计量设定受益计划变动额		
2. 权益法下不能转损益的其他综合收益		
3. 其他权益工具投资公允价值变动		
4. 企业自身信用风险公允价值变动		
……		
（二）将重分类进损益的其他综合收益		
1. 权益法下可转损益的其他综合收益		

续表

项目	本期金额	上期金额
2. 其他债权投资公允价值变动		
3. 金融资产重分类计入其他综合收益的金额		
4. 其他债权投资信用减值准备		
5. 现金流量套期储备		
6. 外币财务报表折算差额		
……		
六、综合收益总额	46 500.00	
七、每股收益		
（一）基本每股收益	0.046 5	
（二）稀释每股收益	0.046 5	

11.4 现金流量表与所有者权益变动表

11.4.1 现金流量表概述

现金流量表是指反映企业在一定会计期间现金和现金等价物流入和流出的会计报表。编制现金流量表的主要目的是为报表使用者提供企业一定会计期间内现金流入量、流出量及现金净流量的有关信息，从现金角度揭示企业的获取现金和偿还债务能力。

现金是指企业库存现金及可随时用于支付的存款和其他货币资金及现金等价物。这里现金要从广义上理解，银行存款中有些不能随时用于支付的，如不能随时支取的定期存款等，不应作为现金，但是提前通知金融机构可支取的定期存款，则应包括在现金范围内。现金等价物则是指企业持有的期限短、流动性强、易于转换为已知金额现金、价值变动风险很小的投资，一般是指从购买日起三个月内到期的交易性金融资产，主要指三个月内到期的债券投资，交易性金融资产中的权益性投资变现的金额通常不确定，因而不属于现金等价物。

现金流量是指企业库存现金和银行存款、其他货币资金及现金等价物的流入和流出量。应该注意的是，企业涉及现金结算的相互转换不会产生现金的流入和流出，如企业从银行提取现金，是企业现金存放形式的转换，并未流出企业，不构成现金流量；同样，存款和其他货币资金之间的转换也不属于现金流量，比如，企业用存款申请委托办理银行本票或银行汇票，不构成现金流量。

企业产生的现金流量又分为以下三类。

1. 经营活动的现金流量

经营活动的现金流量是指企业投资活动和筹资活动以外的所有交易和事项所导致的现金收入和支出。经营活动所产生的现金收入，包括出售产品、商品、提供劳务等取得的现金收入；经营活动所产生的现金支出，包括购买材料、商品及支付职工劳动报酬发生的现金支出、各项制造费用、期间费用支出、税款等支出。

2. 投资活动的现金流量

投资活动的现金流量是指企业在投资活动中所导致的现金收入和支出。投资活动所产生的现金收入，包括收回投资、出售固定资产净收入等；投资活动所产生的现金支出，包括对外投资、购买固定资产等。

3. 筹资活动的现金流量

筹资活动的现金流量是指企业资本及债务规模发生变化所导致的现金收入和支出。筹资活动所产生的现金收入，包括取得借款、投资者增加投入资本等；筹资活动中所产生的现金支出，包括偿还借款、支付利息、应付利润（或股利）等。

11.4.2　现金流量表的结构

现金流量表采用报告式结构，分类反映经营活动产生的现金流量、投资活动产生的现金流量和筹资活动产生的现金流量，最后汇总反映企业某一期间现金及现金等价物净增加额。非金融企业的现金流量表的格式如表 11-8 所示。

表 11-8　　**现金流量表**　　会企 03 表

编制单位：　　20××年××月　　单位：元

项目	行次	金额
一、经营活动产生的现金流量		
销售商品、提供劳务收到的现金		
收到的税费返还		
收到的其他与经营活动有关的现金		
经营活动现金流入小计		
购买商品、接受劳务支付的现金		
支付给职工以及为职工支付的现金		
支付的各项税费		
支付的其他与经营活动有关的现金		
经营活动现金流出小计		
经营活动产生的现金流量净额		
二、投资活动产生的现金流量		
收回投资收到的现金		
取得投资收益收到的现金		
处置固定资产、无形资产和其他长期资产收回的现金净额		
处置子公司及其他营业单位收到的现金净额		
收到的其他与投资活动有关的现金		
投资活动现金流入小计		

续表

项目	行次	金额
购建固定资产、无形资产和其他长期资产所支付的现金		
投资支付的现金		
取得子公司及其他营业单位支付的现金净额		
支付的其他与投资活动有关的现金		
投资活动现金流出小计		
投资活动产生的现金流量净额		
三、筹资活动产生的现金流量		
吸收投资收到的现金		
取得借款收到的现金		
收到其他与筹资活动有关的现金		
筹资活动现金流入小计		
偿还债务支付的现金		
分配股利、利润或偿付利息所支付的现金		
支付其他与筹资活动有关的现金		
筹资活动现金流出小计		
筹资活动产生的现金流量净额		
四、汇率变动对现金及现金等价物的影响		
五、现金及现金等价物净增加额		
加：期初现金及现金等价物余额		
六、期末现金及现金等价物余额		

11.4.3 现金流量表的编制方法

企业在编制经营活动现金流量表时可用两种方法：一为直接法，二为间接法，这两种方法通常也称为现金流量表的编制方法。直接法是指通过填列现金流量表中的现金收入和支出的主要项目反映各项经营活动的现金流量，一般是从利润表中的营业收入项目为起点，编制分录调整与经营活动有关项目的增减变动，然后计算出经营活动的现金流量。采用直接法编制的现金流量表，便于分析企业的现金流量的来源和用途，并据以预测企业现金流量的未来趋势。间接法是以本期利润表的净利润为起点，调整不涉及现金的收入、费用、营业外收支以及有关项目的增减变动，据此计算出经营活动的现金流量，从而在附注中提供按间接法将净利润调节为经营活动现金流量的信息。

11.4.3.1 现金流量表正表部分主要编制方法

我国会计准则规定企业应按直接法编制现金流量表的正表，直接法下又具体分为工作底稿法、T 形账户法和直接分析填列法。

1. 工作底稿法

工作底稿法是以编制工作底稿为手段，以利润表和资产负债表各项目金额为基础，结合有关账户发生额的记录，对现金流量表的每一项目进行分析并编制调整分录，从而编制出现金流量表的一种方法。采用工作底稿法编制现金流量表的具体步骤如下。

第一步，将资产负债表的期初数和期末数过入工作底稿的期初数栏和期末数栏；将利润表中本期金额栏的数据过入工作底稿的期末数栏。

第二步，对当期业务进行分析并编制调整分录。编制调整分录时，以利润表中的项目为基础，从“营业收入”开始，结合资产负债表项目逐一进行分析。在调整分录中，有关现金和现金等价物的事项，并不直接借记或贷记现金，而是按照现金流量表中的项目，分别记入“经营活动产生的现金流量”“投资活动产生的现金流量”“筹资活动产生的现金流量”的有关项目，借记表明现金流入，贷记表明现金流出。

第三步，将调整分录过入工作底稿中的相应项目。

第四步，核对工作底稿中各项目的调整分录。工作底稿“资产负债表项目”中资产项目的期初数加调整分录中的借方金额减贷方金额应当等于期末数；负债和所有者权益项目的期初数加调整分录中的贷方金额减借方金额以后应当等于期末数；借方项目发生额的合计数与贷方项目发生额的合计数应当相等。

第五步，根据工作底稿中的现金流量表项目部分内容编制正式的现金流量表。

2. T 形账户法

T 形账户法也是以利润表和资产负债表的数据为基础，对每一项目进行分析并编制调整分录，从而编制出现金流量表。采用 T 形账户法编制现金流量表的具体步骤如下。

第一步，为所有的非现金项目（包括资产负债表项目和利润表项目）分别开设 T 形账户，并将各自的期初期末变动数过入各账户。如果项目的期末数大于期初数，则将差额过入和项目余额相同的方向；反之，过入相反的方向。

第二步，开设一个大的“现金及现金等价物”T 形账户，每边分为经营活动，投资活动和筹资活动三个部分，左边记现金流入，右边记现金流出。与其他账户一样，过入期初期末变动数。

第三步，以利润表项目为基础，结合资产负债表分析每一个非现金项目的增减变动，并据此编制调整分录。

第四步，将调整分录过入各 T 形账户，并进行核对，该账户借贷相抵后的余额与原先过入的期末期初变动数应当一致。

第五步，根据大的“现金及现金等价物”T 形账户编制正式的现金流量表。

3. 直接分析填列法

直接分析填列法是指直接根据资产负债表、利润表和有关科目明细账户的记录，分析计算出现金流量表各项目的金额，并据以编制现金流量表的一种方法。

11.4.3.2 现金流量表主要项目填列方法的说明

1. 经营活动产生的现金流量

（1）“销售商品、提供劳务收到的现金”项目，反映企业因销售商品、提供劳务而实际收到的现金（含销售收入和向购买者收取的增值税销项税额），包括本期销售的商品、提供劳务收到的现金，以及前期销售和前期提供劳务本期收到的现金及本期预收的账款，应减去因退回本期销售的商品和前期销售本期退回的商品而收取的现金。企业销售材料和代购代销业务收到的现金也在本项目反映。

（2）“收到的税费返还”项目，反映企业收到返还的各种税费，包括所得税、增值税、消费税、教育费附加等返还款。

（3）“收到的其他与经营活动有关的现金”项目，反映企业除上述各项外，收到的其他与经营活动有关的现金流入，如罚款收入、流动资产损失中由个人赔偿的现金收入、经营租赁收到的租金等其他与经营活动有关的现金流入，金额较大时应当单独列示。企业实际收到的政府补助，无论是与资产相关还是与收益相关，均在“收到的其他与经营活动有关的现金”项目填列。

（4）“购买商品、接受劳务支付的现金”项目，反映企业购买材料及商品、接受劳务实际支付的现金，包括本期购入材料及商品、接受劳务支付的现金（包括支付的增值税进项税额）以及本期偿付前期购入商品、接受劳务的应付款项和本期预付款项，减去本期购货退回收到的现金。

（5）“支付给职工以及为职工支付的现金”项目，反映企业实际支付给职工以及为职工支付的工资、奖金，各种津贴、补贴等职工薪酬（包括代扣代缴的职工个人所得税）等。但应由在建工程、无形资产负担的职工薪酬，以及企业支付给离退休人员的各项费用除外。企业支付给离退休人员的各项费用，在“支付的其他与经营活动有关的现金”项目中反映；企业支付给在建工程人员的工资，在“购建固定资产、无形资产和其他长期资产所支付的现金”项目反映。

（6）“支付的各项税费”项目，反映企业按规定支付的各种税费，包括本期发生并支付的税费，以及本期支付以前各期发生的税费和预交的税金等，包括所得税、增值税、消费税、房产税、印花税和教育费附加等。

（7）“支付的其他与经营活动有关的现金”项目，反映企业除上述各项目以外支付的其他与经营活动有关的现金支出，如经营租赁支付的租金，支付的差旅费、业务招待费、保险费、罚款支出等其他与经营活动有关的现金流出，金额较大的应单独列项反映。

2. 投资活动产生的现金流量

（1）“收回投资收到的现金”项目，反映企业出售、转让或到期收回除现金等价物以外的交易性金融资产、债权投资、其他权益投资、长期股权投资、投资性房地产等收到的现金但处置子公司及其他营业单位收到的现金净额除外。

（2）“取得投资收益收到的现金”项目，反映企业因股权投资而分得的现金股利，因子公司、联营企业、合营企业分配利润而收到的现金，以及因债权性投资所取得的现金利息收入等，但股票股利不包括在本项目中。

（3）“处置固定资产、无形资产和其他长期资产收回的现金净额”项目，反映企业出售固定资产、无形资产和其他长期资产所取得的现金（包括因资产毁损收回的保险赔偿收入）减去为处置这些资产而支付有关费用后的净额。

（4）“处置子公司及其他营业单位收到的现金净额”项目，反映企业处置子公司及其他营业单位收到的现金，减去相关处置费用后的净额。

（5）“购建固定资产、无形资产和其他长期资产所支付的现金”项目，反映企业购买、建造固定资产、取得无形资产和其他长期资产所支付的现金（含增值税款等），以及用现金支付应由在建工程和无形资产负担的员工薪酬，不包括为购建固定资产而发生的借款利息和融资租入固定资产支付的租赁费。

（6）“投资支付的现金”项目，反映进行权益性投资和债权性投资所支付的现金，包括企业取得的除现金等价物以外的交易性金融资产、债权投资、其他权益投资而支付的现金，以及支付的佣金、手续费等交易费用，但取得子公司及其他营业单位支付的现金净额除外。

（7）“取得子公司及其他营业单位支付的现金净额”项目，反映企业购买子公司及其他营业单位购买出价中以现金支付的部分，减去子公司及其他营业单位持有的现金和现金等价物后的净额。本项目可以根据“长期股权投资”“库存现金”“银行存款”等科目的记录分析填列。

（8）“收到的其他与投资活动有关的现金”“支付的其他与投资活动有关的现金”项目，反映除上述第（1）至第（7）项目外收到或支付的其他与投资活动有关的现金流入或流出，金额较大的应单独列示。

3. 筹资活动产生的现金流量

（1）“吸收投资收到的现金”项目，反映企业以发行股票、债券方式筹集资金实际收到的款项，减去支付的佣金、手续费、印刷费等发行费用后的净额。

（2）“取得借款收到的现金”项目，反映企业举借各种短期、长期借款而收到的现金。

（3）“偿还债务支付的现金”项目，反映企业以现金偿还债务的本金。

（4）“分配股利、利润或偿付利息所支付的现金”项目，反映企业实际支付的现金股利，以及支付给其他投资单位的利润或用现金支付的借款或债券利息。

（5）“收到其他与筹资活动有关的现金”“支付其他与筹资活动有关的现金”项目，反映企业除上述第（1）至第（4）项目外收到或支付的其他与筹资活动有关的现金流入或流出，金额较大的应单独列示。

4. 汇率变动对现金及现金等价物的影响

企业外币现金流量及境外子公司的现金流量折算为人民币时采用现金流量发生日的汇率或按照系统合理的方法确定的与现金流量发生日即期汇率近似的汇率，而现金流量表“现金及现金等价物净增加额”项目中外币现金净增加额是按资产负债表日的汇率折算的，这两者的差额即是汇率变动对现金及现金等价物的影响。

【例 11-3】根据【例 11-1】和【例 11-2】的数据资料编制现金流量表，如表 11-9 所示。

表 11-9　　**现金流量表**

20××年 12 月　　会企 03 表

编制单位：××有限责任公司　　单位：元

项目	行次	金额
一、经营活动产生的现金流量		略（下同）
销售商品、提供劳务收到的现金		620 000. 00

续表

项目	行次	金额
收到的税费返还		—
收到的其他与经营活动有关的现金		26 000.00
经营活动现金流入小计		646 000.00
购买商品、接受劳务支付的现金		320 000.00
支付给职工以及为职工支付的现金		135 000.00
支付的各项税费		120 700.00
支付的其他与经营活动有关的现金		57 800.00
经营活动现金流出小计		633 500.00
经营活动产生的现金流量净额		12 500.00
二、投资活动产生的现金流量		
收回投资收到的现金		57 500.00
取得投资收益收到的现金		36 800.00
处置固定资产、无形资产和其他长期资产收回的现金净额		24 100.00
处置子公司及其他营业单位收到的现金净额		—
收到的其他与投资活动有关的现金		—
投资活动现金流入小计		118 400.00
购建固定资产、无形资产和其他长期资产所支付的现金		54 400.00
投资支付的现金		52 000.00
取得子公司及其他营业单位支付的现金净额		—
支付的其他与投资活动有关的现金		—
投资活动现金流出小计		106 400.00
投资活动产生的现金流量净额		12 000.00
三、筹资活动产生的现金流量		
吸收投资收到的现金		50 000.00
取得借款收到的现金		45 000.00
收到其他与筹资活动有关的现金		—
筹资活动现金流入小计		95 000.00
偿还债务支付的现金		52 000.00
分配股利、利润或偿付利息所支付的现金		35 500.00
支付其他与筹资活动有关的现金		—

续表

项目	行次	金额
筹资活动现金流出小计		87 500.00
筹资活动产生的现金流量净额		7 500.00
四、汇率变动对现金及现金等价物的影响		—
五、现金及现金等价物净增加额		32 000.00
加：期初现金及现金等价物余额		83 000.00
六、期末现金及现金等价物余额		115 000.00

11.4.4　所有者权益（或股东权益）变动表

所有者权益（或股东权益）变动表是反映企业年末所有者权益（或股东权益）增减变动情况的报表。通过该表，可以了解企业某一会计年度所有者权益（或股东权益）的各项目即实收资本（或股本）、资本公积、盈余公积和未分配利润等的增加、减少及其余额的情况，分析其变动原因及预测未来的变动趋势。

按照《企业会计准则第 30 号——财务报表列报》的规定，所有者权益（或股东权益）变动表至少应当单独列示下列信息项目：①综合收益总额；②会计政策变更和差错更正的累计影响金额；③所有者投入资本和向所有者分配利润等；④按照规定提取的盈余公积；⑤所有者权益各组成部分的期初和期末余额及其调节情况。为了清楚地表明构成所有者权益的各组成部分当期的增减变动情况，所有者权益变动表应当以矩阵的形式列示：一方面，列示导致所有者权益变动的交易或事项，不再仅仅按照所有者权益的各组成部分反映所有者权益变动情况，而是从所有者权益变动的来源对一定时期所有者权益变动情况进行全面反映；另一方面，按照所有者权益各组成部分（包括实收资本、资本溢价、其他综合收益、盈余公积、未分配利润和库存股等）及其总额列示交易或事项对所有者权益的影响。此外，企业还需要提供比较所有者权益变动表，所有者权益变动表还就各项目再分为“本年金额”和“上年金额”两栏分别填列。非金融企业的所有者权益变动表如表 11-10 所示。

11.4.4.1　所有者权益变动表各项目的列报说明

1. “上年年末余额”项目

该项目反映企业上年资产负债表中实收资本（或股本）、资本公积、盈余公积、未分配利润的年末余额。

2. “会计政策变更”和“前期差错更正”项目

该类项目反映企业采用追溯调整法处理的会计政策变更的累积影响金额和采用追溯重述法处理的会计差错更正的累积影响金额。为了体现会计政策变更和前期差错更正的影响，企业应当在上期期末所有者权益余额的基础上进行调整得出本期期初所有者权益，应根据“盈余公积”“利润分配”等科目的发生额分析填列。

3. “本年增减变动金额”项目

该项目包括以下内容。

表 11-10

所有者权益变动表

编制单位：　　　　　　　　　　　　　　　　　　____年度　　　　　　　　　　　　　　　　　会企04 表

单位：元

项目	本年金额											上年金额										
	实收资本（或股本）	其他权益工具			资本公积	减：库存股	其他综合收益	专项储备	盈余公积	未分配利润	所有者权益合计	实收资本（或股本）	其他权益工具			资本公积	减：库存股	其他综合收益	专项储备	盈余公积	未分配利润	所有者权益合计
		优先股	永续债	其他									优先股	永续债	其他							
一、上年年末余额																						
加：会计政策变更																						
前期差错更正																						
其他																						
二、本年年初余额																						
三、本年增减变动金额（减少以“—”号填列）																						
（一）综合收益总额																						
（二）所有者投入和减少资本																						
1. 所有者投入的普通股																						
2. 其他权益工具持有者投入资本																						
3. 股份支付计入所有者权益的金额																						

续表

项目	本年金额										上年金额									
	实收资本（或股本）	其他权益工具			资本公积	减：库存股	其他综合收益	专项储备	盈余公积	未分配利润	所有者权益合计	实收资本（或股本）	其他权益工具			资本公积	减：库存股	其他综合收益	专项储备	盈余公积	未分配利润	所有者权益合计
		优先股	永续债	其他									优先股	永续债	其他							
4. 其他																					
（三）利润分配																					
1. 提取盈余公积																					
2. 对所有者（或股东）的分配																					
3. 其他																					
（四）所有者权益内部结转																					
1. 资本公积转增资本（或股本）																					
2. 盈余公积转增资本（或股本）																					
3. 盈余公积弥补亏损																					
4. 设定收益计划变动额结转留存收益																					
5. 其他																					
四、本年年末余额																					

（1）“综合收益总额”项目，反映企业的净利润和其他综合收益扣除所得税影响后的净额合计数，“净利润”项目反映企业当年实现的净利润（或净亏损）金额，并对应填列在“未分配利润”栏。“其他综合收益”项目，反映企业当年根据有关具体会计准则规定未在损益中确认的各项利得和损失扣除所得税影响后的净额，并对应填列在“资本公积”栏。

（2）“所有者投入和减少资本”项目，反映企业当年所有者投入的资本增加或减少，其中“所有者投入资本”项目，反映企业接受投资者投入形成的实收资本（或股本）和资本溢价或股本溢价增加，并对应填列在“实收资本”栏和“资本公积”栏。“其他权益工具持有者投入资本”项目，反映企业发行的除普通股以外分类为权益工具的金融工具的持有者投入资本的金额。该项目根据金融工具类科目的相关明细科目的发生额分析填列。“股份支付计入所有者权益的金额”项目，反映企业处于等待期中的权益结算的股份支付当年计入资本公积的金额，并对应列在“资本公积”栏。

（3）“利润分配”下各项目，反映当年对所有者（或股东）分配的利润（或股利）金额和按照规定提取的盈余公积金额，并对应列在“未分配利润”和“盈余公积”栏。其中：“提取盈余公积”项目，反映企业按照规定提取的盈余公积。“对所有者（或股东）的分配”项目，反映对所有者（或股东）分配的利润（或股利）金额。

（4）“所有者权益内部结转”下各项目，反映不影响当年所有者权益总额的所有者权益各组成部分之间当年的增减变动，包括资本公积转增资本（或股本）、盈余公积转增资本（或股本）、盈余公积弥补亏损等项金额。其中：“资本公积转增资本（或股本）”项目，反映企业以资本公积转增资本或股本的金额。“盈余公积转增资本（或股本）”项目，反映企业以盈余公积转增资本或股本的金额。“盈余公积弥补亏损”项目，反映企业以盈余公积弥补亏损的金额。

4. 上年金额栏的列报方法

所有者权益变动表“上年金额”栏内各项数字，应根据上年度所有者权益变动表“本年金额”栏内所列数字填列。如果上年度所有者权益变动表规定的各个项目的名称和内容同本年度不相一致，应对上年度所有者权益变动表各项目的名称和数字按本年度的规定进行调整，填入所有者权益变动表“上年金额”栏内。

5. 本年金额栏的列报方法

所有者权益变动表“本年金额”栏内各项数字一般应根据“实收资本（或股本）”“资本公积”“盈余公积”“利润分配”“库存股”等科目的发生额分析填列。

11.5 会计报表附注

11.5.1 会计报表附注的定义和作用

会计报表附注是对在资产负债表、利润表、所有者权益变动表和现金流量表等报表中列示项目的文字描述或明细资料，以及对未能在这些报表中列示项目的说明等。会计报表附注的作用主要有以下几项。

1. 会计报表附注是对财务报表的补充说明

会计报表附注是当代财务会计报告体系的重要组成部分，这是因为随着经济环境的复杂化以及人们对相关信息要求的提高，附注在整个报告体系中的地位日益突出。财务报表信息内容是基本，附注是报表内容恰当必要的延伸和补充说明，两者相辅相成，构成一个完善的有机的会计信息系统结构整体。

2. 会计报表附注增加了财务信息的可理解性

会计报表项目的填制由于经济业务的复杂性，以及企业在编制会计报表时可能选择了不同的会计政策，企业必须通过会计报表附注对会计报表的编制基础、编制依据、编制原则和方法及主要事项等进行解释与说明，以此增进财务信息的可理解性，也是为了增强会计信息的可比性。

3. 会计报表附注提供了非财务方面信息内容

会计报表信息是在日常账务核算系统基础上，通过账户余额及发生额的计算分析填列，是建立在货币计量前提假设下而得来的，信息有一定局限性。通过附注的文字说明．辅以某些统计资料或定性信息，可弥补财务信息的不足，从而能全面反映企业面临的机会与风险，确保企业经营活动各方面的信息内容的完整性，有助于信息使用者作出最佳的决策。

11.5.2　会计报表附注的内容

会计报表附注首先应当披露财务报表的编制基础等相关信息，并且与资产负债表、利润表、所有者权益变动表和现金流量表等报表中列示的项目相互参照。按照《企业会计准则第 30 号——财务报表列报》的规定，会计报表附注应当按照如下顺序披露。

1. 企业的基本情况

企业基本信息包括以下几个方面。

（1）企业注册地、组织形式和总部地址。

（2）企业的业务性质和主要经营活动，如企业所处的行业、所提供的主要产品或服务、客户的性质、销售策略、监管环境的性质等。

（3）母公司以及集团最终母公司的名称。

（4）财务报告的批准报出者和财务报告批准报出日。

2. 财务报表的编制基础

企业应当以持续经营为基础，根据实际发生的交易和事项，按照《企业会计准则——基本准则》和其他各项会计准则的规定进行确认和计量，在此基础上编制财务报表。以持续经营为基础编制财务报表不再合理的，企业应当采用其他基础编制财务报表，并在附注中披露这一事实。

3. 遵循企业会计准则的声明

企业应当声明编制的财务报表符合企业会计准则的要求，真实、完整地反映了企业的财务状况、经营成果和现金流量等有关信息，以此明确企业编制财务报表所依据的制度基础。如果企业编制的财务报表只是部分地遵循了企业会计准则，附注中不得做出这种表述。

4. 重要会计政策和会计估计

根据财务报表列报准则的规定，企业应当披露采用的重要会计政策和会计估计，不重要的会计政策和会计估计可以不披露。

（1）重要会计政策的说明。由于企业经济业务的复杂性和多样化，某些经济业务可以有多种会计处理方法，即存在不止一种可供选择的会计政策。例如，存货的计价可以有先进先出法、加权平均法、个别计价法等；固定资产的折旧，可以有平均年限法、工作量法、双倍余额递减法、年数总额法等。企业在发生某项经济业务时，必须从允许的会计处理方法中选择适合本企业特点的会计政策，企业选择不同的会计处理方法，可能极大地影响企业的财务状况和经营成果，进而编制出不同的财务报表。为了有助于报表使用者理解，有必要对这些会计政策加以披露。需要特别指出的是，说明会计政策时还需要披露下列两项内容。

①财务报表项目的计量基础。会计计量属性包括历史成本、重置成本、可变现净值、现值和公允价值，选用不同的计量方式对会计报表项目影响不同，计量基础的披露可以便于使用者了解企业财务报表中的项目是按何种计量基础予以计量的，如存货是按成本还是可变现净值计量等。

②会计政策的确定依据，主要是指企业在运用会计政策过程中所作的对报表中确认的项目金额最具影响的判断。例如，企业如何判断持有的金融资产是债权投资或其他权益工具投资而不是交易性资产投资；又比如，对于拥有的持股不足50%的关联企业，企业为何判断企业拥有控制权因此将其纳入合并范围等。因此，这项披露要求有助于使用者理解企业选择和运用会计政策的背景，增加财务报表的可理解性。

（2）重要会计估计的说明。财务报表列报准则强调了对会计估计不确定因素的披露要求，企业应当披露会计估计中所采用的关键假设和不确定因素的确定依据，这些关键假设和不确定因素在下一会计期间内很可能导致对资产、负债账面价值进行重大调整。在确定报表中确认的资产和负债的账面金额过程中，企业有时需要对不确定的未来事项在资产负债表日对这些资产和负债的影响加以估计。例如，固定资产可收回金额的计算需要根据其公允价值减去处置费用后的净额与预计未来现金流量的现值两者之间的较高者确定，在计算资产预计未来现金流量的现值时需要对未来现金流量进行预测，并选择适当的折现率，应当在附注中披露未来现金流量预测所采用的假设及其依据、所选择的折现率为什么是合理的等。又如，为正在进行中的诉讼提取准备时最佳估计数的确定依据等。这些假设的变动对资产和负债项目金额的确定影响很大，有可能会在下一个会计年度内做出重大调整。因此，强调这一披露要求，有助于提高财务报表的可理解性。

5. 会计政策和会计估计变更以及差错更正的说明

企业应当按照《企业会计准则第28号——会计政策、会计估计变更和差错更正》及其应用指南的规定，披露会计政策和会计估计变更以及差错更正的有关情况。

6. 报表重要项目的说明

企业应当以文字和数字描述相结合、尽可能以列表形式披露报表重要项目的构成或当期增减变动情况，并且报表重要项目的明细金额合计，应当与报表项目金额相衔接。在披露顺序上，一般应当按照资产负债表、利润表、现金流量表、所有者权益变动表的顺序及其项目列示的顺序。

7. 其他需要说明的重要事项

这主要包括或有和承诺事项、资产负债表日后非调整事项、关联方关系及其交易等，具体的披露要求须遵循相关准则的规定，参见后续课程相关章节的内容。

本章小结

财务报告的主要作用是提供会计信息，并满足会计信息使用者的决策需要。会计报表是对企业财务状况、经营成果和现金流量的结构性表述，是企业对外披露财务信息的主要手段。会计报表至少应当包括资产负债表、利润表、现金流量表、所有者权益（股东权益）变动表。会计报表的编制必须做到数字真实、内容完整、说明清楚和报送及时。

资产负债表是反映企业在某一特定日期（月末、季末、半年末、年末）财务状况的报表。企业应采用账户式格式编制资产负债表。资产负债表应根据当期会计账簿资料中资产、负债、所有者权益类账户的余额填列，填列的方法可以直接根据总账科目的余额填列或根据总账科目余额计算填列，或根据有关明细科目的余额计算填列，或根据总账科目和明细科目余额分析计算填列，或根据有关科目与其备抵科目抵销后的净额填列等。

利润表是反映企业在一定会计期间经营成果的报表。利润表可以反映企业的获利能力、经营成果和企业的管理水平。我国企业利润表采用多步式格式。利润表各项目的填列一般根据企业损益类账户发生额分析计算填列。

现金流量表是反映企业一定会计期间现金和现金等价物流入和流出的报表。现金流量表由主表和补充资料组成。现金流量按其产生的原因和支付的用途不同分为以下三大类：经营活动产生的现金流量、投资活动产生的现金流量、筹资活动产生的现金流量。现金流量表的编制可以采用直接法和间接法。我国会计准则要求企业按直接法编制现金流量表的主表并在补充资料中提供按间接法将净利润调节为经营活动现金流量的信息。

所有者权益变动表是反映企业在一定会计期间所有者权益变动情况的报表。所有者权益变动表不仅反映所有者权益总量的增减变动，还反映所有者权益增减变动原因等重要的结构性信息。

会计报表附注是对资产负债表、利润表、现金流量表和所有者权益变动表等报表中列示项目的文字描述或明细资料，是对会计报表本身无法或难以充分表达的内容和项目所作出的补充说明和详细解释。附注可以帮助理解会计报表，修正已获取的会计报表信息。

课后练习

一、知识巩固和应用

（一）单项选择题

1. 利润表是反映（　　）的报表。

A. 企业一定期间经营成果　　B. 特定日财务状况

C. 某一特定日的经营成果　　D. 有关现金流入流出的信息

2. 不属于利润表中“营业外支出”项目的有（　　）。

A. 捐赠支出　　B. 非常损失　　C. 罚款支出　　D. 业务招待费

3. 某企业“应收账款”科目月末借方余额 40 000 元，其中“应收甲公司账款”明细科目借方余额 60 000 元，“应收乙公司账款”明细科目贷方余额 20 000 元；“预收账款”科目月末贷方余额 15 000 元，其中“预收 A 工厂账款”明细科目贷方余额 25 000 元，“预收 B 工厂账款”明细科目借方余额 10 000 元。该企业月末资产负债表中，“应收账款”的金额为（　　）元。

A. 40 000　　B. 70 000　　C. 60 000　　D. 50 000

4. 下列项目中不符合现金流量表中现金概念的是（　　）。

A. 企业银行本票存款　　B. 企业银行汇票存款

C. 不能随时用于支付的存款　　D. 企业购入 3 个月内到期的国债

5. 下列选项中，包括在资产负债表的货币资金项目中的是（　　）。

A. 银行本票存款　　B. 银行承兑汇票

C. 商业承兑汇票　　D. 交易性金融资产

6. 某企业 20××年 10 月 31 日“生产成本”科目借方余额 50 万元，“原材料”科目借方余额 30 万元，“材料成本差异”科目贷方余额 2 万元，“发出商品”科目借方余额 10 万元，“工程物资”科目借方余额 20 万元，则月末资产负债表“存货”项目的金额为（　　）万元。

A. 90　　B. 88　　C. 108　　D. 110

7. 下列项目中，不应在资产负债表的“存货”项目中反映的是（　　）。

A. 生产成本　　B. 库存商品　　C. 材料采购　　D. 工程物资

8. 下列各项中，属于企业经营活动中产生的现金流量是（　　）。

A. 收到的税费返还款　　B. 取得借款收到的现金

C. 分配股利支付的现金　　D. 处置固定资产收到的现金

9. 下列项目中，属于投资活动产生的现金流出是（　　）。

A. 购买固定资产所支付的现金　　B. 分配股利所支付的现金

C. 支付的所得税款　　D. 融资租赁所支付的现金

10. 所有者权益变动表（　　）企业所有者权益增减变动的情况。

A. 以账户的形式列示　　B. 以直接法的形式列示

C. 以矩阵的形式列示　　D. 以间接法的形式列示

（二）多项选择题

1. 下列各项中，影响企业营业利润的项目有（　　）。

A. 销售费用　　B. 管理费用　　C. 投资收益　　D. 所得税费用

2. 下列各项中，应在所有者权益变动表中反映的项目有（　　）。

A. 直接计入所有者权益的利得　　B. 净利润

C. 直接计入当期损益的损失　　D. 盈余公积转增资本

3. 下列属于利润表中“营业外收入”的项目有（　　）。

A. 固定资产盘盈　　B. 罚没收入

C. 处置固定资产净收益　　D. 存货盘盈

4. 资产负债表的数据来源，可以通过（　　）。

A. 直接从总账科目的余额获得

B. 根据明细科目的余额分析计算获得

C. 根据几个总账科目的余额计算获得

D. 根据总账科目和明细科目余额分析计算获得

5. 下列会计科目中，在编制资产负债表时应列入“存货”项目的有（　　）。

A. 在途物资　　B. 库存商品　　C. 委托加工物资　　D. 工程物资

6. 下列资产负债表项目中，根据总账余额直接填列的有（　　）。

A. 短期借款　　B. 实收资本　　C. 应收票据　　D. 应收账款

7. 下列各项中，属于现金流量表中投资活动产生的现金流量的有（　　）。

A. 购建固定资产支付的现金

B. 转让无形资产所有权收到的现金

C. 购买 3 个月内到期的国库券支付的现金

D. 收到被投资单位分派的现金股利

8. 根据现行会计准则的规定，下列各项中，属于企业经营活动产生的现金流量的有（　　）。

A. 收到的出口退税款

B. 收到长期股权投资的现金股利

C. 用银行存款购入 3 个月内到期债券

D. 出租无形资产使用权取得的收入

9. 下列各项中，对现金流量表的编制描述正确的有（　　）。

A. 现金流量表的编制方法有直接法和间接法

B. 直接法下，一般以利润表中的营业收入为起算点

C. 在间接法下，一般以净利润为起算点

D. 现金流量表只能采用工作底稿法编制

10. 会计报表的附注是财务报告的重要组成部分，具有如下作用（　　）。

A. 便于会计报表使用者正确理解会计报表

B. 能够提供非财务资料和非货币计量资料

C. 是对会计报表的补充说明

D. 附注也是表内信息的主要形式

（三）判断题

1. 资产负债表中的“固定资产”项目应包括融资租入固定资产的价值。（　　）

2. “利润分配”总账的年末余额不一定与相应的资产负债表中“未分配利润”项目的数额一致。（　　）

3. 利润表中“税金及附加”项目不包括增值税。（　　）

4. 资产负债表中确认的资产都是企业拥有的。（　　）

5. 所有者权益变动表只是反映企业一定期间未分配利润的增减变动情况的报表。（　　）

6. 现金流量表工作底稿中调整分录的借方金额合计数与贷方金额合计数应该相等。（　　）

7. 资产负债表中“应付账款”“预付款项”项目应直接根据该科目的总账余额填列。（　　）

8. “长期股权投资”项目应根据“长期股权投资”科目的期末余额，减去“长期股权投资减值准备”科目的期末余额后的金额填列。（　　）

9. 现金流量表中“销售商品、提供劳务收到的现金”项目不包括预收款项的期初与期末余额的差额。（　　）

10. 企业从银行提取现金、将现金存入银行等业务是影响经营活动现金流量的因素。（　　）

二、能力训练和提升

实务题 1：某公司 20××年年末账户试算平衡表和相关总账及明细账的期末余额分别如表 11-11 和表 11-12 所示。

表 11-11　　　　试算平衡表

账户名称	期初余额		本期发生额		期末余额	
	借方	贷方	借方	贷方	借方	贷方
库存现金	18 000.00		（略）	（略）	16 000.00	
银行存款	6 837 000.00				5 577 600.00	
其他货币资金	342 000.00				1 082 000.00	
交易性金融资产	2 200 000.00				1 520 000.00	
应收票据	2 450 000.00				2 105 800.00	
应收账款	4 850 000.00				5 230 000.00	
坏账准备		61 000.00				75 000.00
预付账款	620 000.00				750 000.00	
原材料	4 365 000.00				3 854 000.00	
库存商品	6 235 000.00				7 326 000.00	
在途物资	560 000.00				780 000.00	
长期股权投资						
固定资产	11 740 000.00				13 315 000.00	
累计折旧		1 000 000.00				1 230 000.00
固定资产清理						
待处理财产损溢						
在建工程						
无形资产	2 100 000.00				3 120 000.00	
累计摊销		500 000.00				870 000.00
短期借款		4 710 000.00				2 820 000.00
应付票据		2 433 000.00				1 527 000.00
应付账款		3 470 000.00				4 341 000.00

续表

账户名称	期初余额		本期发生额		期末余额	
	借方	贷方	借方	贷方	借方	贷方
预收账款		2 239 000.00				3 200 000.00
其他应付款		596 000.00				426 000.00
应付利息		290 000.00				365 000.00
应付职工薪酬		1 470 000.00				1 750 000.00
应付股利		385 000.00				539 000.00
应交税费		437 500.00				755 800.00
长期借款		5 130 000.00				6 340 000.00
股本		12 000 000.00				12 000 000.00
资本公积		4 223 000.00				4 223 000.00
盈余公积		2 000 000.00				2 200 000.00
利润分配（未分配利润）		1 372 500.00				2 014 600.00
合计	42 317 000.00	42 317 000.00			44 676 400.00	44 676 400.00

表 11-12　　部分账户明细账余额

总账科目	明细科目	期末余额	总账科目	明细科目	期末余额
应收账款	甲公司	3 045 000.00	应付账款	C 公司	1 670 000.00
	乙公司	2 445 000.00		D 公司	2 831 000.00
	丙公司	-260 000.00		E 公司	-160 000.00
	余额	5 230 000.00		余额	4 341 000.00
预付账款	A 公司	320 000.00	预收账款	F 公司	-100 000.00
	B 公司	430 000.00		G 公司	2 060 000.00
				H 公司	1 240 000.00
	余额	750 000.00		余额	3 200 000.00

【要求】根据以上资料编制该公司资产负债表。

实务题 2：某公司 20××年有关账户的发生额如表 11-13 所示。假设公司的所得税税率为 25%。

表 11-13　　损益类账户发生额累计汇总表　　单位：元

账户名称	本月发生额		1~11 月累计数	
	借方发生额	贷方发生额	借方发生额	贷方发生额
主营业务收入		5 000 000.00		49 000 000.00
其他业务收入		800 000.00		8 200 000.00
投资收益		450 000.00		850 000.00
营业外收入		30 000.00		170 000.00
主营业务成本	3 000 000.00		25 000 000.00	
税金及附加	254 000.00		2 786 000.00	
其他业务成本	650 000.00		2 350 000.00	
销售费用	785 000.00		8 215 000.00	
管理费用	680 000.00		7 520 000.00	
财务费用	300 000.00		3 000 000.00	
资产减值损失			45 000.00	
公允价值变动收益				380 000.00
营业外支出	21 000.00		399 000.00	
所得税费用	215 000.00		2 253 750.00	

【要求】请根据该公司年末损益类账户发生额汇总表的有关资料编制 20××年度的利润表。

三、素质养成和价值引领

（一）思考题

1. 编报财务报表有何意义？

2. 资产负债表采用左右式结构的依据是什么？资产负债表中的项目为何按流动性顺序排列？

3. 在利润表中分步计算各种不同形式的利润有何意义？

4. 利润与现金有什么关系？如果企业利润额比较大，是不是就不需要关注现金流量状况了？

5. 现金流量表的编制基础与资产负债表、利润表有何不同？

6. 编制所有者权益变动表有何意义？

7. 财务报表附注是可有可无的吗？

8. 导例中的企业，通过资产负债表能不能摸清其家底？

（二）案例分析题

身为财务工作人员的我们，工作一定要有强烈的责任感，发生错误固然可以调整修正，但是严谨的态度才是我们顺利完成会计工作的不二法宝。对财务人员来说，有时错误是难以避免的。

财务人员小张就是个经常犯错的鲜明例子。由于平日工作不认真，所以每次月末结账时错误频现，身为会计人员的小张，没有会计人员该有的严谨态度，结果为了完成报表编制，月底天天加班，导致小张疲于应付，而且在填制完报表后，却发现资产负债表总不平衡。那么我们如何处理，才能使资产负债表平衡呢？试运用前面章节中学到的知识和技能分别进行必要的分析，思考其可能的原因和可行的解决方案。

第 12 章　会计工作组织

学习目标

知识目标： 深入理解会计工作组织形式、会计机构设置和岗位责任制，了解国有企业的总会计师制。

能力目标： 掌握会计人员职责和权限、会计交接工作的基本程序、会计档案管理的要求，将其应用于今后的实际工作中。

素质目标： 深刻认识会计人员岗位职责，能进行职业生涯规划，并培养终身学习的理念。

关键词

会计工作组织	organizational form of accounting
会计机构	accounting office
会计人员	accountant
会计档案	accounting file

知识导图

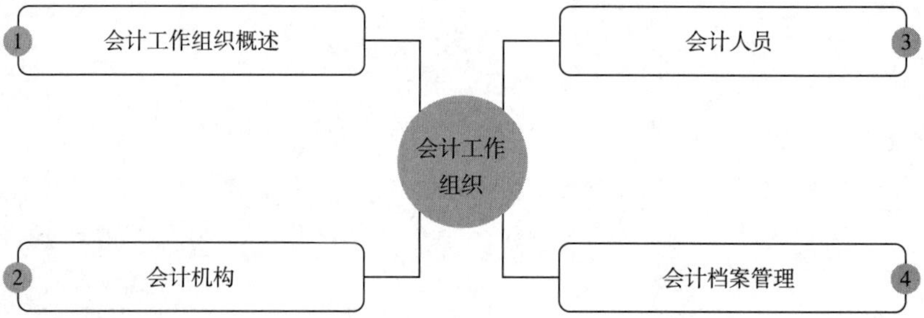

导例

林夏 7 月份大学毕业后入职一家建材公司，成为一名出纳。次年，其财务部门的同事往来会计李欣因车祸需住院疗养，临时向公司请假三个月。主管财务工作的副总与在国外出差的财务经理沟通后，认为林夏业务能力较强，指定其在完成本职工作的同时，暂时兼任李欣的部分工作，负责往来款项的日常账务处理和管理。由于时间紧迫，林夏按照公司要求立即自行与李欣沟通联系，并私下办理交接手续。

思考：公司对此事的处理以及二人之间的交接手续是否符合规范？

12.1　会计工作组织概述

12.1.1　组织会计工作的意义

从广义上说，会计工作组织包括与组织会计工作有关的一切事务；从狭义上说，会计工作组织包括对会计机构设置、会计人员配备、会计规范执行、会计档案管理等各项工作所做的统筹安排。

会计工作是一项复杂而细致的管理工作，而且又与其他管理工作诸如统计、审计等密切相关，为了做好会计工作，协调好会计工作与其他经济管理工作之间的关系，就要科学、合理地组织会计工作。科学地组织会计工作，对实现会计目标，充分发挥会计的职能作用，促进市场经济健康、有序发展等方面都有十分重要的意义。

（1）有利于保证会计工作的质量，提高会计工作效率。会计核算过程就是对经济业务进行确认、计量、记录和报告的循环过程。在实际工作中，会计要依据严密的程序和手续，从凭证到账簿，从账簿到报表，连续地、系统地、全面地反映和监督单位的财务状况、经营成果。在这个过程中，任何一个环节出现差错或者脱节，都可能造成整个核算结果的不正确或者不能及时完成。科学、合理地组织会计工作，能使会计工作按照事先设定的程序进行，能够及时发现错误和漏洞，及早进行纠正和补缺，从而保证会计工作质量，提高会计工作效率。

（2）有利于会计工作与其他经济管理的相互协调，提高单位整体管理水平。会计工作是企业经济管理工作的一个重要组成部分，是从会计角度对企业的经济活动进行管理。它既具有相对独立性，又同其他经济管理工作有着十分密切的联系。一方面，会计工作能够促进其他经济管理工作；另一方面，会计工作也需要其他经济管理工作的密切配合与协调。因此，只有科学地组织会计工作，使会计工作同其他经济管理工作在加强管理、提高效益的目标下，相互协调、相互补充、相互配合，才能保证企业单位整体管理水平的提高。

（3）有利于落实和强化企业内部经济责任制。实行内部经济责任制是加强企业经济管理、提高经济效益的有效形式。企业内部经济责任制包括岗位责任制、财务责任制、模拟市场交换责任制、内部承包责任制、内部授权经营责任制等形式。内部经济责任制施行过程中的责任指标制定、执行控制和业绩考评等各环节，都需要及时准确的会计信息，都离不开会计工作的配合和支持。科学、合理地组织会计工作，有利于落实和强化企业内部经济责任制，增进经济效益。

（4）有利于会计规范的执行，维护利益相关者的利益。会计虽然是单位内部的一项管理活动，主要对本单位的经济活动进行核算和监督，但会计在处理经济业务事项中所涉及的经济利益关系则超出本单位的范围，直接或间接地影响各方面利益相关者的利益。因此，科学地组织会计工作，保证会计法规、准则的贯彻执行，对于维护包括政府在内的利益相关者的经济利益，维护市场经济秩序具有重要的意义。

12.1.2　组织会计工作的基本原则

科学、合理地组织会计工作，应遵循一系列原则。

1. 统一性原则

会计的基本目标是提供会计信息。会计信息是重要的社会资源，既要有助于利益相关者做出经济决策，能够反映企业管理层受托责任履行情况，还要符合国家宏观经济管理的要求。因此，组织会计工作必须遵循统一性原则。具体地说，各个企业单位必须依据国家的有关法律法规和会计准则的统一要求设置会计机构、配备会计人员和组织会计工作。《中华人民共和国会计法》（以下简称《会计法》）明确规定国务院财政部门管理全国的会计工作，县级以上地方各级政府的财政部门管理本地区的会计工作。各企事业单位和行政机关等组织会计工作，必须符合国家会计工作的统一要求。

2. 协调原则

企业的经济管理工作是一个系统，会计是这一系统的重要组成部分，各个部分只有按系统目标的要求相互协调、互相配合，系统才能有效地向目的地运行。因此，组织会计工作时，必须坚持协调原则，保证会计工作与其他经济管理工作的协调运行。

3. 个性原则

组织会计工作，既要符合国家统一的要求，又要从实际出发，适应本单位的特点。也就是说，各企业单位可以在与会计法律规范和企业会计准则不相抵触的前提下，根据本单位业务经营的特点、经济规模的大小和企业管理要求等具体情况来组织企业单位的会计工作。只有从实际出发，满足实际需要，才能发挥会计工作应有的作用。

4. 成本效益原则

在组织会计工作时，在保证会计信息质量和会计任务完成的前提下，也要讲求成本效益。具体地说，要合理地设置会计机构、配备会计人员和规范会计工作的程序和手续，防止机构重叠、重复劳动和不必要的工作程序与手续，尽量节约会计工作所耗的人力和物力，大力推进会计电算化进程，努力提高会计工作的效率。

12.1.3 会计工作组织的基本形式

为了科学地组织会计工作，必须根据企业规模的大小、业务的繁简以及企业内部其他各组织机构的设置情况，确定企业会计工作组织形式。会计工作组织的基本形式一般包括集中核算和非集中核算两种。

1. 集中核算形式

集中核算，就是指整个单位的会计工作都集中在财务部门统一进行，由财务部门全面进行各项会计核算和会计监督工作，包括总分类核算、明细分类核算、财务报表的编报以及会计分析、会计检查等工作。单位内各部门不单独进行会计核算，只是对发生的经济业务进行原始记录，编制原始凭证并进行适当汇总，定期把原始凭证和汇总凭证送到会计部门，为进行集中核算提供原始资料。

采用集中核算形式，由于核算工作集中在会计部门进行，便于会计人员进行合理分工，采用科学的会计核算组织程序，在核算过程中运用现代化手段，可以简化和加速核算工作，提高核算效率，节约核算费用，并可根据会计部门的记录，随时了解企业内部各部门的生产经营活动情况，但不利于各部门管理人员随时利用核算资料检查和控制本部门的工作。

集中核算形式一般适用于小型企事业单位。

2. 非集中核算形式

非集中核算又称分散核算，是指将会计工作分散在单位内部各部门和所属单位进行的核算组织形式。在该组织形式下，内部所属单位处理有关本部门业务的原始凭证，进行明细核算，上报分部会计报表；单位会计部门进行总分类核算，编制单位会计报表。

非集中核算的优点是便于内部单位利用会计资料加强经营管理，有利于经济责任制的贯彻落实，其缺点是核算层次多，手续复杂，不利于精简机构和人员。

非集中核算形式一般适用于大中型企事业单位。

对于一个企业单位而言，采用集中核算组织形式还是采用非集中核算组织形式并不是绝对的，可以单一地选用集中核算或非集中核算形式，也可以二者兼而有之，即对某些业务采用集中核算而对另外的业务采用非集中核算。企业单位在确定应采用的会计工作组织形式时，既要考虑能正确、及时地反映企业单位的经济活动情况，又要注意简化核算手续，提高工作效率，具体来讲，应注意以下几个方面的问题。

（1）考虑本单位规模的大小、业务的繁简以及相关核算条件的要求，在保证会计核算质量的前提下，力求简化会计核算手续，及时、正确地提供会计核算资料，节约人力和物力。

（2）各相关部门之间要做到相互配合，有关会计核算资料的确定应口径一致。

（3）无论采用哪种组织形式，企业对外的现金、银行存款的收支以及债权、债务的结算都应由单位财务部门集中核算。

（4）在采用非集中核算形式的情况下，单位财务部门也应对内部各单位、各机构的会计核算工作进行指导、监督，贯彻“统一领导、分级管理”的原则。

12.2　会计机构

会计机构是各企业事业单位办理会计事务的职能机构。合理地设置会计机构，是保证会计工作的正常进行，充分发挥会计职能的重要条件。

在我国实际工作中，大部分单位没有专门设置财务机构，往往由会计机构行使会计工作和财务工作的全部职责，所以，会计机构又被称为财务会计机构或财务机构。

12.2.1　会计机构的设置

依据《会计法》的要求与会计业务的需要，各单位办理会计事务的组织方式包括：设置会计机构；在有关机构中设置会计人员并指定会计主管人员；委托经批准从事代理记账业务的中介机构代理记账；采取国务院财政部门认可的其他方式组织本单位的会计工作。

为了有效地发挥会计的职能作用，大、中型企业（包括集团公司、股份有限公司、有限责任公司等），应当设置会计机构。对于实行企业化管理的事业单位、业务较多的行政单位、社会团体和其他组织也应设置会计机构。

各级主管部门一般设置会计（财务）司、局、处、科。主管部门的会计机构主要负责组织、领导和监督所属单位的会计工作。基层单位的会计机构，一般称为会计（财务）部、处、科、股、组等。基层单位的会计机构，在单位行政领导人或总会计师的领导下开展会计工作。

《会计法》规定，会计机构内部应当建立稽核制度和内部牵制制度。

稽核是稽查与复核的简称。会计稽核是会计机构本身对会计核算工作进行的一种自我检查或审核工作。建立会计机构内部稽核制度，目的在于防止会计核算工作上的差错和有关人员的舞弊。

内部牵制制度，也称钱账分管制度，是指凡是涉及款项和财物收付、结算及登记的任何一项工作，必须由两人或两人以上分工办理，以起到相互制约作用的一种工作制度。实行内部牵制制度，主要是为了加强会计人员之间的相互制约、相互监督、相互核对，提高会计核算工作质量，防止会计事务处理中发生失误和差错以及经济活动中营私舞弊行为的发生。

在一些规模小、会计业务简单的单位，可以不设置会计机构。根据《会计法》的规定，不单独设置会计机构的单位，应当在有关机构中设置会计人员并指定会计主管人员负责组织管理会计事务、行使会计机构负责人的职权。

不具备设置会计机构和会计人员条件的单位，应当委托经批准设立从事会计代理记账业务的中介机构代理记账。

12.2.2 会计机构的岗位责任制

会计机构的岗位责任制，也是会计人员的岗位责任制，是指在会计机构内部按照会计工作的内容和会计人员的配备情况，将会计机构的工作划分为若干个岗位，按岗位规定职责并进行考核的责任制度。建立会计机构的岗位责任制，使每一项会计工作都有专人负责，每一位会计人员都有明确的职责，做到以责定权，权责明确，严格考核，奖惩有据。建立健全会计机构的岗位责任制，对于加强会计管理，提高工作质量与工作效率，保证会计工作的有序进行，具有重要的意义。

实行定岗定编，是建立会计机构岗位责任制的基础。单位应当根据会计业务需要设置会计工作岗位，会计人员的工作岗位一般可分为：会计机构负责人或者会计主管人员，出纳，财产物资核算，工资核算，成本费用核算，财务成果核算，资金核算，往来结算，总账报表，稽核，档案管理等。开展会计电算化和管理会计的单位，可以根据需要设置相应工作岗位，也可以与其他工作岗位相结合。各岗位的主要职责如下。

1. 会计主管岗位的主要职责

（1）制定本单位会计制度并督促其贯彻执行。

（2）组织编制财务预算或收支计划。

（3）组织领导会计核算工作。

（4）充当高层领导的财务管理助手。

（5）加强日常财务管理和成本控制。

（6）进行税收筹划，保证按时申报纳税。

（7）负责定期财产清查。

（8）搞好财务会计部门人力资源管理。

（9）协助处理单位的重大经济业务事项。

2. 稽核岗位的主要职责

（1）复核会计凭证、账目、报表。

（2）审查各项财务收支以及计划的执行情况。

（3）审查财务收支是否合理、合法，是否符合政策规定。

（4）复核会计凭证和账表是否合理、内容是否真实、手续是否完备、数字是否正确、账簿登记和报表编制是否符合规定。

（5）对审核签署的凭证、账簿、报表的正确性负责。

3. 总账报表岗位的主要职责

（1）登记和管理总账。

（2）编制和报送会计报表。

（3）分析经营状况和经营成果，找出存在的问题及原因，提出企业经营管理的建议。

（4）编写财务情况说明书，说明报告期内的财务收支情况和经营成果，连同会计报表一并上报。

（5）进行财务预测，提供经营决策的资料。

4. 存货核算岗位的主要职责

（1）会同有关部门拟定存货的核算与管理办法。

（2）审查汇编存货的采购资金计划。

（3）负责存货的明细核算。

（4）会同有关部门编制存货计划成本目录。

（5）配合有关部门制定材料物资消耗定额和库存商品的最低、最高限额。

（6）参与存货的清查盘点。

5. 固定资产核算岗位的主要职责

（1）会同有关部门拟定固定资产的核算与管理办法。

（2）参与编制固定资产更新改造和大修理计划。

（3）负责固定资产的明细核算和有关报表的编制。

（4）计算和提取固定资产折旧。

（5）参与固定资产的清查盘点。

6. 往来结算岗位的主要职责

（1）管理和记录赊销业务以及其他的暂收暂付、应收应付等款项，认真核对，及时清算。

（2）对物资采购和应付账款进行认真的核算，经领导审阅后付款，对不符合规定的单据给予拒付。

（3）对物资采购和应付账款的明细账要认真记录和核对，每月月底结出余额，做到账账相符、账证相符。

（4）对无法收回或无法支付的款项，应查明原因并及时报告。

7. 工资核算岗位的主要职责

（1）结算工资总额，按规定计算缴纳各项社会保险费、住房公积金等。

（2）审核发放工资、奖金。

（3）负责职工薪酬的明细核算和分配的核算。

（4）计提职工福利费和工会经费等费用。

（5）编制有关工资报表，年终计算并编制工资清算表。

8. 收入利润核算岗位的主要职责

（1）负责编制收入、利润计划。

（2）办理销售款项结算业务，计算和缴纳销售税金。

（3）组织好销售货款的回收工作。

（4）负责收入、利润和利润分配的明细核算，正确计算和分配利润。

（5）编制收入和利润报表。

（6）根据市场情况预测销售前景，提出增加利润的措施建议。

9. 成本费用核算岗位的主要职责

（1）拟定成本核算办法。

（2）制订成本费用计划。

（3）负责成本管理基础工作。

（4）核算产品成本和期间费用。

（5）编制成本费用报表并进行分析。

（6）协助管理在产品和自制半成品。

10. 出纳岗位的主要职责

（1）按规定办理现金收付和结算业务。

（2）及时登记现金和银行存款日记账，做到日清日结，账实相符。

（3）严格按规定保管库存现金、有价证券和有关空白收据和支票。

（4）妥善保管财务印章和现金收讫、现金付讫、转账收讫、转账付讫等相关印章。

（5）履行监督职责，即积极宣传、维护会计法律法规和财经制度、纪律，预防违法违纪行为发生，拒绝办理违反财务规定的各种结算、报销业务。

11. 档案保管岗位的主要职责

按《会计档案管理办法》规定妥善保管会计凭证、账簿和财务报告等会计档案资料，并在工作调动、岗位调整时按规定办理交接手续。

上述岗位可以一人一岗、一人多岗或一岗多人，各单位可以根据各岗位业务量的情况来确定。但依据内部牵制制度的要求，出纳人员不得兼任稽核、会计档案保管和收入、支出、债权债务等账目的登记工作。同时，国家机关、国有企业、事业单位任用会计人员应当实行回避制度：单位领导人的直系亲属不得担任本单位的会计机构负责人、会计主管人员；会计机构负责人、会计主管人员的直系亲属不得在本单位会计机构中担任出纳工作。需要回避的直系亲属包括：夫妻关系、直系血亲关系、三代以内旁系血亲以及配偶亲关系。

对于规模大、业务量大的单位，会计机构内部可以设置综合财务组、财务结算组、资金会计组、成本会计组、收入利润会计组、资产会计组等。各个岗位的会计人员在完成本职工作的同时，要与其他岗位上的会计人员密切配合，互相协作，共同做好本单位的会计工作。实行会计人员岗位责任制，并不要求会计人员长期固定在某一工作岗位上，会计人员之间的分工，应该有计划地进行轮换，以便会计人员能够比较全面地了解和熟悉各项会计工作，提高业务水平，便于相互协作，提高工作效率。

12.3 会计人员

会计人员是直接从事会计工作的人员，包括会计机构负责人（会计主管人员）和具体从事会计业务的工作人员。建立健全会计机构，配备好会计人员，是各单位做好会计工作，充分发挥会计职能作用的重要保证。

12.3.1　会计人员的任职条件

1. 会计人员的任职资格

《会计法》规定："会计人员应当具备从事会计工作所需要的专业能力。"《会计基础工作规范》规定："会计人员应当具备必要的专业知识和专业技能，熟悉国家有关法律、法规、规章和国家统一会计制度，遵守职业道德。"

根据《会计法》规定，因有提供虚假或者隐瞒重要事实的财务会计报告，伪造、变造、隐匿或者故意销毁会计凭证、会计账簿、财务会计报告和其他具有保存价值的会计资料，贪污、挪用单位资金，职务侵占等与会计职务有关的违法行为被依法追究刑事责任的人员，不得再从事会计工作。尚不构成犯罪的，其中负有责任的会计人员，5 年内不得从事会计工作。

此外，会计人员有下列情形之一，情节严重的，5 年内不得从事会计工作。

未按照规定填制、取得原始凭证或者填制、取得的原始凭证不符合规定的；以未经审核的会计凭证为依据登记会计账簿或者登记会计账簿不符合规定的；随意变更会计处理方法的；未按照规定使用会计记录的文字或者记账本位币的；未按照规定保管会计资料，致使会计资料毁损、灭失的。

未按照规定设置会计账簿或者设置会计账簿不符合规定的；采用的会计处理方法不符合规定，导致会计凭证、会计账簿、财务会计报告和其他会计资料严重失真的；使用的会计核算系统、电子会计凭证、纸质会计凭证的影像件等不符合规定的；未按照规定建立并实施单位内部控制的；任用会计人员不符合《会计法》规定的；干扰、限制、侵害总会计师法定职权的；聘用个人或者未经批准的机构为本单位代理记账的；干扰、阻挠注册会计师及其所在的会计师事务所正常开展工作，要求或者示意注册会计师及其所在的会计师事务所出具不实或者不当的审计报告的。

提供虚假的原始凭证或者在规定的会计账簿之外私设会计账簿的。

2. 会计机构负责人的任职资格和条件

《会计法》和《会计基础工作规范》规定了会计机构负责人（会计主管人员）应具备的任职资格和条件，主要内容如下。

（1）政治素质。能遵纪守法，坚持原则，廉洁奉公，具备良好的职业道德。

（2）专业技术资格条件。《会计法》规定，担任单位会计机构负责人（会计主管人员）的，应当具备会计师以上专业技术职务资格，或者具有会计专业知识背景并从事会计工作 3 年以上经验。

（3）政策业务水平。熟悉国家财经法律、法规、规章和方针、政策，掌握本行业业务管理的有关知识。

（4）组织能力。要求应具备一定的领导才能和较强的组织能力。

（5）身体条件。要求必须有较好的身体状况，适应和胜任本职工作。

12.3.2　会计人员的职责和权限

1. 会计人员的职责

会计人员的职责，概括起来就是及时提供真实可靠的会计信息，认真贯彻执行和维护国家财经制度和财经纪律，积极参与经营管理，提高经济效益。根据《会计法》的规定，会计人员的主要职责有以下几方面。

（1）进行会计核算。会计人员应以实际发生的经济业务事项进行会计核算，填制会计凭证，登记会计账簿，编制财务会计报告。做到手续完备，内容真实，数字准确，账目清楚，日清月结，按期报账，如实反映本单位的财务状况、经营成果和现金流量状况。

《会计法》规定，各单位下列事项发生时，应及时办理会计手续、进行会计核算：款项和有价证券的收付；财物的收发、增减和使用；资本、基金的增减；收入、支出、费用、成本的计算；财务成果的计算和处理；其他需要办理会计手续、进行会计核算的事项。

（2）实行会计监督。各单位的会计机构、会计人员对本单位实行会计监督。监督的主要内容有：

对原始凭证进行审核和监督。对不真实、不合法的原始凭证，不予受理；对弄虚作假、严重违法的原始凭证，在不予受理的同时，应当予以扣留，并及时向单位领导人报告，请求查明原因，追究当事人的责任；对记载不准确、不完整的原始凭证，予以退回，要求经办人员更正、补充。

对伪造、变造、故意毁灭会计账簿或者账外设账行为，指使、强令编造、篡改财务报告行为或违反单位内部会计管理制度的经济活动，应当制止和纠正；制止和纠正无效的，应当向上级主管单位报告，请求作出处理。

对实物、款项进行监督，督促建立并严格执行财产清查制度。发现账簿记录与实物、款项不符时，应当按照国家有关规定进行处理。超出职权范围的，应当立即向本单位领导报告，请求查明原因，作出处理。

对财务收支以及单位制定的预算、财务计划、经济计划、业务计划的执行情况进行监督。

依照法律和国家有关规定接受财政、审计、税务等机关的监督，如实提供会计资料以及有关情况。

（3）拟定本单位办理会计事务的具体办法。国家制定的统一的会计法规只对会计工作管理和会计事务处理办法做出一般规定。各单位要依据国家颁发的会计法规，结合本单位的特点和需要，建立健全本单位内部使用的会计事项处理办法。例如，建立会计人员岗位责任制、内部牵制和稽核制度；制定分级核算、分级管理办法和费用开支报销手续办法，等等。

（4）办理其他会计事务。发展经济离不开会计，经济越发展，社会分工越细，生产力水平越高，人们对经济管理的要求也就越高，作为经济管理的重要组成部分的会计也就越重要，会计事务也必然日趋丰富多样。例如，协助单位内部其他管理部门做好管理的基础工作，提供关于改制、合并、分立等方面有关的会计信息，举办单位内部管理人员财会知识培训，推行责任会计、经营决策会计等。

党的二十大报告指出："建设现代化产业体系，坚持把发展经济的着力点放在实体经济上，推进新型工业化，加快建设制造强国、质量强国、航天强国、交通强国、网络强国、数字中国。"在财务转型与财务智能化的大趋势下，财务共享与业财融合势在必行，传统的会计人员职责已无法满足财务信息化、规模化的需要。现代的会计人员的职责除了涵盖常规的财务活动外，还应该积极参与到单位财务的组织架构设计及远景规划、财务平台的框架建设和维护等工作中，关注跨部门跨领域的复杂业务，并进行财务统筹和战略谋划等。

2. 会计人员的工作权限

为了保障会计人员能够顺利地履行自己的职责，有关会计法规在明确会计人员职责的同时，也赋予了其必要的权限，主要有以下三方面。

（1）会计人员有权要求本单位有关部门、人员严格遵守国家财经法律法规和规章制度，认真执行本单位的计划、预算。如有违反法律、法规的情况，会计人员有权拒绝付款、拒绝报销或拒绝执行，并及时向本单位领导或上级有关部门报告。

（2）会计人员有权参与本单位编制计划、制定定额、签订经济合同，参加有关的生产、经营管理会议和业务会议；有权了解生产经营情况，并提出自己的建议。

（3）会计人员有权监督、检查本单位有关部门的财务收支、资金使用和财产保管、收发、计量、检验等情况。有关部门要提供资料，如实反映情况。

各级领导和有关人员要支持会计人员行使工作权限。本单位领导人、上级机关和执法部门对会计人员反映的有关损害国家利益、违反财经纪律等问题，要认真及时地调查处理。如果反映的情况属实，不及时采取措施加以纠正，由领导人和上级机关负责。如果有人对会计人员坚持原则、反映情况进行刁难、阻挠或打击报复，上级机关要查明情况，严肃处理，情节严重的，要给以法律制裁。确立上述法律责任，就能从法律上保护并鼓励会计人员为维护财务制度、加强经济管理、提高经济效益而坚持原则，履行自己的职责。

12.3.3 会计人员的技术职称

根据人社部、财政部印发的《关于深化会计人员职称制度改革的指导意见》，目前会计人员职称名称定为助理会计师、会计师、高级会计师和正高级会计师。参与各层级职称评价的会计人员，均需满足以下条件：遵守《中华人民共和国会计法》和国家统一的会计制度等法律法规；具备良好的职业道德，无严重违反财经纪律的行为；热爱会计工作，具备相应的会计专业知识和业务技能；按照要求参加继续教育。除必须达到上述标准条件外，各级职称还应分别具备规定的标准条件。

1. 助理会计师的标准条件

①基本掌握会计基础知识和业务技能。②能正确理解并执行财经政策、会计法律法规和规章制度。③能独立处理一个方面或某个重要岗位的会计工作。④具备国家教育部门认可的高中毕业（含高中、中专、职高、技校）以上学历。

2. 会计师的标准条件

①系统掌握会计基础知识和业务技能。②掌握并能正确执行财经政策、会计法律法规和规章制度。③具有扎实的专业判断和分析能力，能独立负责某领域会计工作。④具备博士学位；或具备硕士学位，从事会计工作满 1 年；或具备第二学士学位或研究生班毕业，从事会计工作满 2 年；或具备大学本科学历或学士学位，从事会计工作满 4 年；或具备大学专科学历，从事会计工作满 5 年。

3. 高级会计师的标准条件

①系统掌握和应用经济与管理理论、财务会计理论与实务。②具有较高的政策水平和丰富的会计工作经验，能独立负责某领域或一个单位的财务会计管理工作。③工作业绩较为突出，有效提高了会计管理水平或经济效益。④有较强的科研能力，取得一定的会计相关理论研究成果，或主持完成会计相关研究课题、调研报告、管理方法或制度创新等。

⑤具备博士学位，取得会计师职称后，从事与会计师职责相关工作满2年；或具备硕士学位，或第二学士学位或研究生班毕业，或大学本科学历或学士学位，取得会计师职称后，从事与会计师职责相关工作满5年；或具备大学专科学历，取得会计师职称后，从事与会计师职责相关工作满10年。

4. 正高级会计师的标准条件

①系统掌握和应用经济与管理理论、财务会计理论与实务，把握工作规律。②政策水平高，工作经验丰富，能积极参与一个单位的生产经营决策。③工作业绩突出，主持完成会计相关领域重大项目，解决重大会计相关疑难问题或关键性业务问题，提高单位管理效率或经济效益。④科研能力强，取得重大会计相关理论研究成果，或其他创造性会计相关研究成果，推动会计行业发展。⑤一般应具有大学本科及以上学历或学士以上学位，取得高级会计师职称后，从事与高级会计师职责相关工作满5年。

此外，省级高端会计人才培养工程毕业学员，视同具备正高级会计师的标准条件中的第①至第④项，如其满足第⑤项条件，即可申报评审正高级会计师职称。全国高端会计人才培养工程毕业学员，按程序由正高级职称评审委员会认定取得正高级会计师职称。

12.3.4 国有企业的总会计师制

总会计师是在单位负责人领导下，主管经济核算和财务会计工作的负责人。我国从1961年开始，在规模较大的国有企业中，逐步试行总会计师制度。为了确定总会计师的职权和地位，发挥总会计师在加强经济管理、提高经济效益中的作用，国务院于1990年发布施行了《总会计师条例》，并于2011年修订。条例明确规定：总会计师是单位行政领导成员，协助单位主要行政领导人工作，直接对单位主要行政领导人负责；总会计师组织领导本单位的财务管理、成本管理、预算管理、会计核算和会计监督等方面的工作，参与本单位重要经济问题的分析和决策，并具体组织本单位执行国家有关财经法律、法规、方针、政策和制度，保护国家财产。新修订的《会计法》对设置总会计师的范围又作了新的规定。

1. 总会计师的设置范围

《会计法》规定："国有的和国有资产占控股地位或者主导地位的大、中型企业必须设置总会计师。总会计师的任职资格、任免程序、职责权限由国务院规定。"之所以规定国有的和国有资产占控股地位或者主导地位的大、中型企业必须设置总会计师，目的在于通过总会计师的设置，以完善法人治理结构，发挥会计的职能作用，加强企业的财务管理，保护所有者权益。

国有大、中型企业以外的其他单位可以根据业务需要，视情况自行决定是否设置总会计师。

2. 总会计师的地位和任职条件

《总会计师条例》明确规定了总会计师的地位，指出总会计师是单位领导成员，协助单位负责人工作，直接对单位负责人负责。总会计师作为单位财务会计工作的主要负责人，全面负责本单位的财务会计管理和经济核算，参与本单位的重大经营决策活动。为了保障总会计师的职权，《总会计师条例》还规定，凡设置总会计师的单位不能再设置与总会计师职责重叠的副职。

《总会计师条例》规定，担任总会计师应具备以下条件：一是坚持社会主义方向，积极为社会主义市场经济建设和改革开放服务；二是坚持原则、廉洁奉公；三是取得会计师专业技术资格后，主管一个单位或者单位内部一个重要方面的财务会计工作的时间不少于 3 年；四是要有较高的理论政策水平，熟悉国家财经纪律、法规、方针和政策，掌握现代化管理的有关知识；五是具备本行业的基本业务知识，熟悉行业情况，有较强的组织领导能力；六是身体健康，胜任本职工作。

3. 总会计师的职责和权限

《总会计师条例》规定，总会计师的职责主要包括两个方面：一是由总会计师负责组织的工作。包括编制和执行预算、财务收支计划、信贷计划，拟订资金筹措和使用方案，开辟财源，有效地使用资金；建立健全经济核算制度，强化成本管理，进行经济分析，精打细算，提高经济效益；负责本单位财务会计机构的设置和会计人员的配备，组织对会计人员进行业务培训和考核；支持会计人员依法行使职权等。二是由总会计师协助、参与的工作。主要有：协助单位负责人对本单位的生产经营和业务管理等问题做出决策；参与新产品开发、技术改造、科学研究、商品（劳务）价格和工资、资金方案的制定；参与重大经济合同和经济协议的研究、审查。

关于总会计师的职权，《总会计师条例》具体规定为：一是对违法违纪问题的制止和纠正权，即对违反国家财经纪律、法规、方针、政策、制度和有可能在经济上造成损失、浪费的行为，有权制止和纠正；制止或者纠正无效时，提请单位负责人处理。二是建立健全单位经济核算、财务会计和成本管理的组织指挥权。三是对单位财务收支具有审批签署权。四是有对本单位会计人员的管理权，包括本单位会计机构设置、会计人员配备、继续教育、考核、奖惩等。

12.3.5　会计人员的培训与教育

习近平总书记在党的二十大报告指出，“建设全民终身学习的学习型社会、学习型大国”。《会计人员职业道德规范》则中指出，会计人员应坚持学习，守正创新。始终秉持专业精神，勤于学习、锐意进取，持续提升会计专业能力。不断适应新形势新要求，与时俱进、开拓创新，努力推动会计事业高质量发展。

为了促进我国会计工作水平的提高，根据会计法的要求，会计人员应提高专业能力，对其的教育培训工作应当加强。财政部与人社部印发的《会计专业技术人员继续教育规定》，对我国会计人员继续教育的对象、内容、形式和时间、检查和考核等进行了统一规定。

1. 会计人员继续教育的对象

根据规定，会计人员继续教育的对象包括不具有会计专业技术资格但从事会计工作的人员与具有会计专业技术资格的人员。前者需自从事会计工作的次年开始参加继续教育；后者需自取得会计专业技术资格的次年开始参加继续教育。

2. 会计人员继续教育的内容和形式

会计人员继续教育内容应突出针对性、实用性，兼顾系统性、前瞻性。会计人员继续教育的内容分为包括公需科目和专业科目。前者为专业技术人员应当普遍掌握的法律法规、政策理论、职业道德、技术信息等基本知识，后者包括会计专业技术人员从事会计工作应当掌握的相关专业知识。

会计人员继续教育的形式包括：继续教育管理部门组织的会计专业技术人员继续教育

培训、高端会计人才培训、全国会计专业技术资格考试等会计相关考试、会计类专业会议等；会计继续教育机构或用人单位组织的会计专业技术人员继续教育培训；参加国家教育行政主管部门承认的中专以上（含中专，下同）会计类专业学历（学位）教育；承担继续教育管理部门或行业组织（团体）的会计类研究课题，或在有国内统一刊号（CN）的经济、管理类报刊上发表会计类论文；公开出版会计类书籍；参加注册会计师、资产评估师、税务师等继续教育培训；继续教育管理部门认可的其他形式。

3. 会计人员继续教育的学分管理

会计专业技术人员参加继续教育实行学分制管理，每年参加继续教育取得的学分不少于90学分。其中，专业科目一般不少于总学分的三分之二。取得的学分，在全国范围内当年度有效，不得结转以后年度。

4. 对会计人员继续教育的检查与考核

县级以上地方人民政府财政部门、人力资源社会保障部门共同负责本地区会计专业技术人员继续教育工作。

继续教育管理部门将对会计专业技术人员参加继续教育情况的考核与评价，并将考核、评价结果作为参加会计专业技术资格考试或评审、先进会计工作者评选、高端会计人才选拔等的依据之一，并纳入其信用信息档案。对未按规定参加继续教育或者参加继续教育未取得规定学分的会计专业技术人员，继续教育管理部门应当责令其限期改正。

用人单位应当保障本单位会计专业技术人员参加继续教育的权利并建立本单位会计专业技术人员继续教育与使用、晋升相衔接的激励机制，将参加继续教育情况作为会计专业技术人员考核评价、岗位聘用的重要依据。会计专业技术人员参加继续教育情况，应当作为聘任会计专业技术职务或者申报评定上一级资格的重要条件。

12.3.6 会计人员工作交接

《会计法》对会计人员工作交接问题做出了明确规定，要求“会计人员调动工作或者离职，必须与接管人员办清交接手续。”

1. 履行会计人员工作交接手续的意义

会计人员调动工作或者离职时，与接管人员办清交接手续，是会计人员应尽的职责，也是做好会计工作的基本要求。

做好会计交接工作，可以保证会计工作的连续性。会计工作是一个不间断的连续过程，会计人员离任，通过办理工作交接手续，可以保证会计工作的连续性，保证会计工作的顺利进行。

做好会计交接工作，可以防止因会计人员变动而发生业务不清、工作混乱的现象。会计工作交接既要做到账目本身清楚，又要做到交接清楚，从而可以防止账目不清、工作混乱现象的发生，也有利于发现工作中的弊端。

进行会计交接工作，是划清移交与接交方各自责任的有效措施。会计工作交接，按规定必须进行账目核对、财产清查等工作，因而出现问题可以划清移交人员和接管人员的责任。

2. 需要办理会计工作交接的情形

依据《会计基础工作规范》的规定，会计人员工作调动或者因故离职，必须将本人所经管的会计工作全部移交给接替人员；会计人员临时离职或者因病不能工作且需要接替或者代理的，会计机构负责人、会计主管人员或者单位领导人必须指定有关人员接替或者代理，并办理交接手续；临时离职或者因病不能工作的会计人员恢复工作的，应当与接替或者代理人员办理交接手续；单位撤销时，必须留有必要的会计人员，会同有关人员办理清理工作，编制决算，接收单位和移交日期由主管部门确定；单位合并、分立的，其会计工作也需办理交接手续。

此外，移交人员因病或者其他特殊原因不能亲自办理移交的，经单位领导人批准，可由移交人员委托他人代办移交，但委托人应当对所移交会计资料的合法性、真实性承担法律责任。

3. 会计交接工作的基本程序

会计交接工作大致可分为交接前准备、移交点收与监交、移交点收后事项处理三个阶段。

（1）交接前准备工作。会计人员办理移交手续前，必须及时做好以下工作。

①已经受理的经济业务尚未填制会计凭证的，应当填制完毕。

②尚未登记的账目，应当登记完毕，并在最后一笔余额后加盖经办人员印章。

③整理应该移交的各项资料，对未了事项写出书面材料。

④编制移交清册，列明应当移交的会计凭证、会计账簿、会计报表、印章、现金、有价证券、支票簿、发票、文件、其他会计资料和物品等内容；实行会计电算化的单位，从事该项工作的移交人员还应当在移交清册中列明会计软件及密码、会计软件数据磁盘（磁带等）及有关资料、实物等内容。

（2）移交点收与监交。

移交点收。移交人员在办理移交时，要按移交清册逐项移交；接替人员要逐项核对点收：

现金、有价证券要根据会计账簿有关记录进行点交，库存现金、有价证券必须与会计账簿记录保持一致。不一致时交接人员必须在规定期限内查清。

会计凭证、会计账簿、会计报表和其他资料必须完整无缺；如有短缺，必须查清原因，并在移交清册中注明，由移交人员负责。

银行存款账户余额要与银行对账单核对，如不一致，应当编制银行存款余额调节表调节相符，各种财产物资和债权债务的明细账户余额与总账有关账户余额核对相符；必要时，要抽查个别账户的余额，与实物核对相符，或者与往来单位、个人核对清楚。

移交人员经管的票据、印章和其他实物等，必须交接清楚；移交人员从事会计电算化工作的，要对有关电子数据在实际操作状态下进行交接。

会计机构负责人、会计主管人员移交时，还必须将全部财务会计工作，重大财务收支和会计人员的情况等，向接替人员详细介绍。对需要移交的遗留问题，应当写出书面材料。

还需要说明的是，会计人员临时离职或者因病不能工作且需要接替或者代理的，必须由有关负责人指定有关人员接替或者代理，并办理交接手续。移交人员因病或者其他特殊原因不能亲自办理移交的，经单位领导人批准，可由移交人员委托他人代办移交，但委托人应当对所移交的会计凭证、会计账簿、会计报表和其他有关资料的合法性、真实性承担法律责任。

为了明确责任，会计人员办理工作交接时，必须有专人负责监交。一般会计人员办理交接手续，由单位会计机构负责人或会计主管人员负责监交；会计机构负责人或会计主管人员办理交接手续，由单位领导人负责监交，必要时可由主管单位派人会同监交。

（3）移交点收后事项处理。移交点收有关财物、会计资料后，交接双方和监交人员要在移交清册上签名或者盖章。并应在移交清册上注明：单位名称、交接日期，交接双方和监交人员的职务、姓名，移交清册页数以及需要说明的问题和意见等。移交清册一般应当填制一式三份，交换双方各执一份，存档一份。

接替人员应当继续使用移交的会计账簿，不得自行另立新账，以保持会计记录的连续性。

移交人员对所移交的会计凭证、会计账簿、会计报表和其他有关资料的合法性、真实性承担法律责任。

12.4 会计档案管理

会计档案是会计事项的历史记录，是总结经验、进行决策所需的重要资料，也是进行会计检查、审计检查的重要依据。因此，各单位应当加强会计档案管理工作，设立档案机构或配备档案工作人员，建立和完善会计档案的收集、整理、保管、利用和鉴定销毁等管理制度，采取可靠的安全防护技术和措施，保证会计档案的真实、完整、可用、安全。

12.4.1 会计档案的内容

会计档案是指各单位在进行会计核算过程中接收或形成的，记录和反映单位经济业务事项的，具有保存价值的文字、图表等各种形式的会计资料。随着计算机及现代信息技术在会计核算和企业管理各方面中应用的普及，会计档案的内容和保存形式也发生了变化。

1. 会计档案的具体内容

根据《会计档案管理办法》的规定，以下会计资料应纳入归档范围。

（1）会计凭证。会计凭证包括原始凭证、记账凭证。

（2）会计账簿。会计账簿包括总账、明细账、日记账和其他辅助性账簿。

（3）财务会计报告。财务会计报告包括月度、季度、半年度、年度财务会计报告。

（4）其他会计资料。其他会计资料包括银行存款余额调节表、银行对账单、纳税申报表、会计档案移交清册、会计档案保管清册、会计档案销毁清册、会计档案鉴定意见书及其他具有保存价值的会计资料。

2. 电子会计档案

单位可以利用计算机、网络通信等现代信息技术手段管理会计档案。

单位内部形成的电子会计资料，同时满足下列6项条件的，可仅以电子形式归档保存。

（1）电子会计资料来源真实有效，由电子设备形成和传输。

（2）使用的会计核算系统能够准确、完整、有效接收和读取电子会计资料；能够输出符合国家标准归档格式的会计凭证、账簿、报表等会计资料；设定了经办、审核、审批等必要的审核与签证程序。

（3）使用的档案管理系统能够有效接收、管理、利用电子会计档案数据，符合电子数据长期保管要求，并建立了电子会计档案与相关联的其他纸质会计档案的检索关系。

（4）采取有效措施，防止电子会计档案数据被篡改。

（5）建立电子会计档案备份制度，能够有效防范自然灾害、意外事故和人为破坏的影响。

（6）不属于永久保存的会计档案或具有其他重要保存价值。

单位从外部接收的电子会计资料，附有符合《中华人民共和国电子签名法》规定的电子签名，且同时满足上述条件的，可仅以电子形式归档保存。

12.4.2　会计档案的归档和保管

1. 会计档案的归档和保管

《会计档案管理办法》规定，单位会计管理机构按照归档范围和归档要求，负责定期将应当归档的会计资料整理立卷，编制会计档案保管清册。属于当年形成的会计档案，一般在会计年度终了后，可由单位会计管理机构临时保管 1 年，再移交单位的档案机构或档案工作人员所属机构保管。因工作需要确需推迟移交、由会计管理机构临时保管的，应当经单位的档案机构或档案工作人员所属机构同意，且最多不超过 3 年。临时保管期间，会计档案的保管应当符合国家有关规定，且出纳人员不得兼管会计档案。单位会计管理机构在办理会计档案移交时，应当编制会计档案移交清册，并按国家有关规定办理移交手续。移交的会计档案为纸质会计档案的，应当保持原卷的封装；移交的会计档案为电子会计档案的，应当将电子会计档案及其元数据一并移交，且文件格式应当符合国家有关规定，特殊格式的电子会计档案应当与其读取平台一并移交，接收时，需对其准确性、完整性、可用性、安全性进行检测。

各单位对会计档案应当妥善保管、存放有序、查找方便。同时，严格执行安全和保密制度，不得随意堆放，严防毁损、散失和泄密。

2. 会计档案的保管期限

会计档案的保管期限，从会计年度终了的第一天算起。各种会计档案的重要程度不同，其保管的期限也不同，可以分为永久和定期两类。定期保管期限又分为 10 年与 30 年两种。

《会计档案管理办法》规定了企业和其他组织、财政总预算、行政单位、事业单位和税收会计档案的具体最低保管期限。企业和其他组织会计档案保管期限如表 14-1 所示。

表 14-1　企业和其他组织会计档案保管期限表

序号	档案名称	保管期限	备注
一	会计凭证		
1	原始凭证	30 年	
2	记账凭证	30 年	
二	会计账簿		
3	总账	30 年	
4	明细账	30 年	
5	日记账	30 年	
6	固定资产明细账（卡片）		固定资产报废清理后保管 5 年

续表

序号	档案名称	保管期限	备注
7	其他辅助性账簿	30年	
三	财务会计报告		
8	月度、季度、半年度财务会计报告	10年	
9	年度财务会计报告	永久	
四	其他会计资料		
10	银行存款余额调节表	10年	
11	银行对账单	10年	
12	税务申报表	10年	
13	会计档案移交清册	30年	
14	会计档案保管清册	永久	
15	会计档案销毁清册	永久	
16	会计档案销毁鉴定意见书	永久	

12.4.3 会计档案的查阅、销毁和交接

1. 会计档案的查阅

各单位应当严格按照有关制度利用会计档案。利用会计档案的过程中，严禁篡改和损坏会计档案。单位保存的会计档案一般不得对外借出。确因工作需要且根据国家有关规定必须借出的，应当严格按照规定办理相关手续。

2. 会计档案的销毁

各单位应当定期对已到保管期限的会计档案进行鉴定，并形成会计档案鉴定销毁意见书。鉴定工作应当由单位档案管理机构牵头，组织单位会计、审计、纪检监察等机构或人员共同进行。经鉴定，仍需继续保存的会计档案，应重新划定保管期限；对保管期满，确无保存价值的会计档案，可以进行销毁。

单位经鉴定可以销毁的会计档案，应当按照以下程序进行销毁。

（1）单位档案管理机构编制会计档案销毁清册，列明销毁会计档案的名称、卷号、册数、起止年度和档案编号、应保管期限、已保管期限、销毁时间等内容。

（2）单位负责人、档案机构负责人、会计机构负责人、档案管理机构经办人、会计管理机构经办人在会计档案销毁清册上签署意见。

（3）单位档案管理机构负责组织会计档案销毁工作，并与会计管理机构共同派员监销。监销人在会计档案销毁前，应当按照会计档案销毁清册所列内容进行清点核对；在会计档案销毁后，应当在会计档案销毁清册上签名或盖章。

电子会计档案的销毁应当符合国家有关电子档案的规定，并由单位档案管理机构、会计管理机构和信息系统管理机构共同派员监销。

保管期满但未结清的债权债务会计凭证和涉及其他未了事项的会计凭证不得销毁，纸

质会计档案应当单独抽出立卷，电子会计档案单独转存，保管到未了事项完结时为止。单独抽出立卷或转存的会计档案，应当在会计档案鉴定意见书、会计档案销毁清册和会计档案保管清册中列明。

3. 会计档案的交接

单位之间交接会计档案时，交接双方应当办理会计档案交接手续。移交会计档案的单位，应当编制会计档案移交清册，列明应移交的会计档案名称、卷号、册数、起止年度和档案编号、应保管期限、已保管期限等内容。交接会计档案时，交接双方应当按照会计档案移交清册所列内容逐项交接，并由交接双方的单位有关负责人负责监交。交接完毕后，交接双方经办人和监督人应当在会计档案移交清册上签名或盖章。电子会计档案应当与其元数据一并移交，特殊格式的电子会计档案应当与其读取平台一并移交。档案接收单位应当对保存电子会计档案的载体及其技术环境进行检验，确保所接收电子会计档案的准确、完整、可用和安全。

本章小结

本章主要阐述有关会计工作组织的问题。会计工作组织包括会计人员配备、会计机构设置、会计档案管理等内容。

会计机构是直接从事和组织领导会计工作的职能部门。建立和健全会计机构，是加强会计工作、保证会计工作顺利进行的重要条件。独立核算单位的会计工作的组织形式，一般分为集中核算和非集中核算两种。会计机构的岗位责任制，是指在会计机构内部按照会计工作的内容和会计人员的配备情况，将会计机构的工作划分为若干个岗位，按岗位规定职责并进行考核的责任制度。会计人员的工作岗位一般可分为：会计机构负责人或者会计主管人员、出纳、财产物资核算、工资核算、成本费用核算、财务成果核算、资金核算、往来结算、总账报表、稽核、档案管理等。开展会计电算化和管理会计的单位，可以根据需要设置相应工作岗位，也可以与其他工作岗位相结合。

会计人员是从事会计工作、处理会计业务、完成会计任务的人员。从事会计工作的人员，应当具备从事会计工作所需要的专业能力，熟悉国家有关法律、法规、规章和国家统一会计制度，遵守职业道德。担任单位会计机构负责人的，应当具备会计师以上专业技术职务资格，或者具有会计专业知识背景并从事会计工作 3 年以上经历。国有独资和国有资本占控股地位或者主导地位的大、中型企业应当设置总会计师，总会计师是单位行政领导成员，主管经济核算和财务会计工作。总会计师必须是取得会计师任职资格后，主管一个单位或者单位内一个重要方面的财务会计工作时间不少于 3 年的会计人员。目前会计专业技术职务名称定为助理会计师、会计师、高级会计师、正高级会计师。我国建立了会计人员继续教育制度，对我国会计人员继续教育的对象、内容、形式、学分管理、检查和考核等进行了统一规定。会计人员在调动工作或离职时必须办理会计工作交接，会计交接工作大致可分为交接前准备、移交点收与监交、移交点收后事项处理三个阶段。

会计档案是指各单位在进行会计核算过程中接收或形成的，记录和反映单位经济业务事项的，具有保存价值的文字、图表等各种形式的会计资料。各单位必须加强对会计档案管理的领导，建立和健全会计档案的立卷、归档、保管、调阅和销毁等管理制度。

课后练习

一、知识巩固和应用

（一）单项选择题

1. 按规定实行回避制度的单位，单位领导人的直系亲属不得担任本单位的（ ）。

A. 会计机构负责人　　B. 仓库管理员

C. 出纳　　D. 稽核

2. 企业无论采用哪种核算形式，但对外的现金、物资购销、债权债务的结算都应由（ ）集中办理。

A. 企业车间　　B. 企业仓库

C. 企业供应部门　　D. 企业总部会计机构

3. 下列各项中，会计人员移交前必须做好的工作，不包括（ ）。

A. 已经受理的经济业务，尚未填制会计凭证的应当填制完毕

B. 尚未登记的账目应当登记完毕，结出余额，并在最后一笔月后加盖经办人印章

C. 尚未编制的财务会计报告，应当编制完毕

D. 编制移交清册

4. 根据《会计法》规定，必须设置总会计师的单位有（ ）。

A. 事业单位　　B. 国有大中型企业

C. 民营企业　　D. 非营利组织

5. 会计工作交接时，移交人员因其他特殊原因不能亲自办理移交的，经单位领导人批准，可由（ ）代办移交。

A. 会计机构负责人　　B. 移交人委托他人

C. 移交人亲属　　D. 单位同事

6. 余某在会计机构负责人李某的监交下，将会计资料移交给林某。事后林某发现因交接时疏忽该会计资料存在缺失和严重差错，立即与余某联系，余某以会计资料已经移交为由不予理睬。根据规定，应该对上述会计资料承担责任的是（ ）。

A. 余某　　B. 林某　　C. 余某和林某　　D. 李某

7. 下列关于会计档案的保管说法不正确的有（ ）。

A. 属于当年形成的会计档案，可由单位会计管理机构临时保管 1 年

B. 出纳人员不得兼管会计档案

C. 因工作需要确需推迟移交、经单位的档案机构同意，可由会计管理机构临时保管的，最多不超过 3 年

D. 会计档案销毁鉴定意见书的保管期限为 30 年

8. 根据《会计法》的规定，（ ）主管全国的会计工作。

A. 国务院财政部门　　B. 国务院

C. 审计署　　D. 各级人民政府

9. 下列各项中，不属于会计岗位的是（ ）。

A. 会计档案管理岗位　　B. 单位内部审计岗位

C. 财产物资收发、增减核算岗位　　D. 总账岗位

10. 某单位 2020 年 9 月的会计凭证按照规定应当保管 30 年，那么期满之日应当是（　　）。

A. 2050 年 1 月　　B. 2050 年 9 月

C. 2051 年 1 月　　D. 2051 年 9 月

（二）多项选择题

1. 根据“会计法”对设置会计机构的规定，各单位如何设置会计机构，可以根据本单位的会计业务繁简情况选择以下设置（　　）。

A. 设置独立的会计机构，配置一定数量的会计人员

B. 委托记账

C. 不设置独立的会计机构，在有关机构中设置会计人员

D. 代理记账

2. 有些单位规模小，出纳业务不多，出纳人员可以兼任（　　）的登记工作。

A. 固定资产明细账　　B. 低值易耗品明细账

C. 银行存款日记账　　D. 费用账目

3. 采用非集中核算组织形式，可以把某些业务的（　　）分散到直接从事该项业务的车间、部门进行。

A. 凭证整理　　B. 明细核算

C. 债权债务结算　　D. 现金收付

4. 会计工作交接时，应在移交清册上注明（　　）。

A. 单位名称　　B. 交接日期

C. 交接双方和监交人的职务　　D. 移交清册页数

5. 下列属于会计档案其他类的有（　　）。

A. 科目汇总表　　B. 银行存款余额调节表

C. 银行对账单　　D. 汇总凭证

（三）判断题

1. 某国有控股企业为加强会计工作，决定在其行政领导成员中增设一名副总主管会计工作，现任总会计师配合其工作。（　　）

2. 会计档案的保管期限分为永久和定期两类，保管期限从整理归档之日起计算。（　　）

3. 企业会计工作的组织方式一般包括集中核算与非集中核算两种。（　　）

4. 采用非集中核算形式，总部会计机构应对企业内部各单位的会计机构进行业务上的指导和监督。（　　）

5. 医院门诊收费员、药品库房记账员、商场收银员所从事的工作，均属于会计岗位。（　　）

6. 会计人员继续教育的对象为具有会计专业技术资格的人员。（　　）

7. 会计档案应由本单位会计机构永久保管。（　　）

8.《会计档案管理办法》规定，总分类账、明细分类账、现金日记账的保管期限为 30 年。（　　）

9. 会计人员每年参加继续教育取得的学分不少于 90 学分。（　　）

10. 会计工作交接，移交清册一般应当填制一式两份，交换双方各执一份。（　　）

二、素质养成和价值引领

（一）思考题

1. 组织会计工作对企业有何意义？

2. 大型企业和中小企业应分别如何选择集中核算或非集中核算形式？

3. 什么是会计机构的岗位责任制？制造业企业和服务业企业的会计工作岗位设置可能有何不同？

4. 如何才能使会计人员的职责和权限相适应？

5. 如果你和你的同学们想自己创业，开了一家商贸公司，这种新办的小企业应如何选择办理会计事务的组织方式？至少应该设置哪些会计工作岗位？

（二）案例分析题

恒远公司是一家中型的民营商贸企业，2023 年 3 月，企业的总经理以满足公司不断扩大的业务需求与加强对企业的日常经营管理为由，将自己大学刚毕业的侄子陈霖调入财务部门担任出纳并兼管会计档案。同年 4 月，为了响应公司节约开支的号召，财务部门会同档案管理部门自行销毁了一批保管期限已满的会计档案，以节省历史档案管理费用，因工作量较大，暂未履行相关手续，也尚未编造会计档案销毁清册。2024 年 4 月，总经理将任职刚满一年的陈霖任命为企业财务部门的经理，全面主管企业的财务工作。

请指出上述情况中有哪些行为不符合规范，并说明理由。

参考文献

[1] 吴学斌．中级财务会计［M］．6 版．北京：人民邮电出版社，2022.

[2] 陈国辉，迟旭升．基础会计［M］．7 版．大连：东北财经大学出版社，2021.

[3] 徐经长，等．会计学［M］．北京：中国人民大学出版社，2019.

[4] 朱小平，周华，秦玉熙．初级会计学［M］．10 版．北京：中国人民大学出版社，2019.

[5] 夏冬林，秦玉熙．会计学——原理与方法［M］．北京：中国人民大学出版社，2017.

[6] 于玉林．会计基础理论研究［M］．北京：经济科学出版社，2001.